Rudolf Louis
Anton Bruckner

Mit 11 Abbildungen und Notenanhang

seVERUS

Louis, Rudolf: Anton Bruckner
Hamburg, SEVERUS Verlag 2012
Nachdruck der Originalausgabe von 1918

ISBN: 978-3-86347-248-1
Druck: SEVERUS Verlag, Hamburg, 2012

Der SEVERUS Verlag ist ein Imprint der Diplomica Verlag GmbH.

Bibliografische Information der Deutschen Nationalbibliothek:
Die Deutsche Nationalbibliothek verzeichnet diese Publikation in der Deutschen Nationalbibliografie; detaillierte bibliografische Daten sind im Internet über http://dnb.d-nb.de abrufbar.

© **SEVERUS Verlag**
http://www.severus-verlag.de, Hamburg 2012
Printed in Germany
Alle Rechte vorbehalten.

Der SEVERUS Verlag übernimmt keine juristische Verantwortung oder irgendeine Haftung für evtl. fehlerhafte Angaben und deren Folgen.

ANTON BRUCKNER

VON

RUDOLF LOUIS

Anton Bruckner um die Mitte der 80er Jahre.
(Franz Hanfstaengls Kunstverlag in München.)

INHALT

	Seite
Vorwort zur zweiten Auflage	VII
Vorwort zur ersten Auflage	XIII
In der Heimat	1
In Wien	67
Der Künstler und der Mensch	107
Kirchen- und Chormusik	185
Die Brucknersche Symphonie	217
Anhang	
Urkunden zur Lebensgeschichte Anton Bruckners	279
Zur Beurteilung Anton Bruckners durch die zeitgenössische Wiener Kritik	303
Anton Bruckner als Tondichter	340
Notenanhang	351
Bemerkungen zu den Illustrationsbeigaben	369
Namenregister	371

Anton Bruckner am Klavier.
(Photographie vom Jahre 1892.)

VORWORT ZUR ZWEITEN AUFLAGE

Am 15. November 1914 hat Rudolf Louis, der Verfasser des vorliegenden Buches, das Zeitliche gesegnet.

Einem tätigen Leben wurde mit seinem Tode das Ziel gesetzt, einem Leben, das schon viel an fruchtbarer Arbeit getan hatte und noch viel für die Zukunft verhiess. Es ist der Ausfluss eines natürlichen Gefühles beim Tode Frühvollendeter — und auch Rudolf Louis darf man mit seinen 44 Jahren gewiss um so mehr zu diesen rechnen, als er sich in seinen Anschauungen und Empfindungen die volle Frische, die stets bereite Aufnahmefähigkeit eines jungen Menschen bewahrt hatte — nach dem zu fragen, was alles sie noch hervorzubringen imstande gewesen sein möchten, wenn ihnen die Vorsehung ein längeres Leben beschieden hätte. Aber so natürlich Betrachtungen darüber erscheinen, so müssig sind sie. Wir wollen sie bei Rudolf Louis nicht anstellen, brauchen es auch schon deshalb nicht zu tun, weil von den beiden Hauptzügen seiner Tätigkeit, der des Theoretikers und Erziehers und der des Historikers und Aesthetikers, vollwertige Zeugnisse in Gestalt von Büchern vorliegen, worin die Ergebnisse seiner praktischen Arbeit eines musikalischen und philosophischen Denkers festgelegt sind.

Ein hervorstechender Zug bei ihm war es, dass er sich in seiner Erkenntnis der Kunst und der Künstler nicht mit dem einmal Gewonnenen zufrieden gab und sich nicht für ewige Zeiten darauf einschwor. Gewiss ist er nie von bestimmten Axiomen abgewichen, die als eingeborene Empfindungssätze fest und unverrückbar in ihm ruhten. Doch bewahrte er sich stets die Freiheit kritischen Urteils auch sich selbst gegenüber und hat sich nicht gescheut, seine Wandlungen und Entwicklungen zu bekennen, ohne alle falsche Scham, dass man ihm vielleicht Inkonsequenz in seiner Wertung der verschiedenen Erscheinungen der Tonkunst vorwerfen könnte. So ist es unverkennbar, dass er, der in seiner Jugend die Grösse des Wollens (den Einfall, die Erfindungskraft, den Empfindungsinhalt) obenan gestellt hatte, nach und nach zu grösserer Wertschätzung des „Artistischen" im Kunstschaffen gelangte, dass er immer strenger in der Forderung wurde, dem Wollen müsse das Können, der Empfindung der Gedanke gemäss sein, ja, dass er dem Artistischen an sich immer stärkeren Reiz abgewann. Das führte ihn von selbst dazu, der Form, mit deutlicher Hinneigung zu ihrer bestimmten Umgrenzung als Schema, immer höhere Geltung zuzubilligen. Hieraus ist es zu erklären, dass der frühere leidenschaftliche Gegner von Brahms zu einem Anhänger des Hamburger Meisters wurde.

Rudolf Louis zeigt sich uns als ein vornehmlich aufs Kritische gerichteter Geist. Die Grundlage seines kritischen Tuns war jedoch schöne Begeisterung, die ihn dem Künstler verwandt machte, und die Kritik erschien mehr als Ergebnis eines nachfolgenden Denkvorganges, denn dass sie von vornherein vorhanden gewesen wäre. Gefühl war bei ihm das erste; der Verstand trat gleichsam als richtunggebende und lenkende Kraft hinzu. Auch hatte er, der nichts weniger als Rationalist war, eine Scheu vor grossen Worten, wie sie die Ueberschwenglichkeit des erregten Gefühles gern gebiert. Es lebte in ihm das Gebot, das, was ihm sein Gefühl für schön oder hässlich, kostbar oder wertlos erklärte, in seinen Ursachen zu erfassen. Die Kritik entsprang also bei ihm dem Erkenntnistriebe und war, was jede echte Kritik im Grunde ist, nicht richterliches Urteil, sondern Bekenntnis und Erkenntnis.

Eine Erkenntnis, die die Dinge so sehen will, wie sie sind, und nicht, wie man sie gern haben möchte, ist nicht ohne eine gute Dosis Skepsis — gegen sich selbst, wie gegen die Erscheinungen der Kunst — zu gewinnen. Das Ziel solcher Erkenntnis ist Wahrhaftigkeit. Der Wunsch, es zu erreichen, beseelte Rudolf Louis in dem Masse, dass er auch die Kunst, der er schwärmerisch zugetan war, nicht in himmelblau und rosa auf Goldgrund malte; auch war er zu sehr Künstler, als dass er nicht gewusst hätte, dass kräftige Schatten das Licht um so heller hervortreten lassen.

Seine Charakterzeichnung des Menschen und des Künstlers Anton Bruckner, die jetzt in neuer Ausgabe erscheint, kündet von diesem gleichermassen vom ethischen, wie vom ästhetischen Empfinden gespeisten Drange auf mancher Seite. Es kommt nicht darauf an, ob wir uns bei diesen Abwägungen in jeder Einzelheit auf der Seite des Verfassers finden, ob wir uns nicht vielmehr mit berechtigten Einwendungen einmal dagegen zu wenden haben: das jedoch müssen wir unumwunden anerkennen und aussprechen, dass er seine Absicht, ein Charakterbild Bruckners, wie er es sah, zu zeichnen, in ganz vorzüglicher Weise ausgeführt hat. Sein Bruckner-Buch ist das grundlegende Werk über den gigantischen österreichischen Meister und wird es bleiben, auch wenn umfangreichere und in Einzelheiten umständlicher ausgeführte Lebens- und Werkbeschreibungen folgen sollten; seine im Vorworte zu der ersten Ausgabe geäusserte Befürchtung über das Schicksal der ersten Biographen wird für seine Arbeit keine Geltung erhalten.

Louis hat sein Buch vor seinem Tode noch vollkommen durchgearbeitet. Wenn es ihm nicht gegönnt war, auch die Herausgabe der neuen Form zu erleben, so durfte er doch mit dem ruhigen Bewusstsein scheiden, dass diese von seiner Hand bis ins letzte fertig gemacht worden war; jedes Wort der neuen Ausgabe ist sein Eigentum. Louis' Witwe und sein Verleger, denen Dr. Walter Courvoisier in München wertvolle Dienste geleistet hat, erblicken ihre Aufgabe mit Recht vor allem in einer getreuen Wiedergabe seiner Handschrift.

Aus dem Gesagten geht schon hervor, dass wir es in der neuen Ausgabe keineswegs mit einem wortwörtlichen Abdruck der ersten zu tun haben. Ausser der stilistischen Ueberprüfung, die für eine Reihe von Worten eine noch schärfere Prägung des Ausdruckes wählte und selbst geringfügige Daten und Zahlen durch genauere Angaben ersetzte, findet der aufmerksame Leser der ersten und der zweiten Ausgabe eine Menge kleinerer und grösserer Stellen, die teils umgearbeitet, teils durchaus neu entstanden sind. Veröffentlichungen, wie namentlich die Materialiensammlung von Franz Gräflinger: Anton Bruckner, Bausteine zu seiner Lebensgeschichte, die nach dem Erscheinen der ersten Ausgabe auf den Büchermarkt gekommen sind, sind von Louis mit kritischer Sichtung verwertet, bezeichnende Züge aus seinem Leben eingefügt worden. Die veränderte Stellung Louis' zu Brahms hat einzelnes anders gefärbt. Ueber Gang und Umfang der Schulbildung Bruckners, über seine materielle Versorgung, seine Beziehungen zur Linzer Liedertafel und seine schwere Erkrankung im Sommer 1867 erfahren wir gleich in dem ersten Kapitel mancherlei Unbekanntes. Eine ganz neue und eingehender ausgeführte Darstellung hat die Reise Bruckners nach Nancy, Paris und London gefunden, die, soweit es bisher möglich war, Wahrheit und Legende voneinander geschieden hat; daran schliesst sich eine kurze Betrachtung über die Einschätzung Bruckners als Orgelspieler durch Zeitgenossen. Ebenso hat Louis Bruckners Verhältnis zum weiblichen Geschlecht heller beleuchtet.

Wichtiger freilich, als diese auf das äussere Leben Bruckners sich beziehenden Aenderungen, sind jene, die in den von Bruckners Schaffen handelnden Kapiteln enthalten sind. Mehr noch als der Abschnitt „Kirchen- und Chormusik" bringt das Kapitel „Die Brucknersche Symphonie" bedeutsame Umarbeitungen und Einschiebungen, die von Louis' rastlosem Bemühen künden, das, was er selbst in Bruckners Kunst erlebt und was er als ihr Wesen erkannt hat, in klarer, überzeugender Form mitzuteilen; u. a. hat er darin wertvolle Untersuchungen über die Thematik, die Harmonik und den Kontrapunkt Bruckners eingesetzt.

Die umfangreichste Aenderung der neuen Ausgabe ist die Hinzufügung eines Anhanges, der in seinem ersten Teile „Urkunden zur Lebensgeschichte Anton Bruckners", in dem zweiten, als beredtes kulturgeschichtliches Zeugnis, eine Zusammenstellung von Zeitungsausschnitten „Zur Beurteilung Anton Bruckners durch die zeitgenössische Wiener Kritik" bietet. Auch die Notenbeilage ist eine Neuerung.

So hat Rudolf Louis sein Bruckner-Buch in „vermehrter und verbesserter" Form hinausgehen lassen wollen und so geht es hinaus. Seine Absicht war, der musikempfänglichen Menschheit die von unsagbaren Schönheiten erstrahlende Wunderschöpfung Bruckners erschliessen zu helfen. „Wer Bruckner k e n n t, der l i e b t ihn," sagt

Louis einmal. Die Kenntnis und damit die Liebe zum Meister verbreiten soll das Buch. Und diesen Zweck wird es erfüllen!

München, im Juli 1917.

Paul Ehlers.

VORWORT ZUR ERSTEN AUFLAGE

Anton Bruckner hat noch zu Lebzeiten einen seiner treuesten Jünger, August Göllerich in Linz, zu seinem künftigen Biographen bestimmt. Seit vielen Jahren sammelt und arbeitet dieser an einer grossangelegten Lebensbeschreibung, die, wie er mir selbst mitzuteilen so freundlich war, zwei starke Bände umfassen wird. Göllerichs monumentalem Werke, dessen Erscheinen hoffentlich bald zu erwarten ist, will meine kleine Arbeit in keinerlei Weise Konkurrenz machen. Schon deshalb beschränkte ich mich von allem Anfang darauf, das zur Stunde vorliegende und allgemein zugängliche biographische Material einheitlich zusammenzufassen, ohne dass ich es darauf angelegt hätte, dasselbe allseitig durch eigene Studien und Forschungen zu ergänzen. Nur wo dieses Material zu empfindliche Lücken aufwies — wie z. B. bei der Jugendgeschichte des Meisters — und wo die Würdigung seines Schaffens in Betracht kam, bin ich auf primäre Quellen (persönliche Erkundigungen, Zeitungsberichte und -kritiken) zurückgegangen.

Was ich anstrebe, war nicht sowohl ein Lebens- als vielmehr ein Charakterbild des grossen Symphonikers zu geben, dem das eigentlich und im engeren Sinne des Wortes Biographische nur als haltender Rahmen und grundierende Folie dienen sollte. Kaum bei einem zweiten Musiker der neueren Zeit ist der Künstler so unabtrennbar eng mit dem Menschen verknüpft, ist das Kunstwerk ein so treues und ehrliches Spiegelbild der menschlichen Individualität seines Schöpfers, wie bei Bruckner. Deshalb durfte man mit einigem Fuge sagen, dass nur, wer den Meister persönlich gekannt habe, imstande sei, sein Schaffen ganz zu verstehen und gerecht zu beurteilen. Jedenfalls trägt eine intimere Kenntnis des Charakters bei Bruckner mehr zur Würdigung des Komponisten bei, als dies von irgendeinem anderen unserer grossen Tondichter gesagt werden kann. Darum glaubte ich auch, auf diesen Teil meiner Aufgabe den Hauptnachdruck legen zu sollen.

Wer die erste umfangreichere Arbeit über einen denkwürdigen Menschen verfasst, riskiert alle die Gefahren, denen im Kriege die *enfants perdus* der äussersten Vorhut ausgesetzt sind, ohne aber auch immer den Ruhm und die Ehre zu erwerben, die man diesen billigerweise zuerkennt. Jedem späteren Bearbeiter des gleichen Themas wird es verhältnismässig leicht, seinem Vorgänger Fehler und Irrtümer nachzuweisen, wobei es nur wünschenswert wäre, dass er sich immer auch ebenso erkenntlich zeigte für das, was er jenem verdankt, wie er in der Regel empfindlich ist für die einem ersten Versuche fast unvermeidlich anhaftenden Mängel und Schwächen. Möge man bei der Beurteilung dieses Büchleins wenigstens nicht ganz ausser acht lassen, dass es (abgesehen von Brunners kleiner Broschüre) das e r s t e ist, das Bruckner monographisch zu behandeln unternimmt.

Schliesslich habe ich an dieser Stelle noch meinen herzlichsten Dank auszusprechen allen denen, die mich bei meiner Arbeit in so freundlicher Weise unterstützt haben. Solcher Dank gebührt in erster Linie dem hochwürdigen Chorherrn und Stiftsorganisten F r a n z M ü l l e r in St. Florian, dessen liebenswürdiges Entgegenkommen ich nicht genug rühmen kann, sodann den Herren Musikdirektor August Göllerich in Linz, Friedrich Klose in Karlsruhe, Professor Henri Lichtenberger in Nancy und Ferdinand Löwe in Wien, endlich aber auch den Herren Verlegern der Brucknerschen Werke, die mir ihre Verlagsartikel in gütiger Weise zur Verfügung stellten.

München, im Oktober 1904.

Rudolf Louis.

IN DER HEIMAT

Anton Josef Bruckner wurde am 4. September 1824 zu Ansfelden[1]) geboren, einem freundlichen, zwei Wegstunden südlich von Linz im Traunkreise des Landes Oberösterreich gelegenen Dorfe, das damals kaum 400 Einwohner zählen mochte. Dass hier im August des Jahres 1626 während des zweiten österreichischen Bauernkrieges der kaiserliche Oberst Löbl den Bauern eine entscheidende Niederlage beibrachte, und dass in der Nähe auf dem Ritzelmayergute zu Berg die oberösterreichische Landesackerbauschule sich befindet, das ist das einzige, was Historie und Landeskunde Merkwürdiges von dem Geburtsorte unseres Meisters zu berichten wissen. Aber es ist eine liebliche und gesegnete Gegend, dieser „Weizenboden von St. Florian", der sich südöstlich von der Landeshauptstadt zwischen Traun und Enns erstreckt, berühmt wegen seiner Fruchtbarkeit und seiner uralten bäuerlichen Kultur.

Väterlicherseits stammt Bruckner aus einem Schullehrergeschlecht: von seinen beiden Vornamen ist der erste das Erbteil vom Vater, der zweite das vom Grossvater, die beide dem Lehrerstande angehörten. Die Mutter Therese war die Tochter des Wirts und Amtsverwalters Ferdinand Helm in Neuzeug bei Steyr. Sie schenkte ihrem

[1]) Die Etymologie des Ortsnamens verrät die Form Almsvelde, die eine vom 1. September 1248 datierte Urkunde aufweist, in der Bischof Rudiger von Passau dem Kloster St. Florian die Pfarrkirche Ansfelden verleiht. Abgedruckt bei Jodok Stülz, Geschichte des regulierten Chorherrn-Stifts St. Florian. Ein Beitrag zur Geschichte des Landes Oesterreich ob der Enns. Linz 1835. S. 320 f.

Manne ein volles Dutzend Kinder, von denen zwei unseren Anton, den Erstgeborenen, überlebt haben.

Mehr noch als heute war es damals in katholischen Landen schon des Kirchendienstes wegen erforderlich, dass der Schullehrer auch ein tüchtiger Musiker sei. So konnte der junge Bruckner bereits im Vaterhause eine für die allerersten Anfänge genügende musikalische Unterweisung finden. Aber sei es, dass ein aussergewöhnliches Talent, das sich schon früh bei ihm bemerkbar machte, auch besondere Pflege und Ausbildung zu erfordern schien, sei es, dass eine blosse Zufallsschickung es so glücklich fügte: mit elf Jahren kam der Knabe unter die Hände eines Mannes, der dem Vater als Musiker ohne Zweifel bedeutend überlegen war. Der „Vetter" Johann Weiss, — eigentlich ein Onkel, da er eine Schwester von Bruckners Vater zur Frau hatte —, Lehrer in Hörsching, einem wenige Stunden südwestlich von Linz gelegenen Pfarrdorfe, nahm im Jahre 1835 den kleinen Anton zu sich und behielt ihn ein Jahr lang. Dieser Weiss, der auch Bruckners Firmpate war, leistete auf dem Gebiete der Tonkunst über den gewöhnlichen Durchschnitt Hervorragendes. Selbst als Komponist hat er sich betätigt[1]). Bei ihm lernte unser Meister, wie er selbst später bestätigte, „die ersten Anfänge zur Orgel"[2]). 1836 kehrte Anton nach Ansfelden zurück, wo der Zwölfjährige den kränkelnden Vater öfter in Schule und Kirche zu vertreten hatte. Dieser stirbt am 7. Juni 1837. Die Mutter übersiedelt sechs Wochen nach dem Tode ihres Mannes nach Ebelsberg, einem etwa fünfviertel Stunden nördlich von St. Florian gelegenen Marktflecken, und bald danach (Ende Juli) wird Anton

[1]) Ein Requiem seiner Komposition gab der Hörschinger Pfarrer Ernst Lanninger heraus.

[2]) Brief Anton Bruckners an Pfarrer Lanninger vom Dezember 1895.

als Sängerknabe in das altberühmte Augustiner-Chorherrenstift aufgenommen.

Das Unterkommen in St. Florian bedeutete nicht nur für Bruckners ferneren musikalischen Bildungsgang einen so unschätzbaren Glücksfall, auch mit seinem späteren Leben ist das ehrwürdige Stift so eng verknüpft geblieben, dass es angebracht erscheinen mag, die Stätte etwas näher zu betrachten, die unseres Meisters Heimat für die nächsten Jahre wurde, die ihm in der Folge dann den ersten seinen Fähigkeiten und seiner Bedeutung entsprechenden Wirkungskreis bieten sollte, und zu der er zu zeitweiligem Aufenthalt so oft und so gern zurückkehrte, als sein Name schon längst über die engeren Grenzen des Vaterlandes hinausgedrungen war.

„Das Stift St. Florian liegt eine halbe Stunde von der Poststrasse zwischen Enns und Linz in einem schönen und fruchtbaren, durch sanfte, waldbekränzte Anhöhen gebildeten Tale, das sich gegen Osten öffnet und welches ein Bach, die Ipf — *Ypha* — in trägem Laufe durchfliesst. Auf einer Terrasse der nördlichen Hügelreihe erhebt sich das Stiftsgebäude, zu dessen Füssen der Markt gleichen Namens sich hinzieht.

Das Gebäude selbst, welches keine Spur des Altertums mehr an sich trägt, bildet ein längliches Viereck, das einen grossen und zwei kleinere Höfe umschliesst. Auf der östlichen Seite befinden sich die Bildergalerie; auf der südlichen ein Speisezimmer, der grosse Saal und die Prälatur; auf der westlichen, in deren Mitte der Haupteingang, die Gastzimmer, die sogenannten Kaiserzimmer und die Kirche; auf der nördlichen endlich die Kirche nach ihrer Länge[1]).“

St. Florianus, der Namenspatron des Stiftes, war nach der Legende ein angesehener römischer Beamter und

[1]) J. Stülz a. a. O. S. 1.

Kriegsmann gewesen, der zu Beginn des vierten christlichen Jahrhunderts in Laureacum (Lorch bei Enns) während der Christenverfolgung unter den Kaisern Diocletian und Maximian in den Fluten der Enns den Märtyrertod erlitten und dessen Leichnam von einer frommen Frau, namens Valeria, aufgefunden und an der Stätte beerdigt wurde, wo jetzt das Kloster St. Florian steht. Die schon früh entstandene Kirche und klösterliche Ansiedlung übergab Bischof Altmann von Passau im Jahre 1071 Chorherren, die nach der Regel des heiligen Augustin lebten. Die Stiftskirche, unter der sich noch Ueberreste einer alten, aus dem vierten Jahrhundert stammenden Krypta befinden, ist ein Werk des italienischen Barock. Sie wurde 1689—1700 von Carlo Carlone aus Mailand erbaut, dessen Bruder Bartolomeo sie mit schönen Stukkaturarbeiten ausschmückte. Den bemerkenswerten Hochaltar ziert eine Himmelfahrt Mariä von der Hand des Josef Ghezzi aus Rom. Die Decken der Kirche und der Sakristeien tragen Freskomalereien von Anton Gumpp und Martin Steidl aus München. Die prächtige Kanzel ist aus glänzend schwarzem Lilienfelder Marmor. Das grosse Stiftsgebäude mit seiner schönen Fassade erstand 1686 bis 1707. Die Bauleitung hatte zuerst Carlo Carlone, später der Baumeister Jakob Prandtauer aus St. Pölten bei Wien. Als besonders bemerkenswert werden genannt die Prälatur, die Kaiserzimmer, die Zimmer des Prinzen Eugen von Savoyen, mit ihren herrlichen Gobelins, und der grosse Marmorsaal, mit dem von Bartolomeo Altomonte ausgemalten Plafond.

Das Stift besitzt die grösste Bibliothek in Oberösterreich. Sie zählt gegenwärtig über 100 000 Bände, viele kostbare Handschriften und ist namentlich reich an Werken der deutschen Literatur und Geschichte. Ausserdem gibt es in St. Florian eine ansehnliche Gemäldegalerie und Sammlungen von Kupferstichen, Münzen und naturwissenschaftlichen Gegenständen[1]).

So gross man den Einfluss dieser zugleich ehrwürdigen und prunkvollen Umgebung auf den empfänglichen Sinn des heranwachsenden Knaben Bruckner auch anschlagen mag — und ich glaube, dass man allen Grund hat, die Nachwirkung dieser, wenn auch noch so unbewusst aufgenommenen Jugendeindrücke als einen wesentlich mitbestimmenden Faktor der Geistes- und Gemütsentwicklung des Meisters einzuschätzen — e i n e n Schatz barg St. Florian, der wichtiger für ihn werden sollte, als alle architektonische und dekorative Pracht der Kirchen- und Stiftsgebäude, wichtiger als alle Malereien und Schildereien von welscher und deutscher, Künstlerhand, wichtiger als alle Kostbarkeiten der Bibliothek, wie der anderen wissenschaftlichen und Kunstsammlungen: es war die hochberühmte, herrliche O r g e l, das Instrument, an dem Bruckners Genius zuerst als einem seiner würdigen Ausdrucksmittel die himmelanstrebenden Schwingen erproben durfte, und dem es wohl in erster Linie zuzuschreiben ist, dass gerade die Ton- und Klangwelt der Orgel die vornehmste Inspirationsquelle für seine tonkünstlerische Muse werden sollte.

Der Laibacher Priester Franz Krismann[2]), in der zweiten Hälfte des 18. Jahrhunderts weithin berühmt durch die grossartige Anlage und klangvolle Registrierung der von ihm erbauten Orgeln, hatte das St. Florianer Werk, das als die grösste seiner jetzt noch bestehenden Schöpfungen gilt, im Jahre 1771 erstellt. Auftraggeber war

[1]) L u d w i g E d l b a c h e r, Landeskunde von Oberösterreich. 2. Aufl. Wien 1883. S. 513 f.

[2]) F r a n z X a v e r K r i s m a n n (Griesmann, Chrismann) starb am 20. Mai 1795 während des Baues einer Orgel in Rottenmann (Steiermark).

Matthäus II. Gogl, der 46. Propst von St. Florian (1766—1777). Dieser hatte in Rom studiert. „Aus Italien brachte er eine grosse Liebhaberei für die Kunst mit sich, und da ihm seine Vorfahren nichts mehr zu bauen übrig gelassen hatten, wobei er seine Neigung hätte entsprechend befriedigen können, so verfiel er auf den Gedanken, die Kirche mit einer grossen Orgel zu bereichern, welche in vielstimmigen Akkorden seinen Namen den künftigen Mitgliedern des Stiftes ins Gedächtnis zurückrufen sollte. Sie kam beiläufig um das Jahr 1771 zustande, wenigstens grösstenteils. Die Beschränktheit des damaligen Dechants legte dem Propste so viele Schwierigkeiten in den Weg, dass er endlich, der Sache überdrüssig, den Orgelbauer Krismann entliess und alle auf diesen Bau bezüglichen Schriften ins Feuer warf. Das Werk fiel später in ungeschickte Hände und erreichte nicht mehr jenen Grad der Vollkommenheit, welchen ihm Propst Matthäus und Krismann zugedacht. Ungeachtet dieser ungünstigen Umstände behauptet nach dem Urteile weitgereister, kompetenter Kenner diese Orgel unter den ausgezeichnetsten Werken einen der ersten Plätze[1]“. Ihren definitiven Ausbau erhielt sie dann durch den bekannten Maurach er aus Salzburg, der sie restaurierte und vollendete. Sie hat 92 Registerzüge und 78 klingende Stimmen[2].

Die Anzahl der Stiftsangehörigen belief sich im Jahre 1835, also ungefähr um die Zeit, da Bruckner als Sängerknabe eintrat, auf 92, von denen 56 die Seelsorge auf den 33 Patronatspfarreien besorgten und sieben als Offiziale den einzelnen Zweigen der Stiftsverwaltung vorstanden, während die anderen teils am Gymnasium und Lyzeum zu Linz als Professoren angestellt waren — einer auch als Archivar am k. k. Haus-, Hof- und Staatsarchiv zu

[1] Stülz a. a. O. S. 181.
[2] Edlbacher a. a. O. S. 514.

Wien — teils noch dem Studium der Theologie oblagen oder im Noviziat sich befanden. Propst war damals (seit 1823) Michael Arneth (1771—1854), ein Bruder des berühmten Altertumsforschers Josef Ritter von Arneth, wie ja auch in St. Florian selbst die Geschichtsforschung neben der Landwirtschaft stets einer besonders regen und eifrigen Pflege sich erfreute.

Zunächst hatte der junge Bruckner mit den geistlichen Insassen des Stifts freilich noch nicht allzuviel direkte Berührung. Die private Klosterschule bestand damals noch nicht. So wurde er in der Volksschule des Marktes St. Florian unterrichtet, der damals etwa 900 Einwohner zählen mochte. Sein unmittelbarer Vorgesetzter war der Schulleiter Michael Bogner, bei dem die Sängerknaben damals wohnten, und von dem sie beaufsichtigt und verköstigt wurden. Auch die musikalischen Lehrer des Knaben waren keine Chorherren. Der damalige (wie es scheint, ganz vortreffliche) Stiftsorganist Kattinger, wie auch der Regens chori Schäffler waren Stiftsbeamte. Der erstere wird als Bruckners Lehrer im Orgel- und Klavierspiel genannt, während er im Gesang und Violinspiel (nach Brunner[1]) auch im Klavier) von einem gewissen Gruber[2]), einem Schüler des berühmten Beethoven-Quartettisten Schuppanzigh, unterrichtet wurde. Ausser der gewöhnlichen Volksschulbildung jener Zeit empfing Bruckner in St. Florian noch die Vorbereitung zum Besuch des Präparandenkurses, und zwar (nach

[1]) Dr. Anton Bruckner. Ein Lebensbild von Franz Brunner. Linz 1895. S. 8.

[2]) Nicht zu verwechseln mit dem bedeutend jüngeren Josef Gruber (geb. 1855), einem Schüler Bruckners, der von 1878—1904 Stiftsorganist in St. Florian war und sich als Kirchenkomponist bekannt gemacht hat.

Gräflinger)[1]) durch den Schulgehilfen Steinmayr. Denn, wie schon der Vater und Grossvater, sollte auch er Schullehrer werden.

Wenn nun diese spezielle Ausbildung zum Lehrer den jungen Musiker auch wesentlich über das Niveau der damaligen Elementarschule hinaushob, so darf man sich doch nicht allzuviel darunter vorstellen. Die österreichische Volksschule war in der ersten Hälfte des 19. Jahrhunderts in der Hauptsache auf der Entwickelungsstufe stehen geblieben, auf die ihre Begründerin, die Kaiserin Maria Theresia, sie gebracht hatte. Zwar deren Sohn, Kaiser Josef II., setzte die erspriessliche Tätigkeit im Sinne der Mutter noch fort; aber nach ihm geschah wenig für die allgemeine Volksbildung, bis mit den beiden Reichsgesetzen vom 25. Mai 1868 und dem Reichsvolksschulgesetz vom 14. Mai 1869 eine neue Epoche für die österreichische Volksschule anbrach. Der Lehrplan war durch die von dem berühmten Abte von Sagan (in Schlesien) Johann Ignaz v. Felbinger ausgearbeitete „Allgemeine Schulordnung für die deutschen Normal-, Haupt- und Trivialschulen in sämtlichen k. k. Erbländen" vom Jahre 1775 festgelegt, und hatte durch die von Franz I. erlassene „politische Schulverfassung" nur unbedeutende Aenderungen erhalten. Danach waren die in den Provinzialhauptstädten befindlichen Normalschulen mit sogenannten „Präparandien", das heisst pädagogischen Lehrkursen zur Heranbildung von Volksschullehrern verbunden[2]). Ein solcher Kurs dauerte früher sechs oder gar nur drei Monate, und wurde zuerst mit Ministerialerlass vom 17. September 1848 auf ein volles Schul-

[1]) Franz Gräflinger, Anton Bruckner. Bausteine zu seiner Lebensgeschichte. München 1911. S. 7.
[2]) Vgl. Franz Mayer, Geschichte Oesterreichs mit besonderer Rücksicht auf Kulturgeschichte. 2. Bd. Wien 1874. S. 247 f. und Edlbacher a. a. O. S. 333.

jahr, dann mit Ministerialerlass vom 13. Juli 1849 auf zwei Jahre ausgedehnt[1]). Doch wissen wir, dass der Kurs, den Bruckner vom Herbst 1840 ab in Linz besuchte, ein ganzes Schuljahr, d. h. zehn Monate gedauert hat. Als Vorbedingung für die Aufnahme in den Präparandenkurs gibt Helfert (a. a. O. § 54) den Ausweis über die mit gutem Erfolg beendete drei- oder zweiklassige Unterrealschule oder das absolvierte Untergymnasium und das zurückgelegte sechzehnte Lebensjahr an. Doch gilt das erst für eine spätere Zeit. Zwar hat auch Bruckner die zweijährige Unterrealschule besucht. Aber das geschah, als er schon Unterlehrer in St. Florian war (in den Jahren 1850 u. 1851). Die ordentlichen Unterrichtsgegenstände des Präparandenkurses beschränkten sich auf Religionslehre mit Einschluss der biblischen Geschichte, Erziehungs- und Unterrichtslehre, das Sprachfach, das ist Leseunterricht, nebst der Sprach-, Rechtschreib- und Aufsatzlehre, Rechnen, Schön- und Fertigschreiben, Zeichnen und Geometrie, Gesang und Orgelspiel und die Landwirtschaftskunde (Helfert § 61), während Geographie und Geschichte, Naturlehre und Naturgeschichte, Technologie und dergleichen ausdrücklich ausgeschlossen waren: was aus diesen Gegenständen von hervorragender Wichtigkeit sei und insbesondere im praktischen Leben häufigere Anwendung finde, solle bei Erklärung der Lesestücke oder sonst bei passenden Anlässen den Präparanden mitgeteilt werden. (Ebenda § 75).

Nach dem von Gräflinger mitgeteilten Zeugnis hat Bruckner bei dem von ihm besuchten Präparandenkurs die folgenden „Gegenstände erlernt": „Grundsätze der Unterweisung" (Unterrichtslehre), „Religionslehre, Current, Latein" (d. h. lateinische S c h r i f t, nicht etwa

---

[1]) S. J. A. Freiherr von Helfert, Die österreichische Volksschule. 3. Bd. Prag 1861. § 82.

S p r a c h e), „Kanzleischrift, Rechtschreibung, Vortrag, Sprachlehre, Rechnen, Schreibart" (Stil, Aufsatz) und „Geographie". In Religionslehre, Rechnen und „Schreibart" erhielt er die Note „sehr gut", in den übrigen Fächern „gut".

Wir sehen aus all dem, dass es mit der Ausbildung des Volksschullehrers damals nicht so gar viel auf sich hatte, und dass nicht im entferntesten dabei an die reiche Fülle von Wissen und Kenntnissen zu denken ist, die etwa ein heutiges Lehrerseminar seinen Zöglingen vermittelt. Für Bruckners musikalische Weiterbildung sorgten die „Vorlesungen über · die Harmonie- und Generalbasslehre und über das Orgelspiel", denen er laut einem von dem Direktor der k. k. Normalhauptschule und dem „Lehrer der Harmonie- und Generalbasslehre Professor J. Aug. Dürrnberger" unterschriebenen Zeugnis vom 30. Juli 1841 zur Zeit des Präparandenkurses beigewohnt hat.

Nach Absolvierung des Präparandenkurses wurde Bruckner als Schulgehilfe (Unterlehrer) in Windhag an der Maltsch angestellt. Es ist das ein kleiner Markt, der damals etwa 250 Einwohner hatte, ungefähr zwei Stunden nördlich von Freistadt im Mühlkreis, also ziemlich an der nördlichen Grenze des Landes Oberösterreich gelegen. Hier wirkte Bruckner vom Oktober 1841 bis zum Januar 1843. Nach dem, was Franz Brunner in seiner verdienstlichen, kleinen Lebensskizze des Meisters nach mündlichen Erkundigungen über diese Zeit berichtet, muss er sich in Windhag sehr unbehaglich gefühlt haben. Und man kann das begreiflich finden, wenn man die Lage eines damaligen Landschullehrers sich vergegenwärtigt. Schon das Gehalt [1]) war so, dass es zum langsamen Ver-

---

[1]) Nach Brunner (S. 8) betrug das Gehalt 2 fl. monatlich, nach Gräflinger (Anton Bruckner, S. 10) bezog der Schulgehilfe „36 fl.-Schein Jahreslohn und die sogenannte kleine Stola", d. h. die dem

hungern eben hinreichte. Dazu kam, dass nicht nur der sogenannte „höhere" Kirchendienst, das Amt eines Organisten und Chorleiters, sondern auch der „niedere", das heisst die Obliegenheiten eines Messners und Kirchendieners, mit den pädagogischen Funktionen verknüpft waren. Wenn nun schon der Bauer überhaupt — und zwar vielfach auch jetzt noch, wo die Stellung des Lehrers eine ganz andere geworden ist — wenig Neigung zeigt, die geistige Superiorität des Lehrers anzuerkennen und sich dankbar zu erweisen für die aufopferungsvollen Dienste, die dieser ihm leistet, so konnte natürlicherweise die Verquickung des Lehramts mit dem untergeordneten Messnerdienst das Ansehen des Schulmeisters ebensowenig erhöhen, wie der fatale Umstand, dass Bruckner, um seine dürftigen Einkünfte wenigstens um einiges aufzubessern, genötigt war, bei Bauernhochzeiten, Kirchweihen und dergleichen mit der Geige zum Tanze aufzuspielen, ihn in den Augen seiner Schulkinder und ihrer Eltern gehoben haben dürfte. Wenn aber diese nahe „praktische" Berührung, in die der Meister als junger Mann mit dem oberösterreichischen „Ländler" kam, in der Folge für die Triosätze seiner Symphoniescherzi sich als künstlerisch fruchtbar erweisen sollte, so empfinden wir es geradezu als eine Schmach, wenn wir lesen, dass die Unterlassung einer ihm aufgetragenen Feldarbeit der Grund gewesen sein soll, weshalb Bruckner im Jahre 1843 strafweise nach Kronstorf bei Enns versetzt wurde. Doch scheint es sich da, wie Brunner (a. a. O. S. 9. Anm.) selbst andeutet, um die Verwechslung mit einem andern Lehrer zu handeln. Denn das (im Anhang wiedergegebene) Zeugnis, das der Windhager Pfarrer dem Schulgehilfen Bruckner ausstell-

Lehrer-Messner zustehenden Gebühren für seine Dienstleistung bei gewissen kirchlichen Handlungen wie Taufen, Trauungen, Begräbnissen. Die Angabe Brunners ist wohl richtig.

te, bringt nicht die geringste Andeutung davon, dass die
Versetzung nach Kronstorf eine Strafversetzung gewesen
sei, und in der Tat spricht ja auch alles dafür, dass es
diesem nur erwünscht sein konnte, wieder „in die Gegend
des Stiftes St. Florian" zu kommen. Andere kleine Miss-
helligkeiten mit den Windhager Bauern, wie den Ver-
druss, den er dadurch erregte, dass er die mit Vorliebe
getragenen „rotjuchtenen Stiefel zwecks grösserer Scho-
nung auf Feldrainen und nicht, wie sich's gehörte, auf
den staubigen Feldwegen und Strassen spazieren führte",
oder den an J. S. Bach in Arnstadt erinnernden Konflikt,
in den er gelegentlich während des Gottesdienstes mit
der Gemeinde geriet, wenn deren Gesang durch seine allzu freie und reich ausgeschmückte Orgelbegleitung in
Verwirrung gebracht wurde — das wird er wohl selbst
nicht tragisch genommen haben. Aber die Dürftigkeit der
ländlichen Kirchenmusik-Verhältnisse überhaupt muss
ihn, der von Linz und St. Florian her doch ganz anderes
gewohnt war, schwer gedrückt haben. Diese kann man
sich wohl nicht kläglich genug vorstellen, und dass, wie
die Dinge zu jener Zeit lagen, auch der grösste Eifer und
das gediegenste Können eines einzelnen hier keine Ab-
hilfe zu schaffen vermochte, das möge man beispielshal-
ber aus solchen Schilderungen ersehen, wie sie etwa Johann Herbeck von der dörflichen Kirchenmusik seiner
Jugendjahre gibt[1]). Auch privates Musizieren konnte
Bruckner damals keinen rechten Ersatz bieten. Seine
Geige und die Windhager Kirchenorgel, die wir uns gewiss als kein Meisterwerk vorstellen dürfen, waren die
einzigen musikalischen Instrumente, die ihm zur Verfügung standen. Trotz dieses Mangels an kräftiger Anregung von aussen, müssen wir Brunner recht geben, wenn

[1]) Johann Herbeck. Ein Lebensbild von seinem Sohne Ludwig.
Wien 1885. S. 21.

er meint, dass auch damals schon die Musik es war, „die ihm ideale Flügel wachsen liess, und die ihn über die Armseligkeiten eines kümmerlichen Lebens hinweghob." Zu stark war ihre Wundermacht in ihm lebendig, als dass nicht die innere Nahrung, die der Meister rein aus der eigenen Seele zog, genügt hätte, eine Flamme am Dasein zu erhalten, die zu ersticken die äusseren Verhältnisse freilich nur allzu geeignet waren. Schon früh hatte sich der Schaffenstrieb in Bruckner geregt. Eine der ersten Kompositionen, die Heinrich Rietsch in seinem Verzeichnis anführt[1]), ein „Abendklänge" betiteltes Stück für Klavier und ein nicht näher ersichtliches Instrument in E-Moll, trägt die Widmung „an P. T. Herrn Vater", muss also spätestens 1837, im Todesjahre des Vaters, entstanden sein. Und aus der Windhager Zeit weiss Brunners Gewährsmann zu erzählen, „dass Bruckner auf seinen Wanderungen in Gottes freier Natur nie ohne Buch angetroffen wurde, dass er oft plötzlich innehielt, den grossen Schlapphut vom Kopfe zog, demselben ein Stück Notenpapier entnahm und zu schreiben anfing." Wenn aber die guten Windhager solch seltsame Gewohnheiten sich nicht anders zu erklären vermochten, als dass sie ihren Schulgehilfen für „halb verruckt" hielten, so braucht man sich kaum allzusehr zu verwundern.

In mehr als einer Hinsicht mochte die Versetzung nach Kronstorf für Bruckner fast so etwas wie eine Erlösung bedeuten. Zwar war das eine Meile südlich von Enns gelegene Dorf als solches noch unbedeutender als Windhag: es zählte damals nicht viel mehr als 150 Einwohner. Aber er, der so sehr an der heimatlichen Scholle hing, war nun wieder in der Gegend, wo seine Wiege gestanden und wo er seine Kindheit ver-

---

[1]) Biographisches Jahrbuch und Deutscher Nekrolog. Herausg. v. A. Bettelheim. I. Bd. Berlin 1897. S. 311.

lebt hatte, in der eigentlichen Heimat, die er im Norden des Landes schwer genug vermisst haben wird. Dazu kam der glückliche Zufall, dass sich jetzt ein Bauer fand, von dem er ein Klavier entleihen konnte — ein nicht hoch genug zu veranschlagender Gewinn für sein häusliches Musizieren, für Studium und Schaffen. Endlich scheinen sich aus jener Zeit die engen Beziehungen herzuschreiben, in denen Bruckner zeitlebens zu dem Stadtpfarrhof von Steyr stand. Etwa zweieinhalb Stunden südlich von Kronstorf auf einer von den hier sich vereinenden Wassern der Enns und Steyr gebildeten Halbinsel gelegen, hatte diese Stadt, die heute vor allem als einer der wichtigsten und reichsten Fabrikorte Oesterreichs bekannt ist, damals noch in viel höherem Grade ihren altertümlichen Charakter bewahrt, als das jetzt noch der Fall ist. Aber was unseren Bruckner mehr als alles andere nach Steyr in die schöne gotische Pfarrkirche ziehen mochte, das hebt schon eine alte Beschreibung der Stadt als ganz besondere Vorzüge hervor: „Die Orgel ist gross und gut, ein Werk des berühmten Krismann aus Laibach; sie hat 26 Register. 1772 wurde mit diesem Orgelbauer ein Kontrakt gemacht auf 2500 fl. ohne Kasten; ein Guttäter gab dazu 1000 fl., der Abt zu Garsten 1500 fl., die Stadt 1500 fl. und das Kirchenbauamt zum Kasten 1000 fl. . . . Die Kirchenmusik ist vortrefflich besetzt, und an grösseren Festen sammeln sich noch mehrere Dilettanten, um die Feier des Gottesdienstes zu erhöhen[1])."

Was ihm die kleinlichen Verhältnisse seines neuen Wirkungsortes an musikalischen Anregungen versagten, das konnte sich Bruckner nun in dem nahen Steyr holen, und die freundliche Aufnahme, die er im Pfarrhofe fand, bewirkte es, dass ihm gerade diese Stätte besonders ans

---

[1]) Fr. X. Pritz, Beschreibung und Geschichte der Stadt Steyr und ihrer nächsten Umgebungen. Linz 1837. S. 19.

'Herz wuchs. Nächst St. Florian ward Steyr derjenige Ort seiner engeren Heimat, zu dem es ihn auch späterhin von Wien aus am stärksten und häufigsten hinzog. Oft verbrachte er noch als alter Mann dort die Sommerferien, zum Beispiel 1886, und zum letzten Male wenige Jahre vor seinem Tode 1894. Damals, da er schwerkrank schon die Schwingen des Todes um sein Haupt mochte rauschen hören, hat er in einer letztwilligen Verfügung dieser seiner Anhänglichkeit an Steyr selbst einen rührenden Ausdruck gegeben, indem er bestimmte, dass, wenn aus irgendeinem Grunde sein Wunsch, unter der grossen Stiftsorgel in St. Florian beigesetzt zu werden, nicht in Erfüllung gehen könne, er auf dem Steyrer Friedhofe seine letzte Ruhestätte finden wolle.

Dazu kam noch, dass in dem nahen Enns als Chorregent L e o p o l d v o n Z e n e t t i (1805—1892) lebte, der für Bruckners weitere musikalische Ausbildung von Bedeutung wurde. Zenetti wird als Organist gerühmt, und Bruckner nahm die Gelegenheit wahr, sich unter seiner Anleitung in der Harmonielehre zu vervollkommnen. Wie es scheint (vgl. Gräflinger S. 12), benutzte Zenetti dabei die einst berühmte, 1791 zuerst erschienene „Anweisung zum Generalbasspielen" von D. G. T ü r k (1750—1813), dem Lehrer Carl Loewes. Eine angebliche Komposition Bruckners aus jener Zeit, ein vierstimmiges „Exaudi" (Allerheiligen-Litanei) mit Begleitung von drei Posaunen druckt Gräflinger (a. a. O. S. 11) ab. Selbst wenn dieser kurze Satz tatsächlich von Bruckner geschrieben sein sollte (was mir sehr zweifelhaft vorkommt und von einem Kenner wie Musikdirektor Franz Bayer in Steyr energisch bestritten wird), ist er von Gräflinger jedenfalls in einer so verstümmelten Form mitgeteilt, dass er keinen Schluss auf Bruckners damalige kompositionstechnische Gewandtheit erlaubt. **Inhaltlich** besagt er so gut wie nichts.

Am 7. Februar 1833 hatte Kaiser Franz I., um eine sorgfältigere Ausbildung der Lehramtskandidaten für Trivial- und Hauptschulen zu erzielen, bestimmt, dass keinem Lehrer das Bestätigungsdekret bewilligt werden solle, der nicht wenigstens drei Jahre lang in allen Beziehungen zur Zufriedenheit gedient hätte[1]). Im Jahre 1845 war diese dreijährige Wartezeit für Bruckner beendet. Er unterzog sich in Linz der Konkursprüfung, und man kann es wohl als Zeugnis für deren guten Ausfall, wie auch für seine sonst bewiesene Brauchbarkeit ansehen, dass er darauf sofort Anstellung als Lehramtsgehilfe gerade in St. Florian fand, womit ihm selbst gewiss ein Herzenswunsch in Erfüllung gegangen ist. Es war wohl zur Zeit dieser Konkursprüfung, dass er sich an der Normalhauptschule zu Linz auch „im allgemeinen Musikfache und insbesonders in der Harmonie- und Generalbasslehre" einer „ordentlichen Prüfung" unterzog. Das vom 24. Juni 1845 datierte Zeugnis über die am 29. Mai abgehaltene Prüfung besagt, dass Bruckner „in der allgemeinen Musiktheorie die I. Klasse mit Vorzug, in der Harmonik und im praktischen Orgelpiel" die gleiche Note erhalten „und zugleich auch in der Vokal- und Instrumentalmusik, namentlich im Choral- und Figuralgesange sehr empfehlenswerte Kenntnisse und Fertigkeit bewiesen" habe.

In St. Florian begann für unseren Meister nun in jeder Beziehung eine bessere Zeit. Er kam in eine seiner würdigere äussere Umgebung, seine Einkünfte vermehrten sich — er bezog als „I. sistemisirter Schulgehilfe" (wie es in dem Anstellungsdekret vom 25. September

---

[1]) Edlbacher a. a. O. S. 372.

1845 heisst) eine Besoldung von jährlich 36 fl. —, er wurde als Gesanglehrer für die Stiftssängerknaben verwendet und vollends mochte er sich wie ein König vorkommen, als ihm 1848 die Stelle eines (zunächst supplierenden) Stiftsorganisten übertragen wurde[2]), die ihm (seit 1851, dem Jahr seiner definitiven Anstellung) nicht nur jährlich 80 fl. nebst freier Station eintrug, sondern auch für seine künstlerische Weiterentwicklung als höchst segensreich sich erweisen musste. Die hier sich bietende Gelegenheit zu seiner musikalischen Fortbildung hat denn auch Bruckner mit jener rastlosen, nimmermüden Energie ausgenutzt, die ihm von Jugend auf eigen war. „Wer einmal meine Biographie schreibt," so äusserte der Meister später einem Freunde gegenüber, „der soll anführen, dass ich in St. Florian täglich zehn Stunden Klavier und drei Stunden Orgel spielte; die übrige Zeit blieb für andere Obliegenheiten und für die Erholung." Selbst wenn — wie ja wohl anzunehmen ist — die Länge der Erinnerung diese Aeusserung etwas hyperbolisch gemacht haben sollte, kann man sich aus ihr einen Begriff davon machen, wie fleissig Bruckner damals gewesen ist. Und dieser Eifer sollte denn auch gar bald seine schönen Früchte tragen. Schon im März 1848 konnte ihm Kattinger, dem er zweifellos musikalisch viel zu verdanken hatte, bei seinem Weggang von St. Florian ein höchst ehrenvolles Zeugnis ausstellen. Um das, was er erreicht hatte, nun auch von berufenen Autoritäten anerkannt zu sehen, machte Bruckner sich im Jahre 1853 nach Wien auf und stellte sich drei zu ihrer Zeit

---

[2]) Eine mittelbare Folge des 1848er Sturmes: Kattinger, der bisherige Organist, der Stiftsbeamter gewesen war, kam als kaiserlicher Steuerbeamter nach Kremsmünster, und so konnte Bruckner statt seiner Stiftsorganist' werden.

eines hohen Rufes geniessenden Musikzelebritäten vor. Es waren dies der berühmte Musiktheoretiker und Organist **Simon Sechter**, der als Komponist wertvoller Messen bekannt gewordene **Ignaz Assmayer** (1790—1862), ein Schüler Michael Haydns und als zweiter Wiener Hofkapellmeister Nachfolger Josef Weigls, des Schöpfers der „Schweizerfamilie", und **Gottfried Preyer** (1807—1901), der als Schüler Sechters schon einer jüngeren Generation angehörte. Vor diesen Männern legte Bruckner eine Probe seines Könnens als Orgelspieler ab, die, wie nicht anders zu erwarten, glänzend ausfiel.*)

Wie schon in Windhag und Kronstorf hat Bruckner auch in St. Florian über dem fleissigen Ueben auf Klavier und Orgel das Komponieren keineswegs vergessen. Aus dieser Zeit stammen seine ersten durch den Druck bekannt gewordenen Arbeiten. Das Organistenamt und die Möglichkeit, gerade derartige Werke sofort auch zur Aufführung bringen zu können, mochten vielleicht mehr noch als der innere Drang Bruckner dahin führen, dass er sich in dieser Zeit vornehmlich auf dem Gebiete der kirchlichen Tonkunst schaffend betätigte. Ein Requiem in D-moll (für 4 Singstimmen, Streichquintett, 3 Posaunen, im Benedictus 2 Hörner), dessen Manuskript nach Brunners Angabe (a. a. O., S. 10) das Datum 14. März 1849 trägt, verdient als des Meisters erster Versuch in einer grösseren (zyklischen) Form besondere Erwähnung. Es war dem Andenken eines verstorbenen Gönners, der ihm

---

[1]) So die wohl auf Bruckners eigene Erzählung zurückgehende Überlieferung. Als urkundlichen Beleg finde ich nur ein vom 9. Oktober 1854 datiertes Zeugnis, in dem Assmayer bekundet, dass Bruckner „bey vorgenohmener Prüfung desselben sich als ein gewandter und gründlicher Organist erwiesen habe."

ein Klavier vererbt hatte, gewidmet[1]) und soll ausser in St. Florian auch in Steyr und Kremsmünster aufgeführt worden sein. Nach Bruckners Tode kam es in Wien zu Gehör (1896). Gedruckt ist es nicht. Zwei Partiturseiten hat Gräflinger (a. a. O. S. 150) im Faksimile veröffentlicht.

Wenn Bruckners eigene Aussage über die Zeit, die er in St. Florian täglich auf technisch-musikalische Studien verwendete, nicht gänzlich aus der Luft gegriffen sein soll — und das ist bei Bruckners strenger Wahrheitsliebe gewiss nicht anzunehmen —, so könnte man eigentlich kaum glauben, dass ihm noch viel Musse geblieben sei, um auch ausserhalb der Musik seine allgemein-geistige Bildung zu erweitern und zu vertiefen. Trotzdem berichtet man, dass Bruckner in den Jahren 1850 und 1851 den (1850 eingeführten) z w e i j ä h r i g e n verbesserten Präparandenkurs in Linz mitgemacht hat[2]), und der Welser Oberlandesgerichtsrat Karl Seiberl erzählt in seinen Erinnerungen an Bruckner[3]), dass dieser in der Mitte der 50er Jahre als Extraneer die damals aus zwei Jahrgängen bestehende Unterrealschule besucht und um dieselbe Zeit bei einem St. Florianer Chorherrn eifrige, später, als er schon Domorganist in Linz war, bei einem Obergymnasiasten fortgesetzte Lateinstudien betrieben habe.

[1]) Das kann niemand anders als der 1848 verstorbene St. Florianer Stiftshofschreiber Seiler gewesen sein, den die Familie Bruckner seit dem Tode von Antons Vater kannte (s. Gräflinger, S. 13). Nach Gräflinger wurde das D-Moll-Requiem später dem Steyrer Musikdirektor Franz Bayer gewidmet.

[2]) Die betreffenden Zeugnisse teilt Gräflinger (a. a. O. S. 14) mit. Die Unterrichtsgegenstände des Kurses waren danach: Religionslehre, Deutsche Sprache, Geographie, Geschichte, Mathematik und Geometrie, Naturgeschichte, Naturlehre, Schönschreiben. In allen Fächern erhielt Bruckner die Zensur: sehr gut.

[3]) Gräflinger S. 100—106.

Dass Bruckner schon früher sich um Kenntnisse in der lateinischen Sprache bemühte, wissen wir aus dem Zeugnis, das ihm der Windhager Pfarrer im Januar 1843 ausstellte. Und auch das hat seine Richtigkeit, dass er die zweijährige Unterrealschule besucht oder doch die betreffenden Prüfungen gemacht hat. Nur geschah das nicht, wie Seiberl meint, Mitte der 50er Jahre, sondern (laut den erhaltenen Zeugnissen) in den Jahren 1850 und 1851, also zur gleichen Zeit, da Bruckner (nach Gräflinger) den „verbesserten" Präparandenkurs in Linz mitgemacht hat. Das heisst also: dieser zweijährige Kurs bestand eben in dem Besuch der Unterrealschule oder war doch damit verbunden. Am 25. und 26. Januar 1855 hat Bruckner dann noch die sogenannte Hauptlehrerprüfung abgelegt und mit ihrem Bestehen die Qualifikation als Lehrer an Hauptschulen erlangt. Es erscheint bemerkenswert, dass sowohl das Zeugnis über die Hauptlehrerprüfung als auch die Zeugnisse der drei ersten Unterrealschul-Kurse in allen Lehrgegenständen die Note: sehr gut aufweisen. Beim 2. Kurs der 2. Klasse der Unterrealschule brachte es der Meister in zwei Fächern nur bis zur Note: gut — im schriftlichen Aufsatz und in der Technologie.

Warum Bruckner in den 50er Jahren Latein studiert, dafür gibt Seiberl eine seltsame Erklärung. Er habe nämlich damals daran gedacht, J u r i s p r u d e n z zu studieren, um kaiserlicher Beamter zu werden. Wenn Bruckners Bruder Ignaz erzählt, dass Anton es später oft „skrupelhaft" bereute, nicht „studiert" zu haben, so könnte man das vielleicht darauf beziehen, dass er diese Juristenpläne, die uns heute kaum glaublich vorkommen, gegen Ende der 50er Jahre endgültig wieder aufgab, und zwar möglicherweise unter dem Einfluss Seiberls. Dass aber unser Meister seinen Lebensweg sich selbst in jener Zeit noch nicht durch seine musikalische Begabung fest vorgezeichnet fühlte, ist auch anderweitig bezeugt. Seit dem Jahre 1851 liess er sich aushilfsweise in der Bezirksgerichtskanzlei zu St. Florian verwenden, und zwar nicht etwa um seine pekuniären Verhältnisse durch ein Nebeneinkommen zu verbessern, sondern völlig unentgeltlich — und am 25. Juli 1853 richtete er an die „hohe k. k. Organisirungs-Commission für das Kronland Oesterreich ob der Enns" ein Gesuch: die Commission wolle ihm bei Besetzung der künftigen k. k. Gerichtsstellen eine Kanzlisten- oder eine seinen nachgewiesenen Kenntnissen und Fähigkeiten angemessene Dienstesstelle in hoher Gnade erteilen". Dieses Gesuch wurde unterm 9. Oktober 1854 abschlägig beschieden.

Wir sehen also, dass Bruckner unter widrigen äusseren Verhältnissen sich eine S c h u l bildung aneignete, die über das von der damaligen Volksschule Gebotene beträchtlich hinausging. Es erscheint aber bemerkenswert, dass er sich all das offenbar doch nicht aus eigentlichem Bildungs- und Wissenstrieb erwarb, sondern in der einzigen Absicht, zu einer ökonomisch besseren und sozial gehobenen Lebensstellung zu gelangen. Seine Studien beweisen mehr für seinen, wenn ich so sagen darf, „bürgerlichen" Ehrgeiz und seine gesellschaftliche Strebsamkeit als für seinen Bildungshunger. Deshalb stehen sie auch in keiner Weise in Widerspruch mit der unleugbar feststehenden Tatsache, dass der spätere Bruckner auf solche, die ihn näher kannten, den Eindruck eines Mannes machte, der nicht nur auf a l l e n aussermusikalischen Gebieten in erstaunlich hohem Grade ungebildet war, sondern auch, abgesehen von seiner Musik, so gut wie gar keine geistigen Interessen kundgab. Franz Brunner berichtet nach mündlicher Ueberlieferung, dass Bruckner bei seinen Studien eine besondere Vorliebe für Physik und Latein gezeigt habe. Von dieser Vorliebe für die Naturwissenschaft war in seinen alten Jahren ganz und gar nichts mehr bei ihm zu verspüren, und seine Kenntnis der lateinischen Sprache schien — soweit das aus seiner Unterhaltung zu ersehen war — durchaus nicht über das Mass dessen hinauszugehen, was langjährige Beschäftigung mit den liturgischen Texten der katholischen Kirche bei einigem grammatischen Elementarwissen von selbst zeitigen muss[1]). So will es mir scheinen, als ob Brunner, und nach ihm Gräflinger, in der Begeisterung für den Meister einem Fehler verfallen seien, zu dem uns Pietät und Enthusiasmus nur allzu leicht verführen; dass sie nämlich, in dem Bestreben, auf ihr Ideal alle nur denkbaren Vorzüge zu häufen, sich gescheut haben, offenkundige Schwächen und Mängel einzugestehen, von denen sie fürchten mochten, dass sie dem geliebten und verehrten Manne von Feindlichgesinnten zum Vorwurfe gemacht werden könnten. Eine solche Schönfärberei mag unter Umständen — in Zeiten des Kampfes — ein Gebot taktischer Klugheit sein. Aber der wahren und tiefen Erkenntnis einer originellen Individualität schadet sie auf alle Fälle. Denn deren Wert und Bedeutung beruht gerade auf ihrer Eigenart, darauf, dass sie n i c h t so ist, wie andere. Den Vorzug, auf der Höhe der allgemeinen Geistesbildung seiner Zeit zu stehen, würde Bruckner mit Tausenden und Abertausenden von Mitlebenden zu teilen gehabt haben. Aber dass er, ein genialer Musiker der zweiten Hälfte des 19. Jahrhunderts, so ganz und gar ausserhalb des geistigen Lebens seiner Zeit stand, dass er von dem, was wir anderen moderne Wissenschaft und Kunst nennen, durchaus keinen Begriff hatte, dass er in allem und jedem —

---

[1]) Beethoven hat es freilich nicht einmal so weit gebracht, den Messetext ohne Uebersetzung verstehen zu können.

wenn wir von der Musik absehen — in einer ganz anderen, uns völlig fremden Welt lebte, gerade das macht einen wichtigsten Bestandteil seiner E i g e n a r t aus. War dieser Mangel einerseits eine Schwäche, so bedeutete er auf der anderen Seite ebenso unleugbar eine Stärke. Denn jeder geistige Besitz muss e r k a u f t werden; um jedes geistige Gut, das wir uns erwerben, müssen wir ein anderes — und wie oft ein wertvolleres! — dahingeben. Wenn es wahr ist, dass *Chacun a le défaut de sa vertu*, so dürfen wir auch nicht vergessen, dass umgekehrt ebenso jedem Mangel sein korrelativer Vorzug entsprechen muss, — vorausgesetzt, dass es sich überhaupt um eine geistig bedeutende Natur handelt. Und wie der ausserhalb der Zivilisation stehende Naturmensch sich seine angeborenen I n s t i n k t e in der Regel reiner und gesünder zu erhalten vermag als der Kulturmensch, so ist es Bruckner ganz gewiss in vieler Beziehung auch zugute gekommen, dass er nichts wusste von dem, was „der Verstand der Verständigen" sieht und — nicht sieht. Auf keinen Fall hat es aber irgendeinen Wert, an Stelle des konkreten Bruckner, wie er wirklich war, ein abstraktes Idealbild zu setzen. Und wenn wir diese konkrete Erscheinung zeichnen wollen, so dürfen wir schon deshalb ihre Mängel nicht vergessen, weil es ohne solche eben gar keine b e s t i m m t e Individualität gibt — gemäss dem alten Satze des Spinoza: *Omnis determinatio est negatio*, das heisst, weil mit jedem Prädikate, das wir einem Subjekte beilegen, schon *implicite* ein anderes ihm eben dadurch abgesprochen wird.

Am 9. November 1855 starb der Linzer Domorganist Wenzel Pranghofer. Schon am 13. des gleichen Monats fand ein Probespiel für die p r o v i s o r i s c h e Besetzung des durch diesen Todesfall erledigten Postens statt. Auch Bruckner beteiligte sich an der Konkurrenz, und zwar soll (nach einer von Gräflinger überlieferten, meines Erachtens recht wenig wahrscheinlichen Erzählung Karl Waldecks, des Nachfolgers Bruckners an der Linzer Domorgel) diese Beteiligung lediglich einem Zufall zu verdanken gewesen sein: der Linzer Klavierstimmer Just sei an jenem Tage zur Stimmung der Orgel in St. Florian gewesen; er habe Bruckner gefragt, warum er nicht nach Linz zur Organistenprüfung gegangen sei, und ihn so lange beredet, bis dieser — wie er ging und stand — sich aufmachte und nach Linz fuhr. (Gräflinger S. 17.) So wurde Bruckner zunächst provisorisch Dom- und Stadtpfarrorganist in der Landeshauptstadt Linz. (Anstellungsdekret vom 14. November 1855.) Die Prüfung für die definitive Besetzung der Stelle war am 25. Januar 1856. Die musikalischen Mitglieder der Prüfungskommission waren der als Männergesangskomponist bekannt gewordene Anton M. Storch (1815 bis 1887) und Professor J. Aug. Dürrnberger, Musiklehrer an der Linzer Präparandie. Dieser letztere stellte die den Kandidaten aufgegebenen Themen. Mitbewerber waren neben Bruckner: Georg Müller, Privatmusiklehrer in Linz, Ludwig Paupie, Stadtpfarrorganist in Wels und Raimund Hain, Unterlehrer an der Linzer St. Matthias-Pfarrschule und Organist daselbst. In dem Protokoll über den Verlauf der Prüfung heisst es von Bruckner: „Anton Bruckner wurde aufgefordert, ob er das von Paupie als zu schwer zurückgelegte Thema in C min. übernehmen wolle? wozu er sich auch sogleich bereit erklärte und sowohl dasselbe in einer streng kunstgerechten, vollständigen Fuge, als auch die ihm aufgelegte schwierige Choralbegleitung mit so hervorragender Gewandtheit und Vollendung zum herrlichsten Genusse verarbeitet und ausgeführt hat, dass dessen ohnedies in der praktischen Behandlung der Orgel, wie nicht minder in seinen bekannten sehr gediegenen Kirchenmusik-Kompositionen bewährte Meisterschaft sich neuerlich mit aller Auszeichnung fest erprobte. Die Resultate dieser individuellen Leistungen haben sonach von selbst zu dem allseitig gleichen Erkenntnisse und zu dem ganz einhelligen Urteile geführt, dass unter allen vorstehenden Konkurrenten dem Anton Bruckner in vollster Gerechtigkeit entschieden nicht nur weitaus der Vorzug gebührt, sondern dass in Erwägung der wichtigen und einflussreichen Stellung eines Domorganisten überhaupt zur Ehre der ersten und obersten Kirche in der ganzen Diözese, in Erwägung seines nächsten Berufes als Vorbild und Muster wahrer erhabener kirchlicher Kunstübung für alle Organisten der Diözese, und in Erwägung der daraus von selbst hervorgehenden Notwendigkeit grundhältiger allgemeiner Anerkennung und Achtung der Autorität seiner Person im grossen wissenschaftlichen und technischen Bereiche dieses Faches, insbesondere in Fällen verlangter Belehrung, Unterweisung oder klarer Lichtung vorkommender Zweifel für jeden wahrhaft Fachbeflissenen, auch einzig nur Anton Bruckner auf Grund seiner langjährigen, sehr verdienstlichen ebenso eifrigen Studien, als unermüdeten technischen Ausbildung, als für diesen Beruf durchwegs vollkommen gewachsen und würdig erkannt werden kann[1].“

Die Berufung zum Linzer Domorganisten brachte für Bruckner zunächst einmal eine Verbesserung seiner pekuniären Lage: er bezog in Linz ein jährliches Fixum von 448 fl. und ausserdem noch 72 fl. 37 Kr. an Stiftungsgebühren. Dabei muss man freilich bedenken, dass er in St. Florian freie Station gehabt, während er in Linz zwar freie Wohnung hatte, aber für die Beköstigung selbst aufkommen musste. Seine Schullehrzeit war

---

[1] Der ganze Wortlaut des Protokolls bei Gräflinger S. 21 ff.

jetzt zu Ende. Denn auch nachdem er Stiftsorganist geworden, war er nebenbei in St. Florian immer noch Lehrer geblieben. Wenn Brunner (a. a. O., S. 11) sagt: „Die Orgel erlöste Bruckner ganz aus der Dienstbarkeit der Schule", so hat er damit gewiss wenigstens so weit recht, dass dem eigenen Gefühle des Meisters das Aufhören der Schulmeisterei damals als eine Befreiung vorkommen musste. Immerhin hat Bruckner später oft und gern an seine Lehrerzeit sich erinnert, mit Vorliebe Lehrern gegenüber seine Zugehörigkeit zu ihrem Stande bekannt und manchmal wie zur Entschuldigung der kleinen Pedanterien, die ihm in seiner Kunst wie in der Lebensführung eigen waren, gemeint: „Ich bin halt ein Schulmeister." Und jedenfalls ist ihm die pädagogische Praxis späterhin sehr zugute gekommen, als er in Wien am Konservatorium wie an der Universität und privatim als vielbegehrter und von seinen Schülern begeistert verehrter musikalischer Lehrer zu wirken hatte. Denn dass Brunner unrecht hat, wenn er meint, dass „das Unterrichten anderer sicherlich nie zu den starken Seiten in Bruckners Veranlagung gehört habe", werden wohl alle seine zahlreichen Schüler zu bezeugen gleich gern bereit sein.

In Linz kam Bruckner in ganz andere Verhältnisse, als er sie bis dahin kennen gelernt hatte. Die musikalischen Anregungen, die er hier empfangen konnte, waren nicht nur zahlreicher und stärker, sondern, was von besonderer Wichtigkeit war, sie blieben nicht ausschliesslich, wie in St. Florian, auf die geistliche Tonkunst und die Kammermusik beschränkt. Der Welt des grossen Orchesters, der Konzert- und Theatermusik durfte der Meister in der Landeshauptstadt zum ersten Male nähertreten, und das wurde für seine gesamte künstlerische Weiterentwicklung von entscheidender Bedeutung. Dazu gewann er sich an dem Linzer Bischof Rudigier einen hohen Gönner, der ihn nach den verschiedensten Richtungen hin förderte und unterstützte.

Franz Josef Rudigier, der fünfte Bischof der jungen, 1785 durch Kaiser Josef II. gegründeten Diözese Linz, war am 6. April 1811 als Sohn eines Bauern in Patenen, dem hintersten Dorfe des Montavon (Vorarlberg) geboren. Nachdem er nach Absolvierung des Innsbrucker Gymnasiums 1831 als Alumnus in das Priesterseminar zu Brixen eingetreten war und am 12. April 1835 die Priesterweihe empfangen hatte, wirkte er drei Jahre lang als Seelsorger (Frühmesser) in der Vorarlberger Heimat. 1838 wird er zum Besuch des höheren geistlichen Bildungsinstituts St. Augustin nach Wien geschickt und bereits im folgenden Jahre ist er supplierender Professor des kanonischen Rechts und der Kirchengeschichte in Brixen. Nun geht seine Laufbahn rasch aufwärts. 1841 wird ihm das Lehramt der Moraltheologie übertragen, 1845 ist er Hofkaplan und Spiritualdirektor an St. Augustin in Wien, 1848 Propst von Innichen (Tirol), 1850 Domherr und Seminarregens in Brixen, und wird am 19. Dezember 1852, erst 41jährig, als Nachfolger des Gregorius Thomas Ziegler zum Bischof von Linz ernannt, als welcher er am 10. März 1853 die päpstliche Konfirmation erhält.[1]) Ueber ein Vierteljahrhundert bis zu seinem am 29. November 1884 erfolgten Tode verwaltete Rudigier die Linzer Diözese und erwies sich dabei als ebenso intelligent wie energisch und rastlos tätig für die Interessen der Kirche. „Franz Josef", so charakterisiert ihn der Geschichtschreiber des Bistums (a. a. O., S. 285 f.), „war herrlich ausgestattet mit Gaben der Natur und Gnade; ein heller, durchdringender

[1]) Vgl. Mathias Hiptmair, Geschichte des Bistums Linz. Linz 1885. S. 221 f.

Geist wohnte in dem wohlgebauten, imponierenden Körper, dem selbst keine Arbeitslast zu gross, der, wo alle erlahmten, keine Ermüdung kannte, der stark blieb bis zur eisigen Umarmung des Todes. Dieser klare Geist war ausgerüstet mit dem umfassendsten, zähesten Gedächtnisse und besass einen Willen, fest und unbeugsam, wie Stahl und Diamant. Wo Franz Josef auftrat, war er ein ganzer Bischof, am Altare, auf der Kanzel, im privaten Umgange nicht minder, wie im amtlichen Verkehre. Voll majestätischer Haltung und Bewegung, und doch so herablassend, von Feinheit der Manieren, herzgewinnender Huld, hochgebildet und gewandt, auch den schwierigsten Lagen gewachsen, eine Natur zum Herrschen geboren: so erschien dieser seltene Mann unter uns, so wandelte er mit einer Art Unwandelbarkeit immer und jedesmal vor unseren Augen." Anders als dieser Panegyrikus würde es freilich klingen, wenn wir eine „liberale" Stimme über Bischof Rudigier vernehmen wollten. Denn er, von dem Hiptmair (S. 285) selbst meint, dass er in mancher Beziehung eine Pius IX. innerlich verwandte Natur gewesen sei, zeigte sich in jeder Beziehung auch als ultramontaner Heisssporn, als unerbittlicher und unversöhnlicher Gegner des modernen Staatsgedankens, als intransigent und jedem Kompromisse unzugänglich, wenn es galt, die Ansprüche und prinzipiellen Auffassungen des Romanismus zu vertreten. Den Gesetzen vom 25. Mai 1868, die in bezug auf Schulwesen, Eherecht (Not-Zivilehe) und die interkonfessionellen Verhältnisse der paritätischen Staatsidee in Oesterreich zu ihrem Recht verhelfen sollten, setzte er einen so scharfen, gegen die Autorität des Staates in so revolutionärer Weise sich auflehnenden Widerstand entgegen, dass ihn nur die Gnade des Kaisers vor Gefängnisstrafe bewahren konnte. Dass ein solcher Mann sich zum mindesten ebenso viele Feinde und Widersacher erwerben musste, wie Freunde und Bewunderer, erscheint nur allzu begreiflich. Aber auch der ritterliche Gegner sollte das Imponierende einer solchen Erscheinung nicht verkennen, den hohen moralischen Mut, der sich auch in solchem: „Hier stehe ich, ich kann nicht anders" ausspricht, und die heldenhafte Bekenntnistreue, die selbst vor dem Martyrium nicht zurückschreckt, wo es sich um das handelt, was ihr nun einmal der Inbegriff aller Wahrheit und Heiligkeit ist. Wie immer das Ideal sein möge, für das einer kämpft, wenn er nur kämpft, und wenn es nur ein Ideal ist, für das er kämpft: mit ethischem Masstabe gemessen, verdient ein solcher Kämpfer immer und jederzeit die pietätvolle Sympathie selbst derer, die mit derselben Entschiedenheit im gegnerischen Lager stehen.

Wie überhaupt der Organisation des katholischen Gedankens in seiner Diözese, so wandte Franz Josef in Sonderheit auch der Pflege kirchlicher Kunst seine volle Aufmerksamkeit zu. Im Jahre 1859 wurde ein oberösterreichischer „Verein für kirchliche Kunst" gegründet, der auch eine Sektion für Kirchenmusik in sich befasste, bis man im Jahre 1875 zur Gründung eines eigenen Cäcilienvereins schritt[1]). Bruckner erfreute sich von Anfang an der ganz besonderen Gunst des Bischofs. Das Orgelspiel des Meisters wurde von ihm hochgeschätzt; es war ihm eine Quelle der Erhebung und Erbauung, und als Bruckner schon längst nach Wien übergesiedelt war, verlangte es den Kirchenfürsten noch oft nach dieser Herzstärkung, so dass er den Künstler besonders nach Linz berief, um sich den Genuss seiner wunderbaren Tonphantasien zu verschaffen. Wenn dann wieder einmal der Künstler ihm die schweren Sorgen seines Amtes auf kurze Augenblicke

---

[1]) Hiptmair a. a. O. S. 229.

verscheucht hatte, da mochte er sich wohl mit König Saul vergleichen, den voreinst das Harfenspiel des „Knaben David" von düsterster Melancholie geheilt. Brunner erzählt (a. a. O., S. 19 f.) einige bezeichnende Züge, aus denen hervorgeht, wie hoch Bruckner von Bischof Rudigier geschätzt wurde, — darunter den, dass er „des Künstlers Gruss jedesmal in einer besonders auszeichnenden Weise erwiderte, die er sonst nur hohen Würdenträgern gegenüber übte."

Am 8. Dezember 1854 hatte Papst Pius IX. das Dogma von der unbefleckten Empfängnis Mariä proklamiert. In seinem Fastenhirtenbriefe von 1855 kündigte Rudigier an, dass es sein Wunsch sei, es möge zu Ehren dieses neuen Dogmas ein neuer Dom zu Linz aus freiwilligen Beiträgen der Diözese errichtet werden. Sieben Jahre später, am 1. Mai 1862, konnte die feierliche Grundsteinlegung des Gotteshauses stattfinden, das nach den Plänen des Dombaumeisters Vincenz Statz in Köln erstehen sollte[1]. Bruckner ward zur musikalischen Verherrlichung dieser Feier berufen: der von ihm geleitete Männergesangverein „Frohsinn" sang eine Festkantate seiner Komposition, deren Text Dr. Max Pamesberger, den Gründer des katholischen Gesellenvereins in Linz und damaligen Redakteur der „Christlichen Kunstblätter", zum Verfasser hatte, und als am 30. September 1869 die Votivkapelle als der zuerst vollendete Teil des Domes eingeweiht wurde, kam Bruckners herrliche E-Moll-Messe zur Aufführung.

Am einschneidendsten hat Bischof Rudigier in die künstlerische Entwicklung Bruckners dadurch eingegriffen, dass seine Unterstützung es war, die dem Meister das Studium bei Simon Sechter in Wien ermög-

[1] Hiptmair a. a. O. S. 230 f.

lichte. Seit 1855 arbeitete Bruckner unter der Leitung Sechters. In den Jahren 1858—61, jeweils um Ostern und Weihnachten, wurde dem Linzer Domorganisten ein kurzer Urlaub von je drei Wochen gewährt, den er dazu benutzte, um in die Reichshauptstadt zu fahren und dort den Unterricht des berühmten Theoretikers aufzusuchen, den er fünf Jahre zuvor kennen gelernt hatte, als er vor ihm, Assmayer und Preyer eine Probe seines Könnens auf der Orgel ablegte. Bruckner war damals ein Mann von 32 Jahren, er hatte auf verschiedenen Gebieten der Tonkunst schon Leistungen hinter sich, die von sachkundigen Beurteilern in auszeichnender Weise anerkannt worden waren, er durfte vor allem als Orgelspieler bereits damals mit gutem Gewissen sich unter die ersten seines Landes zählen, er muss jedenfalls auch ein weit überdurchschnittlich gewandter und geschulter Kontrapunktiker gewesen sein, als er bei der Linzer Organistenkonkurrenz über das ihm vorgelegte Thema eine „streng kunstgerechte, vollständige Fuge" improvisierte, und auch als Kirchenkomponist erfreute er sich schon eines gewissen, wenn auch noch nicht in weitere Kreise gedrungenen Rufes. In Anbetracht all dieser Umstände mag man es vielleicht seltsam finden, dass Bruckner überhaupt das Bedürfnis in sich fühlte, noch einmal in die Lehre zu gehen. Unwillkürlich erinnert man sich dabei an Franz Schubert, der bekanntlich ganz kurz vor seinem Tode mit dem Gedanken umging, Schüler desselben Simon Sechter zu werden, dessen Unterweisung Bruckner jetzt suchte. Beide waren eben in der Hauptsache Autodidakten gewesen, und mehr noch als Schubert, der die harmonischere und glücklichere Natur und auch von den Zeitverhältnissen mehr begünstigt war, mochte Bruckner das Gefühl jener Unsicherheit empfinden, die sich einstellen muss, wenn einer, bei dem angeborener Charakter und äussere Verhältnisse ein festes, naives und ungebrochenes Selbstvertrauen nicht aufkommen liessen, die sichere Leitung und Lehre eines ihm als wirkliche Autorität geltenden Meisters in der Jugend hatte entbehren müssen. Glaubte aber Bruckner, dass er ohne einen Meister und auf sich allein angewiesen, mit seiner künstlerischen Weiterentwicklung nicht werde zustande kommen können, so war es fast selbstverständlich, dass er bei der Wahl des Lehrers auf Sechter verfiel. Denn dieser war gerade als Lehrer damals so berühmt und gesucht, dass in ganz Oesterreich — nach dem allgemeinen Urteile jener Zeit — eigentlich gar niemand anders in Betracht kommen konnte, wo ein Musikbeflissener der höchsten Ausbildung in der Kompositionstechnik zustrebte. Ob aber, wenn wir heute zurückblicken und zusehen, welcher Art der Einfluss gewesen ist, den Sechter auf Bruckners Entwicklung ausgeübt hat, ob wir dann gleichfalls erachten werden, dass jener Theoretiker in jeder Beziehung der richtige Lehrer für ein halbwild aufgewachsenes Genie wie Bruckner war, und dass sich seine Unterweisung für diesen durchaus und überall als segensreich erwiesen habe, — um diese Frage zu entscheiden, müssen wir uns die merkwürdige Persönlichkeit Sechters und die Art seiner musikalischen Pädagogik etwas näher ansehen.

Simon Sechter war am 11. Oktober 1788 in Friedberg, einem kleinen Städtchen im äussersten Süden Böhmens, als Sohn eines Bindermeisters geboren. Nachdem er den ersten Musikunterricht vom elften Lebensjahre ab durch den Ortsschullehrer und Chorregenten Joh. Nep. Maxandt, und zwar in Singen, Flöte, Violine, später auch Klavier, empfangen hatte, gestaltete sich sein Lebensgang zunächst ganz ähnlich dem seines grössten Schülers. Er wurde mit 14 Jahren Schulgehilfe zu Pfarrkirchen in Oberösterreich und besuchte im folgenden Jahre (1803) den Präparandenkurs zu Linz. Doch war er nicht mehr genötigt, wieder in den Schuldienst zu treten, da der Hofrat Kowarz ihn 1804 als Korrepetitor seiner Kinder mit sich nach Wien nahm. Hier genoss er kurze Zeit den Unterricht des Albrechtsberger-Schülers Hartmann und des älteren Kotzeluch, bildete sich in der Hauptsache aber autodidaktisch weiter, indem er, gestützt auf eingehendes Studium der theoretischen Werke von Marpurg und Kirnberger, sein eigenes System ausbaute. 1811 wurde er Musiklehrer am Blindeninstitut, und, als der damals in Wien sehr einflussreiche Abbé Stadler, den er 1820 kennen gelernt hatte, ihm seine fördernde Protektion angedeihen liess, Mitglied der Hofkapelle, Hoforganist und 1851 Lehrer für Harmonie und Kontrapunkt am Konservatorium[1]).

Als Sechter am 10. September 1867, fast achtzigjährig, gestorben war, brachte die Leipziger Allgemeine Musikalische Zeitung aus der Feder seines Schülers Selmar Bagge eine Würdigung, die Wesen und Eigenart dieses seinerzeit weltberühmten Lehrers in treffender Weise charakterisiert: „Der Unterricht Sechters", heisst es da (1867, No. 39, S. 313), „war ein derart in das Detail des musikalischen Satzes vergrabender, dass, wer nicht schon vorher auf der freien Höhe des Schaffens gestanden, dabei alle Um- und Aussicht verlieren musste. Sechters Unterricht war demnach nur nützlich für den, welcher die Disziplinen genau und streng studieren wollte, ohne sich dadurch aber in seinen Ansichten über das Wesen der künstlerischen Produktion beirren zu lassen." Was dann weiter über die von Sechter vorgetragene Lehre selbst gesagt wird, gilt noch heute für den, der sich die

[1]) Vgl. ausser Riemann, Musiklexikon S. 1041 (den Prochazka, Arpeggien S. 57 nur ausschreibt) den Nekrolog der Wiener „Neuen Freien Presse" vom 11. September 1867.

Mühe nicht verdriessen lässt, das grosse dreibändige Hauptwerk des Theoretikers: „Die Grundsätze der musikalischen Komposition" (Leipzig 1853—54) eines genaueren Studiums zu würdigen: „Sechters System, auf dem Grund von Kirnberger weitergeführt, ist von einer Einfachheit, Klarheit und Konsequenz, die ihresgleichen suchen." Man kann ohne jegliche Uebertreibung behaupten, dass die schlimmste *crux* aller Theoriebeflissenen, in Sonderheit der Anfänger, bei Sechter überhaupt nicht vorhanden ist: die Regeln dieses Systems erleiden durchaus keine A u s n a h m e n, und gerade in dem, was andere Lehrer als solche mit den anfangs aufgestellten Normen in unvereinbaren Widerspruch tretende Ausnahmen behandeln müssen, findet Sechters Auffassung bei richtiger Auslegung oft die frappantesten B e s t ä t i g u n g e n der Gesetze. Freilich der Vorzug absoluter Vollständigkeit, die alle denkbaren Möglichkeiten zu erschöpfen sich vornimmt, wird erkauft durch eine höchst ermüdende Weitschweifigkeit, und die Gründlichkeit durch eine ebenso masslose Pedanterie. Um die uneingeschränkte Allgemeingültigkeit seiner Regeln durchführen zu können, musste Sechter alle „Freiheiten" des musikalischen Satzes verdammen, auch wenn sie sich bei den gediegensten Meistern vorfanden.

Hugo Riemann hat auf ein Grundgebrechen der Sechterschen Harmonielehre hingewiesen, dass sie nämlich — verführt durch die Möglichkeit von Sequenzen mit quintweise fallender Basstimme, bei denen jeder Baston einen leitereigenen Septakkord bzw. Dreiklang trägt — unterschiedslos jeden Ton der Dur- und Mollskala zum Träger einer selbständigen Grund-Harmonie erhebt, und dadurch sich um den Vorteil bringt, die Nebenakkorde einer Tonart in ihren tonalen Funktionen, das heisst in ihren Beziehungen zu den Hauptakkorden (als deren

„Stellvertreter") zu behandeln[1]). Diesem Fehler stehen aber andere Dinge gegenüber, die, zumal für seine Zeit, hoch verdienstlich waren: dass er die Rameausche Fundamentalbass-Theorie beibehält und ausserdem auch noch die reine Stimmung insoweit berücksichtigt, dass er zum Beispiel den sogenannten „Dreiklang der zweiten Stufe" in Dur n i c h t als reinen Molldreiklang ansieht. In der Modulationslehre zeichnet Sechter die eingehende Behandlung der diatonischen Modulation als der Grundlage a l l e r Tonartveränderung sehr vorteilhaft vor solchen „Praktikern" wie Ernst Friedrich Richter aus, die sich im wesentlichen darauf beschränken, rein mechanisch einige erprobte Hausmittel für die Modulation anzugeben. Das Prinzip, dass man, wie Bagge sich ausdrückt, „in keine Tonart übergehen könne, in der man nicht gleichsam schon mit einem Fuss stehe", wird strikte durchgeführt; und mit Recht rühmt derselbe Beurteiler das Gebäude der chromatischen Harmonik bei Sechter als „ein Wunderwerk von Scharfsinn und Konsequenz". Den modernen Musiker interessiert dabei speziell die Auffassung der durch eine übermässige Sext (bzw. verminderte Terz) charakterisierten Akkorde. Sechter nennt sie Zwitterakkorde, indem er sich denkt, dass zum Beispiel ein Zusammenklang f—a—h—dis entstanden sein könne entweder aus fis—a—h—dis durch chromatische Erniedrigung des fis, oder aus f—a—h—d durch chromatische Erhöhung des d. Im ersteren Falle würde der Akkord nach E, im zweiten Falle nach A gehören. Die zweite Auffassung ist die häufigere, da diesen Akkorden in der Regel der Quartsextakkord oder eine Dominantharmonie zu folgen pflegt. Nun ist es gewiss bemerkenswert, dass in allerneuester Zeit gerade auch die chromatische Erniedrigung der

---

[1]) Riemann, Musiklexikon S. 1041 und Geschichte der Musiktheorie S. 480 Anm.

Quint des Dominantseptakkords immer häufiger wird, das heisst, dass „Zwitterakkorde" auch in jener ersten Auffassung praktisch zur Anwendung gelangen. Ebenso verdient es eine Erwähnung, dass gerade Sechterschüler die ersten wirklich befriedigenden Deutungen Richard Wagnerscher Harmonik geliefert haben[1]).

Sechters Kontrapunktlehre war besonders dadurch merkwürdig, dass sie sich auch mit jenen spitzfindigsten Künsteleien noch abgab, die alle anderen Theoretiker schon zu seiner Zeit als wertlose Spielereien längst über Bord geworfen hatten. Hier wird der doppelte Kontrapunkt nicht nur in allen denkbaren Intervallen ohne Ausnahme durchgeführt — wo dann zum Beispiel der in der Quart einen Satz erfordert, in dem überhaupt kein Intervall mehr als Konsonanz behandelt werden darf —, sondern es werden diese verschiedenen Arten schliesslich, soweit es nur irgend möglich, auch noch untereinander kombiniert. Ob das, was dabei dann herauskommt, noch den Namen Musik verdiene, beachtet Sechter gar nicht, wenn sich nur ein Satz ergibt, der gegen keine der von ihm aufgestellten Regeln verstösst. Ebenso wurde der Kanon — den er wie auch die Fuge in seinem gedruckten Werke nicht mehr behandelt hat — auf wahrhaft „erschöpfende" Weise traktiert, und von den bei Sechter vorgenommenen Uebungen in der Fugenkomposition meint Bagge, dass dabei „die schwierige Frage der Beantwortung der Themen sehr treffend gelöst" wurde, dass aber „nie ein Ganzes entstand, sondern nur Stücke, die zur Fuge gehören, deren Vereinigung zu einem harmonischen Kunstwerk nicht ernstlich versucht wurde."

[1]) Vgl. z. B. Carl Mayrberger, Die Harmonik Richard Wagners, Bayreuther Blätter 1881 S. 169—180 und Josef Schalk, Das Gesetz der Tonalität, ebenda 1888 S. 192—197, 381—387, 1889 S. 191—198, 1890 S. 65—70.

So trocken Sechters Unterricht war, der ganzen Natur des Mannes und seiner handwerksmässigen Auffassung vom Wesen der Kunst entsprechend, so fehlte es ihm doch nicht an einer eigenartigen Würze. Trug ihm nämlich ein Schüler irgendein Bedenken bezüglich einer ihm nicht ganz klar gewordenen Sache vor, so liebte er es, die Frage „mit derbkomischen Analogien und Vergleichen zu illustrieren, und war darin manchmal so glücklich, dass Lehrer und Schüler sich vor Lachen kaum mehr zu fassen wussten und das helle Wasser aus den Augen rann" — eine Gewohnheit, die sich Bruckner für seinen späteren eigenen Unterricht angeeignet hat. „Sebastian Bach schätzte Sechter ausserordentlich. Es war ein grosses Vergnügen und höchst belehrend, Bachsche Werke mit ihm durchzugehen und nach manchen Seiten zu betrachten. Ausserdem schätzte er Mozart und Haydn hoch, auch Beethoven, mit Ausnahme jener Partien seiner letzteren Werke, wo der Satz ihm nicht mehr rein genug war. Von den neueren Musikern dürfte ihm ausser Mendelssohn keiner mehr vollständiger und inniger bekannt geworden sein." (Bagge a. a. O., S. 314.)

Fragen wir nun, was der Unterricht eines solchen Mannes einem Anton Bruckner nützen konnte, so springt als erheblichster Vorteil zunächst die S t r e n g e der Zucht ins Auge, die des bis dahin fast frei aufgewachsenen Genies bei Sechter harrte. Das künstlerische Wollen, das in Bruckners Seele glühte, ging von Haus aus ins Ueberschwengliche, und eine gewisse Masslosigkeit — in der Anwendung starker musikalischer Ausdrucksmittel wie in der zeitlichen Ausdehnung seiner Sätze — ist ihm ja immer von Gegnern zum Vorwurf gemacht worden. Ein solches recht eigentlich „unendliches" künstlerisches Wollen, das in sich selbst keine Schranken und Grenzen findet, gerät nur allzuleicht in die Gefahr des Verwilderns — eine Gefahr, der durch nichts sicherer vorgebeugt wird, als durch eine möglichst strenge, mehr hemmende und zurückhaltende, als vorwärtstreibende Schulung. Möglich, dass es noch vorteilhafter gewesen wäre, wenn Bruckner in jungen Jahren in solche Schulung gekommen wäre; aber zu spät war es auch jetzt noch nicht. Das, worauf Sechters Harmonielehre mit so peinlicher Gewissenhaftigkeit hinarbeitet, tadellose Reinheit des Satzes, hat sich Bruckner damals in einer Weise angeeignet, die ihm bei allen seinen späteren Schöpfungen zugute kommen sollte. Dass bei ihm alles „klingt", dass seine Blechbläsersätze — namentlich wenn sie in choralartigen Harmonien fortschreiten — stets so voll und markig tönen, daran ist nicht nur seine Orchestrationskunst, sondern vor allem auch die peinliche Gewissenhaftigkeit schuld, mit der er immer und überall auf makellose Sauberkeit des Satzes bedacht war. Aber schon Sechters Handhabung der Kontrapunktlehre musste sich für einen Bruckner als zweischneidig erweisen. Gab sie ihm einerseits eine gewiss nicht zu unterschätzende Gewandtheit in der Handhabung der polyphonen Formen, so kam sie anderseits mit ihrer Bevorzugung des Künstlichen und Spielerischen in bedenklicher Weise denjenigen Elementen in Bruckners Natur entgegen, die — in seltsamem Gegensatz zu jenem oben berührten Zuge enthusiastisch trunkener Ueberschwänglichkeit — dem Gesamtbilde seines Charakters einen Beigeschmack von schulmeisterlicher Pedanterie verleihen. Bei Sechters Bachbegeisterung ist anzunehmen, dass e r es vor allem war, der Bruckner in die hohe Kunst des wunderbaren Thomaskantors einführte — und dass unser Meister später selbst ein so vortrefflicher Lehrer werden konnte, das hat er doch wohl zu einem grossen Teil dem Umstand zu verdanken, dass er Sechters System und Methode sich aneignen durfte. Denn sich selbst eine eigene Theorie auszubilden, dazu war er seinem ganzen Wesen nach nicht angelegt. Immerhin war seine theoretische Abhängigkeit von Sechter nicht so sklavisch, dass er ihm in alle Einzelheiten ohne jegliche Abweichungen gefolgt wäre, wie er ja auch seinen Vorlesungen über Harmonielehre an der Wiener Universität späterhin kein gedrucktes Buch, auch nicht das Sechtersche zugrunde legte.

Wie Selmar Bagge sehr richtig betont, hatte Sechter bei seinem Unterricht immer nur das Detail, das gerade vorliegende Spezialproblem im Auge. Niemals war sein Blick auf das Ganze und dessen organischen Zusammenhang gerichtet. Seine ganze Art, sich in das Kleinste und auch wohl Kleinlichste zu verbohren und zu verbeissen, liess ihn nie zu einem freien Um- und Ueberblick gelangen. Gerade das aber musste für Bruckner besonders verhänignisvoll werden. Denn dessen ganzes Schaffen war, wie sich in der Folge immer deutlicher herausstellen sollte, wesentlich auf den momentanen Einfall — wenn ich so sagen darf: auf das „musikalische Aperçu" gestellt. Jene Seite der Musik, die der Tonkunst ihre oft bemerkte Verwandtschaft mit der Architektur gibt, lag ihm am fernsten. Seine Arbeitsweise bestand nicht sowohl im analytischen Entwickeln gemäss einem von vornherein genau und bis ins Detail hinein feststehenden Plane, als vielmehr in einem musivischen Zusammensetzen aus einzelnen farbigen Steinchen, wie sie ihm die Eingebung des Augenblicks in die Hand drückte. Was — abgesehen von dem das ganze Bild umspannenden Rahmen des überlieferten Formschemas — die Verbindung zwischen den einzelnen Gliedern des Tonsatzes bei Bruckner herstellt, ist oft nicht die Unterordnung unter eine leicht übersichtliche formale Grundidee, sondern irgendeine — für den Zuhörer nicht immer leicht erratbare — musikalische oder auch poetische Gedankenassoziation, derzufolge eine Phrase eine andere nach sich zieht, die mit ihr scheinbar in gar keinem Zusammenhang steht. Diese Eigentümlichkeit hat Bruckners Symphoniesätzen den Vorwurf zugezogen, sie seien formlos, unlogisch, sprunghaft und zerrissen.

Wie weit dieser Vorwurf berechtigt ist, darauf wird an anderer Stelle näher einzugehen sein. So viel aber kann hier schon gesagt werden, dass solche Eigentümlichkeit den Komponisten der Gefahr aussetzt, in formaler Hinsicht zuletzt ganz unverständlich zu werden, wenn er allzu unbedenklich immer nur der jeweiligen Stimmung — oder gar nur der Laune — des Augenblicks sich hingibt. Es bedarf eines hemmenden Gegengewichts, um zu verhindern, dass er auf diesem Wege in das Extrem absoluter Zügellosigkeit gerate. Aber eben jener Mangel des Sechterschen Unterrichts, der den Schüler ins Einzelne vergräbt ohne Aussicht auf das grosse Ganze, musste seinen Einfluss dahin geltend machen, dass er das Uebel vergrösserte, statt es einzudämmen. Und das war tief bedauerlich. Denn es ist kein Zweifel, dass Bruckner zum mindesten viel leichter und rascher an das nicht in allen seinen Werken erreichte Ziel gelangt wäre, die angeborene Eigenart seiner Schaffensweise mit den unaufgebbaren Forderungen eines geläuterten Kunstverstandes auszugleichen, wenn er einen anderen Lehrer gehabt hätte. Dazu kam noch ein anderes. Sechter war alles andere eher, denn eine Künstlernatur. Die Musik war ihm nicht Kunst, sondern auf der einen Seite Wissenschaft, auf der anderen Handwerk. Theorie und Technik, darin erschöpfte sich das, was ihm von der Musik zu erfassen gegeben war. Umgekehrt war sein Schüler Bruckner durch und durch Künstler. Jene glühende Flamme des aus innerster Seele emporzückenden Schaffensdranges, die sein Lehrer so gut wie gar nicht kannte, loderte in ihm so hell und heiss, wie in jedem wahrhaft genialen Menschen. Dieser Gegensatz musste nun aber eine unüberbrückbare Kluft zwischen Lehrer und Schüler zur Folge haben. Bruckner war zu Sechter gekommen, um von ihm zu lernen. Es war daher nur natürlich, dass er während seiner Lehrzeit sich dieser selbstgewählten Autorität blindlings unterwarf. Weil aber Sechter für das innerste Wesen von Bruckners Künstlernatur kein Verständnis besass, konnte er ihn nur u n t e r r i c h t e n, nicht aber auch e r z i e h e n. Er konnte ihm Gesetze und Regeln geben, nach denen der Schüler sein musikalisches Tun und Lassen einzurichten hatte, aber der Einfluss auf Bruckners künstlerischen Willen, auf seine musikalische G e s i n n u n g musste ihm versagt bleiben. Jede echte Erziehung — künstlerische wie moralische — hat zum Endziel die Freiheit, die Autonomie des Individuums. Sie kann nichts anderes anstreben, als den Zögling dahin zu bringen, dass er über sein eigenes Wollen zu vollbewusster Klarheit gelange und die zur Verwirklichung dieses Wollens zweckdienlichsten Mittel kennen lerne. Wenn aber der Erzieher zu diesem Wollen keinen Zugang findet, kann er dem Zögling nur tote Normen überliefern, die von einem a n d e r e n Wollen abstrahiert sind, und sobald — wie das unausbleiblich ist — dessen eigenes Wollen mit diesen Normen in Konflikt gerät, verliert es Halt und Stütze. So vermochte auch Sechter bei seinem Schüler Bruckner nur eine ganz äusserliche ästhetische „L e g a l i t ä t" zu erziehen, nicht aber ihn auf die volle Höhe ästhetischer F r e i h e i t zu führen. Da er einen Bruckner natürlicherweise niemals zu den eigenen philiströsen Anschauungen vom Wesen des künstlerischen Schaffens bekehren konnte, war es ihm auch versagt, seinem Schüler eine a b s c h l i e s s e n d e künstlerische Bildung zu geben. Die Synthese von äusserem und innerem Gesetz, von dem, was die traditionellen „Regeln" vorschrieben, und dem, was ihn sein eigener Genius hiess, sie musste sich Bruckner auf anderem Wege gewinnen.

Immerhin hatte Bruckner bei Sechter ausserordentlich viel gelernt, und es ist zweifelhaft, ob er einen anderen Lehrer hätte finden können, dessen Unterricht soviele Vorzüge in sich vereinigte, Vorzüge, denen gegenüber die Unvollkommenheiten weniger ins Gewicht fielen oder doch gern mit in Kauf genommen werden konnten. Dass auch der Lehrer mit seinem Schüler zufrieden war, erhellt daraus, dass der damals bereits siebzigjährige Sechter Bruckner wiederholt als seinen würdigsten Nachfolger bezeichnete. Nachdem die Studienzeit, die sich im ganzen über sechs Jahre, in ihrem letzten Teile, wo Bruckner sechs Wochen jedes Jahres in Wien zubrachte, über drei Jahre sich erstreckte[1]), vorüber war, richtete Bruckner an das Konservatorium der Gesellschaft der Musikfreunde das Gesuch, eine Reifeprüfung im Kontrapunkt vor einer von dieser Anstalt zu ernennenden Examenskommission ablegen zu dürfen. Dem Gesuch wurde stattgegeben, und ein Fünfmännerkollegium, dem ausser Bruckners Lehrer Sechter und dem Direktor des Konservatoriums, Josef Hellmesberger, noch Johann Herbeck, der Dirigent der Gesellschaftskonzerte, Hofopernkapellmeister Otto Dessoff und der Referent des Konservatoriums Dr. Moritz Adolf von Becker angehörten, beauftragt, die Prüfung vorzunehmen. Die Kommission prüfte die ihr vorgelegten Arbeiten Bruckners und gab ihm Gelegenheit, seine Fertigkeit im fugenmässigen Improvisie-

[1]) Im Sommer 1858 hatte Bruckner die Harmonielehre bei Sechter absolviert, 1859 den einfachen Kontrapunkt, 1860 den doppelten, drei- und vierfachen Kontrapunkt, 1861 den Kanon und die Fuge.

ren zu erweisen. Sechter schrieb ein viertaktiges Thema auf, das Herbeck auf acht Takte erweiterte. Und über dieses Thema improvisierte Bruckner eine Fuge, die Herbeck zu dem bezeichnenden Ausruf brachte: „E r hätte uns prüfen sollen!" Eine freie Phantasie beschloss diese Prüfung, die Bruckner ein überaus glänzendes Zeugnis[1]) eintrug. Wer jemals sich darin versucht hat, weiss, welch souveräne Beherrschung der kontrapunktischen Formen, welche Geistesgegenwart und Schlagfertigkeit zu derartigen Stegreifkunststücken gehört, denen heutzutage auch die tüchtigsten Musiker nur ganz ausnahmsweise noch gewachsen sind. Es sollten das aber auch diejenigen bedenken, die so rasch bereit waren, Bruckners Kontrapunkt als unbeholfen und ungelenk zu benörgeln, ohne sich zu überlegen, dass doch vielleicht etwas ganz anderes als Ungeschicklichkeit es bewirkt haben könnte, wenn des Meisters Kontrapunkt oft die Glätte vermissen lässt. —

Sechter war jedenfalls — wie man auch sonst über ihn denken möge — ein Mann der grauesten, abstraktesten T h e o r i e. Mit der musikalischen P r a x i s war er, abgesehen von Orgel und Kirchenmusik, kaum jemals in wirklich lebendige Berührung gekommen. Seine Klavierkompositionen, die beiden Streichquartette und die im Jahre 1844 am Josefstädter Theater zu Wien durchgefallene burleske Oper „Ali-hitsch-hatsch" beweisen eher für als gegen diese Annahme. Aber auch wenn man ihren Wert höher einschätzen wollte, als es Sechters Zeitgenossen getan haben, die ihm als weltlichen Komponisten keinerlei Beachtung schenkten, so wäre immer noch das zu bedenken, dass der grosse Kontrapunktiker eine musikalische Erscheinung war, die durchaus in einer fernen Vergangenheit wurzelnd, dem Tonleben ihrer Zeit und

[1]) Im Anhang abgedruckt.

zumal all dem, was zukunftskräftig und fortschrittsfreudig in ihr sich regte, völlig fremd gegenüberstand. Ein Petrefakt, in dem eine längst erstorbene Kunstweise als fleisch- und blutloses Skelett sich erhalten hatte, ragte dieser Mann in ein Jahrhundert hinein, mit dessen innerstem Streben und Fühlen ihn nichts verband. In ihm hatte sich die Technik eines Handwerks konserviert, dessen Erzeugnissen längst kein wirklich empfundenes Bedürfnis mehr nachfragte, und die nur noch als kunstvolle „Spielereien" ein zwischen Staunen und mitleidigem Lächeln schwankendes Interesse weckten.

Diese Technik hatte Bruckner sich angeeignet und er beherrschte sie trotz seinem Meister. Aber was sollte er mit ihr anfangen? Was sollte sie ihm helfen? So gewiss ein Stück Schulmeister in ihm steckte, das er zeitlebens nicht ganz los wurde, im Grunde seines Herzens war er doch etwas ganz anderes, als sein pedantischer Lehrer, nämlich ein voller und ganzer Künstler. Ihn geizte es nach Höherem, als immer wieder in Fugen und Kanons lederne Proben einer rein äusserlichen Kunstfertigkeit abzulegen und kalte Kirchenmusiken zu schreiben, deren einziges Verdienst in der „Reinheit" ihres Satzes liegt. Ihn drängte es mit Allgewalt, dem Fühlen und Empfinden des eigenen Herzens seelenbezwingenden Ausdruck in Tönen zu verleihen, und da er — wenigstens als Musiker — durchaus ein Kind seiner Zeit war, so verlangte es ihn auch danach, an den frisch sprudelnden Quellen lebendiger Gegenwartskunst seinen dürstenden Mund zu laben. Vom Kirchenchor herab zog es ihn in die blühenden Gärten der weltlichen Tonkunst, von der *Musica sacra*, in der er sich bisher fast ausschliesslich versucht hatte, zu der gewaltigsten der instrumentalen Kunstformen, zur Symphonie, von der Orgel mit ihrem zwar klang- und kombinationsreichen, aber auch starren und modulationsunfähigen Ausdrucksmechanismus zu dem hundertzüngigen, menschenatemdurchwehten Wunderorganismus des modernen Orchesters. Auf diesem Wege, den seine Künstlerseele kraft ihrer innersten Veranlagung suchen musste, konnte ihm ein Simon Sechter nicht Führer sein, und er hätte zusehen müssen, wie er ohne Mentor sich Zugang zu den ihm bisher verschlossenen Heiligtümern verschaffen könnte, wenn nicht glücklicherweise in Linz damals ein Mann sich gefunden hätte, der gerade deshalb, weil er das strikte Gegenteil Sechters war, wie kaum ein anderer sich geeignet erwies, die Unterweisung des Theoretikers nach der praktischen Seite hin zu ergänzen und Bruckner auf jene Pfade zu geleiten, die ihn zur Unsterblichkeit führen sollten. Dieser Mann war der Linzer Theaterkapellmeister Otto Kitzler, der sich um unseren Meister das dreifache Verdienst erwarb, ihn in die musikalische Formenlehre eingeführt, ihm die Kenntnis des modernen Orchesters vermittelt und — was vielleicht das Allerbedeutsamste ist — ihm zuerst die neue Welt der Kunst Richard Wagners erschlossen zu haben[1]).

Kitzler ist am 16. März 1834 zu Dresden geboren, war also zehn Jahre jünger, als sein späterer Schüler Bruckner. Gleich dem wenig älteren Hans von Bülow erhielt auch er die frühesten musikalischen Jugendeindrücke durch den flammenden Feuergenius Richard Wagners, der damals auf der Höhe seiner segensreichen Dresdener Kapellmeistertätigkeit stand. Neunjährig in das königlich-sächsische Hofkapell-Knabeninstitut aufgenommen, wo der als Orgelvirtuos berühmte Johann Schneider (1789—1864), der Bruder des bekannteren „Weltgerichts"-Komponisten Friedrich Schneider, einen sehr ge-

[1]) Für das Folgende vgl. Otto Kitzler, Musikalische Erinnerungen. Brünn 1904.

diegenen Unterricht in Gesang, Klavier und Elementartheorie erteilte, bekam der junge Kitzler nicht nur früh schon Gelegenheit zu häufigerem Konzert- und Theaterbesuch, auch als „Ausübender" durfte er bereits damals das Konzertpodium betreten, sooft die Kapellknaben zur Mitwirkung bei einer grösseren Chouraufführung herangezogen wurden. Auf der einen Seite die Vorstellungen Weberscher, Mozartscher, Méhulscher, Gluckscher und Spontinischer Opern unter der Leitung eines Mannes wie Wagner, auf der anderen Seite solche musikalische Erlebnisse, wie die denkwürdige Aufführung von Beethovens Neunter Symphonie (1846)[1]), bei der Kitzler als zwölfjähriger Junge mitsang, und noch früher die Ueberführung der Leiche Webers (1844)[2]), wie die erste Aufführung von Schumanns „Paradies und Peri" (1848), und jenes Konzert Hektor Berlioz', in dem der geniale Franzose seine „Phantastische Symphonie" den Dresdenern vorführte (1846) — das waren Eindrücke, die — so unbestimmt und unverstanden sie zum Teil sein mochten — doch unauslöschlich in der Erinnerung eines musikempfänglichen und musikbegabten Knaben haften mussten. Worin aber das damalige Dresden ganz einzig dastand, das war die sonst nirgendwo anders in gleicher Weise gebotene Gelegenheit, das Bedeutendste und Zukunftsreichste zu hören, was es zu jener Zeit überhaupt auf dem Gebiete der musikalisch-dramatischen Produktion gab: die **Opernwerke Richard Wagners** selbst. Zwar der 1843 neu erschienene „Fliegende Holländer" war zu der Zeit, da Kitzlers regelmässiger Opernbesuch begann, schon wieder vom Repertoire verschwunden. Aber „Rienzi" hielt sich noch ungeschwächt in der Gunst des Dresdener Publikums, und zu ihm gesellte sich bald (1845) der „Tann-

[1]) Vgl. R. Wagner, Ges. Schr. u. D. II, 41—42.
[2]) R. Wagner, Ges. Schr. u. D. II, 50—64.

häuser", dasselbe Werk, das dann 16 Jahre später unser Bruckner als erste Wagnersche Oper eben durch den Mann kennen lernen sollte, der damals elfjährig der Uraufführung beiwohnte.

Sieben Jahre lang blieb Kitzler Sängerknabe. Zu seinem eigentlichen Instrument hatte er sich das Violoncell erwählt, auf dem ihn seit 1848 der berühmte Fr. A. Kummer (1797—1879), ein Schüler des alten Dotzauer, unterrichtete, während die Ausbildung in Harmonielehre, Kontrapunkt und Fuge mit dem Jahre 1850 der namentlich als Männerchorkomponist bekannt gewordene Julius Otto (1804—1877), gleich Richard Wagner ein Schüler des Thomaskantors Theodor Weinlig, übernahm. 1852 geht Kitzler als Musiklehrer nach Eutin, dem Geburtsorte Webers, hält es aber nur einen Winter lang in dem damals von aller musikalischen Kultur entblössten Städtchen aus. Im folgenden Jahre nimmt er seine Studien wieder auf und bezieht zunächst das Brüsseler Konservatorium, wo der „Paganini des Violoncells" A. Fr. Servais (1807—1877), der ausgezeichnete Violinpädagog L. J. Merts (1800 bis 1863) und der grosse Theoretiker Fr. J. Fétis (1784—1871) seine Lehrer werden. Namentlich von letzterem, der seinem Kontrapunktunterricht die „blühende Methode" Cherubinis zugrunde legte, bekennt Kitzler tiefe Förderung erfahren zu haben, zumal da sein früherer Lehrer Otto sich an die ebenso trockenen als veralteten Lehrbücher von Fux und Kirnberger gehalten hatte. 1854 sehen wir den nunmehr Zwanzigjährigen in Prag, dessen altberühmtes Konservatorium damals der als Komponist des Wagnerschen Librettos „Die Franzosen vor Nizza" im Andenken der Nachwelt fortlebende J. Fr. Kittl (1809 bis 1868) leitete. Hier genoss Kitzler neben dem Unterricht des Direktors den des Violinisten Moritz Mildner (1812 bis 1865), während Julius Goltermann (1825—1876), der spätere Solocellist des Stuttgarter Hoforchesters, ihm auf seinem Spezialinstrumente die letzte Ausbildung gab.

Nach Beendigung seiner Studien begann für den jungen Musiker ein unstetes Wanderleben. Während der Saison 1855/56 wirkt er als Cellist am Stadttheater zu Strassburg, wo eben damals zum ersten Male auf französischem Boden, aber in deutscher Sprache Wagners „Tannhäuser" zur Aufführung gelangte (Juli 1855, durch die Operngesellschaft des Kölner Stadttheaters unter Kapellmeister Laudin). Dieser Zufall mochte in Kitzler die Erinnerung an die Dresdener Uraufführung wecken und mit dazu beitragen, dass er auch späterhin gerade für dieses Werk des Bayreuther Meisters eine ganz besondere Vorliebe bekundete. Nach Schluss der Spielzeit nimmt er ein Sommerengagement als Cellist, Solorepetitor und Chordirektor in Troyes in der Champagne, benutzt die sich bietende Gelegenheit zu einem zweimonatigen Aufenthalt in Paris und geht zum Herbst 1856 in gleicher Eigenschaft nach Lyon. Hier bleibt er zwei Jahre und wird, nachdem er inzwischen auch wieder einmal die Heimat aufgesucht und Oesterreich (Wien) und Bayern (München) bereist hatte, 1858 für zwei Saisons zweiter Kapellmeister an dem Landestheater in Linz, wohin er nach einjährigem Wirken als zweiter Kapellmeister in Königsberg (1860/61) im Herbst 1861 als erster Kapellmeister wieder zurückkehrt.

Schon zu Beginn seines (ersten) Linzer Aufenthalts hatte Kitzler die Bekanntschaft Bruckners gemacht. Auf dem Kirchenchor, wo jener gelegentlich bei grösseren Messen als Cellist mitwirkte, hatten sich beide Männer zuerst getroffen; und als Kitzler im Spätjahr 1861 aus Königsberg nach Linz zurückgekommen war, entschloss sich Bruckner, sein Schüler zu werden. Was ihn, den Siebenunddreissigjährigen, der sich als Organist wie als Kontrapunktiker schon damals eines wohlbegründeten, von Autoritäten wie Herbeck, Hellmesberger und Dessoff anerkannten Rufes erfreute und der sich auch schon mannigfach als Komponist mit Glück auf den verschiedensten Gebieten versucht hatte, — was ihn bewog, sich noch nicht für fertig zu halten und noch einmal den Unterricht eines dazu noch jüngeren Mannes aufzusuchen, das war ohne Zweifel das lebhaft empfundene Gefühl von der Einseitigkeit des Unterrichts, den er von Sechter empfangen hatte. Mehr theoretischer als praktischer Natur, und soweit es für die kompositorische Praxis verwendbar war, ausschliesslich den sogenannten „strengen" Satz berücksichtigend, hatte dieses Studium ihm eine bis zur Pedanterie gehende Gewissenhaftigkeit in all den Dingen anerzogen, die sich auf „Reinheit" des Satzes beziehen, es hatte ihm eine grosse Gewandtheit in der polyphonen Stimmführung beigebracht und ihn in alle Künste und Künsteleien des Kontrapunkts eingeweiht. Was er da gelernt hatte, das mochte ihm halbwegs genügen, solange er — wie das ja auch anfänglich fast ausschliesslich der Fall war — seine Kompositionsversuche auf die kleineren Vokalformen der Kirchenmusik beschränkte. Sobald er aber darüber hinaus sich an grössere Gebilde heranwagen, etwa an eine grosse orchesterbegleitete Messe oder gar auf das Gebiet der weltlichen Tonkunst übertreten wollte, musste sich seine Ausbildung als gänzlich unzureichend erweisen. Obgleich Sechters Hauptwerk sich „Die Grundsätze der musikalischen Komposition" betitelt, enthält es im wesentlichen doch nur eine Harmonie- und Kontrapunktlehre. Gerade, was Bruckner jetzt am notwendigsten gebraucht hätte, Kenntnis und Uebung im Gebrauch der musikalischen Formen, sowie Vertrautheit mit den Hilfsmitteln des modernen Orchesters konnte er dem Sechterschen Buche nicht entnehmen, und es kann wohl als gewiss gelten, dass auch der mündliche Unterricht des berühmten Theoretikers diese Gegenstände gänzlich hat beiseite liegen lassen. Ein weniger skropulöser und mit mehr Selbstvertrauen begabter Charakter, als Bruckner einer war, hätte nun wohl meinen können, durch Selbststudium diese Lücken seiner musikalischen Bildung ausfüllen zu können. Es ist bezeichnend für ihn, dass er das nicht wagte und auch in diesem Falle der — wenn ich so sagen darf — althandwerkerlichen Ansicht war, dass es ohne einen persönlichen „Meister" auch keine rechte „Lehre" geben könne. Dass ihn nun der Zufall gerade mit Kitzler zusammenführte, war gewiss ein Glück. Denn bedenkt man die Beschränktheit der musikalischen Verhältnisse einer damaligen Provinzialhauptstadt wie Linz, so war es schon nicht alltäglich, hier überhaupt einen so vielseitig gebildeten Musiker wie Kitzler zu treffen. Durchaus Praktiker, eignete er sich, wie schon gesagt, als Lehrer für Bruckner namentlich darum in so ausgezeichneter Weise, weil er in allem und jedem das genaue Gegenteil eines Simon Sechter war. Von Haus aus Orchestercellist, dabei aber seinem Bildungsgange nach doch nichts weniger als ein Subalternmusiker, vereinigte er in sich die Routine des musikalischen „Troupiers", der von der Pike auf gedient hat, mit dem reichen Wissen eines Schülers zweier Konservatorien, die — zeitlich wie der Dignität nach — zu den ersten ihrer Art gehörten. Dass er in Dresden, Brüssel und Prag nacheinander nicht nur die verschiedensten musikalischen Unterrichtsmethoden kennen gelernt, sondern auch mit zwei so gegensätzlichen musikalischen Kulturen, wie der deutschen und böhmischen einerseits, der belgisch-französischen andererseits in nahe Berührung gekommen war, musste seinen künstlerischen Gesichtskreis ebenso erweitern, wie die späteren Engagements in Frankreich ihn über den engen geistigen Horizont des Durchschnittsmusikers emporhoben. All das tritt aber weit zurück hinter der **einen** Tatsache, dass die allerersten bleibenden musikalischen Eindrücke, die Kitzler als Knabe empfangen, von dem übergewaltigen Genius Richard Wagner ausgegangen waren. Trotz seiner damaligen Jugend musste das lebendig in ihm fortwirken, und als das musikhistorisch wichtigste und folgenreichste Resultat dieser früh gefassten Wagnerbegeisterung haben wir die Beeinflussung seines Schülers Bruckner anzusehen, den er zuerst mit Wagnerscher Musik bekannt machte.

Gegen Ende des Jahres 1861 scheint Bruckners regelmässiger Unterricht bei Kitzler begonnen zu haben. Er hatte zunächst die musikalische Formenlehre zum Gegenstand, wobei sich der Lehrer als Leitfaden des kleinen Büchleins von **Ernst Friedrich Richter** bediente. Die praktischen Beispiele für die vorgetragene Theorie lieferte ein eingehendes vergleichendes Studium der Beethovenschen Sonaten. Dabei verdient eine besondere Erwähnung der von Kitzler (a. a. O., S. 29) überlieferte Zug, dass Bruckner jedesmal eine ganz besondere Freude zu erkennen gegeben habe, wenn er bei Beethoven auf eine Regelwidrigkeit gestossen sei, d. h. auf etwas, was nach den strengen Satzregeln, wie sie ihm durch Sechter überliefert worden waren, als „fehlerhaft" zu gelten hatte. Diese Freude ist für Bruckners Charakter ungemein bezeichnend. Einem übertrieben ehrfurchtsvollen Respekt vor allem, was er als unumstössliche Autorität zu betrachten sich gewöhnt hatte, stand bei ihm eine durch nichts zu bändigende Lust am kraftgenialischen Ueber-die-Stränge-schlagen eigentlich ganz unvermittelt gegenüber. Er war nicht leichtsinnig genug, um sich kurzerhand von der Bevormundung durch eine Autorität zu befreien, an deren Unfehlbarkeit er einmal geglaubt hatte; anderseits strotzte aber auch seine üppige musikalische Elementarnatur viel zu sehr von ungebrochenem Lebenswillen, um sich dem Regelzwang je ganz fügen zu können. In ihm lag etwas kindlich Unterwürfiges, dem es Bedürfnis war, sich anzulehnen und sich gängeln zu lassen, aber zum mindesten ebenso stark auch etwas trotzig Revolutionäres, das sich auflehnte und empörte gegen jederlei ihm angetanen Zwang und Gewalt. Diese beiden gegensätzlichen Strömungen seiner Brust mussten ihn nun in um so zahlreichere Konflikte führen, als es niemals zu einer durch Reflexion vermittelten Ausgleichung kam. So konnte es geschehen, dass Bruckner zwar jedesmal sich freute, wenn er bei hochverehrten Meistern wie Beethoven und Wagner etwas fand, was den „Regeln", wie er sie kannte, zuwiderlief, sich aber doch nicht für befugt hielt, von denselben Freiheiten in den eigenen Werken Gebrauch zu machen; und dass wir denselben Mann, der Dinge niedergeschrieben hat, deren unerhörte Kühnheit nirgendswo ihresgleichen findet, zu anderen Zeiten sich mit Skrupeln abmühen sehen, die das Herz eines Durchschnittskonservatoristen kaum nach dem ersten Jahre Harmonieunterricht noch beschweren dürften.

Nachdem die Formenlehre absolviert war, ging es an die Instrumentationskunde. Dabei legte Kitzler dem Unterricht den die Instrumentierung behandelnden Teil der Kompositionslehre von A. B. M a r x (Band 3 und 4) zugrunde[1]), und es mag sich daher schreiben, dass Bruckner auch in späterer Zeit diesem Buche eine gewisse Wertschätzung bewahrte und es gern zu Rate zog in solchen Fragen, auf die sein Meister Sechter ihm die Antwort schuldig blieb. Doch war Meyerbeer der jüngste Meister der Orchesterkunst, den Marx in seinen Beispielen be-

---

[1]) Dass Kitzler nicht zu Berlioz' Instrumentationslehre griff, mag damit zusammenhängen, dass die Dörffelsche deutsche Uebersetzung, die das epochemachende Werk allgemein bei uns bekannt machte, erst im Jahre 1864 erschien.

rücksichtigte, so dass ein Lehrer, der seinen Schüler in der Instrumentation wirklich auf die Höhe der Zeit führen wollte, zusehen musste, wie er das Lehrbuch nach der modernen Richtung hin selbständig ergänzen könne. Da traf es sich denn sehr glücklich, dass gerade damals in Kitzlers Händen eine Partitur sich befand, aus der, was Neuheit und Originalität der Instrumentierung anbelangt, mehr zu lernen war, als aus allen Lehrbüchern der Welt: Richard Wagners „T a n n h ä u s e r". Schon im ersten Jahre seines (zweiten) Linzer Engagements hatte nämlich der zukunftsmusikbegeisterte und wagemutige Kapellmeister das ihm seit frühester Jugendzeit ans Herz gewachsene Werk in der oberösterreichischen Landeshauptstadt, wo man noch keine Wagnersche Oper gehört hatte, zur Aufführung bringen wollen. Damals scheiterte der Plan an dem Mangel an Entgegenkommen von seiten des Theaterdirektors, der an einen Erfolg nicht glaubte und nicht einmal zur Bewilligung von Wagners beispiellos bescheidener Honorarforderung (zehn Napoleonsd'or) zu bewegen war. Aber Kitzler liess nicht locker. Im Herbst 1862 suchte er den zur Vorbereitung der (nicht zustandegekommenen) ersten Aufführung des „Tristan" in Wien weilenden Meister persönlich auf und erwirkte von ihm die Erlaubnis, den „Tannhäuser" zu seinem und seiner Braut (der Opernsängerin Marie Krejci) Benefiz honorarfrei in Linz zur Darstellung bringen zu dürfen. Die gewissenhaft vorbereiteten beiden Aufführungen fanden am 13. und 20. Februar 1863 statt und hatten nach Kitzlers eigenem Bericht einen „unerhörten" Erfolg.

Ein Vierteljahr früher, im Dezember 1862, hatte Kitzler seinem Schüler Bruckner die Absicht mitgeteilt, den „Tannhäuser" in Linz aufzuführen, brachte ihm die Partitur, machte ihn auf die Schönheiten des Werkes und die Neuheit der Instrumentation aufmerksam und veranlasste ihn, sowohl vor wie nach der Aufführung die Musik gründlich durchzustudieren. Kitzler meint (a. a. O., S. 29), dass für Bruckner die Wagnersche Richtung damals noch ganz fremd gewesen sei, und dass er jedenfalls zuvor noch keine Wagnersche Oper gehört habe. Das letztere begründet Kitzler damit, dass die einzige Gelegenheit dazu jene Zeit geboten hätte, wo Bruckner (in den Jahren 1858 bis 1861) jeweils während seiner Ostern- und Weihnachtsferien den Unterricht Simon Sechters in Wien aufsuchte: da sei er aber von seinen Studien so sehr in Anspruch genommen gewesen, dass er kaum die Hofoper besuchen konnte, um eine Wagnersche Oper zu hören. Demgegenüber wissen wir aus Bruckners Schreiben an das Direktorium des Wiener Konservatoriums vom 10. November 1861 (s. Anhang), dass er seine Wiener Aufenthalte tatsächlich auch zum „vielen Anhören gediegener Musik" benutzt hat. Entscheidender scheint mir die Erwägung zu sein, dass, wenn tatsächlich der Linzer „Tannhäuser" nicht die erste von Bruckner besuchte Wagneraufführung gewesen wäre, dies in jener Zeit zwischen ihm und seinem Lehrer Kitzler doch wohl hätte zur Sprache kommen müssen. Immerhin wäre es leicht möglich, dass Bruckner einzelne Fragmente aus Wagnerschen Werken schon früher gehört hätte. Denn es ist bekannt, dass gerade die österreichischen Militärkapellen schon sehr früh die Zukunftsmusik zu kultivieren begannen. Wie dem auch sei, jedenfalls ist die Behauptung, dass Bruckners erste grössere Schöpfungen, die 1864 bzw. 1865—66 komponierte D-Moll-Messe und C-Moll-Symphonie, ganz frei vom Einflusse der Kunst Richard Wagners entstanden seien, durch das Zeugnis Kitzlers hinfällig geworden. Bruckner hat nicht nur schon im Februar 1863 zwei Aufführungen des „Tannhäuser" in Linz gehört, sondern auch um jene Zeit die Partitur dieser Oper genau studiert. Von anderen

Wagnerschen Werken erschienen in Linz auf dem Theater „Lohengrin"1864, „Der Fliegende Holländer"1865, im Konzertsaal „Das Liebesmahl der Apostel" 1863 und der Schluss der „Meistersinger" (unter Bruckner) am 4. April 1868, also noch vor der Münchner Uraufführung des Werkes.

Schon vor der Bekanntschaft mit „Tannhäuser" hatte Bruckner sich unter Anleitung Kitzlers praktisch an die Symphonieform herangewagt, die dann späterhin seine eigentliche künstlerische Domäne werden sollte. Doch war diese seine allererste Symphonie in F-Moll nach Kitzlers Erinnerung mehr eine Schularbeit, die er ohne sonderliche Inspiration schrieb, weshalb auch sein Lehrer ihm nichts besonders Lobendes über sie sagen konnte[1]). Dass aber diese Zurückhaltung Kitzlers Bruckner trotz seiner „unendlichen Bescheidenheit" gekränkt hat, ist keineswegs so auffallend, wie jener meint. Denn man wird dem öfter begegnen, dass tiefe Naturen, bei denen sich Selbstbewusstsein und Bescheidenheit noch nicht harmonisch ausgeglichen haben, gerade dann und bei solchen Gelegenheiten eine unmotivierte Empfindlichkeit zeigen, wo ihre Leistungen nicht im geringsten auf der vollen Höhe ihres Könnens sind, während sie umgekehrt am ehesten da von vollständigem Selbstverzagen übermannt werden, wo sie ihr Bestes gegeben haben.

Ueber den feierlichen für Bruckners altzünftig-handwerkerliche Auffassung wieder ungemein charakteristischen Abschluss der Lehrzeit bei Kitzler möge dieser selbst berichten: „Unsere Studien waren hiermit zu Ende gegangen, sowie die Zeit meines Linzer Engagements, und eines Tages fragte er mich: Wann werde ich denn

---

[1]) Das kürzlich (in der Universal-Edition zu Wien) erschienene, nicht eben sehr bedeutende Andante dieser Symphonie, deren Partitur lange Zeit verschollen war, scheint das Urteil Kitzlers zu bestätigen.

freigesprochen? Auf meine Antwort, das könne jeden Tag geschehen, denn er hätte schon seinen Lehrer übertroffen, der ihm nichts mehr lehren könne, wollte er dies nicht so einfach geschehen lasen und lud mich und meine Frau zu einer Wagenpartie ein, die uns nach dem reizend am Walde gelegenen Jägerhause von Kirnberg brachte, wo bei fröhlichem Mahle die gewünschte Freisprechung erfolgte[1])."

Auch späterhin, nachdem Kitzler in Brünn eine Lebensstellung als artistischer Direktor des Musikvereins und der Musikschule gefunden hatte, blieb er mit seinem früheren Schüler in treuer, freundschaftlicher Verbindung. Kitzler machte sich durch Aufführungen (Vierte Symphonie und Te Deum 1893, zweite Symphonie 1896) um Bruckners Sache in Brünn verdient, und die an ihn gerichteten Briefe unseres Meisters bezeugen, wie sehr dieser ihm dafür dankbar war. Diese schlichten, in ihrer Form so rührend unbeholfenen, zwischen fast komisch wirkendem Respekt und intimster Herzlichkeit so unvermittelt hin- und herschwankenden Ergüsse, in denen er einen Duzfreund mit „hochverehrter, edler Herr Professor" anredet, sind inhaltlich ebenso belanglos, wie fast alle anderen Briefe Bruckners, die bis jetzt bekannt geworden sind, aber darum nicht minder bezeichnend für den unter der grotesken Schale eines weltmännisch gänzlich ungebildeten Bauern sich verbergenden zarten und herzlichen Sinn ihres Schreibers.

Den Anstoss, den Bruckners musikalische Entwicklung durch die Bekanntschaft mit Wagners „Tannhäuser" ge-

---

[1]) Gräflinger berichtet (ohne Quellenangabe, a. a. O. S. 28 f.), dass Bruckner nach Kitzlers Fortgang von Linz bei dessen Nachfolger Ignaz Dorn und Wilhelm Gericke — dem späteren Dirigenten des Bostoner Symphonieorchesters und der Wiener Gesellschaftskonzerte — weiter studiert habe. Durch Dorn, mit dem er moderne Partituren durchnahm, habe er Liszts Faust-Symphonie kennen gelernt.

wonnen, kann man sich kaum gewaltig genug denken. Zunächst äusserte sich dieser Einfluss als ungemein fruchtbare Anregung für das eigene Schaffen. Zwar hatte der Meister, wie wir wissen, schon früh zu komponieren angefangen. Klavierstücke, Lieder, Männerchöre und vor allem kleinere Kirchenmusikstücke waren während seiner Dorfschullehrerzeit, zu St. Florian und später zu Linz in ziemlicher Anzahl entstanden. Das wenige, was davon bekannt geworden ist, die aus dem Jahre 1846 stammenden fünf T a n t u m e r g o und das zehn Jahre später entstandene schöne A v e M a r i a in F, das dem St. Florianer Chorregenten Ignaz Traumihler gewidmet ist, sie beweisen die eminente Satzgewandtheit, die Bruckner schon vor seinen Studien bei Sechter zumeist auf autodidaktischem Wege sich erworben hatte, verraten hohe Begabung und entbehren auch nicht wahrhaft origineller, den künftigen Meister verratender Züge. Aber alles in allem nehmen sie, an den späteren Schöpfungen gemessen, doch innerhalb des Brucknerschen Gesamtwerkes nur den Rang von wenig belangreichen Vorläufern ein. Und über die nicht veröffentlichten hat Bruckner dadurch selbst das Urteil gesprochen, dass er auch späterhin nie wieder auf sie zurückkam[1]).

Nun aber ging es rasch und gewaltig aufwärts. Mit der D-Moll-Messe (1864) und der C-Moll-Symphonie (1865 bis 1866) steht Bruckner als Meister da. Nicht „fertig" — das ist er in einem gewissen Sinne nie geworden —, auch nicht eigentlich „ausgereift" — das sollte er erst in Wien

[1]) In einem seltsamen Gegensatz zu der Gewandtheit, mit der Bruckner schon in frühen Jahren für Chor schreibt, steht die Unbeholfenheit seines Klaviersatzes in Stücken wie der 1856 komponierten „Erinnerung" (für Klavier zweihändig) und „Amaranths Waldesliedern" (für eine Singstimme mit Klavierbegleitung), komponiert 1858 und in der Zeitschrift „Die Musik" (1902, Heft 17) veröffentlicht.

werden —, aber doch als eine eigenartige und selbständige künstlerische Persönlichkeit, die das, was sie zu sagen hat, in einer vielleicht noch nicht ganz schlackenlosen, aber bedeutsam eindringlichen, wirkungsvollen und wuchtigen Sprache auszudrücken versteht. Nun drang sein Name auch zuerst an die weitere Oeffentlichkeit. Die schon erwähnten Aufführungen des D-Moll-Requiems, der Kantate zur Grundsteinlegung des Linzer Doms und der C-Moll-Messe, die Auszeichnung seines „Germanenzug" (Männerchor mit Bläserbegleitung), der bei Gelegenheit des ersten Oberösterreichisch-Salzburgischen Sängerbundesfestes in Linz (4.—6. Juni 1865) den zweiten Preis erhielt, die musikalische Verherrlichung der kirchlichen Feier der Grundsteinlegung des Allgemeinen Krankenhauses zu Linz (15. September 1863), — das waren alles Ereignisse von nur lokaler oder provinzialer Bedeutung. Aber die Aufführungen der D-Moll-Messe, zuerst im Dom (20. November 1864), dann in einem eigens zum Zwecke der Wiederholung veranstalteten geistlichen Konzerte im Linzer Redoutensaale (18. Dezember 1864), und der C-Moll-Symphonie (9. Mai 1868) wurden auch auswärts bemerkt und in Wiener Zeitungen[1]) besprochen. Ja, im Februar 1867 brachte Herbeck die D-Moll-Messe in Wien selbst (in der Hofburg-Kapelle) zum ersten Male zu Gehör.

Aus der Linzer Zeit stammen auch Bruckners Beziehungen zum Männergesang. Als im Sommer 1860 der bekannte Anton M. Storch, der die Liedertafel „Frohsinn" dirigiert hatte, Linz verliess, wurde zunächst der zweite Chormeister Kirchberger und nach dessen bald darauf erfolgtem Tode (21. Dezember 1860) Bruckner erster Chormeister dieses Vereines. Allem Anschein nach

[1]) S. z. B. „Neue Freie Presse" vom 11. April 1865 (No. 221) und 19. Mai 1868 (No. 1336).

nahm er es sehr ernst mit den künstlerischen Aufgaben eines Liedertafel-Dirigenten, und es mag damit zusammenhängen, dass der „Frohsinn" diesen energischen Chormeister, der in musikalischen Dingen keinen Spass verstand, nicht einmal ein ganzes Jahr behielt, obwohl der Verein gerade ihm in jener kurzen Zeit eine Reihe bemerkenswerter künstlerischer Erfolge zu verdanken hatte (u. a. bei dem Sängerfest in Krems am 29. und 30. Juni 1861 und bei dem Nürnberger Sängerfest am 19. und 24. Juli des gleichen Jahres). Doch blieb Bruckner auch später mit dem Verein noch in Verbindung, dessen Chormeister er im Januar 1868 zum zweiten Male wurde und bis zu seiner Uebersiedlung nach Wien (Herbst 1868) blieb.

Mehrere Kompositionen verdankten diesen Beziehungen zum „Frohsinn" und zur Liedertafel-Musik überhaupt ihre Entstehung. Zunächst das Ave Maria für siebenstimmigen gemischten Chor a cappella, das Bruckner am 16. Mai 1861 als Offertorium beim Hochamt zur Gründungsfeier des „Frohsinns" aufgeführt hat[1]). Kleinere Gelegenheitskompositionen sind der vom „Frohsinn" im Februar 1861 beim Leichenbegängnis einer Linzer Kaufmannswitwe zum Vortrag gebrachte G r a b g e s a n g und das für die Vermählung eines Vereinsmitgliedes geschriebene T r a u u n g s - l i e d (für Männerchor mit Orgelbegleitung, aufgeführt

---

[1]) Man darf dieses Ave Maria, das später als No. 2 der „2 Kirchen-Chöre" bei Em. Wetzler (jetzt Alexander Rosé) in Wien erschienen ist, nicht mit dem 1856 entstandenen, gleichfalls in F-dur stehenden Ave Maria für vierstimmigen gemischten Chor mit Orgelbegleitung verwechseln. Gräflinger begeht diese Verwechslung, wenn er (a. a. O., S. 148) behauptet, Bruckner habe dieses zuletzt genannte Ave Maria 1861 für siebenstimmigen Chor a capella umgearbeitet. Dass im Mai 1861 jenes andere Ave Maria zur Aufführung kam, geht aus dem von Gräflinger selbst angeführten Bericht der „Linzer Zeitung" (Gräflinger S. 30) klar hervor. (Erwähnung des A-dur bei dem Worte „Jesus").

Februar 1865). Im Jahr 1864 entstand das „Herbstlied" (Männerchor mit zwei Solosopranen und Klavierbegleitung), 1866 die Komposition des Heineschen: „Du bist wie eine Blume" für gemischtes Vokalquartett. Dem gleichen Jahre 1866 entstammen die von A. M. Storch angeregten Männerchöre: „Vaterländisches Weinlied", „Der Abendhimmel" und das „Vaterlandslied" (Textdichtung: „O könnt' ich dich beglücken" von August Silberstein, dem bekannten Novellisten, Verfasser der „Dorfschwalben aus Oesterreich")[1]). Der bedeutendsten Brucknerschen Männerchor-Komposition, des „Germanenzug" (Gedicht gleichfalls von Silberstein) wurde schon gedacht.

Im November des Jahres 1863 fanden Unterhandlungen zwischen Bruckner und dem Vorstand des Linzer Musikvereins wegen Uebernahme der artistischen Leitung dieses Vereins statt. In einem interessanten, vom 6. November dieses Jahres datierten Schreiben an das „Löbliche Comité des Musikvereins!"[2]) macht Bruckner die Annahme der Stellung abhängig von der Erfüllung gewisser Bedingungen, die sich zu einem Teile auf bestimmte Vorschläge zur Hebung der künstlerischen und materiellen Mittel des Vereins, zum andern Teile auf seine Besoldung beziehen. Die Verhandlungen führten zu keinem Ergebnis.

Gelegenheiten, ausserhalb von Linz bekannt zu werden und seine Sache zu fördern, benutzte der energische Ehrgeiz des Künstlers, wo sie sich nur immer boten. Schon im Jahre 1861 hören wir, dass er nach jener denkwürdigen Kontrapunkt-Prüfung vor der Kommission des Wiener Konservatoriums von Hellmesberger aufgefordert worden sei, ein Streichquartett für ihn zu schreiben. Im Herbst 1863 besuchte Bruckner das Münchner Musikfest,

---

[1]) Vgl. den im Anhang mitgeteilten Brief Bruckners an Storch vom 11. Dezember 1866.

[2]) Abgedruckt bei Gräflinger S. 34 f.

wo Franz Lachner in einige Brucknersche Kompositionen Einsicht nahm und die Aufführung der einen oder anderen in Aussicht stellte. Die wichtigste dieser persönlichen Anknüpfungen war die mit Richard Wagner, den er bei Gelegenheit der Münchner Uraufführung des „Tristan" (10. Juni 1865) kennen lernte. Nicht nur der Meister selbst, auch Hans von Bülow, mit dem Bruckner Teile seiner im Entstehen begriffenen C-Moll-Symphonie am Klavier durchging, soll sich damals sehr für ihn interessiert haben, — ein Interesse, das bei dem berühmten Dirigenten allerdings nicht sehr lange vorhalten sollte. Aber dass Wagner damals schon Bruckner als Künstler schätzte, geht daraus hervor, dass er ihm den Schluss der „Meistersinger" noch vor der Veröffentlichung der Partitur zu einer Aufführung beim Gründungsfeste des Männergesangvereins „Frohsinn" (4. April 1868) überliess, wobei ausserdem noch der Chor der Ritter und Edelfrauen aus dem zweiten Akte des „Tannhäuser", Schumanns „Ritornell" und ein Brucknerscher Chor („Vaterlandsliebe") zu Gehör gelangten[1]).

Ueber Bruckners künstlerisches Verhältnis zu seinem Meister und Abgott Richard Wagner wird an einer anderen Stelle zu reden sein. Hier soll nur darauf hingewiesen werden, wie unendlich viel das persönliche Interesse, das Wagner ihm zuwandte, für einen Mann wie Bruckner zu bedeuten hatte. Sein kindliches Gemüt verlangte mit aller Macht danach, einen Herrn und Meister über sich zu haben, einen, den er mit der ganzen Inbrunst seines idealtrunkenen Herzens verehren, ja anbeten konnte. In Wagner fand er nun zum ersten Male einen wahrhaft Grossen, der solch überschwenglicher Begeisterung in der Tat auch würdig war, einen, der wirklich das strahlende Diadem

Vgl. Glasenapp, Das Leben Richard Wagners. 3. Ausg., IV, 233 f.

eines geistigen Weltmachtherrschers auf der Stirne trug. Und dieser Gewaltige interessierte sich für die Arbeiten des armen Organisten, sprach seinem Schaffen hohe künstlerische Bedeutung zu und vertraute ihm Bruchstücke seiner eigenen Werke zur ersten Aufführung an. Man kann sich denken, welche Genugtuung das alles Bruckner gewährte, der gerade damals einer Stärkung seines Selbstvertrauens so sehr bedurfte.

Denn so vieles Bruckner schon erreicht, so schöne Erfolge er bereits errungen hatte, er selbst fühlte sich nicht befriedigt. Schon aus den einleitenden Worten des Briefes an Storch vom 11. Dezember 1866 (s. Anhang) spricht eine gewisse Entmutigung, ja Verbitterung. Und auch die Aufführung der C-Moll-Symphonie tat ihm trotz der äusserlich glänzenden Aufnahme durch das Linzer Publikum innerlich kein Genüge. Denn so glänzend die Aufnahme war, die man äusserlich der C-Moll-Symphonie bereitet hatte, so wenig fühlte sich Bruckner selbst innerlich befriedigt. Das Orchester war unzulänglich, der Eindruck des Werkes infolgedessen unklar, und der Komponist musste die Empfindung haben, nicht verstanden worden zu sein. Es wird berichtet, dass Bruckner damals nahe daran war, an sich und seinem künstlerischen Berufe ganz irre zu werden, ein völliges Verzagen, das freilich auch mit der schweren Nervenerkrankung zusammenhängt, die Bruckner in jenen Jahren durchzumachen hate. Ueber diese Krankheit ist wenig bekannt. Bruckner selbst sprach später nur selten und ungern davon, was man begreift, wenn man weiss, wie oft die Gegner auch seine Kunst als krankhaft und verrückt hinzustellen versuchten. Man weiss eigentlich nur, dass der Meister gezwungen war, im Sommer 1867 die Kaltwasser-Heilanstalt Kreuzen (bei Grein in Oberösterreich) aufzu-

Anton Bruckner in der ersten Hälfte der 60er Jahre.

(Photographie von W. Jerie in Marienbad. Aus dem Besitze und mit gütiger Bewilligung des hochwürdigen Chorherrn und Stiftsorganisten Franz Müller in St. Florian.)

suchen, wo er drei Monate blieb[1]). Ueber die Art der Erkrankung, die jedenfalls nervöser Natur war, ist man ebenso auf Vermutungen angewiesen wie über ihre Ursachen. Karl Waldeck, Bruckners Nachfolger als Domorganist zu Linz, macht die geistige Ueberanstrengung (namentlich auch beim kontrapunktischen Improvisieren auf der Orgel) dafür verantwortlich, dass es bei Bruckner trotz seiner vortrefflichen Körperkonstitution zu geistigen Störungen kam[2]). Man könnte auch an anderes denken, an die stete Beunruhigung des seelischen Gleichgewichts durch die exzessive und skrupulöse Art der Brucknerschen Religiosität, vielleicht auch an die psychischen Folgen einer — wie sich bei Bruckners moralischen Anschauungen sicher annehmen lässt — streng durchgeführten sexuellen Enthaltsamkeit bei einem auch erotisch stark sinnlichen Temperament. Die Kreuzener Kur brachte Bruckner Heilung. Aber zu vollem Selbstvertrauen arbeitete er sich erst mit und in der Komposition der (zu Weihnachten 1868 vollendeten) F-Moll-Messe allmählich wieder empor. Vollends gewann er neuen Mut, als ihm von aussen die ehrenvollste Auszeichnung kam, die er sich nur wünschen und erhoffen konnte: die Berufung nach W i e n.

[1]) Vgl. das bei Gräflinger (S. 44) abgedruckte Gesuch Bruckners an das bischöfliche Ordinariat um Krankenkosten-Aushilfe.
[2]) Gräflinger S. 115 und 136.

IN WIEN

Unter den Mitgliedern der Kommission, vor der Bruckner im Jahre 1861 seine denkwürdige Reifeprüfung im Kontrapunkt ablegte, hatte sich auch Johann Herbeck befunden, damals artistischer Direktor der Gesellschaft der Musikfreunde, Professor am Konservatorium und Chormeister des Männergesangvereins, — „die bewegende Kraft, das Perpetuum mobile des Wiener Musiklebens durch zwanzig Jahre", wie er nach seinem frühen Tode mit vollem Recht genannt wurde[1]). Bei diesem bedeutenden und einflussreichen Manne hatten die erstaunlichen Leistungen Bruckners einen so tiefen und bleibenden Eindruck hinterlassen, dass er den Linzer Organisten nun nicht mehr aus den Augen verlor. Und er war es auch, der sieben Jahre später die Berufung unseres Meisters nach der Reichshauptstadt anregte und durchsetzte.

Die Uebersiedelung nach Wien macht einen so tiefen und wichtigen Einschnitt im Leben des Komponisten, die Verpflanzung aus dem heimatlichen Boden in ein so ganz anders geartetes Erdreich ward für seine gesamte fernere Entwicklung als Künstler wie als Mensch von so ausschlaggebender Bedeutung, dass es gerechtfertigt erscheint, im Vorübergehen einen Blick zu werfen auf den seltenen Mann, der diese recht eigentlich Bruckners „Hegira" zu nennende Epoche herbeigeführt hat, und an dem der Meister in der Folge seine kräftigste Stütze in

---

[1]) E. Hanslick, Suite. Aufsätze über Musik und Musiker. Wien und Teschen 1886. S. 38.

einer ihm fremden und keineswegs immer freundlich gesinnten künstlerischen Umgebung fand.

Johann Herbeck wurde am 25. Dezember 1831 zu Wien als Sohn eines in dürftigen Verhältnissen lebenden Schneidermeisters geboren. Mütterlicherseits aus einer altmusikalischen Familie stammend, zeigte er schon früh hervorragende tonkünstlerische Begabung. Dennoch wurde er zunächst für eine gelehrte Laufbahn bestimmt, wobei der Nachteil, dass er verhältnismässig erst spät zu einer entschiedenen Ausbildung und Betätigung seiner musikalischen Fähigkeiten gelangte, reichlich aufgewogen ward durch den Vorteil einer gründlicheren und umfassenderen allgemeinen Bildung, als sie selbst damals noch der Berufsmusiker in der Regel besass. Die Mittelschuljahre verbrachte der junge Herbeck zum grössten Teil in dem alten Cistercienserstift Heiligenkreuz bei Baden, wo er Anfang Oktober 1843 durch Vermittelung des berühmten Geigers Georg Hellmesberger (1800—1873) als Sängerknabe und Gymnasialzögling ein Unterkommen gefunden. Daher stammte auch die Freundschaft, die ihn mit dem ihm ungefähr gleichaltrigen Sohn seines Protektors: Josef Hellmesberger (1829—1893), seinem späteren Kollegen in der Leitung der Gesellschaft der Musikfreunde, zeitlebens verband. Ein anderthalbjähriges Studium bei dem Kirchenkomponisten Ludwig Rotter (1810—1895), dessen Unterricht der fünfzehnjährige Gymnasiast von Heiligenkreuz aus in Wien aufsuchte, blieb die einzige musikalische Führung, die Herbeck von fremder Hand zuteil ward. Im übrigen sah er sich auf die Autodidaxis angewiesen. Herbst 1847 finden wir den angehenden Künstler an der Wiener Universität als Hörer der „Philosophie" — wie man damals die siebente und achte Gymnasialklasse nannte —, nach den stürmischen Tagen des Revolutionsjahres 1848 als Haushofmeister einer Familie Thornton in Münchendorf bei Laxenburg, und 1850 wieder in Wien als Studenten der Jurisprudenz, der aus Stipendien und dem Ertrag von Privatstunden seinen ärmlichen Unterhalt zu bestreiten hat. Um die Jahreswende 1851/52 gibt er das Universitätsstudium endgültig auf, entschliesst sich zur Musikerlaufbahn und wird Ende 1853 Chorregent an derselben Piaristenkirche in der Josefstadt, auf deren Orgel acht Jahre später Anton Bruckner seine erstaunliche Kunstprobe ablegte.

Nachdem der Wiener Männergesangverein, dessen Mitglied Herbeck 1852 geworden war, ihn 1856 zu seinem Chormeister gewählt hatte, ging es rasch aufwärts mit der Karriere des jungen Künstlers. Im Jahre 1858 wird ihm die Leitung des von der Gesellschaft der Musikfreunde neu gegründeten „Singvereins" und gleichzeitig eine Professur für Männergesang am Konservatorium übertragen. Seit 1859 dirigiert er allein die Konzerte jener Gesellschaft. 1863 ist er Vizehofkapellmeister und rückt bereits drei Jahre später als Nachfolger Benedikt Randhartingers (1802—1893), des Mitschülers von Schubert bei Salieri, und mit Ueberspringung des fast ein Vierteljahrhundert älteren Gottfried Preyer (1807—1901) zum ersten Hofkapellmeister auf. 1869 wird er Kapellmeister der Hofoper, 1870 deren Direktor, als welcher er 1875 seinen Abschied nimmt. In seine frühere Stellung als Dirigent der Gesellschaftskonzerte zurückgekehrt, — die in der Zwischenzeit (1871—1874) Johannes Brahms geleitet hatte —, stirbt er zu früh für das Wiener Musikleben, das ihm so unendlich viel zu verdanken hatte, am 28. Oktober 1877.

Ein „lodernder Feuergeist", wie ihn Hanslick nennt (a. a. O., S. 52), einer, dessen rastlos energisches Streben seine Ziele nicht hoch genug sich stecken konnte, für den es Unerreichbares überhaupt nicht gab, hatte Herbeck als *self made man* in des Wortes eigentlicher Bedeutung die widrigsten Verhältnisse zu besiegen, ehe er nach langwierigen Umwegen seinen wahren Lebensberuf fand. Und obwohl kaum über die Akme des Lebens hinausgelangt, erreicht er in dem kurzen Zeitraum eines Vierteljahrhunderts nicht nur e i n e der führenden Stellen im musikalischen Leben Wiens, sondern bekleidet beinahe a l l e diese Stellen zusammen, teils gleichzeitig, teils nacheinander. Der geborene Dirigent, im höchsten Grade mächtig des geheimnisvollen Zaubers, der den vielgliedrigen Körper einer grossen musikalischen Aufführung widerstandslos in den Bann eines herrschenden Einzelwillens zwingt, hat Herbeck namentlich als Chorführer glänzende Triumphe gefeiert, aber auch von einem Meister wie Hektor Berlioz die Würdigung als ein „Orchesterdirigent ersten Ranges" gefunden[1]). Dennoch lag die Hauptbedeutung der Herbeckschen Tätigkeit nicht sowohl in der hohen Vollendung, zu der er die Leistungen der seiner Leitung unterstellten Musikinstitute zu bringen wusste, als vielmehr in der vorurteilslosen Unbefangenheit und allem Traditionszwang absagenden Fortschrittlichkeit der künstlerischen Gesinnungen und Tendenzen, von denen sein gesamtes Wirken beseelt war. Dabei hielt er sich frei von jeder Einseitigkeit: derselbe Mann, der es zuerst in Wien gewagt hat, mit Nachdruck für Franz Liszt als Komponisten einzutreten, war es auch, der durch liebevolle Pflege des Volksliedes wie durch Zurückgreifen auf die klassische A cappella-Chormusik des 16. und 17. Jahrhunderts die Universalität seiner Kunstanschauungen bewies.

Es würde zu weit führen, wenn hier alle die zahllosen Verdienste, die Herbeck sich um den musikalischen Fort-

[1]) Hector Berlioz, Correspondance inédite. Paris 1879, p. 333.

schritt in Wien erworben hat, auch nur andeutungsweise gewürdigt werden sollten. Nur die Namen einiger Meister seien genannt, für die er mit besonders warmem Eifer eintrat. Neben Franz Schubert (Chöre, Messen in der Hofkapelle, Auffindung des Fragments der H-moll-Symphonie 1865, „Der häusliche Krieg" in Konzertaufführung 1861, das Oratorium „Lazarus", zuerst 1863) und Robert Schumann (Chöre, „Vom Pagen und der Königstochter", Manfred 1859, 1860, 1863, „Zigeunerleben", „Der Königssohn", Faustmusik 1860, 1868, „Paradies und Peri" 1862, 1870, „Der Rose Pilgerfahrt" 1868) sind es vor allem die Führer der neuromantischen Bewegung, Hektor Berlioz (Chor der Capulets aus „Romeo und Julie" 1859, Harold-Symphonie 1862, Cellini-Ouvertüre, zum ersten Male 1863, „König Lear" 1865, erste Wiener Aufführung des „Faust" 1866), Richard Wagner (Pilgerchor aus „Tannhäuser" bereits 1857, Bruchstücke aus dem „Fliegenden Holländer" 1859, „Liebesmahl der Apostel" 1864, erste Aufführung der „Meistersinger" in der Hofoper 1870, Neueinstudierung von Rienzi, Holländer und Lohengrin) und, was mehr als alles andere Selbständigkeit des Urteils und einen unvoreingenommenen, freien Geschmack bezeugt, Franz Liszt (Männerchöre seit 1856, Männerchormesse 1857, Ungarische Krönungsmesse in der Hofkapelle, Prometheus-Musik 1860, die Schubertschen Märsche, deren Orchesterbearbeitung Herbeck bei Liszt angeregt hatte, „Heilige Elisabeth", 1869 zweimal und dann 1876) — sie sind es, denen Herbecks Liebe vorzüglich galt.

Wenn wir Herbecks musikalischen Entwicklungsgang überblicken, so verstehen wir es, wie er gerade zu einer Persönlichkeit wie Bruckner sich hingezogen fühlen musste. Gleich unserem Meister hatte er einen grossen Teil seiner Jugendjahre als Sängerknabe eines Klosterstifts verlebt und war dort mit der Kirchenmusik in näherer Berührung gekommen. Seine so vielfach betätigte Schubert-Schwärmerei machte ihn empfänglich für jenen Zug in Bruckners künstlerischer Individualität, der diesen, und zwar weit über die blosse landsmannschaftliche Zusammengehörigkeit hinaus, mit dem grossen Wiener als einer ihm tief innerlich verwandten Erscheinung verbindet. Die kühne Originalität, wie sie schon in Bruckners früheren Werken, oft bis ans Bizarre streifend, zum Ausdruck gelangt, imponierte dem frei fortschrittlichen Geiste Herbecks, und der scharf ausgesprochene Sinn des Dirigenten für das Grandiose und sinnlich Wirkungsvolle auch im Gebrauch der äusseren Kunstmittel liess ihn Gefallen finden an Bruckners noch jetzt vielfach als „masslos" verschriener Art, die sich wenig kümmerte um die Regeln und Gebote einer akademischen Enthaltsamkeitsästhetik. So wurde Herbeck zwar kein blinder Bruckner-Schwärmer, aber doch der erste in Wien, der mit voller Klarheit erkannte, welch geniale Begabung in dem schlichten Organisten steckte. Wie er Bruckner als Komponisten beurteilte, darüber spricht sich Herbecks Sohn Ludwig folgendermassen aus[1]: „Herbeck erkannte bei aller Schätzung seines Genies Bruckners Hauptfehler: die often Wiederholungen der Themata, die eigentümliche Sucht, Generalpausen dort anzubringen, wo eine erklärbare Notwendigkeit dazu nicht vorliegt, endlich die stellenweise zu dicke Instrumentierung sehr gut und verschwieg sie ihm auch nicht. Die von Herbeck gehörig gekürzten und von den übrigen Fehlern möglichst befreiten Messen Bruckners machten denn auch in der Hofkapelle stets den besten Eindruck. Nach einer Probe der C-moll-Symphonie (der zweiten), die in einem Gesellschaftskon-

[1] Johann Herbeck. Ein Lebensbild von seinem Sohne Ludwig. Wien 1885. S. 232 f.

zerte zur Aufführung gelangte, sagte Herbeck zu dem Komponisten: ‚Noch habe ich Ihnen keine Komplimente gemacht, aber ich sage Ihnen, wenn Brahms imstande wäre, eine solche Symphonie zu schreiben, dann würde der Saal demoliert vor Applaus.' Kurz vor seinem Tode spielte er mit dem Komponisten dessen vierte (romantische) Symphonie durch und machte, tief ergriffen von den Schönheiten des Werkes, die Bemerkung: ‚Das könnte Schubert geschrieben haben; wer so etwas schaffen kann, vor dem muss man Respekt haben.'"

Schon jener Vergleich mit Brahms bei Gelegenheit der C-moll-Symphonie kann darüber belehren, dass Herbeck, wenn er jene Zeit erlebt hätte, wo sich der Kampf um die Anerkennung Bruckners in Wien immer mehr daraufhin zuspitzte, ob es erlaubt sei, neben — oder gar über Brahms — noch einen anderen grossen Komponisten unter den Zeitgenossen gelten zu lassen, unbedenklich auf die Seite unseres Meisters sich gestellt hätte. Abgesehen davon, dass Herbecks ganze künstlerische Persönlichkeit schon von vornherein keinen Zweifel hierüber aufkommen lässt, ist es auch ausdrücklich bezeugt, dass er die im Kampfe gegen Wagner aus taktischen Gründen zum Parteidogma gewordene Ueberschätzung Brahms' nicht mitmachte. Zwar hat er auch diesen in seinen Konzertprogrammen keineswegs vernachlässigt (D-dur-Serenade 1862, Bruchstücke aus dem „Deutschen Requiem" 1867, 23. Psalm, C-moll-Symphonie 1876), aber von der oft gerühmten geistigen Verwandtschaft Brahms' mit Robert Schumann wollte er nichts wissen: „Mit Schumann hat er nichts gemein, als einen Mangel, die V e r w o r r e n h e i t. Schumann steht himmelhoch über Brahms." Und im intimen Kreise äusserte er sich oft, „dass all die überschwänglichen Lobespsalmisten des Komponisten Brahms in den Augen der Nachwelt einmal recht lächerlich erscheinen würden"[1]). —

Den ersten grossen Dienst, den Herbeck Bruckner in Wien erwies, bestand darin, dass er im Januar 1867 die D-moll-Messe in der Hofkapelle zur Aufführung brachte, und kurze Zeit darauf bot sich die Gelegenheit, den Linzer Organisten selbst für die Reichshauptstadt zu gewinnen.

Simon Sechter war am 10. September 1867 im Alter von 79 Jahren gestorben. Ausser der Hoforganistenstelle hatte er eine Professur für Harmonielehre, Kontrapunkt und Orgel am Konservatorium bekleidet. Der Gedanke, Bruckner zu seinem Nachfolger zu gewinnen, entsprang Herbecks eigenster Initiative. Zu Ostern 1868 liess er in Linz anfragen, ob Bruckner geneigt sei, eine Lehrerstelle am Wiener Konservatorium anzunehmen. Der abschlägige Bescheid, den er zunächst erhielt, veranlasste ihn, die ihm am Herzen liegende Angelegenheit persönlich zu betreiben. Er führte die Sache auf eigene Faust in Wien so weit, dass nur noch die Einwilligung Bruckners fehlte, um die Anstellung perfekt zu machen, und reiste dann nach Linz, von wo aus er mit Bruckner zusammen nach St. Florian fuhr. Auf dem Wege dorthin wandte er alle Mittel der Ueberredungskunst an, um seinem Schützling eine zusagende Antwort abzugewinnen. „Gehen Sie nicht" — meinte er schliesslich, an Bruckners scharf ausgesprochenen österreichischen Patriotismus appellierend — „so reise ich nach Deutschland, um draussen einen Fachmann zu acquirieren. Ich meine aber, dass es Oesterreich zur grösseren Ehre gereiche, wenn die Professur, die Sechter früher versehen, von einem Einheimischen bekleidet wird"[2]). So gelang es

---

[1]) A. a. O. S. 135.
[2]) A. a. O. S. 232.

ihm, wenigstens Bruckners prinzipiellen Widerstand zu brechen. In dem altehrwürdigen Augustiner-Chorherrenstifte angelangt, begaben sich beide Männer in die Kirche, wo sich unser Meister an die gewaltige Orgel setzte, die so oft schon unter seinen Händen zu mächtigsten Klängen erwacht war. Und als ob es, um alle Zweifel seiner Seele zu lösen, nur der innigen Zwiesprache mit diesem Instrument bedurft hätte, das mit seinem ganzen künstlerischen Werdegange so unabtrennbar eng verknüpft war, — als sie nach Linz zurückgekehrt und Herbeck die Heimfahrt angetreten, konnte er die Gewissheit mitnehmen, dass er sein Ziel erreicht und den Künstler für Wien gewonnen habe.

Immerhin beweisen zwei Briefe, die Herbeck noch im Juni an Bruckner in dieser Angelegenheit zu richten hatte[1]), dass die schriftlich weitergeführten Verhandlungen in bezug auf die näheren Bedingungen von Bruckners Wiener Anstellung keineswegs so glatt und so rasch zum Abschluss gelangten, als man hätte meinen sollen. Hauptsächlich waren es zwei Bedenken, die der Meister geltend machte. Die Berufung nach Wien war zwar gewiss eine Auszeichnung, die seinem künstlerischen Ehrgeiz verlockend erscheinen musste, aber die Linzer Domorganistenstelle war nicht nur besser dotiert, sondern sie gab auch die Gewissheit einer Versorgung im Falle etwa eintretender Erwerbsunfähigkeit, eine Garantie, welche die Gesellschaft der Musikfreunde den Lehrern ihrer Anstalt nicht in der gleichen Weise zu bieten vermochte. Es ist ein Beweis für die peinliche Gewissenhaftigkeit Herbecks, dass er diese Bedenken Bruckners keineswegs durch leere Redensarten zu entkräften suchte, sie vielmehr nach ihrem vollen Gewichte würdigte, einzig und allein bemüht, für den, dessen Sache er führte, so viel zu erreichen, als nach

[1]) S. a. a. O. Anhang S. 78 f.

Lage der Dinge überhaupt zu erreichen möglich war. Und so innig er es wünschte, dass die Berufung zustande käme, so sehr hütete er sich doch, in der Gegenüberstellung des Für und Wider den Boden strengster Objektivität irgendwie zu verlassen. „Haben Sie alles gewissenhaft erwogen," so schreibt er am 10. Juni, „steht Ihr Uebersiedelungsbeschluss fest, so bitte ich Sie, niemals zu vergessen, dass Sie diesen Schritt aus eigenem Entschluss, auf eigene Gefahr getan, dass ich nur mitgeholfen, Ihnen die hiesige, höchst auszeichnende, keineswegs materiell glänzende und nicht mit absoluten Sicherheiten verbundene Stellung anbieten zu können, dass aber — käme ein hinkender Bote mit getäuschten, von mir nicht gewärtigten Erwartungen, oder, was Gott verhüte, ein Unglück, das Erwerbsunfähigkeit im Gefolge hätte, nach — ich um keinen Preis eine Verantwortung oder Haftung moralischer oder materieller Natur übernehmen kann."

Schliesslich verliert Bruckner die Geduld, und in dem Hin und Her widerstrebender Gefühle und Wünsche, aus dem er keinen Ausweg findet, schreibt er an Herbeck einen von diesem selbst als „überspannt" charakterisierten Brief voll „jammervoller Ausbrüche": dass er überall daneben komme, dass sein Vaterland ihn verstosse und was dergleichen aus einer immerhin begreiflichen Augenblicksstimmung des Unmuts hervorgegangene Uebertreibungen mehr sind. Zum Glück kann ihn Herbeck beruhigen. Er hat inzwischen erwirkt, dass die Gesellschaftsdirektion sich bereit erklärte, Bruckners Gehalt als Theorielehrer von 600 auf 800 Gulden zu erhöhen, und die so gut wie sichere Aussicht, dass die Ernennung zum Hoforganisten dem Antritt der Lehrstelle am Konservatorium auf dem Fusse nachfolgen werde, bot auch wegen der vermissten Invaliditäts- und Altersversorgung hinreichende Sicherheit. Denn wirkliche Mitglieder der Wiener Hofkapelle verbleiben bei eintretender Dienstunfähigkeit im Genusse ihres vollen Gehalts.

Endlich kommt „der schwer gefasste Entschluss" zustande[1]), und im Herbst des Jahres 1868 siedelt Bruckner nach Wien über. Im Jahresbericht des Konservatoriums für das Schuljahr 1868/69 finden wir ihn zum ersten Male als Lehrer für Harmonie, Kontrapunkt und Orgel aufgeführt. Sein Gehalt betrug für das zehnmonatliche Schuljahr im ganzen 1040 fl. (800 fl. für die Theorie, 240 fl. für die Orgel, jene mit zwölf, diese mit vier wöchentlichen Stunden). Im Jahre 1871 erhielt er den Professortitel, und mit Beginn des Schuljahres 1891/92 trat er in den Ruhestand, nachdem er schon im vorangegangenen Schuljahr aus Gesundheitsrücksichten beurlaubt worden war, so dass er also volle zweiundzwanzig Jahre an der Anstalt gewirkt hat. Zum Exspektanten bei der Orgel in der k. k. Hofkapelle hatte ihn Herbeck in einem Berichte an das Obersthofmeisteramt vom 8. August 1868 vorgeschlagen. Durch Dekret vom 8. September erfolgte die Ernennung. Unterm 10. Juni 1875 wird ihm die Stelle eines Vizearchivars der Hofmusikkapelle und die des zweiten Singlehrers der Hofsängerknaben mit einer Bestallung von jährlich 300 Gulden ab 1. Juli 1875 verliehen. (Als Exspektant bezog er keinen Gehalt.) Im folgenden Jahre bewirbt sich Bruckner um die Stelle des Vizehofkapellmeisters, die jedoch mit Allerhöchster Entschliessung vom 23. November 1877 dem Hoforganisten Pius Richter verliehen wird. Erst am 19. Januar 1878, also etwa neuneinhalb Jahre nach der Einstellung als Exspektant, erfolgt seine Ernennung zum „wirklichen" Hofkapellenmitglied. Als solches bezog er einen jährlichen Gehalt von 600 fl., verbunden mit dem Anspruch auf eine

[1]) Vgl. die im Anhang abgedruckten Briefe Bruckners an die Direktion des Wiener Konservatoriums vom 28. Juni und 23. Juli 1868.

viermal anfallende Oktennalzulage von je 100 fl. und dem Quartiergeld von jährlich 200 fl. Am 8. Juli 1886 wurde ihm (bei Gelegenheit der Verleihung des Ritterkreuzes des Franz-Josef-Ordens) eine Personalzulage von jährlich 300 fl. bewilligt. Unterm 24. Oktober 1892 erfolgte auf Ansuchen Bruckners seine Enthebung von der aktiven Dienstleistung in der Hofmusikkapelle. Dabei verblieb er, wie üblich, im ungeschmälerten Genusse seiner damaligen Bezüge, die im ganzen 1200 fl. betrugen (Gehalt 600 fl., Quartiergeld 200 fl., eine Oktennalzulage 100 fl., Personalzulage 300 fl.). 1875 war Bruckner das Lektorat für musikalische Theorie an der Universität übertragen worden, einer (allerdings kaum kontrollierbaren) Tradition zufolge, gegen den ausgesprochenen Willen Eduard Hanslicks, des damaligen Vertreters der Musikwissenschaft an der Wiener Hochschule[1]). Davon, dass Bruckner in den ersten Jahren seiner Wiener Zeit auch an einer Lehrerbildungsanstalt (Pädagogium) Musikunterricht erteilte, wissen wir eigentlich nur aus einem seltsamen Erlebnis, das, an sich unbedeutend, ein grelles Licht wirft auf die Art von Anfeindung, die Bruckner in Wien gelegentlich zu erdulden hatte. Es war ihm passiert, dass er eine Schülerin „lieber Schatz" anredete. Wer Bruckner gekannt hat, weiss, wie ganz harmlos so etwas bei ihm gemeint war. Aber eine Mitschülerin nahm Anstoss an dieser scheinbaren Vertraulichkeit, beschwerte sich, und es kam zu einer hochnotpeinlichen Untersuchung. Aus dieser ging Bruckner zwar völlig gerechtfertigt hervor[2]), aber seine Feinde versäumten nicht, den Vorfall gegen ihn auszunützen. In wie schamloser Weise, das möge man aus einer

[1]) Nach einer freundlichen Mitteilung des Wiener Universitätsarchivars Herrn Dr. A. Goldmann ist über Bruckners Lektorat in den Archivakten nichts enthalten.
[2]) Vgl. die Darstellung Gräflingers (S. 110 f.) und den ebenda abgedruckten Brief Bruckners an Karl Waldeck vom 21. Oktober 1871.

in Fr. X. Witts „Fliegenden Blättern für katholische Kirchenmusik", 1872, Nr. 2, zu findenden Notiz ersehen, die hier wiederzugeben ich mir nicht versagen kann. Denn die Sache ist ebenso kennzeichnend als widerlich. Wir lesen da S. 16: „Jüngst brachte die ‚Tonhalle' die Nachricht, Bruckner sei seiner Stelle als Professor am Conservatorium in Wien wegen Angriffen auf die Sittlichkeit einer Schülerin entsetzt worden, wobei sie ihn aber vertheidigt und meint, dieser Grund der Entsetzung sei nicht genügend erwiesen. Wir halten demnach Hrn. B. für unschuldig." Das Raffinierte dieser Notiz liegt darin, dass sie eine falsche Tatsache verbreitet — Bruckner wurde gar keiner Stelle, vor allem nicht der am Konservatorium, entsetzt —, aber die verleumderische Begründung, die das Gerücht dafür gegeben hatte, nicht aufrecht erhält, so dass Bruckner nicht wohl mit einer Beleidigungsklage gegen die Zeitschrift vorgehen konnte, während der Leser sich sagen musste: etwas Wahres wird ja wohl doch dran sein. —

Ein vertrauter Freund Bruckners, unter den Lebenden wohl der beste Kenner seines Charakters wie seiner Werke, sprach mir gegenüber einmal die Ueberzeugung aus, dass die Berufung nach Wien kein Glücksfall für Bruckner gewesen, und dass er sich auch als Künstler viel freier, reicher und eigenartiger entwickelt hätte, wenn er zeitlebens in seiner oberösterreichischen Heimat geblieben wäre. Davon ist soviel richtig, dass unser Meister in der Grossstadt ganz zweifellos in ein ihm durchaus heterogenes Milieu gekommen ist, in dem er sich immer fremd und mehr oder minder unbehaglich fühlen musste. Als Mann von vierundvierzig Jahren war er in jeder Beziehung schon zu fertig und abgeschlossen, als dass er sich seiner neuen Umgebung in irgend erheblichen Stücken noch hätte anpassen können; überdies gehörte er wohl von Haus aus zu den Naturen, die sich schwer akklimatisieren und zu einer harmonischen Existenz nur dann gelangen, wenn man sie in dem Boden belässt, dem sie entsprossen. Endlich brachte es Bruckners nicht eben sehr hoher Bildungsstand und die Einseitigkeit seiner ausschliesslich auf die Musik gerichteten geistigen Interessen mit sich, dass der allergrösste Teil der gewaltigen Hilfsmittel, welche die Grosstadt der intellektuellen und ästhetischen Entwicklung des Künstlers bietet, auf ihn entweder ohne jeglichen Einfluss bleiben oder gar mehr als Hemmung denn als Förderung wirken musste.

Trotzdem lässt sich manches gegen jenes die Wiener Berufung beklagende Raisonnement einwenden. Zunächst ist und bleibt es eine unfruchtbare Kannegiesserei, der Eventualbetrachtung nachzugehen, wie sich irgendein Mensch oder eine Sache entwickelt hätte, wenn dies oder jenes n i c h t geschehen wäre, was tatsächlich nun doch einmal g e s c h e h e n ist. Was Bruckner geworden wäre, wenn sein Leben sich anders gestaltet hätte, wer vermag darüber mit gutem Gewissen auch nur eine Vermutung auszusprechen? Ganz g e w i s s ist aber, dass er das, was er wirklich ward, einzig und allein auf d e m Wege werden konnte, den zu gehen sein Schicksal ihn zwang. Und dieser w i r k l i c h e Bruckner ist es ja doch, den wir bewundern und lieben, und zwar gerade darum lieben, weil er so und nicht anders war, als wir ihn in seinem Leben und seinen Werken kennen gelernt haben, während jener eventuell m ö g l i c h gewesene Bruckner ein selbst in der Phantasie unrealisierbares Gedankenunding bleibt, von dem unser Kopf ebenso wenig weiss wie unser Herz.

Anderseits scheint mir aber auch jene Meinung, dass ein Künstler in einem seiner Natur homogenen Milieu am reichsten sich entfalten müsse, auf der Verkennung eines wichtigen Gesetzes individueller Geistesentwicklung zu beruhen. Sieht man einen Künstler von ausgesprochener Eigenart und Selbständigkeit, einen, der ersichtlicherweise ohne jegliche Anregung von aussen nur aus den tiefsten Quellen der eigenen Seele schöpft, so erliegt man nur allzuleicht der Versuchung, in absoluter Isolierung das grösste Heil für ihn zu erblicken. Man meint, was ein solcher braucht, das liefere ihm in Ueberfülle das eigene Innere, fremde Einflüsse könnten nur schädlich auf ihn einwirken, und je mehr er von solchen Einflüssen abgeschlossen einzig und allein sich selbst überlassen bleibe, desto eigentümlicher müsse er sein originales Wesen offenbaren. Aber die Erfahrung lehrt, dass das nicht der Fall ist. Ohne Einwirkung einer fremden, ja feindlichen Aussenwelt bleibt die Eigenart nur allzuleicht l a t e n t, sie ist zwar „an sich" *(potentialiter)* vorhanden, vermag aber nicht in die Erscheinung zu treten, sie gelangt nicht zur Aktualität. Gewiss ruht der Funken im Stein; aber es bedarf des Stahls, um ihn hervorzulocken. Und man hat es mehr als einmal erlebt, dass eine innerlich originelle Künstlernatur nur deshalb nicht dazu gelangen konnte, auch originelle W e r k e zu schaffen, weil ihr jene reibende Berührung mit dem ihr Fremden versagt blieb. Da resultiert dann jene Art der „Rückständigkeit", wo einer im besten Glauben ist, sein Eigenstes zu geben, und keine Ahnung davon hat, dass es altes Eisen ist, was er auf den Markt bringt, weil er eben das, was er zu sagen hat, in Formen und Wendungen kleidet, die längst verbraucht und abgegriffen sind. O f f e n b a r kann eine Eigenart nur dann und nur da werden, wenn und wo sie einer heterogenen Aussenwelt gegenüber sich behaupten und durchsetzen muss. Denn auch die Eigenart — wenigstens die künstlerische, bei der es ebenso sehr auf die Form wie auf den Inhalt ankommt — ist letzten Endes nicht bloss ein Angeborenes, sondern ebenso sehr ein Erworbenes, ja

Erkämpftes, ein Produkt aus natürlicher Anlage und fremder Beeinflussung. Und wenn diese Anlage nur stark und widerstandskräftig genug ist, so kann man wohl sagen, dass die als solches Produkt resultierende effektive Originalität schliesslich um so grösser sein wird, je feindseliger jene Aussenwelt sich erweist, gegen die das Ich sein innerstes Wesen kämpfend zu bewahren hat.

Führt so schon eine ganz allgemein gehaltene Betrachtung zu der Ueberzeugung, dass es nicht ohne weiteres angeht, Bruckners Berufung nach Wien schon darum als ein Unglück für seine fernere künstlerische Entwickelung anzusehen, weil er hier, in ein ihm fremdes Erdreich verpflanzt, seiner Natur widersprechenden äusseren Einflüssen in viel höherem Grade ausgesetzt war als in der Heimat, so kann überdies ein mehr ins einzelne gehendes Abwägen des Für und Wider darüber belehren, dass schliesslich denn doch auch an positiv fördernden Anregungen für Bruckner in seinem neuen Wirkungsorte genug vorhanden war, um die gewiss nicht zu leugnenden Hemmungen zum mindesten auszugleichen. Sowohl der regere Wettbewerb der Grosstadt als auch die Anfeindungen, die ihn da erwarteten, mussten auf seinen künstlerischen Ehrgeiz anspornend wirken und ihn zwingen, immer höher zu streben und seinem Genius immer gewaltigere Leistungen abzuringen. In Linz war er bald so weit gelangt, dass er keinen mehr über sich sah, in Wien dagegen bedurfte es doch noch einiger Anstrengung, bis er das nur s e l b s t mit gutem Gewissen von sich sagen konnte, der fremden Anerkennung ganz zu geschweigen. Die Gefahr lag nahe, dass Bruckner in seiner Heimat eine Linzer Lokalgrösse oder auch eine oberösterreichische Landeszelebrität geblieben wäre, überall und einstimmig gefeiert innerhalb der engen Grenzen der Provinz, aber draussen gänzlich unbekannt. D e r W e l t ist Bruckner durch Wien geschenkt worden. Nicht nur, dass das, was hier auf künstlerischem Gebiete vor sich ging, allüberall ein unvergleichlich lauteres und weitertragendes Echo weckte, als was in Linz geschah, — der Lehrer am Wiener Konservatorium fand auch die Gelegenheit, in einzelnen hervorragenden Schülern sich Jünger seiner Kunst heranzuziehen, die teils — wie Josef Schalk und Ferdinand Löwe — ganz in der Propaganda seiner Werke aufgingen, teils durch gelegentliche Aufführungen, wie Nikisch und Mahler, seinen Namen in Deutschland bekannt machten und damit um das endliche Durchdringen des so lange Verkannten Verdienste von ausschlaggebender Bedeutung sich erwarben.

Endlich darf nicht ausser acht gelassen werden, von wie unschätzbarer Wichtigkeit für den ganzen künstlerischen Entwicklungsgang Bruckners die reichen musikalischen Hilfsmittel geworden sind, die ihm in den ersten Kunstinstituten der Reichshauptstadt zur Verfügung standen, wenn es auch einen harten Kampf kostete, bis er sich eines nach dem andern erschlossen hatte. Wir haben gesehen, wie ungenügend die Aufführung war, die seine erste Symphonie in Linz erlebte. Nun auf einmal hörte er seine Symphonien gespielt von einem der glänzendsten Orchester der Welt, seine Vokalwerke gesungen von solchen Chören, wie dem der Wiener Hofkapelle oder der Gesellschaft der Musikfreunde. Was das zu bedeuten hatte, was Bruckner dabei gelernt und profitiert hat, kann gar nicht hoch genug in Anschlag gebracht werden.

Eines ist freilich gewiss: wenn nicht positiv glücklicher, so doch schmerzloser hätte sich des Meisters Lebensgang ohne Zweifel gestaltet, wenn er auf dem ruhigen Boden seiner oberösterreichischen Heimat hätte bleiben dürfen. Auch ihm wurde die grosse Stadt ein Jerusalem, wo ihn zwar das vieltausendstimmige Hosianna einer begeisterten Menge umbrauste, wo er aber auch sein Golgatha fand. Den Menschen Bruckner mögen wir darum beklagen, dass seine Laufbahn, wie die eines jeden wahrhaft grossen Mannes, der Kreuzesweg eines leidvollen Martyriums sein musste, aber dem Künstler gereichte gerade die Tragik seines Lebens zum Segen. „Glücklich das Genie, dem nie das Glück lächelte" — an dieses Wagnerische Paradoxon werden wir auch hier erinnert. Das Höchste, was uns Bruckner zu sagen hat, wäre unausgesprochen geblieben, wenn er nicht zeitweise so tief unglücklich gewesen wäre. Und wie es dem Genie überhaupt eigen ist, dass es im höchsten Sinne des Wortes Böses mit Gutem vergelten muss, so hat auch er für alle Anfeindungen, die er erfahren, wie für all die Schmach, die ihm angetan wurde, nur die eine edle Rache gehabt, dass er die Welt mit dem beschenkte, was in solchen Stunden herbsten Lebenskummers als schmerzvolle Klage seiner innersten Seele entströmte. —

Für das Bekanntwerden und Durchdringen eines schaffenden Musikers unserer Zeit kommen vornehmlich zwei Faktoren in Betracht: das Publikum und die Kritik. Ob die Dirigenten und Leiter der musikalischen Institute einen Komponisten beachten und seine Werke zur Aufführung bringen, das wird hauptsächlich davon abhängen, welchen Anklang sie einerseits bei den Hörern, andererseits bei der Presse finden. Ein Künstler, den das Publikum nicht hören und die Kritik nicht anerkennen will, wird wohl oder übel unaufgeführt bleiben müssen. Zwar ist es ja wohl schon geschehen, dass ein Dirigent von überragender persönlicher Bedeutung und ungewöhnlicher Energie dem Publikum wie der Presse zum Trotz seinen Willen durchzusetzen versuchte und der Oeffentlichkeit die Beachtung von Werken aufzwang, für die er keine Ge-

genliebe fand. Aber einerseits ist ein solcher weisser Rabe unter den Dirigenten eine zu exzeptionelle Erscheinung, als dass sie bei einer allgemeinen Betrachtung in Rechnung gesetzt werden könnte, anderseits beweist gerade zum Beispiel das Schicksal Liszts in Weimar, der — obwohl von der Gunst eines hervorragend kunstsinnigen Hofes getragen — doch schliesslich mit seinen fortschrittsfreundlichen Bestrebungen scheiterte, dass der künstlerische Einzelwille nur dann durchzudringen vermag, wenn es ihm gelingt, den Widerstand des Publikums und der Presse zu besiegen, dass aber, wenn es nicht glückt, einen Umschwung dessen herbeizuführen, was man die „öffentliche Meinung" nennt, auch der Kühnste endlich kapitulieren muss.

Sind nun die Verhältnisse normal, so wird eine Wechselwirkung zwischen der Meinung des Publikums und der Kritik — falls sie sich nicht von vornherein in Uebereinstimmung befinden — in der Weise stattfinden, dass sowohl das Publikum sich von der Kritik beeinflussen lässt, als auch die Kritik sich mit der Zeit genötigt sieht, auf die Stimmung des Publikums Rücksicht zu nehmen. Es wird nicht möglich sein, dass die Kritik andauernd einen Künstler heruntermacht, wenn ihn die Menge zu ihrem ausgesprochenen Liebling erklärt hat, es sei denn, dass es der Presse gelänge, das Publikum dieser seiner Liebe abspenstig zu machen. Nur wenn sich geradezu eine Tyrannis der Presse herausgebildet hat, wenn die Indolenz des Publikums es zuliess, dass eine den Anschauungen der Majorität widersprechende Auffassung in fälschender Weise als angeblicher Ausdruck der öffentlichen Meinung fortdauernd verbreitet wurde, dann allein kann eine permanente Differenz zwischen dem Urteil des Publikums und dem der Kritik bestehen. Es scheint aber, als ob gerade das bis zu einem gewissen Grade bei Bruckner in Wien der Fall gewesen sei.

Denn das Publikum, oder doch zum mindesten ein beträchtlicher Teil davon, nahm seine Werke gleich von Anfang an mit sympathischer Wärme auf, allmählich bildete sich eine Bruckner-Gemeinde, die immer mehr anwuchs, bis sie schliesslich zur erdrückenden Majorität wurde. Umgekehrt die Haltung der massgebenden Presse: zunächst, solange der bescheidene Mann noch leidlich ungefährlich erschien, ein überlegenes, etwas hofmeisterndes Wohlwollen für die Person des Komponisten bei gleichzeitiger Ablehnung des Werkes, an dem man übrigens einzelnes Gutes immerhin noch gelten liess. Dann in demselben Maasse, als die Begeisterung des Publikums grösser und allgemeiner wurde, eine steigende Animosität im Ton der Kritik bis zu jenen Liebenswürdigkeiten vom „traumverwirrten Katzenjammerstil" und ähnlichen Dingen, die ja oft genug zitiert worden sind. Wenn ich vorhin gesagt habe, dass Wien Bruckners Jerusalem geworden sei, so kann jetzt hinzugefügt werden, dass in seinem Falle die Menge ihrem anfänglichen Hosianna treu geblieben ist, ja es im Laufe der Zeit immer gewaltiger und immer einstimmiger anschwellen liess, während die Verantwortung für das „Kreuziget ihn" ausschliesslich den „Pharisäern und Schriftgelehrten" zufällt.

Die Anerkennung, die Bruckner schon früh beim grossen Publikum in Wien gefunden hat, ist so interessant und widerspricht so sehr der landläufigen Annahme von dem allgemeinen Widerstand, dem Bruckners Werke anfänglich begegnet sein sollen, dass ich mich nicht enthalten kann, die Tatsache durch einige gleichzeitige Zeitungsberichte dokumentarisch zu belegen. Ich entnehme diese Berichte der Neuen Freien Presse, einmal weil sie anerkanntermassen das erste Blatt Wiens ist und auch damals schon war, dann vor allem aber weil diese Zeitung, deren musikalischer Referent der schärfste und zugleich einflussreichste Gegner des Künstlers Bruckner war, über den Verdacht erhaben ist, jemals zugunsten unseres Meisters voreingenommen gewesen zu sein.

Das — wie es scheint — erste öffentliche Auftreten des Komponisten Bruckner in Wien (ausserhalb der Kirche) fällt ins Jahr 1873. Am 26. Oktober veranstaltete er im grossen Musikvereinssaale, als eine Art musikalischer Schlussfeier der damals gerade zu Ende gehenden Weltausstellung, ein eigenes Konzert, in dem er mit einer Toccata von Bach und einer freien Phantasie sich als Orgelspieler produzierte und mit dem Orchester der Philharmoniker seine zweite Symphonie zur Aufführung brachte. Der Bericht in der Neuen Freien Presse konstatiert, dass „die Wirkung auf das Publikum eine günstige und die Aufnahme der Symphonie eine geradezu enthusiastische" war. „Herr Bruckner wurde ... nach jedem Satze der Symphonie durch anhaltenden, rauschenden Beifall und wiederholten Hervorruf ausgezeichnet"[1]). Die Wiederholung desselben Werkes in einem Gesellschaftskonzerte am 26. Februar 1876 brachte einen gewissen Rückschlag, dessen Bedeutung allerdings nach dem blossen Zeitungsberichte schwer abzuschätzen ist. „Jeder Satz wurde ohne Opposition applaudiert; als aber am Schlusse eine enthusiastische Partei im Saale das Klatschen und Rufen mit Gewaltsamkeit übertrieb und immer von neuem wiederholte, da erhob der übrige Teil des Publikums lauten Protest durch anhaltendes Zischen"[2]). In der Majorität scheinen die Opponenten nicht gewesen zu sein: denn sonst würde das gerade die Neue Freie Presse gewiss hervorgehoben haben. Aber es ist doch bemerkenswert, dass dies der

---

[1]) „Neue Freie Presse" vom 28. Oktober 1873. No. 3298 S. 6.
[2]) „Neue Freie Presse" vom 22. Februar 1876. No. 4128 S. 7.

einzige Fall in Wien geblieben zu sein scheint, bei dem die Zeitungen von einem solchen Protest gegenüber einem Brucknerschen Werke zu berichten wussten. Nach der Première der D-moll-Symphonie (16. Dezember 1876) ist das Referat der Neuen Freien Presse schon von unverkennbarer Feindseligkeit, aber der „lebhafte Applaus" muss, wenn auch ungern, doch eingestanden werden[1]). Bei der Vierten in Es-dur (erste Aufführung am 20. Februar 1881) finden wir einen „ungewöhnlichen Erfolg" und „Applaus in Hülle und Fülle" verzeichnet[2]). Am 11. Januar 1883 erscheint Bruckner zum ersten Male, und zwar mit zwei Sätzen der sechsten Symphonie auf einem Programm der Philharmonischen Konzerte: „Der Komponist wurde unter stürmischen Akklamationen . . . unzählige Male gerufen[3])." Und gar bei der Siebenten sieht sich Hanslick zu der Feststellung gezwungen, die ihm ohne Zweifel schwer genug gefallen ist: es sei „gewiss noch niemals vorgekommen, dass ein Komponist nach j e d e m einzelnen Satze vier- bis fünfmal herausgerufen wurde[4])." In demselben Jahre (1886) wird das Tedeum „mit einem grenzenlosen Beifallslärm gefeiert[5])". Der Erfolg der Achten, der letzten, deren Uraufführung der Komponist selbst noch erlebte, resumiert derselbe Hanslick in den Worten: „Tobender Jubel, Wehen mit den Sacktüchern aus dem Stehparterre, unzählige Hervorrufe, Lorbeerkränze usw. Für Bruckner war das Konzert jedenfalls ein Triumph[6])." Das sind so einige Beispiele,

[1]) „Neue Freie Presse" vom 18. September 1877. No. 478. S. 27.
[2]) „Neue Freie Presse" vom 27. Februar 1881. No. 5927. S. 2.
[3]) Eduard Hanslick, Konzerte, Komponisten und Virtuosen der letzten fünfzehn Jahre. 1870—1885. Berlin 1886. S. 371.
[4]) „Neue Freie Presse" vom 30. März 1886. No. 7755 S. 2.
[5]) „Neue Freie Presse" vom 19. Januar 1886. No. 7658 S. 2.
[6]) E. Hanslick, Fünf Jahre Musik (1891—1895). (Der „Modernen Oper" VIII. Teil) Berlin 1896. S. 193.

die ich aus der Fülle des zu Gebote stehenden Materials ziemlich wahllos herausgegriffen habe.

Nun wäre es ja gewiss verkehrt, wenn man die Bedeutung von Bruckners Publikumserfolgen überschätzen und etwa meinen würde, dass diese gewiss nicht immer leicht eingänglichen Werke sofort auch allgemeines Verständnis gefunden hätten. Das wäre selbst bei dem musikalischsten Publikum der Welt kaum möglich gewesen, geschweige denn bei den Wienern. Ist es doch einer der seltsamsten Irrtümer, dass man Wien deshalb, weil zufällig mehrere unserer grössten musikalischen Meister dort gelebt haben, für eine ausnehmend musikalische Stadt hält. Man verwechselt dabei die Bevölkerung des heutigen Wien mit dem österreichisch-ungarischen Adel einer längst vergangenen Zeit, und bedenkt nicht, dass in jenen Tagen, aus denen sich Wiens musikalischer Ruhm herschreibt, ein öffentliches Musikleben in unserem Sinne, bei dem die Masse des grossen Publikums hätte mit in Frage kommen können, noch gar nicht vorhanden oder doch eben erst im Entstehen begriffen war. Was der Durchschnitts-Wiener vor dem Norddeutschen und selbst vor dem westlicheren Süddeutschen voraus hat, das ist hervorragender Sinn und Begabung für das Elementare der Musik, für all das, was man die Naturseite an ihr (im Gegensatz zu dem eigentlich und spezifisch Künstlerischen) nennen könnte. Grosse Empfänglichkeit namentlich für die äusserlich sinnlichen Wirkungen der Musik, für den Zauber der Klangschönheit und die zwingende Macht des Rhythmus, sie liegt dem Wiener in seinem auch hierin durch einen starken slavischen Einschlag charakterisierten Blute. Und eben darum liefert auch Wien unverhältnismässig viele und gute Musiker.

Damit man aber das Publikum einer Stadt in höherem Grade musikalisch nennen könne, dazu gehört noch zweierlei. Erstlich, dass der Sinn für ernste und edle Kunstmusik weit verbreitet und zweitens, dass das Durchschnittsniveau der musikalischen Kultur in der Bevölkerung ein relativ hohes sei. Gerade darin sind aber die grösseren reichsdeutschen Städte Wien auch heute noch ohne Zweifel beträchtlich überlegen. Das Bedürfnis nach musikalischem Kunstgenuss höherer Art ist hier ganz erstaunlich gering, was schon daraus hervorgeht — denn jedes stark gefühlte Bedürfnis schafft sich seine Befriedigung —, dass Wien erst 1900 ein zweites, für die Zwecke der ernsten Musik in Betracht kommendes Orchester erhalten hat, nachdem mehrere frühere Versuche nach dieser Richtung hin kläglich gescheitert waren. Bis dahin begnügte sich die Millionenstadt für Konzert u n d Oper mit dem einzigen Hoforchester. Dementsprechend steht die musikalische Bildung zwar in den Kreisen der Dilettanten und ausgesprochenen Liebhaber gewiss oft auf einer sehr hohen Stufe, aber diese Kreise sind enger, als irgendwo anders, und von jener Durchdringung weiterer Bevölkerungsschichten mit einem guten und geläuterten musikalischen Geschmack, wie sie anderwärts sich immer mehr geltend macht, war bis vor kurzem und erst recht zu Lebzeiten Bruckners noch sehr wenig zu verspüren.

Dieser Gegensatz zwischen einer reich begabten musikalischen N a t u r und einer wenigstens in bezug auf Allgemeinverbreitung zurückgebliebenen musikalischen K u l t u r hat nun ihre eigenartigen Nachteile, aber auch Vorteile gezeigt. Was die unmittelbare, naive Empfänglichkeit und Begeisterungsfähigkeit anbelangt, ist das Wiener Publikum geradezu ideal, und noch jeder Künstler, der Gelegenheit hatte, die Wiener von dieser Seite kennen zu lernen, konnte des Lobens und Entzückens kein Ende finden. Seine Musiknatur befähigt den

Wiener dazu, dass er von einer musikalischen Darbietung nicht bloss angeregt und interessiert, sondern auch wahrhaft gepackt und fortgerissen wird, und die impulsive Wärme seines Temperaments lässt ihn seinen Enthusiasmus in einer Weise kundgeben, die nicht bloss lärmend ist, sondern vom Herzen kommt und zum Herzen geht.

Man hat schon oft bemerkt, dass die musikalische Bildung der Massen — die ja, wie alle Bildung der Massen, Halbbildung bleiben muss — auch ihre Gefahren hat, dass sie dem musikalischen Sinn die fraglose Sicherheit des instinktiven Gefühls raubt, ohne ihm jenen vollen Ersatz eines untrüglichen b e w u s s t e n Urteilsvermögens zu gewähren, das doch schliesslich nur für den Fachmann erreichbar ist. Namentlich wenn es sich um neue und ungewohnte künstlerische Erscheinungen handelte, ist es nicht selten geschehen, dass der gänzlich unbelehrte Sinn der „Unmusikalischen" sich weiser zeigte, als das Halbwissen der musikalisch „Gebildeten". Das war zum Beispiel ganz unverkennbar bei Richard Wagner der Fall, und etwas Aehnliches geschah in Wien auch bei Bruckner.

Darüber dürfen freilich die ebenso unleugbaren Nachteile musikalischer Urteilslosigkeit beim Publikum nicht verkannt werden. Von ihnen wirkt wohl am verderblichsten der Mangel an Sachlichkeit, der unter solchen Verhältnissen meist zutage tritt. Mangelndes Urteil begünstigt einerseits den Personenkultus, anderseits führt es dazu, dass Begeisterung oder Ablehnung auch bei rein künstlerischen Fragen ausschliesslich Sache einer Partei oder Sekte wird. Mehr wie jedes andere hat das Wiener Publikum seine Lieblinge, die es kritiklos bewundert, ja vergöttert, und wie die Gründe, die zu solcher Favoritschaft führen, oft mit Kunst nicht das geringste zu tun haben, so kann man auch nicht behaupten, dass die Wiener ihre Liebe immer oder nur vorzugsweise auf solche gerichtet hätten, die dieser Auszeichnung würdig waren. Wenn aber wie im Falle Bruckners diese Liebe einmal einem wahrhaft und im höchsten Sinne des Wortes Würdigen sich zuwendet, so ist das eine so herzerfreuende Erscheinung, dass es kleinlich wäre, allzuviel Gewicht darauf zu legen, dass es gewiss oft mehr die warme Sympathie für die Person des Komponisten als ein tieferes Verständnis des Wertes seiner Werke gewesen ist, was das Wiener Publikum sich für seinen Bruckner begeistern liess. Lag doch dieser Sympathie für die Person ganz gewiss eine, wenn auch noch so unbewusste Ahnung davon zugrunde, dass es eine bedeutende und gewaltige geistige Potenz sei, die in diesem schlichten Manne lebe und wirke, — und wenn das verstehende Bewundern der Schöpfungen eines grossen Künstlers seinen krönenden Abschluss erst darin findet, dass wir die Werke als Ausfluss der Persönlichkeit des Künstlers begreifen und in ihnen und durch sie den Menschen lieben lernen, so mag man es wohl auch gelten lassen, wenn die Menge den umgekehrten Weg geht und von der Liebe für die Person zur Bewunderung des Werkes fortzuschreiten sich bemüht.

Viel bedenklicher ist der Parteifanatismus, und es liegt mir sehr fern, bestreiten zu wollen, dass bei der Schilderhebung Bruckners auch die weniger schönen Seiten des künstlerischen Parteiwesens oft sehr grell zutage getreten sind. Wenn Hanslick bei Gelegenheit der siebenten Symphonie sagt: „Bruckner ist Armeebefehl geworden und der ‚zweite Beethoven' ein Glaubensartikel der Richard Wagner-Gemeinde", so macht er sich kaum einer Uebertreibung schuldig. Die Ungerechtigkeit liegt nicht darin, dass er etwas Falsches behauptet, sondern dass er ausser acht lässt, wie ohne Organisation, das heisst, unliebenswürdig ausgedrückt, ohne Partei- und Cliquenbildung noch niemals in unserer auch in bezug auf das Kunstleben durchaus demokratischen Zeit ein bedeutender Künstler hat zu Ansehen und Geltung gebracht werden können. Hanslick stellt aber das, was eine ganz allgemeine Erscheinung ist, als besonderes Kennzeichen der Bruckner-Propaganda hin.

In jeder Partei sind die überzeugten Anhänger, diejenigen, die wissen, worum es sich handelt, in der Minderheit. Das Gros besteht aus „Mitläufern", bei denen es meist der Zufall, wenn nicht Schlimmeres, entscheidet, auf welche Seite sie sich schlagen. Genau dasselbe, was Hanslick gegen die Bruckner-Gemeinde vorbringt, liesse sich *mutatis mutandis* auch von der Brahms-Partei jener Tage sagen, nur mit dem Unterschiede, dass diese viel straffer organisiert, weit unduldsamer und in der angestrebten, für eine lange Reihe von Jahren auch tatsächlich erreichten Alleinherrschaft ihrer Mitglieder insofern tyrannisch war, als sie — wenigstens in Wien — keineswegs auf die Majorität des grossen Publikums sich stützen konnte und nur d e n Vorteil hatte, dass die literarischen Wortführer der öffentlichen Meinung auf ihrer Seite standen. Ihr gegenüber befanden die Anhänger Bruckners sich einfach im Stande der Notwehr.

Für Bruckner war es gewiss notwendig, dass eine Partei sich um ihn scharte und für seine Anerkennung kämpfte. Aber im Interesse seiner Sache war es nicht günstig, dass er nicht in seinem eigenen Namen, sondern zunächst fast ausschliesslich als Verehrer und Jünger Richard Wagners auf den Schild erhoben wurde. So natürlich es war, dass die Wagnerianer sich unseres Meisters annahmen, dass in Sonderheit der Wiener akademische Wagnerverein für ihn eintrat und sich so unschätzbare, durch keinerlei Wenn und Aber zu verkleinernde Verdienste um ihn erwarb, so wenig vorteilhaft war dies für die Würdigung Bruckners als einer selbständigen und auf eigenen Füssen stehenden künstlerischen Erscheinung. Der Ueberschätzung des Wagnerschen Einflusses auf Bruckner, seiner Rubrizierung als eines blossen Epigonen und Nachahmers des Bayreuther Meisters, der den musikdramatischen Stil Wagners auf die Symphonie übertragen habe, wie Hanslick meinte und andere ihm nachschrieben, wurde dadurch in bedenklicher Weise Vorschub geleistet. Anderseits hatte sich Bruckner durch seine Wagner-Begeisterung und seine Zugehörigkeit zur Wagnerpartei alle diejenigen von vornherein zu Feinden gemacht, die im wagnerfeindlichen Lager standen.

Vor allem war aber dem einflussreichsten Kritiker des damaligen Wien, Eduard Hanslick, durch Bruckners Wagnerianertum unabweichbar vorgezeichnet, wie er sich zu unserem Meister kritisch zu stellen habe. Denn der Kampf gegen Wagner stand Hanslick durchaus im Mittelpunkt seines kritischen Interesses, und wer sich frei, unbedenklich und ohne Rückhalt zu Wagner bekannte, der durfte bei ihm nicht auf Gnade hoffen. Und ein überzeugter Wagnerianer wie Hans Richter (der freilich auch ebenso überzeugter Bewunderer von Brahms) war, musste bei der praktischen Betätigung reichlich Wasser in den Wein seines Wagnerianertums giessen, wenn er zu einem leidlichen *Modus vivendi* mit dem berühmten Kritiker kommen wollte. Für Bruckner soll Hanslick noch zu Anfang der siebziger Jahre wohlwollendes Interesse gezeigt haben, wohl deshalb, weil es da noch zweifelhaft sein konnte, ob es nicht gelingen werde, den aufstrebenden Künstler für die eigene Partei zu gewinnen, vielleicht aber auch, weil das Wagnertum vor

Bruckner und Hanslick.
(Schattenbild von Otto Böhler in Wien. Verlag von R. Lechner,
k. u. k. Hofbuchhandlung, Wien.)

1876 noch nicht so „gefährlich" aussah wie später. Jedenfalls ist dieses Interesse in der „Neuen Freien Presse" niemals öffentlich zutage getreten[1]). Zwar rein „theoretisch" lesen wir da oft von „dem als Mensch und Künstler von uns aufrichtig geachteten Komponisten, der es mit der Kunst ehrlich meint, so seltsam er auch mit ihr umgeht", und dem man „nicht gern wehtun" möchte. Aber „praktisch" wurde das Wehtun doch in recht ausgiebiger Weise besorgt, und diese Art von kritischer Misshandlung war um so kränkender, als sie nur selten einmal vergass, den trügerischen Schein vorurteilsfreier Objektivität nach Möglichkeit zu wahren[2]).

Wenn ich die Meinung vertrete, dass Hanslick Bruckner in erster Linie als Wagnerianer bekämpft habe, so will ich damit gewiss nicht sagen, dass der berühmte Kritiker Gefallen an des Meisters Werken gefunden und sie wider die bessere Ueberzeugung heruntergemacht habe. Davon kann keine Rede sein, und es wäre überhaupt sehr töricht, einem Kritiker sein absprechendes Urteil als solches zum Vorwurf zu machen. Nicht darin

[1]) In der „Neuen Freien Presse" vom 29. Juni 1872 war unter den Theater- und Kunstnachrichten eine sehr wohlwollende Notiz über die Aufführung von Bruckners F-Moll-Messe in der Augustinerkirche erschienen. Sie war nicht gezeichnet und wurde von Bruckner und seinen Freunden Hanslick zugeschrieben (vgl. Bruckners Brief an C. F. Pohl vom 31. Dezember 1885, abgedruckt im Programmheft des 1. Wiener Gesellschafts-Konzertes vom 7. November 1906). Es ist aber sehr wenig wahrscheinlich, dass Hanslick die Notiz geschrieben hat. Dieser pflegte auch kleinere Beiträge (mit einem h) zu zeichnen und hat sich überdies um Kirchenmusik nie gekümmert. E. v. Mandyczewski vermutet als Verfasser einen Professor Horawitz, „der Bruckner hochverehrte und ein fleissiger Besucher aller guten und besseren Kirchenmusikaufführungen in Wien in jener Zeit war." (Brieflich am 26. Mai 1913.)

[2]) Unvorsichtigkeiten wie das unumwundene Bekenntnis, dass er „Bruckners Symphonie kaum ganz gerecht beurteilen könnte" („Neue Freie Presse" vom 30. März 1886. No. 7755 S. 2), passieren Hanslick selten.

bestand die Ungerechtigkeit Hanslicks gegenüber Bruckner, dass er seinem Missfallen an dessen Musik offen Ausdruck gab, sondern darin, w i e er es tat, ohne einen irgendwie ernst zu nehmenden Versuch einer sachlichen Motivierung, und immer in der deutlich durchschimmernden Absicht, dem Emporkommen des Komponisten sich hindernd in den Weg zu stellen. Wenn einer die Musik eines begabten Mannes — und Talent, ja Spuren von Genialität hat ja auch Hanslick Brucknern niemals abgesprochen — nicht versteht oder ihre künstlerische Art und Richtung degoutiert, so ist es Pflicht der objektiven Kritik, dies zwar unumwunden zu bekennen, aber gleichzeitig auch zuzugeben, dass diese Abneigung möglicherweise rein subjektiv sein könne, und dass dieser Mann jedenfalls auch ein Recht darauf habe, aufgeführt zu werden, und zwar um so öfter, je umstrittener und problematischer seine Kunst erscheint. Ja, der gewissenhafte Kritiker selbst wird in solchem Falle das Bedürfnis fühlen, gerade mit dem, was ihm n i c h t eingeht, sich immer von neuem wieder zu beschäftigen. Wogegen Hanslick kein Mittel unversucht lässt, um die Dirigenten von der Aufführung Brucknerscher Werke abzuschrekken. Jede irgendwie sich bietende Gelegenheit, schon die Wahl des Werkes selbst zu tadeln, wird begierig aufgegriffen, und der deutliche Wink von solchen Sätzen, wie: „Ob Herr Hans Richter auch seinen Abonnenten einen Gefallen damit erwiesen habe, ein ganzes philharmonisches Konzert ausschliesslich der Brucknerschen Symphonie zu widmen, ist zu bezweifeln", findet sich nicht vereinzelt. Es ist klar, dass es sich bei all dem gar nicht um Kritik handelt, sondern um die Durchführung einer von vornherein feststehenden Taktik. Dahin gehört es auch, dass in den Berichten alle den Erfolg bezeugenden Tatsachen und Umstände nach Möglichkeit abgeschwächt werden. Da heisst es denn etwa: der Applaus ging nicht vom „Publikum" aus, sondern nur von der „Partei" (als ob, selbst wenn es der Fall gewesen wäre, die „Partei" nicht auch einen Teil, oft sogar die Majorität des Publikums gebildet hätte!). Und umgekehrt wird alles über die Gebühr aufgebauscht und breitgetreten, was gegen die Allgemeinheit des Erfolges sprechen könnte, — wie wenn zum Beispiel einzelne Personen vor Beendigung des Konzerts den Saal verlassen haben, was doch bei jeder länger dauernden Aufführung zu geschehen pflegt, und zumal in Wien mit seinen zeitlich so ungeschickt gelegenen Matinees und seinem die Heimkehr vor zehn Uhr abends gebietenden „Sperrsechserl". Oder: man hält sich gar nicht lange bei dem fatalen Werke auf, sondern spricht in der Rezension von etwas ganz anderem, wie zum Beispiel bei Gelegenheit der Achten über den gutgemeinten, aber unglücklich ausgefallenen Versuch einer programmatischen Erläuterung, die Josef Schalk damals verfasst hatte, und die freilich noch viel ausgiebigere Gelegenheit zu billigen Witzen gab, als die Brucknersche Musik. Vor allem aber entscheidend ist der Ton der Hanslickschen Kritiken, der, wie ich schon bemerkte, im Laufe der Zeit und in dem Masse, als Bruckners Anhänger an Zahl und Einfluss wuchsen, immer gehässiger und feindseliger wurde, während inhaltlich die Urteile all die Jahre über sich ziemlich gleich geblieben sind.

Hanslick war der Prototyp des damaligen Wiener Musikkritikers: was neben ihm noch an angesehenen Zeitungen schrieb, war entweder geradezu von ihm abhängig oder suchte doch durch möglichst getreue Imitation seiner Art und Weise ihm nachzueifern. Die wenigen Kritiker, die schon früh mit Wärme für Bruckner eintraten, standen ausnahmslos an Einfluss, zum grossen Teil auch an journalistischer Begabung hinter Hanslick weit zurück. Von ihnen ist mit besonderer Auszeichnung Theodor Helm (geboren 1843), der langjährige musikalische Referent der Wiener „Deutschen Zeitung", zu nennen. Hugo Wolfs, des begeisterten Brucknerverehrers, kritische Tätigkeit war von zu kurzer Dauer und wurde wegen des Charakters des Blattes, für das er schrieb, zu wenig ernstlich beachtet, als dass sie grössere Bedeutung für Bruckner hätte gewinnen können; und dass im Kampf gegen den herrschenden Wiener Liberalismus jener Zeit die antisemitischen Blätter und Blättchen sich nacheinander berufen fühlten, für unseren Meister einzutreten, gereichte seiner Sache nicht immer zum Vorteil, — wobei übrigens keineswegs verkannt werden soll, dass es durchaus nicht blosser Zufall gewesen ist, wenn die liberalen Zeitungen Wiens fast ausnahmslos sich feindlich oder doch ablehnend zu Bruckner verhielten. Denn wenn auch der Meister selbst keine bestimmte politische Parteirichtung vertrat, so mochte ihn doch seine gläubig-katholische Gesinnung des Klerikalismus verdächtig erscheinen lassen. Und was entscheidender in Betracht kommt, es lag überhaupt im innersten Wesen des damaligen „Liberalismus" begründet — sofern es erlaubt ist, darunter nicht bloss eine politische Partei, sondern in erweitertem Sinne einen ganzen Weltanschauungskomplex zu verstehen — dass er, in seltsamem Gegensatz zu seinem Namen und den von ihm vertretenen politischen und wirtschaftlichen Anschauungen, auf ästhetischem Gebiete sich stets zu einem engherzig bevormundenden Konservativismus bekannt hat. Der künstlerische Ausdruck des „liberalen" Geistes war der akademisch-epigonenhafte Klassizismus, der uns heute so gründlich abgetan erscheint, und eben darum hat ein Bruckner gerade so wie Richard Wagner, von Repräsentanten dieses Geistes die bitterste Anfechtung erfahren müssen. An anderen Orten hat man es manchmal erlebt, dass Kritiker, die eine ausgesprochen klassizistische und besonders auch unzweideutig Wagner-feindliche Richtung vertraten, sich trotzdem warm für Bruckner begeisterten. So z. B. T h e o - d o r G o e r i n g in München. In Wien war diese Art nur durch zwei Männer vertreten, von denen der eine freilich die stärkste kritische Begabung jener Zeit und als solche auch einem Hanslick weit überlegen war: L u d w i g S p e i d e l. (Der andere war Hofrat Dr. H. v o n W ö r z.) Wer Speidels Besprechungen der Wiener Erstaufführungen des Brucknerschen Quintetts (1885) und des Te Deum (1886) kennt, wird es nicht genug bedauern können, dass dieser feine Geist sich späterhin ganz von der Musikkritik abwandte. Aber vielleicht war es gerade die sich aufdrängende Ueberzeugung, dass der ausser und über dem Parteitreiben stehende Musikkritiker, so wie die Dinge damals in Wien lagen, unmöglich sei, was ihn zu dieser Abwendung bewog.

Bruckner, der den übertriebenen Respekt des Naturkindes vor allem Gedruckten hatte, und der geneigt war, die Bedeutung der Presse eher zu hoch als zu niedrig einzuschätzen, litt sehr unter der übelwollenden Haltung des grössten Teils der Wiener Kritiker. Wie sehr, das beleuchtet mit der Grelligkeit eines Blitzstrahles das erschütternde Dokument, das K a r l K r a u s in Nr. 223 bis 224 des IX. Jahrgangs seiner „Fackel" (vom 12. April 1907) veröffentlicht hat: der Entwurf eines Bittgesuches von Bruckner an das Komitee der Wiener Philharmoniker, diese möchten von einer Aufführung seiner E-Dur-Symphonie abstehen, weil er befürchten müsse, dass die feindselige Haltung der massgebenden Wiener Kritik ungünstig auf die Verbreitung und den Erfolg seiner Werke in Deutschland (wo Bruckner eben damals — 1885 — anfing, bekannt zu werden) einwirken könnte[1]). —

Dass unter solchen Umständen unser Meister trotz des ausgesprochenen Wohlwollens, mit dem das Publikum seinen Werken begegnete, Mühe hatte, zu Wort zu kommen, lässt sich begreifen. Zwei Tatsachen sprechen mehr als alles andere für diese unnatürliche Zurücksetzung eines schon früh beliebten und gefeierten Künstlers. Im Jahre 1883, nachdem Bruckner fünfzehn Jahre in Wien gelebt und sechs Symphonien geschrieben hatte, geschah es zum ersten Male, dass die Philharmoniker, also die gerade für die Pflege der symphonischen Musik bestimmte erste und damals in ihrer Art einzige Orchestervereinigung Wiens, nicht etwa ein ganzes Werk von Bruckner, sondern — Bruchstücke eines solchen in einem ihrer eigenen Konzerte zur Aufführung brachten. Und auch das konnte nur deshalb geschehen, weil der Hofoperndirektor Wilhelm Jahn, der jenen einzigen Winter 1882/83 stellvertretend die Philharmonischen Konzerte leitete, mehr künstlerischen Mut besass als der ständige Dirigent der Philharmoniker, Hans Richter, der gewiss Sympathien für Bruckner hegte, aber sich niemals sonderlich für ihn ins Zeug gelegt hat, namentlich da und dann nicht, wenn es galt, die Initiative zu ergreifen oder etwas zu wagen. Im Jahre 1880 hatte der Meister seine fünfte Symphonie vollendet, deren Finale, schon was die rein äusserliche Wirkung anbelangt, selbst unter seinen eigenen Schöpfungen ganz einzig dasteht. Aber der diesen wunderbaren Doppelfugensatz geschrieben hat, er bekam ihn selbst niemals zu hören. Als Franz Schalk im Jahre 1894 die B-dur-Symphonie in Graz über-

---

[1]) Den Wortlaut dieses am 13. Oktober 1885 tatsächlich an die Philharmoniker abgegangenen Schreibens findet man im Anhang.

haupt zum ersten Male zur Aufführung brachte, war Bruckner schon zu krank, um die Reise wagen zu dürfen. Und erst im Jahre 1898 fand die erste Wiener Aufführung des Werkes unter Ferdinand Löwe statt.

Herbeck wäre der Mann gewesen, der dem Künstler viel Kummer und Herzleid hätte ersparen können. Dass er schon 1877 starb, nachdem er nur einmal Bruckner mit der (zweiten) C-moll-Symphonie in seinen Gesellschaftskonzerten (26. Februar 1876 unter des Komponisten eigener, nach einer Andeutung Ludwig Herbecks[1]) nicht eben sehr geschickter Leitung) hatte zu Wort kommen lassen können, das bedeutete für unseren Meister einen unersetzlichen Verlust. Nach Herbecks Tode hat er unter den einflussreichen Leitern des offiziellen Wiener Musiklebens Zeit seines Lebens keinen einzigen mit wirklicher Tatkraft für ihn eintretenden Freund und Förderer mehr gefunden. Hans Richter war lau, phlegmatisch und konnivent gegenüber den Machtgeboten der Gegenpartei. Von Wilhelm Jahn wäre etwas zu erwartern gewesen; aber er hatte (abgesehen von jener einzigen Ausnahme) mit dem Konzertwesen nichts zu tun. Was der Wagnerverein mit seinen Mitteln leisten konnte, hat er redlich erfüllt, und Josef Schalk und Ferdinand Löwe hiessen die beiden hochverdienten Männer, die bei jeder sich bietenden Gelegenheit bereit waren, als kongeniale Interpreten für ihren Meister einzutreten. Aber das waren alles vereinzelte Veranstaltungen, die ohne rechte Folge blieben, oder — wie auch die wackeren Bemühungen des Akademischen Gesangvereins — interne Vorgänge innerhalb enger Kreise, die nicht in gewünschtem Masse die Oeffentlichkeit beeinflussen konnten. Die Philharmoniker beschränkten sich auch weiterhin darauf, die

---

[1] Johann Herbeck etc. S. 398.

Uraufführungen der neuen Symphonien herauszubringen (d. h. also der siebenten, achten und der umgearbeiteten ersten). Die früheren Werke holten sie sehr allmählich und zögernd nach (2. Symphonie 1894, 3. 1890, 4. 1896, 6. 1901). Die 5. haben sie zuerst 1900, die 9. nicht vor 1906 (also drei Jahre nach der Uraufführung!) gespielt. Die Konzerte der Gesellschaft der Musikfreunde brachten unter Richter die orchestrale Uraufführung des Te deum zwei Jahre nach seiner Entstehung 1886, nachdem 1885 eine Aufführung mit Klavierbegleitung im Wagnerverein vorangegangen war, die des 150. Psalms 1892 (unter Wilhelm Gericke), die F-moll-Messe 1894 (gleichfalls unter Gericke), die in D-moll erst nach Bruckners Tode (1897 unter Richard von Perger als Trauerfeier für den entschlafenen Meister), dagegen nicht die in E-moll. Auf Wiederholungen schon einmal zu Gehör gebrachter Werke Bruckners, die doch unbedingt notwendig sind, wenn man einen noch wenig gekannten und noch weniger verstandenen Meister durchsetzen will, hat sich die Gesellschaft der Musikfreunde ebenso wie die Philharmoniker nur ganz vereinzelt eingelassen. Eine Stätte bewusster und liebevoller Pflege seiner Kunst hat Bruckner in Wien erst nach seinem Tode in dem **Konzertverein** gefunden, wo **Ferdinand Löwe** als Interpret und Propagator so Grosses geleistet hat, wie es noch selten ein Jünger für seinen Meister vollbrachte. —

Und trotz aller dieser Hemmungen gewann mit der Macht und unbezwinglichen Siegeskraft der Wahrheit Bruckners hohe Kunst schon zu seinen Lebzeiten immer mehr Raum auf dem Boden, der ihr anfänglich so hartnäckig verschlossen wurde. Und auch in diesem Falle haben die kurzsichtigen und böswilligen Widersacher nur das eine erreichen können, dass sie dem Genius das Leben verbittert und sich selbst vor der Nachwelt irreparabel kompromittiert haben.

Anton Bruckner mit Richard Wagner am Fenster stehend
und schnupfend.
(Schattenbild von Otto Böhler in Wien. Verlag von R. Lechner,
k. u. k. Hofbuchhandlung, Wien.)

DER KÜNSTLER UND DER MENSCH

Es liegt in der Natur der Sache begründet, dass der ausübende Künstler früher zu allgemeiner Anerkennung und Geltung gelangt, als der schaffende. Und wenn es auch zunächst nur die technisch-virtuose Seite an den Leistungen eines bedeutenden Vokalisten oder Instrumentalisten ist, was die grosse Menge besticht, immer wird auch der e c h t e Künstler, dem die Virtuosität nur Mittel zum Zweck ist, dem Publikum gegenüber sich im Vorteil befinden, wenn er mit ausübender Tätigkeit vor die Oeffentlichkeit tritt, während der Schaffende stets jenen hartnäckigen Widerstand zu besiegen hat, der sich allem Neuen und Ungewohnten entgegenstemmt. So konnte es geschehen, dass ein Franz Liszt mit seinem Ruhme als Klavierspieler die ganze Welt erfüllte zu einer Zeit, wo man über den Komponisten günstigenfalls mitleidig die Achseln zuckte; und auch Anton Bruckner war als Orgelvirtuose längst eine europäische Zelebrität, da man sonst von ihm weiter noch nichts wusste, als dass er — wie die meisten Organisten — auch einiges komponiert habe. Schon die kurze Notiz der Wiener „Neuen Freien Presse" vom 18. Mai 1868, die über die Linzer Aufführung der ersten Symphonie berichtet, nennt ihn „den bedeutendsten Orgelspieler in Oesterreich", und noch 1882 weiss ein weitverbreitetes Musiklexikon von ihm nur zu sagen: „Bedeutender Orgelvirtuos, Hoforganist in Wien und Professor am Konservatorium; veröffentlichte: Chorkompositionen, Messen, Symphonien u.

a.[1])". Ja, selbst in noch späterer Zeit konnte man es in Wien erleben, dass Leuten, die dem musikalischen Leben ferner standen, der Name Bruckners als der eines berühmten Organisten sehr wohl bekannt war, wogegen sie keine Ahnung davon hatten, dass derselbe Mann auch als Komponist Bedeutendes geleistet habe.

Wenn aber der ausübende Künstler dem schaffenden gegenüber bei der M i t w e l t im Vorteil ist, so kehrt sich das Verhältnis um, sobald die N a c h w e l t in Betracht kommt. Denn auch darin gleicht der musikalische Virtuose dem Mimen, dass ihm „die Nachwelt keine Kränze flicht". Während die Mehrzahl der Z e i t g e - n o s s e n von dem K o m p o n i s t e n Bruckner nichts wusste, der aus seinen unsterblichen Werken so gewaltig zu uns allen spricht, entzieht sich u n s e r e r Kenntnis der O r g e l s p i e l e r. Um eine Ahnung davon zu gewinnen, was der Meister auf dem Instrumente geleistet, das er mit mehr Recht als irgendein anderer grosser Musiker der neueren Zeit das s e i n e nennen durfte, sind wir auf die Berichte derer angewiesen, die so glücklich waren, ihn selbst noch hören zu können. Und solche Berichte mögen noch so anschaulich und begeistert lauten, — sie werden immer nur eine sehr schwache, farblose und unvollkommene Vorstellung von einer Sache zu geben vermögen, bei der alles auf die unmittelbare Wirklichkeit des lebendigen Eindrucks ankommt. Wenn ein Liszt auch als virtuoser Techniker auf eine Stufe der Vollendung gelangte, die kein späterer je mehr erreichen sollte, so scheint es, als ob bei Bruckners Orgelspiel das Technische nicht so phänomenal entwickelt gewesen sei, dass man wie bei dem „Paganini des Klaviers" von einer schlechthin exzeptionellen Wundererscheinung hätte

---

[1]) Friedrich Bremer, Handlexikon der Musik. Leipzig, Philipp Reclam jun. S. 25 (Originalausgabe).

sprechen müssen. Gewiss ist in früheren Jahren, wo die mit zunehmendem Alter wachsende Nervosität ihn noch nicht behinderte, auch seine rein technische Geschicklichkeit und Gewandtheit auf der Orgel sehr gross gewesen. Aber ich kann mir sehr wohl denken, dass es heute Virtuosen gibt, die ihm darin wohl gleichkommen, wenn nicht ihn übertreffen.

Seine eigentliche Stärke, das ganz Einzigartige und Unvergleichliche seines Spiels lag auf rein m u s i k a l i - s c h e m Gebiete. Die unendliche schöpferische Potenz, die in ihm lag, sie war es, die auch seine Orgelvorträge so himmelhoch über die Leistungen seiner engeren Kunstgenossen hinaushob. Und eben darum ruht seine Bedeutung als Organist nicht sowohl auf seiner Interpretation fremder Orgelwerke, als vielmehr auf seinen freien I m p r o v i s a t i o n e n. Zwar hat er in seinen jüngeren Jahren auch mit dem Vortrag namentlich Bachscher Orgelschöpfungen Triumphe gefeiert. Aber seine ganze Grösse als Meister der Königin der Instrumente offenbarte er doch erst dann, wenn er in freier Hingebung an die Gunst der Stunde sich ganz dem eigenen Genius überlassen durfte. Dass er dabei von der augenblicklichen Stimmung abhängig war, ist selbstverständlich, und bisweilen mochte sich einer oder der andere wohl auch enttäuscht finden, der so Fabelhaftes von Bruckners Orgelimprovisationen gehört und es nun gerade schlecht getroffen hatte. Wenn der Meister aber dann wirklich einmal gut aufgelegt war, sei es, dass das Gefühl, ein grosses, in begeisterter Ergriffenheit seinen Klängen lauschendes Auditorium vor sich zu haben, ihn hob, oder vielleicht noch besser, wenn er nur einen einzigen, aber empfänglichen und urteilsfähigen Zuhörer im hohen, einsamen Kirchenraume sich gegenüber hatte, — dann konnte sich seine Phantasie zu Gipfeln erheben, wie er sie sonst nur noch etwa in den überwältigenden Höhepunkten seiner Symphonieadagios erreichte. Ja, es gibt sachverständige Leute, die die Ansicht vertreten, dass eine rest- und schlackenlose Offenbarung der schöpferischen Persönlichkeit Bruckners nur der erlebt habe, der in geweihter Stunde einmal einer solchen Improvisation lauschen durfte, bei der der Meister, ganz in Stimmung, das Beste gab, dessen er fähig war. Der spätere Niederschlag, den die Eingebungen solcher Augenblicke dann in seinen niedergeschriebenen Kompositionen gefunden, sei bestenfalls immer nur ein schwacher Abglanz dessen gewesen, was in der Ekstase des schöpferischen Moments der Seele des wunderbaren Mannes entströmte.

Dieses Urteil mag etwas weit gehen. Aber es spricht sich doch der richtige Gedanke darin aus, dass die Improvisation als die eigentliche Inspirationsquelle für Bruckners musikalisches Schaffen zu betrachten ist, und dass wir in seinem Komponieren im tiefsten Grunde nichts zu erblicken haben, als den Versuch, musikalische Improvisationen zu monumentalisieren und dadurch der Nachwelt zu erhalten. Diese Eigentümlichkeit bringt Bruckner in eine gewisse Verwandtschaft mit einem anderen grossen Tonmeister der neueren Zeit, der sonst sehr wenig Aehnlichkeit mit ihm hat: mit Franz Liszt; und unwillkürlich fühlt man sich erinnert an die Worte, die Richard Wagner einmal seinem Weimarer Freunde zurief: „Von Natur bist du der eigentlich wahre, glückliche Künstler, der nicht nur dichtet, sondern auch selbst darstellt; magst du nun früher als Pianist gespielt haben, was du wolltest, so war es immer der Moment der persönlichen Mitteilung deiner schönen Individualität, der uns das ganz Neue und Unbekannte brachte, und nur der konnte und durfte von dir reden, dem du selbst (und zwar in glücklicher Stimmung) vorspieltest. Dieses Neue, unbeschreiblich Eigentümliche und Besondere war nun aber ganz und gar an deine Person gefesselt; somit kam einem, wenn man dich hörte, die Klage an, dass diese Wunder eigentlich mit deiner Person unwiederbringlich verschwunden und verloren gehen sollten. Die Natur sorgt aber durch unversiegliche Hilfsmittel für Forterhaltung dessen, was sie so selten hervorbringen kann: sie gab daher auch den richtigen Weg hierfür an. Die Wunder deiner persönlichen Mitteilung musstest du in einer Weise zu erhalten suchen, welche vom Leben deiner Person selbst sie unabhängig machte. Somit musstest du, ohne zu suchen, darauf verfallen, deine persönliche Kunst durch das Orchester zu ersetzen, das heisst durch Kompositionen, die vermöge der unerschöpflichen Hilfsmittel des Vortrags im Orchester deine Individualität wiederzugeben imstande waren, ohne dass es in Zukunft deiner individuellen Person dabei bedurfte. So gelten mir deine Orchesterwerke jetzt gleichsam als eine M o n u m e n t a l i s i e r u n g deiner persönlichen Kunst[1])."

Ein ganz ähnliches Verhältnis, wie es hier der Bayreuther Meister zwischen Liszts Klavierspiel und seinen Orchesterkompositionen statuiert, scheint mir auch zwischen Bruckners Orgelimprovisation und seinem durch die Notenschrift fixierten musikalischen Schaffen obzuwalten. Wenn dem aber so ist, dann ergibt sich eine für die Beurteilung Brucknerscher Werke ungemein wichtige Einsicht. Haben nämlich seine Kompositionen wirklich sozusagen als Präparate zu gelten, deren Bestimmung es ist, eine eigentlich an die Person ihres Urhebers und den Augenblick ihrer Entstehung gebundene Kunstäusserung zu konservieren, so muss man sich vor zweierlei hüten, wenn man ihnen gerecht werden will.

[1]) Briefwechsel zwischen Wagner und Liszt. Leipzig 1887. II, 129.

Einmal ist es schlechthin unzulässig, dass irgendwelche **o b j e k t i v e** Masstäbe an sie herangebracht werden. Vielmehr müssen sie stets vom künstlerischen **S u b j e k t** aus, als Offenbarungen einer ganz bestimmten schöpferischen Individualität verstanden und beurteilt werden. Und zweitens erhellt, dass jene strengen Anforderungen, die man in bezug auf bruchlose Geschlossenheit der **F o r m** aus einer ganz anderen Art von Kunstwerken abstrahiert hat, hier durchaus ihre Geltung verlieren. Eine gewisse **F o r m l o s i g k e i t** ist der Improvisation wesenseigentümlich, und längst hat man sich daran gewöhnt, dem Komponisten das Recht relativer Formlosigkeit einzuräumen, sobald er ein Werk etwa durch die Titelbezeichnung „Phantasie" als unmittelbaren Niederschlag freien Improvisierens ankündigte. Dasselbe Recht darf gewiss aber auch der in Anspruch nehmen, dessen gesamtes Schaffen als ein zur starren und perennierenden Gestalt des monumentalen Kunstwerkes kristallisiertes Improvisieren sich darstellt.

Mit der Ansicht, dass Bruckners Schaffen durchaus auf seiner Orgelkunst basiert, dass es aus ihr hervorgegangen, ja eigentlich nur als eine Monumentalisierung seiner Orgelimprovisation anzusehen ist, scheint eine Tatsache in seltsamem Widerspruch zu stehen: die nämlich, dass der Meister niemals auch nur **e i n e** Note für die Orgel veröffentlicht, ja, wie es scheint, nur ganz wenige, in späterer Zeit überhaupt keine Orgelkompositionen mehr geschrieben hat. Aber gerade unsere Auffassung vom Wesen des Brucknerschen Schaffens bietet eine Erklärung dieser Tatsache, die sonst schlechthin unbegreiflich wäre. Wenn nämlich für Bruckner die Orgel annähernd dasselbe war, wie für Liszt das Klavier, so wird ihn wohl derselbe Grund zu seiner auffallenden kompositorischen Enthaltsamkeit der Orgel gegenüber bewogen haben, der auch Liszt dazu führte, gerade von dem Zeitpunkte an die Klavierkomposition immer mehr zu vernachlässigen, wo er mit wachsender Entschiedenheit und Ausschliesslichkeit der schaffenden Tätigkeit sich zuwandte. Beide hatten eben die instinktive Empfindung, dass Klavier und Orgel nur dann und nur so lange zum Medium ihrer musikalischen Kundgebungen taugen konnten, als sie selbst zur Mitteilung ihrer persönlichen Kunst dieser Instrumente sich bedienten. Weil aber diese Instrumente nur unter i h r e n Fingern das zu leisten vermochten, was ihr Genius verlangte, mussten sie darauf bedacht sein, ein anderes Ausdrucksmittel ausfindig zu machen, wenn es galt, den Inhalt ihrer musikalischen Mitteilungen von der eigenen Person zu emanzipieren und durch schriftliche Fixierung der Nachwelt zu erhalten. Und da konnte denn nur das O r c h e s t e r vermöge seiner „unerschöpflichen Hilfsmittel des Vortrags", wie Richard Wagner sagt, sich für ihre Zwecke als geeignet erweisen. So erklärt es sich, dass für Bruckner das Instrument, in dessen Klangwelt seine gewaltigsten E i n g e b u n g e n wurzeln, gar nicht in Betracht kam, wenn er an die A u s f ü h r u n g seiner musikalischen Gedanken ging. Die Orgel war ihm zwar die vornehmste Inspirationsquelle; aber der mächtige Strom, der die dort entsprungenen und durch die mannigfachsten Zuflüsse verstärkten Gewässer schliesslich allvereinend in sich aufnehmen sollte, konnte nur das Orchester sein. —

Wir haben gesehen, wie verhältnismässig früh schon Bruckner in seinem Heimatlande Oesterreich als Orgelspieler allgemeine Aufmerksamkeit erregte. Da war es denn nur natürlich, dass er sich in der Folge dazu berufen fühlte, den Ruhm österreichischer Orgelkunst auch ins Ausland zu tragen. Namentlich von zwei Kunstreisen wird berichtet, auf denen der Meister unerhörte Triumphe feierte. Die eine führte ihn nach Frankreich, die andere nach London. Brunner hat in seiner kleinen Broschüre[1]) alles, was ihm über diese Reise zu Ohren kam, getreulich, aber auch ganz kritiklos weitergegeben. Liest man bei ihm von Bruckners Triumphen in Nancy, Paris und London, so glaubt man in der Tat, der Meister habe an diesen Orten ein geradezu sensationelles Aufsehen erregt, und ist dann höchlich erstaunt, wenn man in den Tages- und Fachzeitungen jener Tage entweder gar kein oder doch nur ein sehr dürftiges Echo dessen findet, was angeblich ein so grosses Ereignis gewesen war. Wie diese Uebertreibungen zustande kamen, lässt sich unschwer begreifen. Sie gehen wohl einerseits auf Bruckner selbst, anderseits auf seine Freunde zurück. Der Meister selbst, der schon im Heimatlande allen Anforderungen des praktischen Lebens als hilfloses Kind gegenüberstand, wusste natürlicherweise erst recht nicht aus und ein, wenn er in fremdem Lande weilte. Nicht nur, dass er da für das eigene Tun und Treiben ganz auf den Beistand seiner Umgebung sich angewiesen sah, auch das, was um ihn herum vorging, was er erfuhr und erlebte, musste seine Unkenntnis aller Verhältnisse in wunderlich verzerrten Formen widerspiegeln. Nach Erfolg und Anerkennung dürstend wie jede echte Künstlernatur, dabei von rührender Dankbarkeit für den geringsten Beifall, der ihm gezollt wurde, war Bruckner einer der Menschen, denen es sehr leicht passieren kann, dass sie das, was ihnen an Lob und Auszeichnung widerfährt, **überschätzen.** Dazu kam dann noch die naive Ehrlichkeit der schlichten Natur des Meisters, die alles, was sie empfing, für bare Münze nahm und nichts davon wusste, dass es einen Unterschied gibt zwischen Ehrun-

[1]) **Dr. Anton Bruckner, Ein Lebensbild von Franz Brunner.** Linz 1895.

gen, die tatsächlich, und solchen, die nur scheinbar eine Ehre bedeuten, dass die Zusammensetzung des Publikums, vor dem man spielt, die Art der Veranstaltung, bei der man auftritt, und noch vieles andere mit in Rechnung gezogen werden muss, wenn man Wert und Bedeutung eines künstlerischen Erfolges abschätzen will. So konnte es geschehen, dass ziemlich belanglose Ereignisse, Triumphe, von denen ein anderer nicht viel Aufhebens gemacht, wenn er sich ihrer nicht geradezu geschämt hätte, für Bruckner die Bedeutung von unerhörten, weltbewegenden Ereignissen gewannen; und bei dem, was ihm an Auszeichnung im A u s l a n d widerfuhr, musste das um so mehr der Fall sein, als er — auch darin ein echter Deutscher — von vornherein dazu neigte, fremdes Urteil und Lob dem heimischen gegenüber allzu hoch zu werten.

Für das Weitere sorgten dann die Freunde, die sich beeilten, all diese Dinge — und zwar so, wie Bruckner sie selbst sah — für die Zwecke der Propaganda ihres Meisters zu verwerten. Denn darüber kann kein Zweifel sein, dass der Vorwurf der „Bruckner-Reklame", der von den Gegnern des Meisters schon früh erhoben wurde, im Tatsächlichen nicht immer so ganz unrecht hatte. Wirklich ist durch eine anfänglich kleine, dann immer wachsende Zahl von Anhängern und Bewunderern für Bruckner von allem Anfang an kräftig und gewiss nicht immer geschickt agitiert worden. Unrecht hatte dieser Vorwurf nur darin, dass er sich eben als „Vorwurf" gab und — unbewusst oder absichtlich — darüber hinwegsah, dass ohne eine energische Propaganda-Arbeit, d. h. also übelwollend gesprochen, ohne Reklame, noch kein Künstler der neueren Zeit zu allgemeinem Ruf und Ansehen hat gelangen können. Der „Reklame" hat es für Wagner und Liszt nicht minder bedurft als für Schumann und Brahms, und wie immer und überall mussten in einer Welt, in der es so laut hergeht, auch Bruckners Freunde schreien, wenn sie sich Gehör und ihrem Meister Beachtung verschaffen wollten. Dass sie dabei manchmal des Guten etwas zuviel taten und gerade bei solchen Anlässen, wie Bruckners ausländischen Orgeltriumphen, sich von Aufbauschungen und Uebertreibungen — die Gegner nannten es dann „Schwindel" — oft nicht ganz frei hielten, zumal wenn sie die in der Fremde geschehenen Dinge vielleicht selbst nicht richtig sahen und beurteilten, das wird man gewiss nicht loben wollen, aber als menschlich begreifen und gerne verzeihen.

Auch in diesem Falle ist die geschichtliche Wahrheit — ohne dass man irgend jemand der absichtlichen Fälschung bezichtigen könnte — nicht zu ihrem Rechte gekommen, solange es noch galt, den lebenden Künstler gegen eine Welt voll Teilnahmslosigkeit und Feindschaft um jeden Preis und koste es, was es wolle, durchzusetzen. Heute ist Bruckner als Komponist zu allgemeiner Anerkennung gelangt, und seine Grösse als Orgelspieler hat das Zeugnis einwandfreier Zeitgenossen so unanzweifelbar überliefert, dass sie durch nichts mehr verkleinert werden kann. Unser Meister steht jetzt als Künstler und als Mensch, als Tondichter wie als ausübender Musiker, im Lichte strengster historischer Wahrheit so gewaltig und makellos da, dass es zu seiner Ehre nichts weiter bedarf, als dass man alles, was ihn betrifft, so sehe und darstelle, wie es sich w i r k l i c h zugetragen hat. —

Das „Wettspiel der Organisten" in der „Kathedrale" von Nancy, bei dem Bruckner nach Brunner (a. a. O. S. 17 f.) die drei namhaftesten Bemeisterer der Königin der Instrumente aus Belgien, Frankreich und England besiegt haben sollte, war in Wirklichkeit nicht mehr als die feierliche Inauguration einer neuen Orgel in der Kirche St. Epvre. (Eine eingehende Beschreibung des für die damalige Zeit bedeutenden, 1867 auf der Pariser Weltausstellung preisgekrönten Werkes findet man in „Cäcilia", Organ f. kathol. Kirchenmus. Herausg. v. H. Oberhoffer, Luxemburg 1869, No. 5, S. 41.) Die Rezeption des Instruments fand am 27. April 1869 statt, der an den beiden folgenden Tagen grosse Konzerte auf dem neuen Werke sich anschlossen. Von namhafteren, auswärtigen Organisten waren anwesend: Th. Stern aus Strassburg i. E., Pater L. Girod, Kapellmeister und Organist am Jesuitenkollegium in Namur, Anton Bruckner, E. Duval aus Rheims, H. Oberhoffer aus Luxemburg und R. de Vilbac, Organist an St. Eugène in Paris. Es ist auffallend, dass sogar die Nancyer Lokalblätter von dem Ereignis nicht allzuviel Aufhebens machen. Eine Andeutung, dass Bruckners Spiel das der anderen weit übertroffen habe, findet sich im „Journal de la Meurthe et des Vosges" (vom 1. Mai 1869), wo es in einem (nicht gezeichneten) Artikel über unsern Meister heisst: „un des meilleurs organistes que nous avons entendus jamais, un homme du gout le plus élevé, de la science la plus vaste et la plus féconde ... il est organiste à la cour (de Vienne), que nous estimons heureuse de posséder un tel artiste." Die „Espérance" (vom 2. Mai 1869) erwähnt mit rühmenden Worten die glänzende Phantasie, mit der Bruckner die Feier des ersten Tages beschlossen habe, und seinen Vortrag der österreichischen Volkshymne am zweiten Tage des Probespiels. (Gräflinger S. 77 f.)

Bruckners Triumph in Nancy soll die Veranlassung gewesen sein, dass man ihn nach Paris einlud, wo er dann namentlich auf der Orgel von Notre-Dame in der glänzendsten Weise sich hervorgetan habe. Die einzige Erwähnung dieses Pariser Auftretens, die ich habe auftreiben können, steht in der „Gazette musicale" (9. Mai 1869,

S. 157). Nach einem kurzen Bericht über die Nancyer Veranstaltung, bei der „nach einstimmigem Urteil Bruckner in technischer Beziehung unter allen ganz besonders geglänzt habe", fährt der Referent so fort: „L'éminent artiste n'a pas voulu quitter la France sans visiter Paris, et il nous a été donné de l'entendre lundi dernier (3. mai) à l'établissement Mercklin-Schütze[1]), Boulevard Montparnasse. Il a fait preuve, dans plusieurs morceaux de styles différents, de la science la plus approfondie, unie à beaucoup de goût et à une grande vigueur d'exécution." Die Beurteilung, die Bruckners Orgelspiel in dieser Notiz erfährt, ist gewiss rühmlich genug. Sie sticht aber doch ziemlich stark ab von dem, was alsbald die Runde durch die deutschen und österreichischen Blätter machte, wobei man freilich in Rechnung zu ziehen hat, dass der Pariser Referent noch nichts von Bruckners Auftreten als Spieler der Orgel von Notre-Dame wusste, auf das sich die Berichte der deutschen Zeitungen und Zeitschriften mit beziehen. So lesen wir z. B. in den „Signalen" (1869 No. 41, 24. Juni): „Anton Bruckner, der rühmlichst bekannte Organist in Wien, feierte kürzlich bei seiner Anwesenheit in Paris einen grossen Triumph als Orgelspieler in der Notre-Dame-Kirche ... Der Erfolg Bruckners namentlich in der freien Phantasie war so gross, dass Pariser Musikzeitungen[2]) schrieben: ‚Die Orgel von Notre-Dame habe an diesem Tage durch Bruckner ihren grössten Triumph erlebt.'"

[1]) Der berühmte Orgelbauer, der auch das Nancyer Werk erstellt hatte.

[2]) Es ist bezeichnend, dass es nur ganz allgemein heisst „Pariser Musikzeitungen". Ohne bezweifeln zu wollen, dass tatsächlich etwas derartiges geschrieben und gedruckt worden war, möchte ich doch darauf hinweisen, dass der Name der betreffenden Zeitung (oder Zeitungen) jedenfalls von dem Einsender der Notiz in den „Signalen" genannt worden wäre, wenn es sich um ein Blatt von Ruf und Bedeutung gehandelt hätte.

Aehnlich in Haberts „Zeitschrift für katholische Kirchenmusik" 1869 No. 8, S. 63: „Der frühere Domorganist in Linz, Herr Anton Bruckner, gegenwärtig Professor am Konservatorium in Wien, hat bei dem Orgelkonzert in Nancy, wie das L. W. B. (Linzer Wochenblatt?) schreibt, alle anderen Konzertanten weit übertroffen, wurde mit stürmischem, nicht enden wollendem Beifall überhäuft, musste auf allgemeines Verlangen nach Paris mitreisen (!), um dort gleichfalls sich auf der Orgel öffentlich zu produzieren, wo er mit demselben Erfolge ausgezeichnet wurde."

Wie dem aber auch sei: ob man die Nancyer Orgeleinweihung als ein mehr oder minder belangreiches Ereignis ansehen, ob man es wörtlich nehmen will, dass Bruckner „auf allgemeines Verlangen" nach Paris reisen „musste", oder die Version der „Gazette musicale" vorzieht, dass „l'artiste n'a pas voulu quitter la France sans visiter Paris", — so viel steht jedenfalls fest, dass Bruckners Auftreten in Nancy zwar kein sehr grosses a l l g e m e i n e s Aufsehen erregt, dass aber doch die Meinung der Mehrzahl derer, von denen es überhaupt bemerkt wurde, sich dahin geneigt zu haben scheint, dass der österreichische Meister unter den konkurrierenden Organisten einen hervorragenden, wenn nicht den ersten Platz behauptet habe, und dieses Urteil wurde bestätigt durch den Eindruck seines Pariser Auftretens, von dem freilich nicht bekannt ist, ob und wie weit es ein ö f f e n t l i c h e s im eigentlichen Sinne des Wortes war.

Ist so von dem Superlativismus der durch Bruckners Freunde verbreiteten Triumphberichte einiges abzuziehen, so wird immerhin ihr t a t s ä c h l i c h e r Inhalt durch die „Gazette musicale" im wesentlichen bestätigt. Anders verhält es sich mit Bruckners Auftreten in L o n d o n. Nach allen den mehr oder minder deutlich als

„inspiriert" sich verratenden Notizen der deutschen und österreichischen Musikzeitungen hätte man es da in England mit einem noch viel grösseren und unbestritteneren Triumphe Bruckners zu tun, der überdies durch die Verleihung eines von der Königin Victoria für das beste Orgelspiel gestifteten Preises bestätigt worden sei. Ganz in Widerspruch mit dieser Vermutung findet man nun aber in den gleichzeitigen englischen Tages- und Fachblättern von jenem Ereignis entweder gar keine Notiz genommen, oder an den wenigen Orten, wo es geschieht, in einer Weise, dass man den Eindruck gewinnen kann, Bruckners Londoner Auftreten sei eher eine Niederlage als ein Erfolg gewesen. Ich gebe zunächst einige der „inspirierten" Berichte. J. E. Haberts[1]) „Zeitschrift für katholische Kirchenmusik" 1871, No. 9, S. 69 (auf ganzem Blatt — erste Seite der Nummer — in auffallend grossem Druck und inseratenartiger Umrahmung): „Herr Anton Bruckner, k. k. Hoforganist usw., hat am 6. und 8. August den Sieg über alle Konkurrenten im Orgelspiel in London er-

---

[1]) J. E. Habert (1833—1896), der bekannte Kirchenmusiker, ist — und zwar zunächst wohl aus oberösterreichisch-landsmannschaftlichem Interesse, dann aber auch wegen der gemeinsamen kirchenmusikalischen Richtung — von allem Anfang an sehr warm für Bruckner eingetreten. (Vgl. z. B. in seiner Zeitschrift 1869 No. 8 S. 48, No. 11 und 12, S. 98 ff., 1871 No. 9, S. 75 u. ö.) Dafür liessen die „Cäcilianer", die erbitterten Gegner Haberts, deren musikalische Asketik auch für Bruckner ein Greuel war, sich keine Gelegenheit entgehen, um unserm Meister eins am Zeug zu flicken. So druckt z. B. Witt in seinen „Fliegenden Blättern für katholische Kirchenmusik" (1872 No. 2 S. 16) mit ersichtlichem Wohlbehagen eine (falsche) Skandalnachricht über Bruckners angebliche Verabschiedung vom Wiener Konservatorium nach, ohne sich freilich mit ihr zu identifizieren. (Vgl. S. 81.) Nicht unmöglich ist es, dass die auffällige Zurückhaltung, ja Abneigung, die Franz Liszt gegenüber Bruckner stets bezeugt hat, mit diesem kirchenmusikalischen Antagonismus der Cäcilianer und ihrer Widersacher irgendwie zusammenhängt. Denn Liszt stand den Regensburgern persönlich und in seiner letzten Zeit auch künstlerisch nahe.

rungen; sowohl das Publikum als auch die Preisrichter waren entzückt über Bruckners Orgelspiel, und einstimmig wurde ihm der von der Königin für das Orgelspiel ausgesetzte Preis zuerkannt." Inhaltlich damit übereinstimmend: „Musikalisches Wochenblatt" 1871. No. 34 (18. August). Ferner in der „Allgemeinen Musikalischen Zeitung" (1871 No. 36): „Ueber die Orgelproduktionen, die der Wiener Hoforganist Herr A. Bruckner in London veranstaltete, schreibt man der ‚Presse': ‚Das sonst so kühle Londoner Publikum zeichnete den hervorragenden Künstler durch enthusiastischen Beifall aus. Mehrmals muste er nach Beendigung des Programms ein paar Improvisationen nachspielen. Herr Bruckner spielte Bach, Händel und Mendelssohn. Bachs neuestes (sic.!) Konzert, seine F-Tokkata, die Fugen in G-Moll, E-Dur und Cis-Moll fanden grossen Anklang. Mendelssohns F-Moll-Sonate erregte einen Sturm von Beifall. Im übrigen improvisierte Bruckner in geistvoller und in Hinsicht auf kontrapunktisches Wissen und Können staunenswerter Weise über die österreichische und englische Nationalhymne, über Händels Halleluja, über Schubertlieder (mit zarten Stimmen) und über mehrere Volkslieder. Die meisten Vorträge wurden mit wahrem Beifallssturm aufgenommen. Die königliche Kommission bezeugte dem Künstler die höchste Zufriedenheit. Ihm wurde einstimmig der von der Königin für Produktionen auf der Orgel bestimmte Preis votiert."

Demgegenüber steht nun die Tatsache, dass die Londoner Tageszeitungen von Bruckners Auftreten überhaupt keine Notiz genommen haben. Einen Bericht bringen weder die „Times" noch „Standard" oder „Daily News". Von den Musikzeitungen schweigen gleichfalls gänzlich die „Musical Times". Eingehenderes über Bruckners Spiel findet sich nur im „Musical Standard" (12. August

1871). Hier wird sein Vortrag der Mendelssohnschen Sonate scharf getadelt und gesagt, dass auch seine Improvisationen die volle Vertrautheit mit dem Mechanismus des Instruments hätten vermissen lassen. Nun ist allerdings unverkennbar, dass der Referent des „Musical Standard" in echt englischem Chauvinismus von vornherein gegen die nicht-englischen Organisten voreingenommen war. Er beginnt seinen Artikel mit einer Beschwerde darüber, dass von englischen Organisten nur W. Th. Best (1826—1897) zu der betreffenden Konkurrenz eingeladen war, und die Tendenz seiner ganzen Ausführung zielt darauf ab, zu statuieren, dass die ausländischen Organisten — er nennt ausser Bruckner noch G. W. Heintze aus Stockholm und J. Lohr aus Pest — nicht nur nichts Bedeutenderes, sondern Schlechteres leisteten als das, was auch von einheimischen Künstlern hätte geleistet werden können. Ja, man kann sogar noch weiter gehen und das auffällige Schweigen oder Uebelwollen der gesamten Londoner Presse gegenüber den ausländischen Orgelspielern[1]) auf verletzte englische Nationaleitelkeit zurückführen und annehmen, dass Bruckner tatsächlich einen grossen Publikumserfolg gehabt habe, der nur von den Zeitungen totgeschwiegen wurde. Auf alle Fälle war schon die ganze Veranstaltung dieses „Internationalen Organistenkongresses" wie auch der äussere Rahmen dieser „performances" nicht derart, dass sie innerhalb des Londoner Musiklebens ein wirklich „grosses Ereignis"

---

[1]) „Musical World" vom 19. August übernimmt den Artikel aus dem „Musical Standard" vom 12. — Immerhin muss Bruckner auf den betreffenden Kritiker einen besonderen Eindruck gemacht haben. Denn nur ihn nimmt er zur speziellen Abschlachtung vor, während er Heintze und Lohr als „modest mediocrity" ohne weiteres abtut. Eine ganz kurze Notiz („several foreign organists have displayed various degrees of merit indifferent styles and schools") bringen auch „The illustrated London News" vom 30. September 1871.

hätte bedeuten können. Es war damals das Jahr der „Weltausstellung". Die Alberthalle mit ihrer Riesenorgel war als ein Teil der Ausstellungsgebäude erstellt worden. Sie zog das Publikum an, das zusammenströmte, weniger um einem Orgelkonzert beizuwohnen, als um das Gebäude zu bewundern. So hat man sich auch Bruckners „Recitals" nicht als eigentliche „Konzerte" mit bleibender Zuhörerschaft vorzustellen. Sondern man ging eben ein und aus, während die Orgel gespielt wurde, und wenn sich natürlich immer eine mehr oder minder grosse Anzahl von aufmerksameren Zuhörern fand, so hat sich die Mehrzahl des Publikums bei solcher Gelegenheit gewiss ebensowenig um den Organisten und seine Vorträge gekümmert, wie wenn etwa eine Militärmusik oder ein Orchestrion gespielt hätte. Der „International Congress of Organists" war von dem Hon. Seymour Egerton, dem „Conductor of the Wandering Minstrels" einberufen worden, einer Persönlichkeit, die sich — wenigstens nach dem Urteil des „Musical Standard" (19. August) — in denkbar geringster Weise gerade für eine solche Aufgabe eignete. Von einem „Preise", den die Königin Viktoria für das Orgelspiel ausgesetzt und Bruckner errungen habe, erwähnt kein englisches Blatt auch nur das geringste. Jedenfalls hat sich die Königin selbst um die Sache gar nicht gekümmert. Sie weilte wahrscheinlich während der ganzen Zeit von Bruckners Londoner Aufenthalt auf der Insel Wight. Auf dem Kontinent ist der von Bruckners Freunden verbreiteten Mitteilung über eine Preiskrönung sofort auch widersprochen worden (vgl. z. B. Fliegende Blätter f. katholische Kirchenm. 1872 Nr. 2, S. 16), und in dem auf der Münchener Staatsbibliothek befindlichen Exemplar der Habertschen Zeitschrift ist zu der Nachricht von Bruckners Prämiierung von unbekannter Hand mit Tinte beigeschrieben: „falsche Zeitungsnachricht". Um was es sich in Wahrheit gehandelt hat, geht aus dem an Bruckner gerichteten Schreiben der Wiener Handels- und Gewerbekammer vom 13. Juli 1875 hervor, das ich im Anhang zum Abdruck bringe: es war eine ganz gewöhnliche Preismedaille, die dem Meister in Anerkennung seines Spiels von der Königlichen Ausstellungs-Kommission (the Royal Commissioners) zuerkannt wurde. Es ist mehr als wahrscheinlich, dass diese Medaille ebenso wie an Bruckner an alle Organisten verliehen wurde, die während der Ausstellung in Albert-Hall spielten.

Wenn so die gleichzeitigen Londoner Berichte Bruckners Erfolg eher dementieren als bestätigen, so scheint anderseits der Umstand, dass der Künstler nach seinem Auftreten in der Alberthalle zu einem Recital im Kristallpalast eingeladen wurde (und zwar nach Ankündigung der „Times" für den 19. August) anzudeuten, dass er doch ein nicht ganz gewöhnliches Aufsehen erregt hat. Wie dem aber auch sei, man wird gut tun, die Bedeutung dieser ganzen Affäre nicht zu überschätzen. Dass dem Meister selbst sein Londoner Erfolg im Lichte eines glänzenden Triumphes erschien und ihm dadurch Mut und Zuversicht gestärkt wurden für die Kämpfe, die er daheim in der Folge zu bestehen hatte, das ist gewiss das Wertvollste, ja wohl das einzig positiv Wertvolle daran gewesen.

Denn die Erfolge, die ihm als konzertierendem Orgelspieler in der Heimat wie im Auslande beschieden waren, mussten Bruckner entschädigen für die mangelnde Befriedigung, die ihm die amtliche Tätigkeit als Wiener Hofkapellorganist selbst zu bieten vermochte. Denn von seinem beruflichen Wirken hatte der Hofkapelldienst sowohl für den Meister selbst wie nach aussen hin die wenigste Bedeutung. Eine musikalisch sehr hervorragende

Rolle spielt ja der Organist überhaupt nicht im Rahmen des katholischen Gottesdienstes, eine Tatsache, die musikhistorisch darin zum Ausdruck gelangt, dass die eigentliche höhere Orgelkunst sich späterhin fast ausschliesslich im protestantischen Norden unseres Vaterlandes weiter entwickelte, während im katholischen Süden grosse Orgelvirtuosen immer sporadische Erscheinungen geblieben sind und vor allem auch das Durchschnittsniveau des gewöhnlichen Organisten (wenigstens in neuerer Zeit) weit tiefer steht als dort. Was Bruckner als Hofkapellorganist zu leisten hatte, dazu bedurfte es weder der Virtuosität noch der Genialität, deren sein Spiel sich rühmen konnte. Das hätte jeder Dutzendmusikant gerade so gut prästieren können, — wenn nicht besser. Und war es ihm schon als Schulgehilfe in Windhag passiert, dass er einmal — wie ein alter Bauer Franz Brunner gegenüber sich ausdrückte — „bei die Kirchaliada die ganze Kira-Gmoan ums Hoar aus da Scharnier brocht hätt", so konnte es jetzt erst recht geschehen, dass sein freier und moderner Geschmack oder auch der Wunsch, für die im Dienst ihm auferlegte tödliche musikalische Enthaltsamkeit gelegentlich auch einmal durch ein bescheidenes Ueber-die-Schnurhauen sich schadlos zu halten, ihn mit den strengen liturgischen Vorschriften der Kirche in Konflikt brachte. Dazu kam noch, dass Josef Hellmesberger, der seit 1877 als Hofkapellmeister sein Vorgesetzter war, allem Anschein nach sich ihm sehr wenig gewogen gezeigt hat. Wenigstens wusste Bruckner viel zu klagen über kränkende Zurücksetzungen, die er gerade im Hofkapelldienst von seiten Hellmesbergers hatte erfahren müssen.

Anderseits kann man sich aber auch sehr wohl denken, dass Hellmesberger manchmal wirklich Ursache gehabt haben mochte, mit Bruckners Orgelspiel unzufrieden zu sein. Ueber Bruckner als Orgelspieler sind die allerverschiedensten Urteile überliefert. Den unbedingten Enthusiasten, die mit überschwenglicher Begeisterung von jenen Stunden, da sie den Meister in guter Stimmung auf der Orgel improvisieren hörten, als von einem der allertiefsten künstlerischen Eindrücke ihres ganzen Lebens berichten, stehen andere gegenüber, die Bruckner als Organisten überhaupt nicht für voll nahmen und sein Spiel dilettantisch nannten, und in der Mitte halten sich kühl abwägende Beurteiler, wie E. von Mandyczewski, der sine ira et studio meint (Allgemeine Deutsche Biographie, 47. Bd., Leipzig 1903. S. 767): „Bruckners Orgelspiel war glänzend und farbenprächtig, weniger im Innern durchgebildet als äusserlich blendend und hinreissend. An kontrapunktischer Vollendung lag ihm weniger als an harmonischer Entfaltung und würdevoller Massenwirkung. Daher erzielte er den tiefsten Eindruck durch Improvisieren, wo er seiner Phantasie freien Lauf lassen konnte."

Dass ein solcher Spieler, der auf seinem eigensten Gebiete der Improvisation alle Rivalen hinter sich liess, da, wo es galt, fremde Gedanken korrekt wieder zu geben oder gar als Begleiter einem Ensemble sich entsagend ein- und unterzuordnen, nicht nur nicht mehr, sondern w e n i g e r leistete als ein guter Durchschnittsorganist, leuchtet ein: es ist nur ein Einzelbeispiel für die allgemeine Tatsache, dass das blosse Talent den Anforderungen des Alltags — auch des künstlerischen Alltags — nicht besser zu entsprechen vermag als das Genie.

Schon 1872 bei der ersten Wiener Aufführung des Lisztschen Weihnachtsoratoriums (unter Anton Rubinstein) war der Komponist, wie er späterhin August Göllerich mitteilte, mit Bruckner an der Orgel „gar nicht zufrieden"[1]), und in der Folge, als sich Alter, wachsende Nervo-

[1]) Gräflinger, S. 73.

-sität und mangelnde Uebung nach und nach auch beim Orgelspiel fühlbar machten, dürften die Ausstellungen, die man ihm machte — insbesondere die, dass er bei der Begleitung „nachziehe" — immer mehr an Berechtigung gewonnen haben. So kam es, dass man ihn zu den „Aemtern" gar nicht mehr zuliess und seine dienstlichen Funktionen darauf beschränkte, dass er alle drei Wochen einmal eine „Segenmesse" zu spielen hatte. Zunächst mag der Meister das als eine kränkende Zurücksetzung empfunden haben. Aber s c h l i e s s l i c h dürfte er doch wohl nicht allzuschwer daran getragen haben, dass im Laufe der Zeit das Hoforganistenamt für ihn immer mehr zu einer Sinekure wurde, deren Besoldung ein Beträchtliches zu seinem pekuniären Einkommen beisteuerte, ohne dass sie seine Zeit und Arbeitskraft allzusehr in Anspruch genommen hätte. Eine ehrenvolle Auszeichnung, die er als der gute Oesterreicher und treuergebene Diener des habsburgischen Kaiserhauses, der er war, auch wohl ganz besonders als eine solche eingeschätzt hat, bedeutete es, dass er bei allen Trauungen von Mitgliedern der Kaiserlichen Familie die Orgel zu spielen hatte, — das letzte Mal bei der Vermählung der Erzherzogin Marie Valerie, der jüngsten Tochter des Kaisers Franz Josef, mit dem Erzherzog Franz Salvator, am 31. Juli 1890 in der Kirche zu Ischl.

Anders als mit dem Hofkapelldienst stand es mit der umfangreichen Unterrichtstätigkeit, die Bruckner in Wien fast bis ans Ende seines Lebens ausgeübt hat. Wenn man vom Schaffen absieht, so war gewiss das Lehren diejenige Beschäftigung, bei der er sich am meisten in seinem Elemente fühlte. War er doch von Haus aus Schullehrer gewesen, und ist es auch insofern immer geblieben, als er, wie schon gesagt, in manchen Dingen zeitlebens den „Schulmeister" nicht ganz los werden konnte. Als Lehrer seiner Kunst hat Bruckner eine ungemein fruchtbare und erfolggekrönte Wirksamkeit entfaltet; ungezählten jungen Musikern ist seine strenge Schule zum Segen geworden, und er selbst hat nicht nur die Freude erlebt, an manch einem seiner Schüler einen treuen Freund und Vorkämpfer seiner Kunst fürs ganze Leben sich zu gewinnen, vor allem hat er aus dem Lehrberufe auch d e n Nutzen gezogen, der jeder Art von pädagogischer Tätigkeit den eigentlichen höheren Wert für den Lehrenden selbst verleiht: im ununterbrochenen, vertrauten Umgang mit der Jugend ist er selbst im Herzen jung geblieben, und die Sonnenwärme, die von heranwachsenden Menschenkindern auf einen jeden überströmt, der es versteht, ihnen etwas zu sein, sie hat ihn davor bewahrt, dass er jemals zum grämlich verbitterten Greise wurde. Denn wenn auch Bruckners Charakterbild manche Einzelzüge von Pedanterie aufweist, etwas Philiströses hat er nie und in keiner Weise gehabt, — es müsste denn sein, dass man den Mangel jeglicher Frivolität schon als Kennzeichen des Philisters ansehen wollte.

Soll Bruckner als Lehrer richtig beurteilt werden, so muss man genau unterscheiden zwischen seiner Tätigkeit an der Universität, der am Konservatorium und seinem privaten Unterricht. Was Heinrich Rietsch von Bruckners pädagogischem Wirken ganz allgemein sagt, dass es „wohl bedeutender nach der anregenden als nach der positiv belehrenden Seite hin" gewesen sei[1]), mag von ihm als Universitätslektor gelten, es ist aber durchaus unrichtig, wenn man den Unterricht in Betracht zieht, den Bruckner am Konservatorium und privatim erteilte. Er las an der Universität über H a r m o n i e l e h r e — eine Disziplin, die überhaupt nur dann in den Rahmen der Universität passt, wenn sie als reine Theorie in streng wissenschaft-

---

[1]) **Biographisches Jahrbuch und Deutscher Nekrolog.** I. Bd. Berlin 1897. S. 306.

licher Form vorgetragen wird. Davon konnte aber bei Bruckner natürlich keine Rede sein. Die musikalische Theorie im eigentlichen Sinne des Wortes, das heisst die spekulative Beschäftigung mit musikalischen Gegenständen rein zum Zwecke der Erkenntnis ihres Wesens und der in ihnen sich offenbarenden Gesetzmässigkeit, lag ganz ausserhalb seines Gesichtskreises. Selbst wenn seine Bildung eine höhere gewesen und ihm die wissenschaftliche Behandlung dieser Dinge erlaubt hätte, würde er dafür wohl ebensowenig Interesse gehabt haben, wie etwa ein Richard Wagner, ein Franz Liszt und überhaupt jede ausgesprochene Künstlernatur. Für ihn waren Harmonielehre, Kontrapunkt usw. durchaus praktische Disziplinen, die kein anderes Ziel verfolgen, als eine Fertigkeit einzuüben und den Kunstjünger im Gebrauche der musikalischen Ausdrucksmittel geschickt zu machen. Dass aber gerade dieses Ziel bei Universitätshörern, die zu solchem Studium oft gar nicht die nötige künstlerische Vorbildung besitzen und es zudem nur so nebenbei und ohne den Ernst der Berufsausbildung betreiben, nicht erreicht werden kann, ist klar. So konnte denn Bruckner auch an der Universität keine eigentlich positiven Lehrerfolge erzielen.

Die Studenten belegten seine Vorlesung, weil sie wussten, dass der alte Mann selig war, wenn er zu Beginn des Semesters einem möglichst zahlreichen Auditorium gegenübertreten durfte. Es drängte sie, dem als Künstler hochverehrten Meister zu huldigen; aber wenn einer etwa die Absicht gehabt hätte, seine musiktheoretischen Kenntnisse durch den Besuch dieses Kollegs zu vermehren, so würde er sich wohl bald enttäuscht gefühlt haben. Ausserdem trug die Frequenz des Brucknerschen Harmoniekurses in etwas auch einen d e m o n s t r a t i v e n Charakter; sie war eine mehr oder minder direkt ge-

gen Eduard Hanslick gerichtete Kundgebung, zu
der sich alle diejenigen zusammenfanden, die gegen die
Einseitigkeit und Parteilichkeit des damaligen Vertreters
der Musikwissenschaft an der Wiener Universität protestieren wollten. So war denn der Kreis der Hörer, der
sich um Bruckner scharte, einigermassen „gemischt". Er
setzte sich zusammen aus einigen wenigen, die wirklich
wussten, wer Bruckner war und was er als Künstler zu
bedeuten hatte, aus der grossen Zahl derer, die in ihm vor
allem den Jünger und Anhänger Richard Wagners sahen
und durch die ihm erwiesene Huldigung ihre Zugehörigkeit zu der weltumfassenden Gemeinde der Wagner-Verehrer bekennen wollten, und endlich — zumal in späterer
Zeit — wohl auch aus manchen, die mehr wegen der
„Hetz" als aus irgendeinem tieferen Bedürfnisse hingingen.

Denn seltsam waren ja allerdings die Szenen, die sich
in diesem Hörsaal bisweilen abspielten, Szenen, die sehr
verschiedene Empfindungen erwecken konnten, je nach
dem Gesichtspunkt, aus dem man sie betrachtete. Schon die
Art und Weise, wie Bruckner die Harmonielehre selbst
vortrug, die drastischen, derbkomischen Bilder und Gleichnisse, mit Hilfe derer er gleich seinem Lehrer Sechter die
Geheimnisse der Akkordbeziehungen den Zuhörern zu veranschaulichen suchte, und überhaupt der ganze Anstrich
seiner Pädagogik und Didaktik, das alles schien mehr auf
den Rahmen einer Dorfschule als auf den einer Universitas literarum zugeschnitten. Nun denke man sich dazu
noch einen Mann, der in seinem persönlichen Auftreten,
in seinen Manieren, in Sprache und Kleidung, wie in allem und jedem, was zum äusseren Menschen gehört, trotz
langjährigen Aufenthalts in der Grossstadt niemals dazu
gelangt war, die Ecken und Kanten abzuschleifen, die ihn
als knorrige, von modern städtischer Zivilisation fast gänz-

lich unbeleckte oberösterreichische Bauerngestalt charakterisierten, einen Mann, der mit zunehmendem Alter sich immer mehr daran gewöhnte, seine geliebten „Gaudeamuser" — so pflegte er die Studenten zu nennen — zu Vertrauten all der grossen und kleinen Freuden und Leiden seines künstlerischen Daseins zu machen und die Vorlesung zu oft sehr weitausgedehnten Exkursen zu benutzen, die mit ihrem eigentlichen Gegenstande doch nur s e h r lose zusammenhingen, — und man gewinnt die Vorstellung einer Figur, die dem Fernerstehenden nur komisch erscheinen mochte, während sie dem, der Bruckner näher kannte, ein seltsam aus Rührung, Mitleid und Bewunderung gemischtes Gefühl abnötigte.

Man könnte meinen, dass unter diesen Umständen Bruckners Auditorium bald ganz verwildert und er selbst auf die Stufe jener jammervollen, namentlich an kleineren Universitäten auch heute noch nicht ganz ausgestorbenen Ulkdozenten herabgesunken sei, mit denen die Studenten nur „Schindluder" spielen. Das war, soviel mir bekannt geworden, trotz alledem doch niemals der Fall; und ich glaube, dass es namentlich zwei Dinge gewesen sind, die dieses äusserste Extrem der „Fidelitas" von Bruckners Kollegien abhielten und ihm selbst bei denen noch Respekt verschafften, die von seiner künstlerischen Grösse wenig oder gar nichts wussten. Einmal strahlte Bruckners ganze Persönlichkeit in allem, was er tat und sprach, eine so überschwengliche Fülle unsagbarer Herzensgüte aus, dass schon ein bedenkliches Mass von Roheit dazu gehörte, die kleinen Schwächen dieses Mannes irgendwie zu missbrauchen. Gerade jene konfidentiellen Expektorationen, in denen Bruckner vor seinen Zuhörern ausschüttete, was gerade an traurigen oder freudigen Gedanken und Ereignissen sein Herz bewegte, sie gewährten oft die intimsten Einblicke in eine wahrhaft goldene Seele, deren zwingendem Gemütszauber kein fühlender Mensch sich zu entziehen vermochte. Man konnte diesem Manne die Bewunderung als Künstler versagen, ja, der Meinung sein, dass er als künstlerische wie geistige Persönlichkeit überhaupt nicht ernst zu nehmen sei, aber als Menschen hochschätzen und lieben musste ihn jeder, der auch nur einmal in nähere Berührung mit ihm gekommen war. Noch mehr: um dieses Haupt schwebte — jedem wahrnehmbar, der nur Augen dafür hatte — die Gloriole echt menschlicher G r ö s s e, und wessen Blick scharf genug war, der musste durch die unscheinbare, ja grotesk-komische Hülle des äusseren Auftretens hindurch die Insignien des ethischen H e l d e n t u m s erblicken, die dieser schlichte Sohn der oberösterreichischen Erde trug als einer, der um idealer Güter willen ein leidenreichstes Martyrium auf sich genommen. Eine, wenn auch noch so unbewusste Ahnung von der Erhabenheit dieses heroischen Charakters musste auch dem frivolsten unter seinen Zuhörern gelegentlich aufdämmern, und das war es wohl am meisten, was die Gefahr einer lieblosen Ausnutzung der Brucknerschen Schwächen fernhielt.

Wenn der Meister in seinen Universitätsvorlesungen von vornherein darauf zu verzichten schien, eigentlich grosse Lehrerfolge zu erzielen, und sich mehr daran erfreute, in ungezwungenem, für beide Teile anregendem Verkehr mit seinen Zuhörern sich zu ergehen, so hatte das seinen Grund offenbar darin, dass er instinktiv fühlte, wie wenig der Universitätshörsaal ein geeigneter Ort für ernsthaften (praktischen) Harmonielehre-Unterricht sei. Grundverkehrt wäre es aber, wenn man aus den „akademischen Freiheiten", die er sich hier erlaubte, den Schluss ziehen wollte, dass er es überhaupt als Lehrer an Gewissenhaftigkeit habe fehlen lassen. Ganz im Gegenteil. Wie in allen Dingen, so zeichnete sich Bruckners Verhalten auch in seiner pädagogischen Tätigkeit gerade durch eine Gewissenhaftigkeit aus, die in ihrer peinlichen Skrupulosität eher einmal zu weit ging, als dass sie hinter dem zurückgeblieben wäre, was man als treue Pflichterfüllung gemeinhin zu erwarten und zu verlangen berechtigt ist. Das zeigte sich schon bei seinem Konservatoriumsunterricht, und wohl noch mehr bei der Unterweisung seiner Privatschüler, denen er ausnahmslos ein das gewöhnliche Mass weit überschreitendes Interesse entgegenbrachte.

Es ist ein offenes Geheimnis, dass die meisten unserer gegenwärtigen Konservatorien — wie ja leider Gottes so viele andere Lehranstalten gleichfalls — ihren grössten, ja einzigen Ehrgeiz in die Erzielung einer möglichst hohen Frequenzziffer setzen. Ein Konservatorium „blüht", wenn es möglichst zahlreich besucht ist. Eine notwendige Folge dieses Bestrebens ist die Herabminderung der an die Zöglinge zu stellenden künstlerischen Anforderungen. Nicht nur bei der Aufnahme von neuen Schülern, auch beim Vorrücken in höhere Klassen und schliesslich beim Abgang muss jede Rigorosität vermieden werden, wenn es gilt, jenen „praktischen" Gesichtspunkten Geltung zu verschaffen, und diese Laxheit hat wie kaum etwas anderes dazu beigetragen, das Ansehen der Konservatorien zu schädigen und sie auf den Stand allgemeiner Missachtung herabzudrücken, deren sie sich heute „erfreuen". Bruckner war nun von Anfang an ein zäher und hartnäckiger Gegner dieser Art von „Gemütlichkeit". Wie er an sich selbst die höchsten Anforderungen stellte, so kannte er auch anderen gegenüber keine unangebrachte Milde, wenn die hohen Ansprüche in Betracht kamen, die die Kunst an einen jeden stellt, der sich ihrem Dienst weiht. Dass seine Kollegen am Konservatorium, wenn nicht anderer Meinung waren, so doch eine andere Praxis befolgten, wusste er wohl, und daher kam es, dass er von anderen

Professoren der Anstalt vorgebildete Schüler, die in seine höheren Kurse übertraten, stets mit unverhohlenem Misstrauen aufnahm und es sich nicht nehmen liess, ihr Können und Wissen noch einmal einer Prüfung zu unterziehen, auch wenn sie der frühere Lehrer unbeanstandet hatte aufrücken lassen. Das machte ihn beim bequemen und unbegabten Gros der Schüler nicht gerade beliebt, und vor allem bewirkte es, dass er innerhalb des Lehrerkollegiums selbst ganz isoliert dastand. Seine Stellung am Konservatorium wurde aber noch wesentlich verschlechtert dadurch, dass er als begeisterter Anhänger Richard Wagners zumal in früheren Jahren einer geschlossenen und wohlorganisierten Clique von Gegnern des Bayreuther Meisters sich gegenüber befand, die wie an anderen Orten auch in Wien gerade das Konservatorium zum strategischen Zentrum der obstinaten Defensive machte, mit der die bestallten Hüter des „ewig Wahren, Schönen, Guten" das Eindringen jedes freieren und frischeren Luftzuges in das Musikleben der Zeit zu verhindern suchten.

Um so begeisterter schwärmten freilich alle die für ihren Bruckner, die sich keine Scheuleder umbinden liessen und trotz allen von „oben" kommenden Mahnungen und Warnungen ungeblendet der immer strahlender am Kunsthimmel emporsteigenden Bayreuther Sonne entgegenblickten. Wer immer in jener Zeit frei von blindem Autoritätsglauben seine Götter da suchte, wohin sein eigener Genius ihn wies, der schwor zur Fahne Wagners. Was jugendkräftig und lebenslustig, zukunftsfroh und wagemutig an sich und die Kunst mit wahrer Ueberzeugung glaubte, das musste diesem gewaltigen Zauberer sich zuwenden, ob es wollte oder nicht. Und so waren es denn gerade die Begabtesten und Bedeutendsten unter den Zöglingen des Wiener Konservatoriums, die sich gegen den reaktionären Geist der Oberleitung empörten und diesen Protest eben vor allem auch darin zum Ausdruck brachten, dass sie sich ostentativ an Bruckner anschlossen und um ihn, als den allgemein verketzerten Vertreter der neuen, offiziell noch nicht anerkannten Kunst, sich scharten. Wenn man die Reihe wirklich namhafter Musiker durchgeht, die das Wiener Konservatorium in den zwanzig Jahren von 1870—1890 ausgebildet hat, so wird man finden, dass sie fast ausnahmslos Schüler Bruckners waren, und dass gerade die späterhin zu grösserer Bedeutung Gelangten auch in einem näheren persönlichen Verhältnis zu ihm gestanden hatten. Ich erinnere nur an Felix Mottl, Arthur Nikisch, Gustav Mahler, Emil Paur, Rudolf Krzyszanowski u. a.

Ein besonderer Platz unter Bruckners Schülern gebührt zwei Männern, die von dem Augenblick an, da sie zuerst erkannten, welche schöpferische Gewalt in Bruckner lebe, die Propaganda für die Kunst ihres Meisters zur Lebensaufgabe sich setzten und dadurch von ganz ausserordentlicher Bedeutung für ihn und das Schicksal seiner Werke geworden sind. Ich meine Josef Schalk und Ferdinand Löwe, deren Namen mit dem Bruckners so eng verbunden erscheinen, dass man — unbeschadet ihrer anderweitigen grossen Verdienste — zunächst unwillkürlich immer nur an ihre treue Arbeit für die Sache des genialen Symphonikers denkt, wenn man sie nennen hört. Von den beiden war Schalk der ältere[1]). Im Jahre 1857 zu Wien geboren, hatte er seine musikalische Ausbildung am Konservatorium seiner Vaterstadt erhalten, an dem er auch später als Lehrer für Klavierspiel Anstellung fand. Zweiundzwanzigjährig trat er 1879 dem Aka-

---

[1]) Vgl. die seinem Andenken gewidmete Rede Dr. V. Bollers im 28. Jahresbericht des Wiener Akademischen Wagner-Vereins. Wien 1901. S. 15—19.

demischen Wagner-Verein als Mitglied bei, und hier war es namentlich, wo er als Dirigent des Vereinschores und artistischer Leiter der Internen Musikabende seit 1887 eine ungemein eifrige und segensreiche künstlerische Tätigkeit entfaltete. Dass der Wiener Verein, nachdem für die Propaganda Wagners nicht mehr allzuviel zu tun war, in dem Kampfe um die Anerkennung Bruckners eine neue, würdige Aufgabe sich setzte, war in erster Linie Schalks Verdienst. Die Internen Musikabende benutzte er zu immer wiederholten Vorführungen Brucknerscher Werke, die er in eigenem Arrangement am Klavier ganz vortrefflich zu interpretieren verstand, und es glückte ihm, zunächst innerhalb des Vereins der hohen Kunst seines Meisters immer zahlreichere und begeistertere Verehrer zu gewinnen. Die so im kleinen geleistete treue Arbeit krönte er dann durch grössere Aufführungen in den vom Wagner-Verein veranstalteten Orchesterkonzerten, wo er die Es-dur-Symphonie (1892 während der Theater- und Musikausstellung), die F-moll-Messe (1893) und das Te deum (zum fünfundzwanzigjährigen Jubiläum des Vereins 1898) zu sorgfältigst vorbereiteter Wiedergabe brachte.

Drang das künstlerische Wirken Schalks nicht über Wien, ja nicht einmal sehr viel über den Akademischen Wagner-Verein hinaus, so war es seinem jüngeren Freunde Ferdinand Löwe[1]) beschieden, in ungleich weitergreifender Weise sich als Bruckner-Dirigent zu betätigen. Ebenfalls in Wien (1865) geboren, ging Löwe zunächst ganz denselben Weg wie Schalk. Er war am Konservatorium Schüler Bruckners in Harmonielehre und Kontrapunkt, bei Josef Dachs und Franz Krenn in Klavierspiel und Komposition; wurde 1883 Lehrer für Kla-

[1]) Vgl. über ihn: Dr. K. Grunsky, Ferdinand Löwe. „Neue Musikzeitung" XXIII, Nr. 16 (24. Juli 1902). S. 209.

vier und Chorgesang an derselben Anstalt, die er eben erst absolviert hatte, und wirkte ungefähr von derselben Zeit ab in der Weise Schalks und mit ihm zusammen für die Brucknersche Sache innerhalb des Wagner-Vereins. Auch er benutzte die Veranstaltungen dieses Vereins als Vorbereitung auf eine künftige Kapellmeistertätigkeit und dirigierte in demselben Jahre 1892, gleichfalls während der Musikausstellung, zum ersten Male eine Brucknersche Symphonie (die Richard Wagner gewidmete III. in D-moll). Während aber Schalk nicht dazu gelangte, sein im Wagner-Verein erprobtes Können auch anderweitig zu bewähren, erreichte Löwe das Ziel, das er sich gesteckt, in verhältnismässig kurzer Zeit. 1896 erregte er gewaltiges Aufsehen mit der von ihm geleiteten ersten Wiener Aufführung des Lisztschen „Christus", die der Leo-Verein veranstaltet hatte, 1897 wurde er der Nachfolger Hermann Zumpes als Dirigent der Kaim-Konzerte in München und kehrte bereits im folgenden Jahre wieder nach Wien zurück, um nach kurzer Tätigkeit an der Hofoper 1900 die Direktion des neuen Konzertvereins-Orchesters zu übernehmen. Kurze Zeit leitete er daneben noch die Konzerte der „Gesellschaft der Musikfreunde", und seit 1908 wirkt er gleichzeitig auch wieder in München als Dirigent der Abonnementskonzerte des Münchner Konzertvereins, der in das Erbe des früheren Kaimschen Unternehmens eingetreten ist.

Im selben Jahre, da Löwe wieder nach Wien kam, war Josef Schalk gestorben. Aber nicht nur die tückische Krankheit, die schon viele Jahre lang an seiner Lebenskraft gezehrt, hatte es verschuldet, dass sein Ehrgeiz, der gleich dem Löwes der Dirigentenlaufbahn zustrebte, unbefriedigt blieb. Schalk war eine zarte, nach innen gekehrte, ja etwas spröde Natur. Die Ausübung seiner Kunst war ihm eine heilige und geweihte Sache, ein Gottesdienst, den er im tiefsten Grunde seines Herzens feierte. Wie dem Christen geboten ist: wenn du beten willst, schliess dich in dein Kämmerlein, so mochte er ein gleiches von seinem Musizieren wünschen. Eine gewisse „Scheu vor öffentlicher Darbietung" bezeichnet Viktor Boller in dem schönen Nachrufe, den er dem dahingeschiedenen Freunde gewidmet, mit Recht als einen auffallenden Charakterzug der Schalkschen Natur. Dieses Sich-Verschliessen, diese Flucht vor der profanierenden Oeffentlichkeit ist nun gewiss etwas, was auf eine tief und rein empfindende, recht eigentlich keusche Seele schliessen lässt. Aber man wird damit kein ausübender Künstler und am wenigsten ein Dirigent. Den kennzeichnet gerade der unwiderstehliche Drang, herauszutreten aus „des Herzens still verschwiegnen Räumen" und das, was er tief innerlich als köstlichstes Geistesgut besitzt, hinzugeben an die Allgemeinheit. Dass dieses Gut auch auf dem lärmenden Markte der Oeffentlichkeit nicht Schaden leide an seiner Idealität, dass es rein und unbefleckt bleibe, das wird freilich seine höchste Sorge sein. Ja, man kann sagen, dass das Ethos des ausübenden Künstlers recht eigentlich darin bestehe, zu verhüten, dass solche Hingebung je zur Prostitution werde. Wo aber die Furcht vor der möglichen Prostitution sich stärker erweist, als der Drang zur Hingabe, da fehlt eine der unerlässlichsten Vorbedingungen für die Möglichkeit wahrhaft überzeugender, den Hörer mit elementarer Naturgewalt fortreissender musikalischer Leistungen. So kam es, dass die spezifischen Vorzüge der eminenten Begabung Schalks um so weniger hell und ungetrübt zu Tage traten, je mehr er sich von intimen Darbietungen in kleinem, vertrautem Kreise grösseren allgemein zugänglichen Aufführungen vor der grossen Oeffentlichkeit zuwandte. Darin enthüllte sich etwas wie ein tragisches

Verhängnis, unter dem man diesen edlen Künstler und Menschen leiden und schliesslich erliegen sah.

Anders war es mit Löwe. Er ist der geborene Dirigent. Und da das kongeniale Verständnis für das tiefste Wesen des Brucknerschen Schaffens, die innigste Vertrautheit mit der künstlerischen wie menschlichen Eigenart des Meisters bei ihm zum mindesten ebenso stark vorhanden ist, wie bei seinem Freunde Schalk, so konnte es nicht ausbleiben, dass er zum eigentlichen und berufensten Interpreten der Brucknerschen Werke sich entwickelte. Heute ist Löwe der Bruckner-Dirigent par excellence. Wer etwa 1902 die ewig denkwürdige Uraufführung der Neunten (mit dem Wiener Konzertvereins-Orchester) oder 1898 die glänzende Wiedergabe der Fünften (Kaim-Orchester München) miterlebt hat, dem werden diese künstlerischen Taten stets unvergesslich in der Erinnerung haften. Nicht als ob es keine anderen Dirigenten gäbe, die Bruckner vollkommen gerecht zu werden vermöchten. Keineswegs: so habe ich, um einen leider nun schon dahingegangenen anzuführen, bei dem Salzburger Musikfeste im Sommer 1904 von Felix Mottl eine Aufführung der Romantischen Symphonie gehört, deren packendem Zauber kein empfänglicher Sinn sich entziehen konnte, und auch Arthur Nikisch, den ich selbst zu meinem grossen Bedauern als Bruckner-Dirigent niemals kennen zu lernen Gelegenheit hatte, scheint zu den wenigen zu gehören, die — das beweisen schon die ungewöhnlichen Erfolge, die Nikisch mit Bruckner erzielt — mit der Musik des Meisters wirklich etwas anzufangen wissen. Aber keiner ist mit seiner ganzen musikalischen Persönlichkeit so eng und fest verbunden mit Bruckner wie Löwe, keiner kann in demselben Sinne und demselben Masse von sich sagen, dass er so unabtrennbar mit der Individualität des grossen Symphonikers verwachsen, so ganz ohne Rest in ihr aufgegangen sei, dass seine Interpretation wie ein vollkommen reiner Spiegel nicht nur ohne jegliche Trübung und Verzerrung, sondern auch fast ohne Beimengung irgend eines subjektiven, originalfremden Elements das Bild der Brucknerschen Kunst in idealer Treue wiedergibt.

Aber mit seinen Dirigentenleistungen sind die Verdienste, die Löwe sich um Bruckner erworben, noch lange nicht erschöpft. Es kommt dazu noch das, was er mit seinen meisterlichen Klavierauszügen für die Propaganda des Brucknerschen Schaffens gewirkt, und das, was er als allzeit hilfs- und dienstbereiter Famulus persönlich seinem Meister gewesen ist. Es wird vielleicht einmal eine Zeit geben, wo die weitere Verbilligung des Verkaufspreises von Orchesterpartituren im Zusammenwirken mit einer doch wohl anzustrebenden Vereinfachung und Erleichterung in der immer noch so vielfach zopfigen Art und Weise unserer Partiturnotierung Klavierauszüge von Orchesterwerken für die Musiker und besseren Dilettanten zu einem völlig überflüssigen Luxusartikel gemacht hat. Aber bis dahin hat es noch gute Weile, und die grosse Menge der Musizierenden wird ohnedies auf die Bequemlichkeit eines von fremder Hand besorgten Arrangements weder jemals ganz verzichten wollen noch können. Daraus erhellt die grosse Bedeutung, die Klavierbearbeitungen für das Bekanntwerden eines Symphonikers in weiteren Kreisen heute noch haben und immer behalten werden. Denn auch für den Orchesterkomponisten ist der Ort, wo er zur allgemeinen Würdigung, zum Verständnis und zum Herzen des eigentlichen musikalischen „Publikums" vordringt, nicht sowohl der Konzertsaal, in dem seine Werke zur Aufführung gelangen, als vielmehr das private Musikzimmer, in dem sich Tausende und Abertausende auf eine solche Aufführung vorbereiten oder aber auch deren Eindrücke am Klavier sich ins Gedächtnis zurückrufen und damit zugleich befestigen und vertiefen.

Wenn Schalk als Bruckner-Dirigent einem Löwe weit nachstand, so trat er ihm als Bearbeiter durchaus ebenbürtig an die Seite und im persönlichen Umgang mit dem Meister behauptete er wohl sogar — schon als der ältere — einen gewissen Vorrang. Gerade eine Arbeit, wie das glückliche Arrangieren schwieriger und komplizierter Orchesterwerke, die unendlich viel Begeisterung, liebevolle Hingebung, Treue, Fleiss, Selbstlosigkeit und dazu ein grosses Wissen und Können verlangt, dabei aber ganz in der ruhigen Stille des Arbeitszimmers geleistet werden kann, sie entsprach dem zarten Naturell Schalks viel besser als das öffentliche Hinaustreten mit eigenen persönlichen Leistungen, und Löwe kam dabei vor allem auch das zu gute, dass er nicht nur ein Dirigent ersten Ranges, sondern überdies ein ganz eminenter Pianist ist, wie jeder gerne bestätigen wird, der ihn eine Brucknersche Symphonie einmal am Klavier hat interpretieren hören. So wurden namentlich die vierhändigen Klavierauszüge, die Schalk und Löwe, zum Teil in gemeinsamer Arbeit, verfertigt haben, wahre Meister- und Musterwerke ihrer Art, die zu dem allervortrefflichsten gehören, was auf diesem Gebiete existiert. Auch Josef Schalks jüngerer Bruder F r a n z ist hier zu nennen: er war Mitarbeiter an dem vierhändigen Auszug der E-dur-Symphonie und als Dirigent namentlich während seiner Grazer Kapellmeisterzeit für Bruckner tätig. Zweihändige Klavierbearbeitungen der Symphonien, die wir von der Hand Löwes und der beiden Schalk nur in vierhändigem Arrangement besitzen, nämlich der I., II., V., VI. und VIII., hat A u g u s t S t r a d a l veröffentlicht: gut gemeinte, aber nicht immer sehr geschickt gemachte Arbeiten. Sehr brauchbar ist dagegen die erleichterte zweihändige Uebertragung der „Romantischen" von Cyrill Hynais und von ganz besonderer Bedeutung erscheinen die Anfänge zur Gewinnung der Brucknerschen Symphonien für das Spiel auf zwei Klavieren, die Hermann Behn mit der VII., Walter Magnus mit der IV. gemacht hat[1]).

Was Josef Schalk und Ferdinand Löwe als Interpreten und Bearbeiter für Bruckner getan haben, hat immer und überall die Billigung und Wertschätzung der urteilsfähigen Freunde und Verehrer des Meisters gefunden. Nicht ganz so war es auf einem anderen Gebiete ihrer Bruckner gewidmeten Arbeit. Je komplizierter die moderne Musik geworden und je mehr damit auch die Masse untergeordneter, halb und ganz mechanischer Schreibarbeit angewachsen ist, die ein Komponist zu bewältigen hat, bis seine Partitur vollständig sauber und abgeschlossen, aufführungs- oder druckreif vorliegt, desto unumgänglicher hat sich die Notwendigkeit herausgestellt, dass der Schaffende, wenn er nicht unnütz seine Zeit vergeuden soll, Hilfskräfte zur Seite habe, die ihm all das abnehmen, was ein anderer Musiker ebensogut leisten kann, wie der Komponist, ohne dass man wagen dürfte, es geradezu dem Kopisten zu überlassen. Richard Wagner war der erste, der solche Hilfskräfte in grösserem Masse verwendete, und manch einer, der später als Wagner-Dirigent zu Berühmtheit gelangt ist — ich erinnere nur an Hans Richter, Hermann Zumpe, Felix Mottl, Anton Seidl — hat an derlei Arbeit sich seine ersten musikalischen Sporen verdient. Bruckner wäre nun, ganz auf sich allein angewiesen, um so schlimmer dran gewesen, als er überhaupt in seinen Arbeiten nur sehr langsam vorrückte und auch die mehr

---

[1]) Ganz verschollen ist der vierhändige Klavierauszug, den Gustav Mahler von der 3. Symphonie (in der ursprünglichen Fassung) gemacht hat.

mechanischen Dinge zwar mit peinlichster Gewissenhaftigkeit und Pünktlichkeit, aber auch etwas umständlich und nicht eben gerade flott erledigte. Dazu kam dann noch, dass bei ihm, dem Spätreifen, die Hochblüte des Schaffens jenseits der Akme des menschlichen Lebens lag und zu einem beträchtlichen Teil schon in die Zeit fiel, wo die Schwäche und Hinfälligkeit des Greisenalters sich bereits bemerkbar zu machen anfing und gebieterisch eine Unterstützung durch jüngere Kräfte erheischte.

Das Verhältnis, in dem Wagners Famuli zu ihrem Herrn und Meister standen, war selbstverständlich das der absoluten Unterordnung unter den höheren Willen. Sie waren nur ausführende Organe, die auch nicht einmal im geringsten Detail eine selbständige Entscheidung zu treffen hatten. Nicht so bei Bruckner. Der Bayreuther Meister war die ausgeprägteste Herrschernatur: er wusste nicht nur bis ins einzelste hinein ganz genau, was er wollte, er pflegte auch diejenigen, die seine Anweisungen auszuführen hatten, über den Inhalt seiner Willensmeinung nicht im geringsten Zweifel zu lassen. Bruckner dagegen, aus dürftigen, gedrückten Verhältnissen hervorgegangen und erst spät im Leben auf die freie Höhe unabhängigen Künstlertums emporgehoben, hatte sich niemals ganz jenes fraglos unbedingte Selbstvertrauen des fertigen Meisters gewinnen können, der überzeugt ist, dass all das, was er tut und macht, schon deshalb auch als recht und gut zu gelten hat, weil e r es ist, der es macht. Er war nicht bloss in allen Dingen des praktischen Lebens ein hilflos unerfahrenes Kind geblieben, auch in seiner Kunst hat er es eigentlich niemals zu der vollen Autonomie gebracht, die ganz in sich gefestigt, ohne Bedenken der alleinigen Führung des eigenen Genius sich anzuvertrauen wagt. Wie das ethische, so zeichnete sich auch das ästhetische Gewissen Bruckners aus durch eine hochgradige, bis zur Selbstquälerei gehende S k r u - p u l o s i t ä t. Mit aufgestiegenen Bedenken nicht zu Ende kommen zu können, zwischen Pro und Contra ohne die Möglichkeit einer definitiven Entscheidung hin und her zu schwanken, das war eine Schwäche, der er nur allzu oft erlag. Unter diesen Umständen lässt es sich begreifen, dass die Stellung der helfenden Famuli bei Bruckner namentlich dann ganz anders als etwa bei Wagner werden musste, wenn es sich um Männer handelte, die lange Jahre hindurch in solchem Verhältnis zum Meister gestanden, wie es gerade mit Löwe und vorzüglich mit Josef Schalk der Fall war. Man weiss, wie die Haushälterin einem alten Junggesellen, die „Köchin" ihrem Hochwürden, oder, um die Beispiele dem militärischen Leben zu entnehmen, wie der Feldwebel dem Herrn Hauptmann, und in anderer Weise wieder der Generalstabschef seiner Exzellenz „über den Kopf wachsen" kann. So etwas Aehnliches geschah mit Bruckner und seinen ständigen musikalischen Helfern, vor allen mit Josef Schalk. In manchen Dingen entwickelte sich aus dem Verhältnis dienender Unterordnung eine Art von B e v o r m u n d u n g. Wenn Bruckner wohl damit angefangen hatte, die Entscheidung über irrelevante und untergeordnete Fragen bei der Schlussrevision seiner Partituren einem Schüler wie Schalk, auf den er volles Vertrauen setzen durfte, zu überlassen, so konnte es in der Folge leicht passieren, dass der Famulus nicht immer strikte die Grenzen der Selbstbescheidung innehielt, die ihm durch die Natur seiner Stellung dem Willen des Meisters gegenüber gezogen waren, dass er sich gelegentlich zu Eigenmächtigkeiten hinreissen liess und bei Konflikten, in denen seine Ansicht bei Bruckner nicht durchgedrungen war, auch wohl hinter dessen Rücken seinen Willen durchsetzte.

Ich denke dabei hauptsächlich an die Vornahme von

Kürzungen in Bruckners Manuskripten. Der Zug ins Grosse, der Bruckners tonschöpferischer Phantasie in jeder Beziehung eigen war, hatte, wie natürlich, auch seine Kehrseite, die unter anderem darin zum Ausdruck kam, dass er sich manchmal verleiten liess, seine Sätze über die Gebühr, recht eigentlich ins Masslose auszudehnen. Die Fülle der ihm zuströmenden Gedanken war so gewaltig, dass er oft kein Ende finden konnte und die Forderung der Konzision allzusehr vernachlässigte. Nun war aber seine Arbeitsweise (im streng etymologischen Sinne der Worte) nicht analytisch, sondern synthetisch, d. h. er entwickelte nicht so sehr aus einem bis ins Einzelne von vornherein feststehenden Plane, sondern reihte die Gedanken, wie sie ihm kamen, assoziativ aneinander, zwar in Unterordnung unter eine leitende Grunddisposition, aber doch so, dass dem Episodischen, also streng geurteilt, dem nicht ganz Organischen mehr Raum gegönnt wurde, als man bisher im symphonischen Kunstwerke für erlaubt hielt. Eine solche Methode ist selbstverständlich in hohem Grade der Gefahr ausgesetzt, die Einheit ganz zu verlieren, und einer Schlussredaktion musste es jeweils vorbehalten bleiben, allzu üppig die Hauptgedanken überwucherndes Nebenwerk zu beschneiden, nicht unbedingt Notwendiges zu unterdrücken und in jeder Hinsicht all die Unebenheiten möglichst auszumerzen, die sich im Laufe der Arbeit ergeben hatten. Anderseits sehen wir aber, dass Bruckner gerade oft in episodischen Partien seine herrlichsten Eingebungen hat, und bedenkt man, dass wohl einem jeden Komponisten, der mit ganzer Seele an den seinem Geist entsprungenen Ideen hängt, nichts so schwer fällt als das „Streichen" — namentlich solange noch nicht ein längerer Zeitabstand die zu objektiver Beurteilung unerlässliche relative „Entfremdung" von dem Werke gezeigt hat — so lässt sich ermessen, wie häufig sich Differenzen zwischen dem Meister und seinem unbefangener urteilenden Jünger gerade in bezug auf die Notwendigkeit von Kürzungen ergeben mussten.

Ob Schalk bei diesen Kürzungen und Aenderungen, die er Bruckner anriet und im Zweifelsfalle auch wohl einmal mit seiner bloss stillschweigenden Einwilligung in den Druck- und Aufführungsmanuskripten vornahm, immer das Richtige getroffen und namentlich, ob er sich dabei auch immer auf das unbedingt Notwendige beschränkt hat, möge dahingestellt bleiben. Irren ist menschlich, und auch der geläutertste Geschmack bietet keine absolut sichere Garantie gegen ein gelegentliches Fehlgreifen. Zwei Tatsachen stehen aber fest. Einmal, dass Bruckner, obwohl er zeitweise die von Schalk über ihn verhängte Art von ästhetischer Kuratel drückend empfunden und sich hie und da auch über die Tyrannei des „Generalissimus" — wie er Schalk im Hinblick auf die von ihm prätendierte, diktatorische Machtvollkommenheit zu nennen pflegte — andern gegenüber bitter beklagt hat —, dass er trotz alledem sehr gut wusste und dankbar schätzte, was er an diesem seinem Getreuen hatte und welche grossen Dienste er ihm gerade auch auf einem im ganzen immerhin problematischen Gebiete seiner Tätigkeit leistete. Denn — und das ist das zweite — es kann nicht der leiseste Zweifel darüber obwalten, dass Schalk sich in allem, was er für Bruckner, wenn auch bisweilen fast g e g e n ihn, tat, durch absolut uneigennützige Motive leiten liess, und schlechterdings gar nichts anderes dabei im Auge hatte, als den Ruhm und das Heil seines innigst geliebten und verehrten Meisters. Das muss ausdrücklich betont werden gegenüber unqualifizierbaren Verdächtigungen, wie sie die auch in anderen Dingen höchst unerfreulich wirkenden „Erinnerungen" Karl Hrubys auszusprechen sich erdreisten[1]). Wenn da gesagt wird, dass sich „die seinerzeitigen Oberbonzen des Wiener Akademischen Wagner-Vereins" nur deshalb zu Bruckners Aposteln aufgeworfen hätten, „um sich dadurch die eigenen Wege zu ebnen", so genügt doch eine ganz kurze Ueberlegung zu der Einsicht, dass zu diesem Zwecke die Bruckner-Propaganda — und zumal in jener Zeit — ein einigermassen seltsam gewähltes Mittel gewesen wäre. Denn, wer die damaligen Wiener Verhältnisse nur einigermassen kennt, weiss, dass ein Mann von der Begabung Löwes sein Ziel mindestens um zehn Jahre früher erreicht hätte, wenn er so „klug" gewesen wäre, sich an die allmächtige Brahms-Partei anzuschliessen, während ihm das Eintreten für den selbst um die künstlerische Existenzberechtigung kämpfenden und gänzlich einflusslosen Bruckner absolut gar nichts nutzen konnte.

Josef Schalk hatte sich, wenn auch nur auf autodidaktischem Wege, eine nicht unbedeutende literarische und philosophische Bildung erworben, die ihm erlaubte, auch als Schriftsteller für seinen Meister einzutreten. Er tat dies, wann und wo immer sich Gelegenheit dazu fand, und dass der Erfolg solcher Bemühungen zunächst nicht sehr weit über den engeren Kreis der Wagner-Gemeinde hinausdrang, dafür lag die Schuld allein an den Verhältnissen und an der Zeit, die für Bruckner noch nicht reif war. Nicht immer ebenso glücklich, wie in den mit warmer Begeisterung geschriebenen Zeitschriftenartikeln, die der Propaganda Bruckners zu dienen bestimmt waren[2]), zeigte sich der Schriftsteller Schalk, wenn es galt,

[1]) Karl Hruby, Meine Erinnerungen an Anton Bruckner. Wien 1901. S. 16 ff.

[2]) Besonders wichtig und von starker Wirkung im Kreis der engeren Wagnergemeinde wurde der schöne Aufsatz im 7. Jahrgang der „Bayreuther Blätter" (1884) S. 329 ff.

etwa gelegentlich einer Brucknerschen Uraufführung das Publikum durch eine über den Inhalt orientierende Erläuterung auf das neue Werk vorzubereiten. So mannigfach Bruckner sich in seinem Schaffen mit den Vertretern der Programmusik b e r ü h r t haben mag: seine Symphonien g e h ö r e n nicht zur Gattung der Programmusik, weder zu jener offen ausgesprochenen, bei der der Komponist selbst die aussermusikalischen Gedanken angibt, die ihn zu seiner Schöpfung inspiriert und bei ihrer Abfassung geleitet haben, noch zu jener verschämten Art, wo der Autor es dem Hörer überlässt, aus eigenen Mitteln derartige Beziehungen ausfindig zu machen. Man kann deshalb den „Inhalt" eines Brucknerschen Symphoniesatzes auch nicht einmal approximativ mit den Hilfsmitteln der Wortsprache umschreiben, — auch dann nicht, wenn das Werk (wie es bei der „Romantischen" der Fall war) ursprünglich, d. h. in einer später umgearbeiteten ersten Fassung ein Programm gehabt hatte. Trotzdem hat es Schalk zu verschiedenen Malen versucht, den Instrumentalwerken des Meisters so etwas wie ein poetisierendes Programm unterzulegen, was natürlich schon wegen der subjektiven Willkürlichkeit eines solchen Verfahrens gänzlich misslingen musste. Das war gewiss gut gemeint, aber es verfehlte durchaus seinen Zweck, dem Hörer das Verstehen zu erleichtern, und gab den Uebelgesinnten nur Gelegenheit zu billigen Witzen und Spottreden, in denen sie es so darstellen konnten, als ob Schalks Kommentar eine authentische Wiedergabe dessen sei, was Bruckner selbst mit seiner Musik habe zum Ausdruck bringen wollen. — Einzig auf diesen drei Gebieten: als Komponist, als Orgelspieler und als Lehrer hat Bruckner seine Kunst ausgeübt. Zwar nahm er bisweilen auch die Gelegenheit wahr, eines seiner Orchesterwerke persönlich dem Publikum vorzuführen, aber doch nur in der früheren Zeit, das heisst, solange er noch nicht selbst zu der Ueberzeugung gelangt war, dass das Dirigieren nicht seine Sache sei. Wenn sich Bruckner zu verschiedenen Malen in seinem Leben um Kapellmeisterstellen beworben hat, so geschah das ganz gewiss nur in der Sorge um eine Berufsstellung, die ihm ausreichenden Lebensunterhalt gewähren sollte, nicht aber weil er etwa glaubte, dass er im höheren Sinne zum Dirigenten geboren sei. Von diesen Bewerbungen ist entschieden die seltsamste die vom Dezember 1889, wo Bruckner auf den Posten des Zwischenaktsmusik-Dirigenten am Wiener Hofburgtheater aspirierte. (Vgl. Signale für die musikalische Welt. 71. Jahrg. Nr. 18. 30. Apr. 1913.) Denn das geschah zu einer Zeit, wo der Meister als ein 65jähriger kaum mehr hoffen konnte, durch Uebernahme einer Tätigkeit, die er niemals in seinem Leben dauernd ausgeübt hatte, seine Lage besser zu gestalten, und es handelte sich dabei um eine Stellung, die künstlerisch so jämmerlich war, dass man sich an den Kopf greift bei dem Gedanken, dass Bruckner sie wirklich vielleicht hätte bekommen können. Die Tatsache dieser Bewerbung ist eine der grossen Unbegreiflichkeiten, an denen ja auch sonst kein Mangel ist im Leben und Schaffen eines Mannes, bei dem die Feststellung und Anerkennung des Rätselhaften oft die einzig mögliche Art der Erklärung ist. Was der Petentengang des alten Bruckner zum Direktor des Wiener Hofburgtheaters aber tatsächlich beweist, das ist das eine: dieser geniale Meister hatte es im letzten Jahrzehnt eines langen, erfolg- und arbeitsreichen Lebens, nachdem er der Welt sieben Symphonien geschenkt hatte, die ohne alle Frage zu dem Bedeutendsten gehören, was nach Beethoven in dieser Kunstgattung geschrieben wurde, — er hatte es mit 65 Jahren noch nicht so weit gebracht, dass er von dem Ertrag seines Schaffens ruhig und sorgenfrei hätte leben können, noch war es ihm gelungen, eine Berufstätigkeit zu finden, die ihn der traurigen Notwendigkeit enthoben hätte, noch auf der letzten Station vor dem Grabe an eine Veränderung oder Verbesserung seiner äusseren Lebensumstände denken zu müssen. Denn allem Anschein nach eignete er sich dazu ebensowenig, wie etwa ein Robert Schumann oder Johannes Brahms (der als Interpret **eigener** Werke nach dem Urteil Hans von Bülows freilich bedeutend gewesen sein soll). Und gerade bei Bruckner lässt sich dieser Mangel charakterologisch um so leichter begreifen, als ungebrochenes Selbstvertrauen und eine gewisse skrupellose Unbedenklichkeit, wie er sie gerade **nicht** besass, zu den unentbehrlichsten psychischen Requisiten des Dirigenten gehören. Trotzdem hat eine beträchtliche Anzahl seiner Schüler gerade auf dem Gebiete der Kapellmeistertätigkeit sich Lorbeeren erworben, während es einigermassen frappiert, zu sehen, wie wenige namhafte Komponisten aus seiner Schule hervorgegangen und wie selbst diese wenigen nur ganz vereinzelt von einer direkten Beeinflussung durch ihren Lehrer etwas verspüren lassen. Es sind in diesem Zusammenhang eigentlich nur zwei namhafte Männer zu nennen: **Gustav Mahler** und **Friedrich Klose**[1]).

Der erstere (1860 geboren) war Ende der siebziger Jahre Bruckners Schüler am Wiener Konservatorium, und nach der allerdings wenig zuverlässigen Behauptung Hrubys[2]) soll der Meister schon damals grosse Stücke auf ihn gehalten haben. Jedenfalls ist Mahler als Diri-

---

[1]) Von den Jüngeren, die in weiteren Kreisen noch nicht von sich reden gemacht haben, wäre etwa **Max von Oberleithner** zu erwähnen, der zwei Symphonien geschrieben hat, von denen die eine mir bekannt gewordene (Nr. 2 in Es-dur) sehr stark den Einfluss seines Lehrers Bruckner verrät.

[2]) Hruby a. a. O. S. 13.

gent an den verschiedenen Orten seiner Wirksamkeit (namentlich in Prag und Hamburg) kräftig für Bruckner eingetreten, und dass seine Symphonien die Einwirkung des früheren Lehrers nicht verkennen lassen, ist schon des öfteren bemerkt worden. Ich denke dabei zunächst weniger an gelegentliche Entlehnungen, wie sie Mahler auch anderweitig zu machen liebte, als an eine gewisse Aehnlichkeit im gesamten Ductus der formalen Linie und im architektonischen Aufbau seiner symphonischen Sätze. Das Breite, Weitausholende, die Fülle von episodischem Nebenwerk, das sind Züge der Mahlerschen Symphonien, die den an Bruckner geschulten Komponisten verraten. Es ist hier nicht der Ort, über den Wert der Mahlerschen Schöpfungen ein Urteil abzugeben. Sicherlich ist aber Mahlers ganze Natur der Bruckners nicht nur so absolut wesensfremd, sondern sie gehört auch in allem und jedem einer so ganz anderen Welt an, sie hat mit ihr so ganz und gar keine inneren Berührungspunkte, dass der tatsächlich zu konstatierende Einfluss als etwas rein A e u s s e r l i c h e s angesehen werden muss. Als der staunenswerte Eklektiker, der Mahler ist, hat er auch das, was Bruckner ihm Verlockendes bot, nicht verschmäht; ja, man kann vielleicht so weit gehen, zu sagen, dass er ohne das Vorbild Bruckners schwerlich zu seiner eigenen Symphonieform gekommen wäre, die trotz aller Programmvelleitäten und erweiternden Umbildungen das Grundschema der viersätzigen, klassischen Symphonie so deutlich erkennbar festhält. Aber man fühlt sich doch mehr an ein solches Verhältnis erinnert, wie es etwa zwischen dem jungen Berlioz und Meyerbeer bestand, der die orchestralen Errungenschaften des kühnen Neuerers für gänzlich anders geartete Zwecke exploitierte, als dass man von echt Brucknerschem Geiste bei Mahler etwas verspürte.

Weniger klar zutage tretend, dafür aber weit innerlicher ist die Beeinflussung, die Friedrich Klose durch Bruckner erfahren hat. Zwei Jahre jünger als Mahler, wurde er Mitte der achtziger Jahre Bruckners Privatschüler, nachdem er schon vorher längere Zeit bei Vinzenz Lachner und Adolf Ruthardt studiert hatte. Klose gehörte zu denjenigen, die — ohne irgendwie blind zu sein für die kleinen Schwächen, die Bruckner auch als Lehrer anhafteten — die Vortrefflichkeit und Gründlichkeit seines Unterrichts nicht genug rühmen können. Er bekennt, bei dem in ohnmächtiger Wut die neuere Musik begeifernden alten Lachner rein gar nichts, bei Ruthardt sehr viel, aber doch erst bei Bruckner das Letzte und Entscheidende gelernt zu haben, was ihm volle Klarheit und Sicherheit für das eigene Schaffen gab. Von Kloses noch viel zu wenig gekannten und geschätzten Kompositionen zeigt die grosse D-moll-Messe auch äusserlich erkennbar einige wenige Spuren des Brucknerschen Einflusses (Schluss des Dona nobis), dagegen findet man direkte Anklänge gar nicht in seiner Programmsymphonie „Das Leben ein Traum" und dem Opernwerke „Ilsebill". Um so mehr hat man aber das Gefühl jener inneren Verwandtschaft, die gerade bei Mahler zu vermissen ist, man empfindet, dass Klose, ich möchte sagen, der gleichen Familie angehört, wie sein Lehrer, nämlich der grossen Familie der echt geborenen Söhne deutschen Geistes; und man begreift es, dass beide sich wechselseitig voneinander angezogen fühlten. Denn wie Klose mit schwärmerischer Verehrung an Bruckner hing, so zählte er auch zu den bevorzugten Lieblingsschülern des Meisters.

Bruckners Unterricht beschränkte sich durchaus auf das, was eigentlich allein l e h r b a r an der Kompositionstechnik ist: Harmonie, Kontrapunkt, Kanon und

Fuge. Wie er am Konservatorium niemals den eigentlichen Kompositionsunterricht erteilte, ebensowenig hat er jemals seine private Unterweisung, soviel mir bekannt, auf die Fächer der Kompositionslehre im engeren Sinne des Wortes (Formenlehre, Instrumentation, Kompositions-Uebungen) ausgedehnt. Erscheint diese Beschränkung sehr wohl verständlich, so berührt es doch etwas seltsam, wenn man hört, dass er auch ausserhalb des Unterrichts kaum dazu zu bewegen war, Kompositionen seiner Schüler durchzusehen und zu begutachten. Das konnte als Mangel an Interesse ausgelegt werden, war aber vielleicht ganz etwas anderes: nämlich das instinktive Eingeständnis, dass er bis zuletzt sich selbst noch allzusehr als Werdender, Ringender und um die Vollendung Kämpfender fühlte, um seinen Schülern über das rein Technische hinaus auch im Aesthetischen ein sicherer Führer und Ratgeber sein zu können. So kam es, dass eigentlich nur e i n e r seiner Jünger sich rühmen durfte, Bruckners rege Teilnahme für das eigene Schaffen gewonnen zu haben. Das war H u g o W o l f, der zwar nicht Bruckners Schüler gewesen war, aber doch sich zu ihm bekannte als zu demjenigen, in dem er unter den Lebenden — nach dem Tode Wagners — seinen M e i s t e r verehrte. Mit einem gewissen Rechte kann man sagen, dass der geniale Lyriker der einzige jüngere Zeitgenosse gewesen sei, den Bruckner als Komponist wahrhaft ernst genommen habe. Diesem Interesse des Meisters entsprach auf seiten des Jüngers eine fast unbegrenzte Verehrung und Begeisterung für die Person und die Werke Bruckners. Wer Wolfs Briefe kennt, weiss, wie sehr er es sich angelegen sein liess, seinem Bruckner-Enthusiasmus immer wieder Ausdruck zu geben, und wie er sich bemühte, unter denen, die ihm nähertraten, der Brucknergemeinde neue Anhänger zu gewinnen. Als ein Berliner Freund einmal auf den unglücklichen Gedanken kam, Wolf „Verehrter Meister" anzureden, brauste der in seiner heftigen Weise auf und verbat sich das mit der Bemerkung: nur e i n e r unter den lebenden Musikern habe begründeten Anspruch auf diese Bezeichnung, der einzige, vor dem er selbst sich beuge — Anton Bruckner. Zwar blieben vorübergehende Trübungen diesem schönen Verhältnisse nicht ganz erspart, ja es scheint, als ob in späterer Zeit eine gewisse Entfremdung zwischen beiden Männern eingetreten sei, ausgehend von Wolf, der sich von Bruckner allmählich etwas zurückzog.

Warum, das liesse sich leicht vermuten, auch wenn es nicht ausdrücklich überliefert wäre. Etwa vom Jahre 1885 ab, dem Zeitpunkt, wo Arthur Nikisch und Hermann Levi die Siebente Symphonie in Deutschland bekannt gemacht hatten, datiert ein Wendepunkt in der öffentlichen Anerkennung Bruckners. Noch war der Sieg nicht errungen, noch musste auf der ganzen Linie gekämpft werden. Aber die Krisis war vorüber, es war die Peripetie eingetreten, die den schliesslichen Ausgang nicht mehr zweifelhaft erscheinen liess. Das machte sich besonders in Wien bemerkbar. War das Publikum der Kaiserstadt Brucknern schon von jeher freundlich gesinnt gewesen, so wuchs und verbreitete sich jetzt die begeisterte Gemeinde, deren Mittelpunkt der Akademische Richard Wagner-Verein war und die ihrem Abgott bei jeder Gelegenheit die stürmischsten Ovationen bereitete. Wolf, der noch immer gänzlich unbekannt, ja in Wien aus Rücksicht auf die wagnerfeindliche Clique von den Konzertsälen einfach ausgeschlossen war, empfand das schmerzlich, und zwar um so mehr, als er sehen musste, dass die Begeisterung für Bruckner bei der Majorität seiner Anhänger keineswegs von einem tieferen Verständnis für die wahre Grösse des Meisters getragen war, sondern sich ganz genau ebenso kritiklos und als vorgefasster *parti pris* bekundete wie die Ablehnung und Herabsetzung von seiten seiner Gegner. Bedenkt man noch, dass Wolf zeitlebens ein nervös überreizter, unheilbarer geistiger Erkrankung entgegengehender Mensch war, so wird man solche Ausbrüche bittern Unmuts, wie sie z. B. in einem Briefe an Emil Kauffmann zu lesen sind, nicht mehr so ganz unbegreiflich finden. „Am vergangenen Sonntag", heisst es da unterm 15. Dezember 1891, „wurde Bruckners I. Symphonie bei den Philharmonikern gespielt. Das Werk hatte, dank der vortrefflich organisierten Partei rasenden Erfolg. Bis auf das Scherzo und einiges aus dem ersten Satz verstand ich g a r n i c h t s. Ja, der letzte Satz hat mich geradezu empört. Es soll aber kolossal sein. In Gottes Namen; Spektakel war jedenfalls genug."[1]) Dazu kann ich aus eigener Erfahrung bestätigen, dass in der Tat der Eindruck jener Aufführung für solche, denen das Werk zuvor unbekannt gewesen war, nicht eben durch allzugrosse Klarheit sich auszeichnete. Ich selbst hatte die Empfindung, etwas überwältigend Grossem gegenüberzustehen, aber die Zahl der festumrissenen, greifbaren Bilder, die sich aus dem betäubenden Chaos des Unverstandenen und als bedeutsam bloss Geahnten loslösten, war äusserst spärlich. Erst viel später habe ich durch das Studium der Partitur das Werk faktisch kennen gelernt.

Wenn nun derartige Aeusserungen Wolfs Brucknern wieder hinterbracht wurden — und bekanntlich finden sich immer Leute, die keine anderen „Freundespflichten" kennen als die Besorgung derartiger Zwischenträgereien —. dann war das Unglück geschehen, und man kann es geradezu als einen Beweis für die ungewöhnliche Fe-

[1]) **Briefe Hugo Wolfs an Emil Kauffmann S. 59 f.**

stigkeit des Bandes ansehen, das Wolf mit Bruckner verknüpfte, dass trotz alledem ein offener Bruch stets noch vermieden wurde. Denn auch Bruckner, der sich daran gewöhnt hatte, den Akademischen Wagner-Verein als seine eigenste Domäne zu betrachten, in der er eine unumschränkte, mit keinem Zeitgenossen zu teilende künstlerische Alleinherrschaft ausübte, war — unbeschadet der rührenden Bescheidenheit, die einen Grundzug seines Wesens ausmachte — nicht ganz frei von gelegentlichen Jehova-Velleitäten nach der Weise: „Du sollst keine anderen Götter neben mir haben." Er blieb nicht unempfindlich dagegen, dass dieselben Männer, die so oft und so laut ihn als den einzigen wahrhaft beachtenswerten lebenden Komponisten verkündet hatten, ihm nun plötzlich in Hugo Wolf einen Nebenkaiser an die Seite setzen wollten. „Als der Schalk den Wolf entdeckte, da war ich gar nichts mehr," meinte er einmal mit halbernstem Lächeln einem Besucher gegenüber[1]), und ähnliche Aeusserungen werden noch mehrfach berichtet. Aber in solcher „Eifersucht" gelangt ja nichts weiter zum Ausdruck als jenes Streben nach Ausschliesslichkeit des Besitzes, das jedem starken und leidenschaftlichen Wollen, also auch dem des echten Künstlers eignet. Je mehr ein solcher seine ganze Person in und mit seinen Werken hingibt und demgemäss von denen, die diese Gabe empfangen, nicht bloss kalte Bewunderung, sondern herzwarme L i e b e verlangt und erwartet, um so mehr wird das Gefühl, das ihn mit seinen Anhängern verbindet, auch darin der Liebe im engeren Sinne des Wortes gleichen, dass er sich mit anderen nicht t e i l e n will in das, was ihm der höchste Lohn für alle Leiden, Entbehrungen und

---

[1]) Professor Dr. W. S c h m i d (Tübingen), Erinnerungen an Anton Bruckner. Neue Musikzeitung. XXIII. Jahrg. Nr. 13. Stuttgart-Leipzig, 12. Juni 1902. S. 170.

Mühen des Künstlerlebens ist. Wer Sinn hat für die Analogien des Gefühlslebens, wird erkennen, dass diese Eifersucht des Künstlers zu der des liebenden Weibes, das keine Nebenbuhlerin dulden d a r f, wenn es sich selbst treu bleiben will, nicht nur eine Parallel-Erscheinung darstellt, sondern dass beide Empfindungen, zwar nicht identisch, aber doch ganz in der Tiefe durch eine gemeinsame Wurzel miteinander verbunden sind. Auch der Künstler wahrt darin seine E h r e, dass er nur unter gewissen Garantien „sich hingibt", und eine der Garantien, die verhindern sollen, dass die Hingabe zur Wegwerfung werde, ist hier wie dort jene Forderung der Ausschliesslichkeit.

Sein stilles, einförmiges, dafür aber freilich um so arbeitsreicheres Wiener Leben unterbrach der Meister nur selten, — am häufigsten noch durch Ausflüge und Sommeraufenthalte in seiner oberösterreichischen Heimat. Namentlich die Chorherren von St. Florian hat er in treuem Gedenken seiner Jugendjahre bis zuletzt fast alljährlich während der Ferien besucht. Und wenn nicht das heimatliche Augustinerstift, so war es der Stadtpfarrhof von Steyr oder die Benediktinerabtei Kremsmünster, wo er Erholung von der Arbeit und den Aufregungen der Grossstadt suchte und fand. Mit St. Florian verknüpften ihn Fäden, die sich noch aus den Tagen der Jugend herüberspannen und niemals ganz abgebrochen worden waren. Fast ebenso alt waren die Beziehungen zu Steyr, wohin Bruckner schon als Schulgehilfe von Kronstorf aus so häufig gekommen war. Später fand er in den Steyrer Stadtpfarrern A r m i n g e r und A i c h i n g e r Freunde und Verehrer seiner Kunst, in dem Chorregenten F r a n z B a y e r einen wagemutigen Interpreten seiner kirchlichen Werke. (Aufführung der D-moll-Messe

1893.) Auch lebte in Steyr Bruckners Freund A l m roth. Nach Kremsmünster zog ihn wohl zumeist die Person seines Schülers, des Paters P. Otto Loidol. (Vgl. die Abschnitte: „Bruckner in Steyr" und „Bruckner in Kremsmünster" bei Gräflinger a. a. O. S. 57—69.)

Die zum Teil weitausgedehnten Orgelreisen, über die schon berichtet wurde, hörten mit der Zeit gänzlich auf. Dagegen pilgerte er beinahe regelmässig zum Besuch der Bayreuther Festspiele und zu den wichtigeren auswärtigen Aufführungen seiner eigenen Werke — so zu den ersten Aufführungen der Siebenten Symphonie in Deutschland nach Leipzig (1884) und München (1885), zu der des Te deum nach Berlin (1891) —, bis die zunehmende Gebrechlichkeit des Alters auch dem ein Ziel setzte. Zu seinem grossen Leidwesen: denn das waren doch die eigentlichen grossen Ereignisse seines kummer- und entsagungsreichen Lebens gewesen, und gerade die Erfolge, die seine Werke an solchen Orten errangen, wo er selbst persönlich unbekannt war, mochten ihm eine Gewähr bieten, dass er nicht umsonst geschaffen und gekämpft, dass es ihm trotz all der schweren Hindernisse, die gerade er zu überwinden hatte, gelungen sei, einen dauernden Platz in der Musikgeschichte sich zu sichern.

Wenn von irgendeinem Menschen, so galt von Bruckner das Horazische: „*Coelum, non animum mutant, qui trans mare currunt*" — während jenes andere: „Wenn jemand eine Reise tut, so kann er was erzählen" nicht mit dem gleichen Rechte von ihm behauptet werden konnte. Er gewann durch seine Reisen nichts, weder an Kenntnis des Treibens der Welt, noch an Gewandtheit, sich in ihr zu bewegen; ja nicht einmal dass sein geistiger Horizont dadurch irgendwie wesentlich erweitert worden wäre. Wie schon mehrmals gesagt: in der Hauptsache blieb er zeitlebens der weltfremde oberösterreichische Schulmeister, als der er zuerst nach Wien gekommen war. So wandelte er durch die Strassen der Weltstadt, schon in seinem Aeusseren, in seinen Manieren und seiner Kleidung, auffallend als eines jener „Originale", wie sie unsere alles nivellierende und uniformierende Zeit immer seltener gemacht hat. Zu vielen Malen ist diese seltsame Gestalt in Wort und Linie porträtiert worden, die groteske Gewandung, die eigentlich nur darum so frappierte, weil sie — im Gegensatz zu allen Modetorheiten — höchst vernünftig nach dem einzigen Prinzip möglichster Bequemlichkeit zugeschnitten war, das unbeholfene Auftreten und die skurrilen Formen einer vormärzlich devoten und übertriebenen Höflichkeit, die so entschieden und so ganz unvermittelt gelegentlich auch in das extreme Gegenteil einer wahrhaft herzerfrischend wirkenden Bauerngrobheit umschlagen konnte. Der oberflächliche Blick mochte eine solche Figur bloss komisch finden, dem tiefer schauenden und dem vor allem, der wusste, was sich hinter dieser teils unscheinbaren, teils bizarren Hülle barg, erschien sie zugleich im höchsten Masse rührend. Sie war wie geschaffen für den Stift des Karikaturisten, aber nicht eines solchen, der bloss den scharfen Blick für das Lächerliche der äusseren Erscheinung besitzt — denn der hätte ja nur ein ausgesprochenes „Zerrbild" liefern können — sondern für einen, der Schärfe der Beobachtungsgabe mit ausgesprochener Liebe und Sympathie für den Gegenstand seiner Beobachtung verbindet. Bruckner hat einen solchen Karikaturisten in Otto Böhler gefunden, dessen köstliche Schattenbilder gerade darin einen ganz eigenartigen Vorzug besitzen, dass sie sich von aller Lieblosigkeit so glücklich fernhalten und es verschmähen, dem Verstand auf Kosten des Herzens einen billigen Triumph zu verschaffen.

Ein feinfühliger Mensch konnte über Bruckners äussere Erscheinung wohl l ä c h e l n, aber nicht l a ‑ c h e n. Denn man brauchte ihn nicht einmal näher zu kennen, oder gar von seiner künstlerischen Bedeutung eine Ahnung zu haben: es genügte, dass man ihm ein einziges Mal in die kindlich treuen Augen geblickt hatte, um sofort das L i e b e n s w e r t e dieser Persönlichkeit zu empfinden. Das machte eben der goldene Strahl unsag‑ barer Herzensgüte, der aus Bruckners ganzem Wesen hervorleuchtete, diese himmlische Sonne, die alles, was er sprach und tat, durchwärmte. Diese Güte bewirkte es auch, dass er niemals eigentlich verletzen konnte, weder mit dem Aufbrausen seiner Heftigkeit noch mit seinen oft recht derben Spässen und Neckereien. Hatte er wirk‑ lich einmal einem, der seinem Herzen nahe stand, un‑ recht getan, so waren es bisweilen seltsame, aber immer wahrhaft rührend wirkende Formen, die er fand, um das Unheil wieder gut zu machen. Denn auch bei ihm bestä‑ tigte sich die Beobachtung, dass der naive, intellektuell nicht allzuhoch kultivierte Instinktmensch in bezug auf Festigkeit, Feinheit und Unbeirrbarkeit des Gerechtig‑ keitssinnes dem „Gebildeten" deshalb so oft überlegen zu sein pflegt, weil die Reflexion hier noch nicht ihren Pro‑ zess der Zersetzung alles bloss gefühlsmässig Stabilier‑ ten begonnen hat. So litt Bruckner auch unter den An‑ feindungen seiner Gegner vielleicht noch mehr darum so unsäglich, weil er das Gefühl hatte, sie nicht verdient zu haben, als weil sie ihm schadeten und sein Emporkom‑ men verhinderten; und wie er selbst jedes Unrecht, das ihm widerfuhr, tief schmerzlich empfand, so war es ihm auch unerträglich, wenn er sich sagen musste, dass er selbst einer Ungerechtigkeit gegen andere sich schuldig gemacht habe.

Das scharf ausgeprägte Gerechtigkeitsgefühl in Ver‑

bindung mit seiner tiefen Herzensgüte zeitigte in Bruckner auch die köstliche Frucht jener grenzenlosen D a n k b a r k e i t, die wohl jedem aufgefallen ist, der einmal in die Lage kam, ihm auch nur den geringsten Dienst erweisen zu dürfen. In der Erkenntlichkeit und der Art und Weise, wie er sie zum Ausdruck brachte, kannte er nicht Mass noch Ziel. Es sind wahre Exzesse der Dankbarkeit von ihm überliefert, wie z. B. der Fussfall vor dem Wiener Hofoperndirektor Wilhelm Jahn, den er auf offener Ringstrasse tat, nachdem dieser zum ersten Male in einem Konzerte der Philharmoniker Bruchstücke einer Brucknerschen Symphonie (der 6.) zur Aufführung gebracht hatte. Waren solche Extravaganzen für den, der von ihnen betroffen wurde, mehr peinlich als angenehm, so wiesen auch sonst die Formen, in denen Bruckner seine Dankbarkeit, ja schon die blosse Höflichkeit oder Hochachtung zum Ausdruck brachte, sehr oft etwas von übertriebener Unterwürfigkeit und Servilität auf, die nicht jedermann sympathisch war. Aber ich glaube, man muss sich hüten, aus diesen Formen ohne weiteres auf die entsprechenden Charaktereigenschaften schliessen zu wollen. Denn Bruckner war nichts weniger als eine Lakaienseele, wenn schon gesagt werden muss, dass er „Höherstehenden" oder auch solchen gegenüber, von denen er irgend etwas zu erhoffen oder zu befürchten hatte, gelegentlich etwas dienerhaft sich b e n e h m e n konnte.

Was in diesen Bekundungen einer uns kaum verständlichen Devotheit sich aussprach, das war einerseits etwas spezifisch Oesterreichisches, ein Symptom jener dort fast zu einem untilgbaren Ingredienz des Volkscharakters gewordenen Unterwürfigkeit, die man als ein historisch Gewordenes aus der politischen, sozialen und kulturellen Geschichte des deutsch-österreichischen Stammes sehr wohl zu begreifen vermag, besonders wenn man den die germanische Eigenart alterierenden starken Einfluss des Slaventums mit in Rechnung zieht (man denke z. B. an die Unsitte des Handkusses!) — und anderseits eine Folge des Umstandes, dass unser Meister selbst aus niedrigen Verhältnissen emporgekommen, die für die Aneignung der Lebens- und Umgangsformen entscheidenden Jugendjahre in äusserst gedrückter Lage verbracht und auch späterhin nie dazu gelangt war, jene ungebrochene Festigkeit und Sicherheit des Selbstvertrauens sich zu erringen, die, des eigenen Wertes voll bewusst, im Verkehr mit den Mitmenschen die Ueberzeugung zur Geltung bringt, dass der Genius selbst von dem in der sozialen Stufenleiter zuhöchst Stehenden beanspruchen darf, zum mindesten als seinesgleichen behandelt zu werden. Damit hängt es ja auch zusammen, dass dem Selbstbewusstsein, an dem es Brucknern wenigstens auf der Höhe seiner Laufbahn gewiss nicht gebrach, ganz unvermittelt eine schier beispiellose Bescheidenheit gegenüberstand.

Man sollte meinen, dass eine solche Natur, voll innerer Herzensgüte und dabei ihrem ganzen Wesen nach darauf angewiesen, sich anzulehnen und in einer fremden Seele Stütze und Halt zu suchen für das eigene kämpfende und ringende Ich, durchglüht von einem tiefen, unabweisbaren Liebesbedürfnis, das doch nur zum Teil durch die Freundschaft oder solch ein Pietätsverhältnis hingebender Verehrung, wie es unsern Meister mit Richard Wagner verband, sich befriedigt fühlen konnte: — dass ein solcher Mann ganz für die E h e geschaffen gewesen sei. Aber Bruckner ist zeitlebens Junggeselle geblieben, und wir wissen auch nichts davon, dass er sich jemals mit e r n s t h a f t e n Plänen getragen habe, seinem Hagestolztum ein Ende zu machen. Warum — das ist nicht ganz leicht zu sagen. Man könnte daran denken, dass es nur ä u s s e r e Hindernisse waren, die ihn abhielten, eine Ehe einzugehen, dass die dürftigen Vermögensverhältnisse es ihm nicht erlaubten, an die Begründung eines eigenen Hausstandes zu denken, als es dazu an der Zeit war. Und auf gut Glück hin, ohne ausreichende pekuniäre Garantien einen so folgenschweren Schritt zu unternehmen, das mochte ihm seine peinliche Gewissenhaftigkeit verwehren, sein solid bürgerlicher Sinn, dem so ganz und gar nichts vom Leichtsinn des Bohémien eigen war. Als dann die Verhältnisse besser wurden — in eine glänzende oder auch nur ganz sichere Lage ist Bruckner ja überhaupt niemals gekommen —, da war es wohl zum Heiraten zu spät geworden. So ist es Johannes Brahms ergangen, und wenn Bruckners Schicksal das gleiche gewesen, wenn auch er tief und lebhaft das Verlangen nach Ergänzung seines Ich durch eine treue Lebensgefährtin empfunden hätte und nur durch des Lebens Not gezwungen worden wäre, auf dieses Glück zu verzichten, dann dürfte man wohl sagen, dass von all den schmerzvollen Entbehrungen, die ihm wie jedem grossen Manne auferlegt waren, diese leicht die allerschmerzvollste gewesen sein möchte.

Aber es ist denkbar und mir selbst ist es immer wahrscheinlicher geworden, dass nicht äussere, sondern vorwiegend i n n e r e Gründe für Bruckners Ehelosigkeit ausschlaggebend waren. In ihm lebte wie in jedem wahrhaft grossen Künstler jener Instinkt des Schaffenden, der den vom schöpferischen Willen besessenen Menschen zwingt, alles und jedes der Sorge um das künstlerische Lebenswerk unterzuordnen, keinem Wunsche und keiner Sehnsucht Raum zu geben, deren Erfüllung in irgend einer Weise dieses Werk gefährden könnte, und alles zu meiden, was möglicherweise zu Kollisionen zwischen den Pflichten des Menschen und denen des Künstlers führen und so das beeinträchtigen würde, was der Schaffende dem künstlerischen Ideale und der Arbeit an seiner Verwirklichung schuldig ist. Dieser Instinkt sagte Brucknern, dass er sein Lebensschifflein, das, von so vielen und schweren Stürmen bedroht, als eigentliche „Ladung" sein künstlerisches Schaffen barg, nicht mit etwas beladen dürfe, was unter Umständen ein unnützer oder gar gefährlicher Ballast werden konnte, dass er sich nicht Fesseln anlegen, keine Lasten aufbürden dürfe, die die freie Bewegung bei der Verfolgung seines Künstlerweges irgendwie hätten behindern können. Schopenhauer hat einmal gesagt: „Unter Philosophen und Dichtern sind die verheirateten schon als solche verdächtig, ihre Sache zu suchen, nicht das Heil der Wissenschaft und Kunst." Umgekehrt: der, dessen ganze Persönlichkeit in all ihrem Tun und Trachten tief durchdrungen ist von dem Streben nach dem, was nicht im Sinne der zeitlichen Lebensexistenz, sondern im Sinne der überzeitlichen Lebensaufgabe das Seinige ist, er wird dahin kommen können, auf die Ehe zu verzichten als auf etwas, worin die Sorge um den bürgerlichen Menschen und sein Behagen den Vorrang behauptet vor der Sorge um die Ewigkeitsverpflichtungen des Genius. So angesehen, wäre Bruckners Zölibat ein Opfer gewesen, das er — unbewusst natürlich und ohne diesen Zusammenhang zu erkennen — seiner höheren Bestimmung als Künstler gebracht hätte, eine Entsagung, die darum kaum minder schmerzlich, aber doch wohl weniger bitter gewesen wäre, weil sie nicht durch die von aussen auferlegte Notwendigkeit, sondern durch ein inneres, unmittelbar aus der Artung des eigenen Ich und seiner Lebensaufgabe erfliessendes Müssen diktiert wurde.

Wie dem aber auch sei: eine Entsagung bedeutete dieser Verzicht auf alle Fälle. Denn Bruckner war nicht unempfänglich gegen die Reize der Weiblichkeit. Davon, dass er verliebt war und auf Freiersfüssen ging, erzählen eine Menge Anekdoten. Aber von einer heftigeren, länger andauernden Leidenschaft und von Verheiratungsplänen, die irgendwie ernst zu nehmen gewesen wären, wissen wir, wie gesagt, nichts. „Bei ihm war alles nur Strohfeuer", hat Karl Waldeck, der Nachfolger Bruckners als Linzer Domorganist, über dessen Beziehungen zum weiblichen Geschlechte geurteilt[1]), und diesem Urteil wird jeder beistimmen, der von einer jener komischen Episoden gehört oder gar sie selbst miterlebt hat, wo Bruckner — und zwar spielte sich das immer in ganz gleicher Weise ab, da er noch Domorganist in Linz war, gerade so wie in späteren Jahren zu Wien — in rasch auflodernder Leidenschaft für ein weibliches Wesen entflammte, das er zufällig auf der Strasse oder sonst irgendwo erblickt hatte, wie er sich sofort als Freier fühlte, sich der Angebeteten — ohne Rücksicht auf die üblichen Umgangs- und Gesellschaftsformen — um jeden Preis zu nähern und, oft auf den sonderbarsten Wegen, über die näheren Lebensumstände der Betreffenden etwas in Erfahrung zu bringen suchte. Gewöhnlich kam es gar nicht erst zu einem Heiratsantrag, da bei verfliegendem Rausche die Stimmen des Bedenkens[2]) bald genug laut wurden und von dem letzten Schritte abhielten. Wurde er aber wirklich gemacht, so sorgten alle begleitenden Umstände schon dafür, dass er nicht ernst genommen werden konnte. Alle diese Geschichten waren in ihrem ganzen Verlauf gewiss eher Possen als Tragödien. Stroh-

[1]) Gräflinger a. a. O. S. 108.

[2]) Bezeichnenderweise war das erste Bedenken, das sich bei solcher Gelegenheit einstellte, meist der Zweifel, ob das betreffende weibliche Wesen auch genügendes Interesse für Bruckners Kunst habe.

feuer — gewiss. Aber schliesslich ist auch Strohfeuer ein Feuer, das schmerzhafte Brandwunden verursachen kann, und wenn es ebenso rasch wieder erlischt, wie es aufgeflackert war, so kann es dafür, von einer neuen „Flamme" entzündet, um so häufiger von neuem auflodern.

Dass Bruckner eine Natur von mächtiger Sinnlichkeit war, beweisen seine Werke. Und wenn in seiner Musik das ausgesprochen erotische Element auch fehlt, so spricht doch alles dafür, dass Sinnlichkeit auch in geschlechtlicher Ausprägung stark in ihm lebendig war. So bedeutete der Verzicht auf Heirat, wie man sich ihn auch motiviert denken möge, auf alle Fälle eine — zum mindesten physische — Entbehrung. Wie sich unser Meister gerade mit dieser Entbehrung abfand, das rückt eine andere wichtige Seite seines Charakters in das hellste Licht — die echte und kraftvolle S i t t l i c h k e i t seines ganzen Wesens. Es ist ein eigenartig erhebendes Gefühl, dass man es ohne trivialen oder gar frivolen Hintergedanken aussprechen kann: Bruckner ist eine in jeder Beziehung durchaus reine und keusche Natur gewesen, von der man wohl mit ziemlicher Sicherheit dasselbe behaupten kann, was die Alten ihrem Plato nachrühmten — *Mulierem nunquam attigit.*

Dabei muss hervorgehoben werden, dass Bruckner nichts weniger als eine asketische Natur war. Wie seine Werke, so durchströmte auch sein Leben eine frische und kraftvolle Daseinsfreude. Und wenn er den Lockungen der Venus widerstand, so war er nicht unempfänglich für die Genüsse, die deren Halbbruder Bacchus gewährt. Das Pilsener Bier gehörte zu seinen kleinen Leidenschaften, und es kam ihm schwer an, dieses sein Lieblingsgetränk zu missen, als eine beginnende Wassersucht ihm die Einhaltung strengster Diät zur Pflicht machte.

Die eigentlichen Erholungsstunden verbrachte er gern an fröhlicher Stammtischtafel im Kreise von Freunden und Verehrern. Dabei konnte er sich einer ebenso harmlosen wie ausgelassenen Lustigkeit hingeben. Aber auch nach dieser Richtung hin lagen ihm Exzesse sehr fern, obwohl er als echter und guter Deutscher ein tüchtiges Quantum vertragen konnte. Die ernste Unterhaltung bei diesen allabendlichen Zusammenkünften pflegte sich, soweit Bruckner selbst an ihr beteiligt war, auf keinem allzuhohen Niveau zu bewegen. Es ist schon gesagt worden, dass Bruckner ausserhalb des speziellen Bereichs seiner Kunst in erstaunlichem Masse ungebildet war[1]). Zwar war seine Schulbildung nicht ganz so elementar geblieben, wie man wohl angenommen hatte. Aber die Mittelschulstudien, die er als junger Mann machte, hatten für ihn nur den Zweck, sich in die Höhe zu bringen. Er wollte sich mit ihnen nicht sowohl Wissen, als vielmehr Berechtigungen und Mittel des Vorwärtskommens erwerben. An schulmässigem Wissen mochte er einem Beethoven überlegen sein. Aber es fehlte ihm durchaus an dem bei diesem oft in so rührender Weise sich äussernden Triebe, noch im reifen Mannesalter nachzuholen, was er als Knabe und Jüngling notgedrungen versäumen musste. Er war so sehr und so ausschliesslich Musiker, dass er abgesehen von seiner Kunst gar keine geistigen, vor allem keine intellektuellen Bedürfnisse hatte. Denn auch die Religion — und Bruckner war ein im besten

---

[1]) Das bestätigen ohne Ausnahme alle, die Bruckner persönlich gekannt haben. Wenn ich es hier so scharf betone, so geschieht das — wie schon die Schlussfolgerungen beweisen, die ich daraus ziehe und nicht ziehe — ganz gewiss ohne die Absicht, von dem innigst verehrten Meister etwas zu behaupten, was seinem Andenken Abtrag tun könnte, sondern ganz im Gegenteil: um zu zeigen, dass einer — selbst in unserer Zeit — geistig gross˙ sein könne auch ohne Verstandeskultur.

und schönsten Sinne des Wortes frommer Mann — war bei ihm einzig Sache eines kindlich gläubigen Herzens. Er blieb in dem Glauben, den ihm die Lehrer seiner Jugend überliefert hatten, fest und treu, ohne jegliche skeptische Anwandlungen, so sehr sich auch sein peinliches Gewissen im rein Moralischen mit allerlei Skrupeln und Bedenklichkeiten abquälte. Aber von den grossen religiösen Fragen und Problemen blieb er wohl ziemlich unberührt. Der kirchliche Glaube genügte ihm für seinen eigenen Seelenfrieden und darüber hinaus verlangte er nichts weiter. Darum war er auch Andersgläubigen gegenüber von einer aufrichtigen Toleranz, die mit weitgehendem Zartgefühl nicht nur jede verletzende Aeusserung, sondern auch den geringsten Anstoss zu vermeiden ehrlich bestrebt war.

Wie zu der Wissenschaft, so hatte Bruckner auch zu den anderen Künsten kein Verhältnis. Die Wunderwelt der Plastik und Malerei blieb ihm zeitlebens verschlossen, und hie und da von wohlwollenden Freunden unternommene Versuche, ihn für ein Werk der Dichtkunst, etwa die Aufführung eines Shakespeareschen Dramas zu interessieren, scheiterten regelmässig in kläglicher Weise. Bruckner war eine durch und durch wahrhaftige Natur, einer von denen, die nicht nur selbst ausserstande sind, jemals eine Lüge über die Lippen zu bringen, sondern auch bei anderen jede Unwahrheit aufs tiefste verabscheuen. Schon darum erscheint es mir als eine unabweisliche Pflicht wirklich — nicht bloss scheinbar — pietätvoller Charakterschilderung, gerade bei Bruckner auch die Schwächen und Mängel nicht zu vertuschen, die ihm anhafteten. Das Fehlen jeglicher intellektuellen Kultur ging so weit, dass man im persönlichen Verkehr mit ihm oft tatsächlich um ein Gesprächsthema verlegen war, wie er es auch bei anderen Musikern verwunderlich fand, wenn sie sich für Dinge interessierten, die mit ihrer besonderen Kunst nichts zu tun hatten. Wenn aber in Erfüllung der Wahrheitspflicht des Meisters Ungebildetheit nicht beschönigt werden durfte, so muss, damit derartige Züge das Gesamtbild nicht fälschen, anderseits ausdrücklich betont werden, dass trotz alledem Bruckner das unbewusst Imponierende eines genialen Menschen auch im gewöhnlichen Leben durchaus nicht fehlte. Denn, so merkwürdig das nach dem eben Gesagten klingen mag: niemals verlor man in seiner Gesellschaft das Gefühl, wie dieser in vieler Hinsicht geradezu bäuerische Mensch an innerer Grösse und Bedeutung auch die besten seiner Umgebung — und es waren darunter tüchtige, hochgebildete und ausgezeichnete Leute — um ein ganz gewaltiges überrage. Mit dem, was man von seinem Kopfe gesagt hat, dass er die charakteristischen Züge eines echten oberösterreichischen Bauern mit denen eines römischen Cäsaren in sich vereinige, stand in Uebereinstimmung eine analoge Doppelheit seines persönlichen Auftretens: einerseits blieb er gewiss immer der weltungewandte, unbeholfene Naturmensch, der sich im Leben der Grossstadt nicht viel anders bewegte, als jener „Meister einer ländlichen Schule", der überall Anstoss erregte und gerade dann am allermeisten, wenn er glaubte, seine Sache recht gut gemacht zu haben, — anderseits aber wusste er doch sehr wohl seine geistige Superiorität zur Geltung zu bringen, und niemals war ein Zweifel darüber, dass in dem Kreise, der sich um ihn scharte, sein Wille der beherrschende war.

Bei dem langen und harten Kampfe, den Bruckner nicht nur um die öffentliche Anerkennung seiner Leistungen, sondern geradezu um das Recht auf künstlerische Existenz gegen die offiziellen Vertreter des musikalischen Wien zu kämpfen hatte, kann es nicht wundernehmen, dass auch jene äusseren Auszeichnungen, die Fürsten, Regierungen und Korporationen an hervorragende Männer zu verleihen pflegen, für ihn erst recht spät und spärlich genug sich einstellten. Bei einem anderen Menschen wäre das etwas kaum der Erwähnung Wertes gewesen. Aber Bruckners kindlich naiver Sinn hing an dergleichen Aeusserlichkeiten, und sein Zutrauen zu der Gerechtigkeit und Weisheit derer, die solche Auszeichnungen zu erteilen berufen sind, war viel zu gross, als dass er jemals ganz des stolzen Selbstgenügens sich hätte getrösten können, das bedenkt, wie alle jene öffentlichen Ehrungen dadurch, dass so oft schon Mittelmässigkeiten, wenn nicht gänzlich Unwürdige, ihrer teilhaftig wurden, für einen wahrhaft hochstrebenden Sinn längst allen Wert eingebüsst haben. Einen gewissen Ersatz für diesen Ausfall bot ihm die private Anerkennung seines Schaffens und Wirkens durch solche, zu denen er verehrend emporblickte. Vor allem war die gute Meinung, die sein Abgott Richard Wagner von seinen Leistungen hatte, eine rechte Herzstärkung für ihn, die manchen Zweifel beschwichtigte und manches Bedenken niederschlug, wenn er sah, wie hartnäckig andere gegen die Anerkennung seines Komponistenberufes sich sträubten. Und das hatte um so mehr zu bedeuten, als es ihm gleich am Anfang seiner eigentlichen höheren Komponistenlaufbahn beschieden war, das nachhaltige Interesse des Bayreuther Meisters sich zu gewinnen. Von den beiden ihm vorgelegten Symphonien Nr. 2 und 3 nahm Wagner die Widmung der letzteren an, und am 1. Juni 1875 schreibt Bruckner triumphierend an seinen früheren Lehrer Kitzler: „Wagner hat meine D-moll-Symphonie als sehr bedeutendes Werk erklärt. Ebenso Liszt."[1]) Mit der Zeit mehrten sich auch die Stimmen kunstempfäng-

[1]) O. Kitzler, Musikalische Erinnerungen S. 31.

licher Nichtmusiker, die — oft zur grössten Ueberraschung des Meisters und seiner Umgebung — laut bezeugten, welch tiefen Eindruck sie von einem oder dem anderen seiner Werke empfangen hatten. Je weniger er selbst in der literarischen Welt heimisch war, um so erhebender empfand er es, wenn etwa ein berühmter Dichter, wie Paul Heyse nach der ersten Aufführung der Esdur-Symphonie in München (1890), ihm seinen Dank aussprach für den weihevollen musikalischen Genuss, der ihm durch die gewaltige Offenbarung des Genius zuteil geworden[1]). Namentlich aus dem deutschen Reiche kamen solche Beweise der Anerkennung und Begeisterung immer häufiger und immer zahlreicher; und innerhalb des Reiches war es neben München vor allem das Schwabenland (Stuttgart, Tübingen), das sich durch einen frühen und nachhaltigen (zum Teil auf die persönliche Propaganda Hugo Wolfs zurückgehenden) Bruckner-Enthusiasmus hervortat.

Im letzten Jahrzehnt seines Lebens kamen auch einige offizielle Auszeichnungen, zum Teil gewichtiger Art. Auf einen Bericht des Direktors der Hofmusikkapelle Josef Hellmesberger, der die Verdienste Bruckners auf dem Gebiete der Komposition lebhaft hervorhob, und einen vom Obersthofmeister, dem Prinzen Konstantin zu Hohenlohe-Schillingsfürst, hierzu erstatteten Vortrag wird mit allerhöchster Entschliessung, datiert Ischl, 8. Juli 1886, dem Meister das Ritterkreuz des Franz Josefsordens verliehen. Gleichzeitig wird ihm zu seinem Hoforganistengehalt eine Personalzulage von jährlich 300 fl. bewilligt[2]). Der Dank Bruckners bestand in der Widmung seiner 1890 vollendeten 8. Symphonie an den Kaiser Franz Josef, für den er als guter alter Oesterreicher eine innige

[1]) Vgl. Heyses Brief an Bruckner, abgedruckt bei Brunner S. 31 f.
[2]) Vgl. Rietsch in Bettelheims Biograph. Jahrbuch I. Bd. (1897).

Verehrung hatte. Am 31. Oktober 1890 fasste der oberösterreichische Landtag auf Antrag des Linzer Bischofs Dr. Doppelbauer den einstimmigen Beschluss, „dem vaterländischen Tonkünstler Anton Bruckner zum Zeichen der Anerkennung seines dem Lande zur hohen Ehre gereichenden Wirkens eine Ehrengabe auf die Zeit seines Lebens im jährlichen Betrage von 400 fl." zu gewähren[1]). Abgesehen von der Ehre war diese Gabe, ebenso wie die kaiserliche Gnadenzulage, für Bruckner auch eine sehr erwünschte Aufbesserung seines Einkommens. Denn zeitlebens hatte er, wenn nicht in dürftigen, so doch in sehr eingeschränkten Verhältnissen leben müssen. Die Gehälter als Hoforganist und als Konservatoriumsprofessor waren seine einzigen festen Bezüge. Dazu kamen die Kollegiengelder für die Vorlesungen an der Universität und das natürlicherweise stark schwankende Erträgnis seines privaten Unterrichts. Im Februar 1894 beantragte das Professorenkollegium der Wiener Universität beim Unterrichtsministerium eine Jahressubvention für Bruckner in seiner Eigenschaft als Lektor für Musiktheorie. Ungefähr zu derselben Zeit bezog der Meister auch eine Pension aus der kaiserlichen Privatschatulle. Aus seinen Kompositionen hat Bruckner, wie er selbst in seinem Testament bezeugt, „kaum irgendeinen materiellen Ertrag bezogen". Für das gewaltige Te deum soll er, sage und schreibe, 100 fl. Honorar empfangen haben[2]), und die Druckkosten der Symphonien mussten bis zuletzt von dem Komponisten bzw. von Freunden seiner Kunst getragen werden. Zu den Kosten für die Veröffentlichung der 3. Symphonie hat der Kaiser von Oesterreich 1600 fl., zu der der 8. 1500 fl. beigesteuert. Als die verminderte Arbeitsfähigkeit des höheren Alters

[1]) Rietsch a. a. O. und Brunner S. 31.
[2]) Brunner S. 29.

Bruckners Einkünfte schmälerte und anderseits doch wieder eine bequemere und damit auch kostspieligere Lebensweise nötig wurde, griffen ausser den genannten öffentlichen Stellen auch vermögende Freunde helfend ein und ersparten dem Meister das Aeusserste. Desgleichen wurde ihm die Sorge um eine angenehmere Wohnung, als er sie den grössten Teil seines Lebens hindurch innegehabt, zuletzt durch die Gnade des Kaisers abgenommen, der ihm einige Räume in dem sogenannten Kustodentrakt des Lustschlosses Belvedere einräumte. Hier, in dem durch seinen herrlichen Garten berühmten alten Sommerpalais des Prinzen Eugen, das bis Mai 1891 die kaiserliche Gemäldegalerie beherbergt hatte, in einem sowohl zum Schlafen wie zum Wohnen und Arbeiten dienenden Zimmer, dessen Fenster auf einen Kinderspielplatz schauten, verbrachte der Meister den kurz bemessenen Rest seines irdischen Daseins.

Von allen Auszeichnungen, die Bruckner widerfuhren, war ihm selbst wohl die Verleihung der Ehrendoktorwürde durch die philosophische Fakultät der Wiener Universität die wertvollste. Schon in Anbetracht der nahen Beziehungen, die ihn, den Lektor der Musiktheorie, als ein wenn schon den Dozenten nicht ganz ebenbürtiges Mitglied des akademischen Lehrkörpers mit der Universität und der akademischen Jugend verbanden, musste gerade diese Ehrung ihm besonders bedeutsam erscheinen. Lag in ihr doch ebensosehr eine Anerkennung seiner akademischen Lehrtätigkeit wie eine Art von offizieller Komprobation seines künstlerischen Schaffens durch die Wissenschaft. Dazu kam dann in etwas auch wohl noch das Gefühl der Rivalität mit Johannes Brahms, dem er nicht nur von seinen Anhängern gegenübergestellt wurde, sondern zu dem er auch selbst in einem bewussten künstlerischen Gegensatz sich fühlte. An

Brahms hatte die Breslauer Universität bereits im Jahre 1881 den Ehrendoktortitel verliehen, und das war für Bruckner ein mächtiger Sporn des Ehrgeizes, die gleiche Würde zu erstreben. Zehn Jahre später durfte er sich sagen, es auch vor dem Forum der Wissenschaft ebensoweit gebracht zu haben wie sein musikalischer Antipode. Am 7. November 1891 beschloss der akademische Senat auf Antrag der philosophischen Fakultät, unseren Meister durch Verleihung des Ehrendoktorats auszuzeichnen. Die Promotion fand am 12. Dezember statt. Promotor war Hofrat Josef Stefan, der Physiker (1835—1893), und bei dem Festkommerse, den der akademische Gesangverein aus Anlass der Promotion im Sophiensaal veranstaltete, sprach der damalige Rektor Professor Dr. Adolf Exner (der Jurist) die schönen Worte: „Wo die Wissenschaft haltmachen muss, wo ihr unübersteigliche Schranken gesetzt sind, dort beginnt das Reich der Kunst, welche das auszudrücken vermag, was allem Wissen verschlossen bleibt. Ich, der Rector magnificus der Wiener Universität, beuge mich vor dem ehemaligen Unterlehrer von Windhag."[1]) Und das war keine leere Phrase. Denn Exner, ein Mann von gutem musikalischen Urteil, war aufrichtig begeistert von Bruckners 1. Symphonie, mit deren Widmung (in umgearbeiteter Gestalt) der Meister seinen Dank der Universität abstattete.

Eine Fülle von ehrenden Auszeichnungen brachte dann Bruckners 70. Geburtstag (1894), von denen ich nur die Ernennung zum Ehrenbürger der Stadt Linz hervorhebe, die erfolgte „in Anbetracht des Ruhmes, den Bruckner als Komponist und Orgelvirtuos an den grössten europäischen Musikstätten errungen habe, und von dem ein Abglanz auch auf seine Heimat Oberösterreich, ins-

[1]) Brunner S. 33.

Anton Bruckner.
(Nach einer Heliogravure von J. Löwy, Wien.)

besondere auf die Landeshauptstadt Linz als die Stätte seines langjährigen Wirkens zurückfalle"[1]). Der Wiener „Schubertbund" verlieh ihm die Ehrenmitgliedschaft, ebenso wie es die „Gesellschaft der Musikfreunde" bei seinem Abgang vom Konservatorium (1891) getan hatte, und am 12. Mai 1895 fand die feierliche Enthüllung einer Gedenktafel statt, die der seinerzeit von Bruckner geleitete Linzer Männergesangverein „Frohsinn" am Geburtshause des Meisters in Ansfelden hatte anbringen lassen.

Zeitlebens hatte sich der Meister eines guten körperlichen Befindens erfreut. Die strotzende Fülle der Lebensenergie, die mit so unwiderstehlicher Elementargewalt aus seinen Werken uns entgegentönt, durchströmte auch seine leibliche Konstitution, und alle Anzeichen sprachen dafür, dass er ein hohes Alter erreichen werde. Abgesehen von der allgemeinen Zeitkrankheit unserer Tage und der speziellen Berufskrankheit des Musikers, einer hochgradigen Nervosität, war er eine kerngesunde, eminent widerstandskräftige Natur. Diese Nervosität aber machte ihn, der in vieler Hinsicht eine so durchaus unzeitgemässe Erscheinung war, in einem allerdings höchst fatalen Punkte zum echten Kinde des 19. Jahrhunderts. Sie liefert aber auch — wie die gleiche Erscheinung bei einem Bismarck — den Beweis, dass urwüchsig gesunde Naturkraft und krankhaft überempfindliche Reizbarkeit, diese anscheinend unvereinbaren Gegensätze, sich sehr wohl in ein und derselben Person zusammenfinden können. Bei Bruckner war die nervöse Irritabilität so gross, dass sie zusammen mit der ihm angeborenen Skrupulosität gelegentlich zu psychischen Verstimmungen führte, die auch bei ihm, wie bei so manchem anderen durch seine Grösse anormalen Geiste, vorüber-

[1]) Brunner S. 35.

gehend die Gefahr einer ernsteren Störung des seelischen Gleichgewichts heraufbeschworen. Zweimal erhob sich diese Gefahr besonders drohend: zuerst in jener kritischen Lebensperiode, die der Berufung nach Wien unmittelbar voranging (s. S. 64), und dann wieder, als er an dem Siechtum darniederlag, von dem er sich nicht mehr erheben sollte, scheint das Gespenst geistiger Erkrankung drohender als je sich erhoben zu haben. Unter andern berichtet Hugo Wolf[1]), dass der Meister in der letzten Zeit seines Lebens an religiösen Wahnerscheinungen gelitten habe. Aber auch in gesunden Tagen verrieten manche Sonderbarkeiten, wie die Manie des Zählens, die den Meister oft auf der Strasse, in öffentlichen Gärten und sonstwo überfiel — er setzte sich dann in den Kopf, etwa die Fenster eines grossen Hauses, die Statuen eines Parks oder ähnliches zu zählen: — sie verrieten, wie hart er sich in mancher Hinsicht an der Grenze geistiger Gesundheit bewegte.

Zu Anfang der neunziger Jahre machten sich bei Bruckner die Unbequemlichkeiten des Alters zuerst in merkbarer Weise geltend. Er, der bis dahin ein rüstiger und lebensfrischer Sechziger gewesen, wurde in rascher Abnahme der Kräfte ein schwacher Greis, dessen allmählicher Verfall sich fast mit den Augen verfolgen liess. Als er sich im Sommer 1890 von seiner Lehrtätigkeit am Konservatorium entbinden liess, war es neben hochgradiger Nervosität ein chronischer Katarrh des Rachens und des Kehlkopfs, woran er litt. Um die Jahreswende 1891/92 zeigten sich dann immer deutlicher die Symptome der Krankheit, die ihm — gleich Beethoven und Liszt — den Tod brachte: der Wassersucht. Die Kunst der Aerzte und die strenge Lebensweise, zu der sich Bruckner auf

[1]) Hugo Wolfs Briefe an Hugo Faisst. Stuttgart und Leipzig 1904. S. 125.

ihren dringenden Rat bequemen musste, konnten das Ende zwar verzögern; aber an eine Heilung war bei dem Alter des Patienten nicht mehr zu denken. Im Jahre 1891 hatte der Meister seine 9. Symphonie begonnen. An ihrer Vollendung hing sein ganzes Herz, und es ist wohl möglich, dass die Beziehung zu dem symphonischen Schwanengesange seines grossen Vorgängers Beethoven, das kindliche Verlangen, wenigstens in der Anzahl der Symphonien hinter seinem schwärmerisch verehrten Ideale nicht zurückzubleiben, dahin mitwirkte, dass ihn die Befürchtung, er müsse seine „Neunte" unvollendet hinterlassen, so ausserordentlich schmerzvoll peinigte. Bruckners religiöser Sinn war tief durchdrungen von jener Drohung, die Christus in dem Gleichnis von den anvertrauten Pfunden ausspricht (Matth. 25, 14—30; Luc. 19, 12—27). Auch seine „Talente" waren ihm solch ein anvertrautes Gut, das nicht ihm selbst gehörte, sondern von Gott, seinem Herrn, ihm nur in die Hand gegeben war, auf dass er mit ihm „wuchere". Er war überzeugt davon, dass er es zurückerstatten und Rechenschaft werde ablegen müssen über die Verwaltung und Mehrung dieses göttlichen Gutes; und niemals ward sein ängstliches Gewissen völlig ledig der Furcht, es möchte ihm dereinst ergehen wie dem „faulen Knechte", den der Herr hinauswerfen lässt „in die äusserste Finsternis, da wird sein Heulen und Zähneklappern". Dass es ihm aber trotz aller der Todeskrankheit abgerungenen Anstrengung nicht beschieden sein sollte, diesen seinen letzten Herzenswunsch in Erfüllung gehen zu sehen, dass die Neunte wirklich Torso bleiben musste, das mag uns anmuten wie ein Symbol, in dem sich die ganze Tragik dieses Künstlerschicksals alles sagend zusammenfasst. Kämpfen, Ringen, Streben, nimmerermattende Arbeit um den höchsten Preis des irdischen Daseins mit voller

Einsetzung höchster Kräfte und ausserordentlicher Fähigkeiten — und schliesslich doch ein Zusammenbrechen kurz vor dem Ziele, ein vorzeitiges Ermatten, noch ehe die zitternde Hand den Siegeskranz hatte fassen können: das war Bruckners Los. Aber auch hier fehlt dem Tragischen nicht das versöhnende Moment. Gerade mit dem Werke, das äusserlich ein Torso geblieben ist, hat Bruckner, wie vielleicht in keiner seiner früheren symphonischen Schöpfungen, die innere Vollendung erreicht, die absolute Harmonie zwischen Wollen und Vermögen, das Ziel restlosen Gelingens.

Am Sonntag, den 11. Oktober 1896, nachmittags ½4 Uhr, wurde Bruckner durch den Tod von seinen Leiden erlöst. Das körperliche Befinden war in der letzten Zeit zwar so sehr schwankend gewesen, dass der Meister noch für das Wintersemester 1896/97 seine Vorlesung über Harmonielehre an der Universität hatte ankündigen können. Aber diese vorübergehenden Besserungen vermochten nicht mehr als den Eintritt des Unabwendbaren zu verzögern. Nachdem der Tod eingetreten war, nahmen die Bildhauer Haberler und Sinsler (dieser ein Schüler Tilgners) die Totenmaske ab. Die Leiche wurde gemäss dem letzten Willen des Verstorbenen von Professor Paltauf konserviert. Das Leichenbegängnis, das die Stadt Wien mit höchstem Pomp auf ihre Kosten bereitete, fand am 14. Oktober, nachmittags 3 Uhr statt. Der Magistrat war durch die drei Bürgermeister (Strobach, Lueger und Neumayer), die Universität durch den Rektor, viele Professoren und Studenten, die Künstlerschaft durch ihre hervorragendsten Mitglieder, unter ihnen Johannes Brahms und der Hofoperndirektor Wilhelm Jahn, in dem Trauergefolge vertreten. Die Einsegnung der Leiche erfolgte in der Karlskirche, dem Meisterbau Fischers von Erlach, dessen monumentales Barock so gut mit Bruckners Musik harmoniert. Von hier wurden die Ueberreste des Meisters nach St. Florian überführt, wo sie, wieder mit dem grössten Pomp — dem Stiftsprälaten assistierten bei der Einsegnung sechzig Geistliche —, und unter starker Beteiligung von Behörden und Privaten des oberösterreichischen Landes und der Hauptstadt Linz in dem Gruftgewölbe der Stiftskirche beigesetzt wurden.

Die Gesichtszüge Bruckners sind vielleicht am sprechendsten und ganz gewiss am künstlerisch wertvollsten überliefert in der meisterhaften Büste Viktor Tilgners, die Albert Ilg nicht nur als die beste Arbeit des berühmten Bildhauers, sondern sogar als das bedeutendste Werk der Porträtplastik des Jahrhunderts überhaupt bezeichnet hat. Diese Büste ziert das als solches leider etwas sentimental geratene Denkmal des Tilgner-Schülers Zerritsch, das die Stadt Wien dem Meister im Wiener Stadtpark errichtete (enthüllt am 25. Oktober 1899), und ebenso auch das Steyrer Bruckner-Denkmal (gleichfalls von Zerritsch), das bereits ein Jahr früher, im Juni 1898 enthüllt wurde. Ein Reliefbild Bruckners von Josef Tautenhayn befindet sich auf der marmornen Gedenktafel im Arkadenhof der Wiener Universität, die die Inschrift trägt: „Anton Bruckner, Ehrendoktor der Wiener Universität, 1824—1896. Non confundar in aeternum. Akademischer Gesangverein. Wien." Von Tautenhayn gibt es auch eine schöne Bruckner-Medaille mit dem Bildnis des Meisters aus den letzten Lebensjahren. Gemalt wurde Bruckner u. a. von Friedrich August von Kaulbach in München und von Josef Büche in Wien[1]). Nach einer verbreiteten Erzählung hat Fritz von Uhde die Züge des Meisters für einen der Apostelköpfe seines Abendmahls (1886) verwertet. Von den zahlreichen guten Lichtbildern, die von Bruckner

[1]) Reproduktion des Bücheschen Bildes bei Gräflinger S. 70/71.

existieren, wurden die schönsten und charakteristischsten diesem Buche beigegeben.

Hatte schon der 70. Geburtstag Bruckners manche ehrenvolle Auszeichnung gebracht, so wurde — entsprechend der Tatsache, dass man einen grossen Mann immer und überall erst dann recht würdigt, wenn er selbst nichts mehr davon hat — dem Toten in reichem Masse zuteil, was den Lebenden so innig hätte erfreuen können. Von den Denkmälern, die Bruckner errichtet wurden, habe ich schon berichtet. Gedenktafeln wurden an all den Stätten angebracht, die der Künstler durch seine Person geweiht hatte: am Geburtshaus zu Ansfelden schon 1895 (also noch zu Lebzeiten des Meisters), am Wohnhaus in St. Florian 1900, in Windhag 1897, in Kronstorf 1913, am Stadtpfarrhof in Steyr 1908, in Vöcklabruck (wohin Bruckner gelegentlich zum Besuch seiner verheirateten Schwester Rosalie Huber gekommen war) 1900 u. s. f. Im November 1896 beschlossen Verehrer des Meisters die Errichtung eines grossen Glasgemäldefensters mit einer Widmung für Bruckner in der Steyrer Stadtpfarrkirche. Brucknerzimmer wurden im Stifte St. Florian und im Wiener städtischen Museum eingerichtet, und seit 1900 gibt es in der österreichischen Reichshauptstadt einen Brucknerplatz (im Bezirk Landstrasse vor dem Hauptzollamts-Bahnhof). Eine gross gedachte Brucknerstiftung begründete die Stadt Linz auf Anregung August Göllerichs im Jahre 1897. Durch diese Stiftung wird die Veranstaltung volkstümlicher Konzerte ermöglicht, die, in der Regel jedes zweite Jahr sich wiederholend, innerhalb fünfundzwanzig Jahren sämtliche grösseren Werke des Meisters bringen sollen. Das erste Konzert der Brucknerstiftung fand am Sonntag, den 20. März 1898 statt. In der gleichen Richtung dieser Stiftung, die nicht nur das Andenken des Meisters ehren, sondern auch seiner Sache nützen will, bewegt sich der Beschluss, den der Wiener Akademische Richard Wagner-Verein 1896 fasste: auf Kosten des Vereins sämtliche Symphonien des Meisters in zweihändigem Klavierauszug herauszugeben.

Wenn beim Tode Bruckners nur erst sehr wenige ein volles Bewusstsein davon hatten, welch gewaltiger Genius mit ihm dahingegangen war, so kann man heute wohl mit Recht sagen, dass unser Meister in dem Sinne durchgedrungen sei, dass er nirgends mehr ganz unbeachtet bleiben kann, dass wohl noch eine Diskussion über das Mehr oder Weniger seiner schöpferischen Bedeutung, aber kaum mehr ein ernstlicher Zweifel an dieser selbst und an dem positiven Werte seiner Werke möglich ist. Und trotzdem: von einer **erschöpfenden** Würdigung dieses wahrhaft Echten und Grossen ist man selbst jetzt, da achtzehn Jahre seit seinem Tode verflossen sind, noch sehr weit entfernt.

Stift St. Florian mit der Begräbnisstätte Bruckners.

KIRCHEN- UND CHORMUSIK

„Von einer gradlinigen, steigenden Entwicklung ist bei Bruckner noch weniger die Rede als bei Franz Schubert." Diese Behauptung Hermann Kretzschmars[1]) ist, so allgemein und uneingeschränkt ausgesprochen, sicherlich unrichtig. Sie hat aber eine gewisse Berechtigung, wenn man bloss die allgemeiner bekannten Werke des Meisters und unter ihnen wieder vorzugsweise die Symphonien ins Auge fasst, obwohl wir in der Folge sehen werden, wie bei einer genaueren Prüfung auch der Symphoniker Bruckner als ein vorwärtsschreitender sich darstellt, als einer, dessen erste symphonische Schöpfung zwar gewiss schon eine ganze Reihe der charakteristischen Züge aufweist, die auch später bei ihm immer wiederkehren, der aber keineswegs stets auf demselben Fleck stehen geblieben, sondern inhaltlich wie formell allmählich immer höher einem vielleicht niemals ganz erreichten Ideale entgegen gewachsen ist.

Als Bruckner jenes „an P. T. Herrn Vater" dedizierte Musikstück schrieb — die erste Komposition, von der wir wissen — war er ein Knabe von höchstens dreizehn Jahren, als zum erstenmal eine Symphonie von ihm aufgeführt wurde (in C-moll Nr. 1), ein Mann von vierundvierzig. Fast alles, was von Bruckner an die weitere Oeffentlichkeit gelangt ist, stammt aus der zweiten Hälfte seines Lebens. 1864, also mit vierzig Jahren, begann er die Komposition der D-moll-Messe, des frühesten seiner Werke, das zu seinen Lebzeiten in einem

[1]) Führer durch den Konzertsaal. 1. Abt. 1. Bd. 4. Aufl. Leipzig 1913. S. 770.

Konzertsaal zu Gehör kam. Von dem wenigen, das aus früherer Zeit erhalten ist, wurde nur ganz weniges durch den Druck bekannt. Unter diesen Umständen ist man wohl berechtigt zu sagen, dass ein grosser und wichtiger Teil der Entwicklung des Komponisten Bruckner in ein fast undurchdringliches Dunkel gehüllt, nicht aber, dass eine Entwicklung gar nicht vorhanden sei.

Wenn erst einmal die sämtlichen erhaltenen Kompositionen Bruckners bekannt und allgemein zugänglich gemacht sein werden, muss sich dieses Dunkel, wenigstens einigermassen, aufhellen. Ob alle Rätsel, die Bruckners künstlerische Entwicklung bietet, jemals ganz gelöst werden können, mag dahingestellt bleiben. Jedenfalls sind diese Rätsel durch das, was von unveröffentlichten Werken des Meisters bisher ans Licht gekommen ist, eher vermehrt als vermindert worden, und man kann heute schon sagen, dass Kretzschmar in e i n e m gewiss recht hat: g r a d l i n i g ist Bruckners Entwicklung auf keinen Fall gewesen. Man findet in dieser Entwicklung Rückschläge, für die es kaum eine plausible Erklärung gibt. Man kann sich ja alle möglichen Hypothesen aussinnen: aber dass ein Mann, der 1865/66 ein in der Inspiration so gewaltiges, eigenartiges und auch technisch so reifes Werk wie die C-moll-Symphonie Nr. 1 schreibt und drei Jahre später etwas zu Papier bringt, wie die (vom Komponisten annullierte, nicht gedruckte) D-moll-Symphonie, der man nicht unrecht tut, wenn man sie inhaltlich durchweg unbedeutend und in der Arbeit stellenweise recht unbeholfen nennt, das ist eine Unbegreiflichkeit, der man meiner Meinung nach weit mehr dadurch gerecht wird, dass man sie als ein vorderhand nicht zu rationalisierendes „Wunder" einfach stehen lässt, statt Erklärungen zu versuchen, die letzten

Endes doch nichts beweisen[1]). Soviel ist von vornherein klar, dass Bruckner das Gegenteil eines f r ü h r e i f e n Genies war. Er gehört zur Zahl jener auf allen Gebieten des geistigen Lebens seltenen Erscheinungen, die ihr Bestes und Höchstes, das, was ihnen die Unsterblichkeit sichert, erst dann leisten, wenn sie die Blüte des jugendlichen Mannesalters hinter sich haben. Bruckner erinnert in dieser Beziehung an Kant, der seine „Kritik der reinen Vernunft", das Werk, mit dem er Epoche in der Geschichte der Philosophie machte, als Siebenundfünfzigjähriger schrieb, oder an C. F. Meyer, der mit zweiundvierzig Jahren seinen ersten Gedichtband veröffentlichte. Es mag sein, dass Bruckners Begabung, wenn sie in der Jugend die Wohltat einer geregelten und methodischen Erziehung genossen, schon früher wertvolle Früchte gezeigt hätte, als es in Wirklichkeit der Fall war. Aber ganz gewiss lag die Hauptursache für das Langsame und Zögernde dieser seltsamen Entwicklung in der Natur seines Charakters und seiner Begabung selbst. Wie er in der einzelnen Arbeit jeweils nur sehr bedächtig vorrückte, und, zu Ende gekommen, mit immer wiederholtem Revidieren, Verbessern, Feilen und Umarbeiten sich nicht genug tun konnte, so war es wohl auch jener Zug einer fast übertrieben zu nennenden Gewissenhaftigkeit und Bedenklichkeit, was seinem raschen Vorwärtsschreiten auf der eingeschlagenen Bahn sich hemmend entgegenstellte. Diese Bedenklichkeit gab ihm oft geradezu etwas Zaghaftes: er wollte seiner Sache gewiss sein, keinen Schritt ins Ungewisse tun, und dieselbe Vorsicht, die Herbecks Bemühungen, den Künstler für Wien

---

[1]) Namentlich kann auch Bruckners Krankheit von 1868 darum nichts zur Erklärung des Rätsels der D-moll-Symphonie beitragen, weil n a c h dieser Krankheit und v o r unserer Symphonie die doch gewiss in jedem Sinne vollwertige F-moll-Messe geschrieben wurde.

zu gewinnen, so sehr erschwert hatte, liess es auch nicht zu, dass Bruckner an grössere Arbeiten herantrat, bevor er sich sagen durfte, schlechthin alle ihm erreichbare Vorbildung zu solchem Unternehmen sich angeeignet zu haben.

Endlich mögen wir uns erinnern an das, was in anderem Zusammenhange über Wesen und Werden künstlerischer Eigenart gesagt wurde: dass nämlich auch die Originalität des Künstlers, um effektiv zu werden, der Befruchtung und Anregung durch fremde Faktoren bedarf, dass sie in Wirklichkeit sich darstellt als ein Produkt aus angeborenen Eigenschaften und fremder Beeinflussung. Betrachten wir die bekannt gewordenen Kompositionen Bruckners aus der Zeit vor 1863, so finden wir, dass von einer ausgesprochenen Eigenart des Komponisten damals noch sehr wenig zu merken war. Diese erwacht vielmehr erst in dem Augenblicke, da er die Kunst Richard Wagners kennen lernt. Das war die Befruchtung, deren es bedurfte, um die keimhafte Anlage zu höchster künstlerischer Originalität, die in Bruckner lag, zum Wachsen und schliesslichen Reifen zu bringen. Was kleineren und schwächeren Geistern so oft zum Unheil gereicht, die Beeinflussung durch einen anderen, ihm wendete es sich zum Segen; und weit entfernt, dass die übermächtige Einwirkung der Wagnerschen Musik Bruckners Eigenart erstickt hätte, war diese Einwirkung vielmehr die äussere Bedingung dafür, dass der Meister alles, was von Originalität bis dahin in ihm geschlummert, nun zur schönsten und reichsten Entfaltung bringen konnte.

Den frühesten gedruckten Werken Bruckners (Fünf Tantum ergo, Nr. 1—4 für vierstimmigen gemischten Chor, Nr. 5 für fünfstimmigen gemischten Chor mit Orgelbegleitung, komponiert 1846; Ave Maria für vier Sing-

stimmen mit Orgelbegleitung, komponiert 1856) kennt
man es an, dass sie in direktem Hinblick auf die praktische Verwendung im Gottesdienst geschrieben sind. Sie
bieten vortreffliche liturgische Gebrauchsmusik, aber von
jenen charakteristischen Eigentümlichkeiten, durch die
sich die späteren grossen Kirchenmusikwerke Bruckners,
die drei Messen, das Te Deum und der 150. Psalm auszeichnen, verraten sie fast gar nichts. Immerhin verdienen einige Detailzüge als bezeichnende Vorboten künftiger Eigenart hervorgehoben zu werden. In dem ersten
Tantum ergo (Es-dur, $^2/_2$, Ziemlich langsam) fallen die
aufsteigenden Gralssexten bei dem Worte *ritui* als „Parsifal-Reminiszenz" um so mehr ins Ohr, als auch die
Tonart (As-dur) die gleiche ist wie bei Wagner (Notenbeispiel 1). Schade nur, dass Bruckners Chor dreissig Jahre
vor der Entstehung des Bayreuther Bühnenweihfestspiels
geschrieben wurde, so dass also von einer Entlehnung aus
Wagner nicht die Rede sein kann. Dagegen darf man
sich daran erinnern, dass Wagner in seinem Gralsthema
ein in der Kirchenmusik oft (nicht nur als vielberufenes
„Dresdener Amen") begegnendes Motiv verwendet, die
Phantasie beider Meister also wohl aus derselben Quelle
gespeist wurde. Eine echt Brucknersche Wendung begegnet uns gleich darauf („*supplementum*") in dem plötzlichen Uebergang von Moll nach Dur durch Eintritt der
grossen Sexte über der Dominant (Notenbeispiel 2).
Um im zweiten Tantum ergo (C-dur, $^4/_4$, Andante) bei der
Stelle „*sensuum defectui*" die melodische und harmonische
Verwandtschaft mit dem „*In te domine*" des Brucknerschen Te Deum herauszufinden, dazu gehört schon einiger guter Wille (Notenbeispiel 3). Aber im nächsten
Stücke (B-dur, $^2/_2$, Langsam) tritt uns eine Halbschlussbildung mit Vorhalt entgegen (Notenbeispiel 4), die in
gleicher oder ähnlicher Weise unzählige Male in den

späteren Werken wiederkehrt. In der Schlussnummer des Opus mag das Abbrechen auf dem verminderten Septakkord vor der Schlusskadenz (Notenbeispiel 5) an J. S. Bach gemahnen (vgl. z. B. das B-moll-Präludium aus dem ersten Teile des Wohltemperierten Klaviers). In grossartig entwickelter Weise zeigt dann denselben Effekt die riesige Finalsteigerung des Te Deum. Alle fünf Tantum ergo sind als Strophengesänge und melodisch wie harmonisch gleich schlicht behandelt.

Das zehn Jahre später entstandene Ave Maria (F-dur, 4/4, Andante) ist Ignaz Traumihler, Bruckners Nachfolger an der Orgel zu St. Florian gewidmet. Der Wortlaut der Dedikation ist für die altfränkische Kurialhöflichkeit Bruckners so bezeichnend, dass ich mir nicht versagen kann, ihn hier anzuführen. Er lautet: „Sr. Hochwürden dem wohlgeborenen hochverehrten Herrn J. T., Musik-Direktor, zum hohen Namensfeste ehrfurchtsvoll gewidmet." Der fugierte Anfang gibt eine respektable Probe von dem kontrapunktischen Können des Meisters zu einer Zeit, wo er den Unterricht Sechters noch nicht genossen hatte. Das Ganze ist weich und lieblich gehalten, kaum dass die Tonmalerei bei den Worten: *in hora mortis nostrae* etwas herbere Klänge herbeiführt (Notenbeispiel 6). Mit dem siebenstimmigen Ave Maria für A cappella-Chor, das Bruckner am 12. Mai 1861 bei Gelegenheit der Gründungsfeier der von ihm geleiteten Liedertafel „Frohsinn" als Offertorium-Einlage einer Lottischen Messe in der alten Domkirche zu Linz aufführte, hat dieses Traumihlersche Ave Maria, wie schon bemerkt (S. 61), gar nichts zu tun. Vielmehr ist der 1861 gesungene Chor identisch mit Nr. 2 der viel später bei Em. Wetzler in Wien erschienenen zwei Kirchen-Chöre.

Von Bruckners frühesten Versuchen in grösseren kirchenmusikalischen Formen sind zwei nach dem Tode des

Künstlers zwar nicht durch den Druck, wohl aber durch Aufführungen bekannt geworden: das S. 20 erwähnte Requiem in D-moll, über das August Göllerich im Programmbuch des Linzer Musikvereins-Konzertes vom 12. November 1911 (Linz 1911) gehandelt hat und aus dem ich als kennzeichnende Einzelzüge die synkopierten Violinen aus der Instrumentaleinleitung des Kyrie und die echt Brucknerschen Septsprünge des Solobasses im *Iuste iudex* des Dies irae anführen möchte. (Notenbeispiele 7 und 8), — und der 114. Psalm („Liebe erfüllt mich") für Sopran, zwei Alte, Tenor, Bass und drei Posaunen, der auch wohl noch in St. Florian, also vor 1856 entstanden sein dürfte und seine konzertmässige Uraufführung am 1. April 1906 im 5. Festkonzert der Linzer Bruckner-Stiftung unter Göllerich erlebt hat[1]).

Unmittelbar nach der ersten künstlerischen Bekanntschaft mit Wagner wagte sich Bruckner an die Komposition einer vom vollen Orchester begleiteten Messe. Er wählte für sie dieselbe Tonart wie für das Requiem: D-moll, die er auch späterhin oft als seine eigentliche Lieblingstonart bezeichnet hat. Das Werk entstand in verhältnismässig kurzer Zeit im Sommer des Jahres 1864. Die Daten für die Beendung der einzelnen Teile sind: Kyrie 4. Juli, Credo 1. September, Sanctus 6. September, Benedictus 29. September, Agnus Dei 22. September. Von den beiden Linzer Aufführungen des Werkes, zuerst im Dom, dann in einem Konzert, haben wir schon gehört. Zwölf Jahre später (August 1876) wurde die Messe einer verbessernden Umarbeitung unterzogen und in dieser Gestalt veröffentlicht. Ihr folgte nach einem Zwischenraum von vier Jahren die grosse Messe Nr. 3 in F-moll, die nach Brunners Angabe (a. a. O. S. 17) um

---

[1]) Vgl. August Göllerich, Anton Bruckners 114. Psalm in „Die Musik", 1. Oktober 1906, S. 36—45.

Weihnachten 1868, also v o r der als No. 2 bezeichneten und herausgegebenen in E-moll vollendet worden sein soll. Diese letztere wurde in unmittelbarem Anschluss an ihre Vorgängerin 1868/69 komponiert, und zwar verdankte sie ihre Entstehung einer äusseren Veranlassung. Wie bei der Grundsteinlegung des neuen Linzer Doms am 1. Mai 1862 Bruckner zur musikalischen Verherrlichung der kirchlichen Feier berufen worden war, so sollte seine Kunst nun auch den zuerst vollendeten Teil des grossangelegten Gotteshauses, die sogenannte Votivkapelle, mit ihren erhabenen Klängen weihen. Die eigentliche Konsekration der Kapelle fand am 29. September 1869, die Aufführung der Brucknerschen Messe am folgenden Tage statt.

Nach der Vollendung seiner E-moll-Messe ist Bruckner niemals mehr zu dieser grössten und ergiebigsten der kirchenmusikalischen Formen zurückgekehrt. Ja, wir sehen, wie er sich überhaupt immer entschiedener von der Pflege der *Musica sacra* abwendet, je deutlicher es ihm im Laufe der Zeit wird, dass er in der Symphonie eine Form gefunden habe, die es ihm in ganz anderer Weise erlaubte, frei von aller Gebundenheit durch Text und liturgische Vorschriften s i c h s e l b s t in seiner Musik zu geben. Wenn wir Rietschs Verzeichnis der Brucknerschen Kompositionen durchgehen, so finden wir, dass vierzehn kirchenmusikalischen Nummern aus der St. Florianer und Linzer Zeit nur sechs derselben Gattung angehörige Werke aus den letzten fünfundzwanzig Jahren des Brucknerschen Schaffens gegenüberstehen[1]), und während jene frühere Periode mit dem Requiem und den

[1]) Dabei muss man aber noch bedenken, dass die meisten der nur nach der Zeit ihrer Drucklegung in jenes Verzeichnis eingereihten Kompositionen viel früher entstanden sein dürften. Von dem siebenstimmigen Ave Maria, das bei Rietsch unmittelbar vor der 8. Symphonie steht, ist diese frühe Entstehung ja bekannt.

drei Messen mehrere umfangreiche Arbeiten religiöser Tonkunst aufweist, folgen späterhin nur noch zwei grössere Kompositionen auf geistliche Texte: das Te Deum und der 150. Psalm. Nach der E-moll-Messe kommen bei Bruckner Jahre, in denen er dem verzweifelten Ringen um die einwandfreie Bemeisterung der Symphonieform so ausschliesslich hingegeben ist, dass ihm für anderes überhaupt keine Zeit mehr bleibt. Fünf Symphonien (die annullierte in D-moll und die mit Nr. 2—5 bezeichneten) folgen sich in den Jahren 1869—1876 unmittelbar aufeinander, ohne jegliche Unterbrechung durch irgend eine sonstige Komposition. Erst im Jahre 1879 stossen wir auf ein Graduale (Nr. 3 der bei Th. Rättig in Wien erschienenen: Vier Graduale), und in den Zwischenraum, der die 1883 vollendete Siebente Symphonie von der 1885 begonnenen Achten trennt, fallen ausser dem Te Deum noch mehrere kleine Kirchenwerke. Aber aus der allerletzten Zeit stammt eigentlich nur ein einziges hierher gehöriges Werk, der in einem „Album der Wiener Meister" erschienene Chor: *Vexilla regis prodeunt.* Denn der in demselben Jahre (1892) entstandene 150. Psalm wurde ausdrücklich für den Konzertsaal, und zwar für die Tonkünstler-Versammlung des Allgemeinen Deutschen Musikvereins geschrieben, die man zur Zeit der Theater- und Musik-Ausstellung in Wien geplant, aber nicht zustande gebracht hatte.

Vergegenwärtigt man sich diese auffallende spätere Vernachlässigung eines Kunstgebietes, auf dem der Meister zuerst als Komponist sich einen Namen gemacht hatte, so wird man darin eine Bestätigung des Gedankens finden, den ich schon einmal ausgesprochen (S. 20): dass nicht sowohl ein gerade nach dieser Richtung hin sich geltend machender innerer Drang als vielmehr hauptsächlich die äussere Veranlassung des Organistenamts und die Möglichkeit, derartige Werke sofort auch zur Aufführung bringen zu können, den Meister in seiner ersten Zeit einer intensiveren Pflege der Kirchenmusik zugeführt habe. Damit soll nun gewiss nicht gesagt sein, dass Bruckner seine Kirchenmusiken ohne seelische Anteilnahme, rein handwerksmässig oder auch nur aus rein „artistischem" Interesse geschrieben habe, wie das wohl von manchen zu geschehen pflegt, die bloss durch ihren Beruf in eine ganz zufällige Berührung mit der liturgischen Tonkunst gekommen sind. Nein, er, der tief und streng kirchlich gläubige Katholik, gab sich mit seinem ganzen künstlerischen und menschlichen Selbst den Aufgaben hin, die ihm die Kirchenmusik stellte; diese Texte, deren erhabene Poesie selbst den Ungläubigen mit Bewunderung erfüllt, waren ihm mehr als dankbare Vorwürfe für die Betätigung seines Schaffensdrangs: in ihnen enthüllen sich ihm zugleich göttliche Wahrheiten, an die er mit der ganzen Inbrunst seines glühenden Herzens g l a u b t e. In einem ganz andern Sinne als wie etwa einem Berlioz, der den Requiemtext nur mit den Augen des Musikers ansah, ja anders selbst als einem Beethoven, der den dogmatischen Gehalt der Messe im Sinne einer überkonfessionellen allgemein und rein menschlichen „Humanitätsreligion" umdeutete, war es für Bruckner heiligster E r n s t, wenn er an die Komposition einer Messe herantrat. Jener mystisch-ekstatischen Ueberschwenglichkeit, die das dem Nichtkatholiken höchstens als ein bedeutsames Symbol verständliche Wunder des Messopfers zu einer weit über das bloss Psychische hinausgehenden sinnlich-realen Wirklichkeit macht, war neben Franz Liszt vielleicht keiner unter den neueren katholischen Kirchenkomponisten in so hohem Masse zugänglich wie Bruckner. Und was die heilige Cäcilia sonst von ihren Jüngern verlangt: die Töne überströmenden Jubels und Dankes im Preise des Schöpfers und seines welterlösenden Sohnes, der Ausdruck ungebrochen kraftvoller Lebens- und Daseinsfreude in der Bewunderung der Werke Gottes wie anderseits die schmerzlichen Laute tiefster Zerknirschung und Herzensangst im Bewusstsein der eigenen Schuld, der sehnsuchtsvolle Ruf nach dem Heil und Frieden der Seele und die wehvolle Klage beim Anblick der Leiden eines Gottes, — all diese Gefühlsakzente standen Brucknern in gleicher Weise zu Gebote. Ja, so sehr und in einem gewissen Sinne auch so ausschliesslich war unser Meister ein r e l i g i ö s e r Komponist, dass man sagen kann, er habe schlechthin alles, was seiner Feder entflossen, zum Lobe Gottes geschrieben. Das religiöse Empfinden, und zwar in spezifisch christlich-katholischer Färbung, durchdrang so sehr sein ganzes inneres Leben und Sein, dass sein g e s a m t e s Schaffen als ein fortgesetzter Gottesdienst sich darstellt.

Aber gerade w e i l Bruckner das: *Omnia ad maiorem Dei gloriam* über jedes seiner Werke hätte setzen können, w e i l es für ihn einen inneren Unterschied zwischen weltlicher und geistlicher Tonkunst gar nicht gab, gerade deshalb brauchte er auch kein seelisches Bedürfnis nach einer besonderen Pflege der religiösen Musik neben und ausserhalb derjenigen zu empfinden, in der er völlig frei und ohne jeden textlichen und liturgischen Zwang sich ganz so geben konnte, wie er war. Und diese Form, in der er sich wahrhaft heimisch fühlte und die es ihm erlaubte, sich auf Höhen zu erheben, die er in seinen anderen Werken nicht im entferntesten erreicht hat, war, wie gesagt, die S y m p h o n i e. Gleich Beethoven ist Bruckner in erster Linie Instrumentalkomponist. Wenn er sich mit der Vokalmusik einlässt, hat man mehr oder minder das Gefühl, dass er sich auf einem ihm fremden und ungewohnten Boden bewege, und die Beziehung auf einen in Worten ausgesprochenen, begrifflich fest umgrenzten Inhalt, die der Text dem Vokalkomponisten aufdrängt, wirkt eher hemmend und verwirrend als anregend und fördernd auf seine musikalische Phantasie. Diese Seite seiner Eigenart weist Brucknern in seiner Zeit eine ganz isolierte Stellung an, sie trennt ihn vor allem von den Meistern der musikalischen Neuromantik, mit denen er gewöhnlich zusammengestellt wird, und gibt ihm eine gewisse innere Verwandtschaft mit seinem Antipoden Johannes Brahms. So sehr ist Bruckner durchdrungen von der instinktiven Ueberzeugung, dass die Welt des unausgesprochen und unaussprechlich Namenlosen die eigentliche Domäne der Musik sei, dass er selbst vor jener äusseren Anlehnung zurückscheut, durch welche die Tonsprache sich in das Verhältnis eines durchgehenden symbolischen Parallelismus zur Wortsprache bezw. zu Dingen und Vorgängen der realen Aussenwelt versetzt[1]).

[1]) Merkwürdig ist es, dass in Bruckners Lebzeiten Kritiker, die mit seinem instrumentalen Schaffen gar nichts anzufangen wussten, seine vokalen Werke oft weit glimpflicher behandelten. So. z. B. Hanslick das Te Deum und auch sonst ein oder das andere kleinere Chorwerk. Man wird daraus nicht den Schluss ziehen wollen, dass Bruckners Vokalschöpfungen seinen Instrumentalschöpfungen an künstlerischem Wert überlegen seien. Aber auch das kann ich nicht finden, was jene Kritiker selbst bei solcher Gelegenheit immer wieder anzuführen pflegten: dass die Fesseln des Textes deshalb für Bruckner eine Wohltat gewesen seien, weil sie verhinderten, dass seine Phantasie sich ins Mass- und Formlose verlöre und damit in jene Fehler unlogischen Gestaltens verfalle, die man unserem Meister so oft vorgeworfen hat. Vielmehr muss gesagt werden, dass jene Bruckner eigentümlichen Sonderheiten der Entwicklung und Formung der musikalischen Gedanken in seinen Vokalwerken keineswegs fehlen. Aber das beweist das Verhalten solcher Kritiker, dass es für manchen Beurteiler sehr schwer wurde, Bruckner zu verstehen, und dass der als Kommentar für die Töne wirkende Text dieses Verstehen oft erleichtert hat.

Dass Bruckner — darin gleichfalls Beethoven ähnlich — die Singstimme nicht mit derselben technischen Meisterschaft behandelt wie die Instrumente, und dass er auch mit den Massen des Vokalchores gerade dann seine mächtigsten Wirkungen erzielt, wenn er sie gewissermassen orchestral verwendet, das ist nur der äussere Ausdruck und die Folge davon, dass er als durch und durch „absoluter" Musiker ausschliesslich in einer „transzendenten" Welt lebt, im weiten Reich der recht eigentlich „anonym" zu nennenden reinen Gefühle. Als die berühmte Sängerin Rosa Papier Bruckner einmal fragte, warum er denn keine L i e d e r schreibe wie „der Doktor Brahms", meinte er: „I könnt's schon, wenn i wollt', aber i will nit." Mit Max Graf, dem Ueberlieferer dieser Anekdote, bin ich der Meinung, dass der Meister sich darin sehr täuschte und tatsächlich auch mit dem besten Willen kein wertvolles Lied hätte schreiben können[1]. Was von derartigen Versuchen erhalten ist, macht einen höchst kindlichen, um nicht zu sagen: kindischen Eindruck. Es entbehrt nicht nur jeglicher höheren Originalität, sondern ist auch so unbeholfen und ungeschickt in der Mache, dass man sich erstaunt fragen muss, ob das denn wirklich derselbe Mann geschrieben habe, dem wir Symphoniesätze wie das Adagio der Siebenten oder das Scherzo der Neunten verdanken[2]. Und jedenfalls gibt es keinen schlagenderen Beweis für die künstlerische E h r l i c h k e i t Bruckners als diese erstaunliche Tatsache, dass er geradezu zum Stümper wurde, wenn

---

[1] Vgl. Max Marschalks Erläuterung zu „Amaranths Waldeslieder" in Heft 17 Jahrgang 1 der Zeitschrift „Die Musik".

[2] Ausser dem a. a. O. in der „Musik" veröffentlichten Gesange „Amaranths Waldeslieder" (Gedicht von O. v. Redwitz) ist noch eine Komposition des Geibelschen „Im April" für eine Singstimme mit Klavierbegleitung im Druck erschienen.

er auf ein seinem innersten Wesen fremdes Gebiet sich begab.

Nun ist allerdings von den Liedern bis zu den Messen noch ein sehr weiter Schritt, und wenn jene Gesänge bei einer Würdigung des Brucknerschen Gesamtschaffens nur negativ in Betracht kommen können, als frappante Belege für die Schranken seiner Begabung, so zählen diese als vollwertige und höchst gewichtige Leistungen mit, wenn es gilt, dem Meister seinen Platz in der neueren Musikgeschichte anzuweisen. Hier kam ihm eben nicht nur das zugute, dass er von Jugend auf in der Praxis der Kirchenmusik aufgewachsen und mit der Technik wie mit den Meisterwerken dieser Gattung innig vertraut war, sondern es handelte sich dabei auch um den künstlerischen Ausdruck von Empfindungen, die seinen ganzen inneren Menschen erfüllten, und dann trat hier auch der selbst für den gläubigen Katholiken doch schon einigermassen zur stereotypen Formel erstarrte Text nicht mit demselben Anspruch der musikalischen Einfühlung in eine fremde dichterische Individualität auf, wie das beim Liede und ebenso auch bei der vom Komponisten nicht selbst gedichteten Oper der Fall ist, von der trotz gelegentlicher musikdramatischer Velleitäten ein richtiger Instinkt unsern Meister stets fern gehalten hat[1]). So konnte es geschehen, dass Bruckner in seinen Kirchenmusikwerken zwar gewiss nicht s e i n

---

[1]) Ueber einen solchen „Opernplan" aus der allerletzten Lebenszeit des Meisters berichtet Dr. Wilhelm Altmann in „Die Musik" I, 22 (1901). Elisabeth Bolle (Pseudonym: H. Bolle-Hellmund) bot Brucknern im Herbst 1893 ein „Astra" betiteltes Libretto an, das nach der Novelle: „Die Toteninsel" von Richard Voss gearbeitet war. Der greise Künstler antwortete aus Steyr (am 5. September 1893), dass er nach Herstellung seiner Gesundheit und Vollendung der 9. Symphonie gern an ein dramatisches Werk gehen möchte: „Wünschte mir dann eins à la Lohengrin, romantisch-religiös-misteriös und besonders frei von allem Unreinen!"

Bedeutendstes, doch aber s o Bedeutendes gegeben hat, dass er mit Fug und Recht als einer der grössten katholischen Kirchenkomponisten des 19. Jahrhunderts angesehen werden darf. Ja, es scheint, als ob — vom rein musikalischen Standpunkt aus betrachtet — nur ein einziger es verdiente, als ihm ebenbürtiger Rivale auf diesem Gebiete ernstlich mit in Betracht gezogen zu werden: F r a n z L i s z t.

Vergleichen wir die beiden miteinander, so macht sich freilich ein tiefgehender Wesensunterschied in ihrer Stellung zur Kirchenmusik sofort bemerkbar. Bruckner verhält sich zu den Aufgaben der geistlichen Tonkunst ebenso n a i v, wie Liszts Schaffen auf diesem Gebiete ein Ergebnis starker religiöser und ästhetischer R e - f l e x i o n ist. Schon in früher Jugend, mit dreiundzwanzig Jahren, hatte Liszt in einem geistvollen Essay bedeutsame Gedanken über die Zukunft der Kirchenmusik geäussert[1]), und als er auf der Höhe seines ruhmreichen Lebens mit immer wachsender Energie der produktiven Pflege der Kirchenmusik sich zuwandte, verfolgte er mit vollem Bewusstsein den Plan einer durchgreifenden R e - f o r m dieser Kunstgattung. Während er sich dabei einerseits in gewissem Sinne mit den Bestrebungen der sogenannten „Cäcilianer" berührte, trat er zu diesen anderseits dadurch wieder in einen scharf ausgesprochenen Gegensatz, dass er ihre rein reaktionären Tendenzen ablehnte und von vornherein ausging auf eine Synthese der spezifisch modernen Tonkunst mit dem kirchlichen Geiste, wie er in den klassischen Meistern des 16. und 17. Jahrhunderts seinen mustergültigen musikalischen Ausdruck gefunden. Wenn die Wortführer des Reformkatholizismus sich fragen: wie kann ein auf dem Boden

---

[1]) „Ueber zukünftige Kirchenmusik. Ein Fragment" in Fr. Liszts gesammelten Schriften. Leipzig 1881. Bd. II, S. 55 ff.

der modernen Wissenschaft stehender Mensch kirchlichgläubig sein, ohne heucheln oder seinem intellektuellen Gewissen Zwang antun zu müssen, bezw. welche Konzessionen muss die Theorie und Praxis der Kirche dem modernen Geiste machen, damit solche Konflikte vermieden werden, so lautet in ganz analoger Weise das ästhetische Problem, das Liszt sich gestellt hatte: wie beschaffen muss eine Kirchenmusik sein, die dem heutigen Musiker erlaubt, im Dienste der Kirche zu schaffen, ohne dass er sein modernes musikalisches Denken und Empfinden hypokritisch zu verleugnen oder auch dem echt kirchlichen Geiste untreu zu werden brauchte.

Derartige bewusst reformatorische Absichten lagen Bruckner völlig fern. Die beiden grossen Messen in D und F lassen sehr deutlich erkennen, welche fremde Einwirkungen des Meisters Schaffen auf diesem Gebiete beeinflusst haben. Der gregorianische Choral und der klassische A cappella-Stil des Cinque- und Secento klingen nur gelegentlich einmal an; dagegen merkt man auf Schritt und Tritt den Kenner Bachs wie der herkömmlichen katholischen Kirchenmusik des 18. und 19. Jahrhunderts, und an das Vorbild der Beethovenschen Missa solemnis fühlt man sich schon in der D-moll-Messe und dann namentlich auch in der F-moll-Messe nicht selten gemahnt. Von eigentlichen Wagnerianismen sind die Messen viel freier als die Symphonien, aber hie und da weist doch ein Einzelzug in Harmonisation oder Orchestrierung auf den Bayreuther Meister hin. Dinge, die uns jetzt freilich weniger auffallen, als sie damals bemerkt wurden, da die Brucknerschen Messen zuerst an die Oeffentlichkeit traten zu einer Zeit, wo Wagnerscher Einfluss in der Kirchenmusik noch etwas ganz Neues und Ungewohntes war. Man kann nun gewiss nicht bestreiten, dass alle diese zum Teil einander höchst heterogenen Einschläge in Bruckners Kirchenmusik zu einer völlig organischen Einheit verschmolzen sind, und ebensowenig ermangelt sie der Eigenart hinsichtlich der Art und Weise dieser Verschmelzung, wie hinsichtlich der wahrhaft originalen Elemente, die jenen auf fremde Beeinflussung zurückgehenden Faktoren immerhin doch zum mindesten die Wage halten. Aber der Mangel jeglicher ästhetischen Reflexion, die absolute Naivität des Brucknerschen Verfahrens bringt es mit sich, dass die verschiedenartigen Bestandteile seiner Kirchenmusik, die einzelnen Ströme, die sich in seinem Schaffen vereinigen, auch nach ihrer Zusammenfassung zu einem einheitlichen Organismus noch deutlich erkennbar bleiben, ja auf den ersten Blick völlig getrennt nebeneinander herzulaufen scheinen. Daher mag es wohl rühren, dass manche mit Bruckners künstlerischer Persönlichkeit weniger vertraute Beurteiler von den Messen des Meisters — ich denke dabei immer an die in D und in F — den Eindruck barocker Stillosigkeit empfangen haben. Denn der Einheitspunkt, in dem die peripheriewärts auseinander strebenden Radien der Brucknerschen Kirchenmusik ihr Zentrum haben, liegt in der Tiefe der Persönlichkeit ihres Schöpfers. Ihr Stil ist ein durchaus und rein p e r s ö n - l i c h e r. Wer von aussen an sie herantritt, dem kann es sehr leicht geschehen, dass er nur schlechthin Unvereinbares erblickt; erst wenn er die einzelnen Strahlen jeweils bis an ihr Ende verfolgt und gemerkt hat, dass sie alle nach demselben Mittelpunkte konvergieren, enthüllt sich ihm die Einheit, die scheinbar Inkompatibles verbindet. Auch die Kirchenmusik Bruckners ist ein ehrliches und getreues Abbild seiner Persönlichkeit. Und wie es einigermassen schwer fällt, in dem Gewirr gegensätzlicher Charaktereigenschaften dieser, äusserlich angesehen, so widerspruchsreichen Persönlichkeit den roten Faden der inneren Einheit zu entdecken, so haben alle die, denen nicht individuelle Sympathie das intime Verstehen erleichtert, beträchtliche Mühe, die Einheit und (subjektive) Notwendigkeit des Brucknerschen Kirchenmusikstils zu begreifen.

Noch weniger bekannt als die D-moll-Messe ist die E-moll-Messe (für achtstimmigen Chor und Blasorchester). In mehr als einer Hinsicht ist sie unter Bruckners Kompositionen des Messetextes die eigenartigste, in liturgischer Hinsicht ganz gewiss die wertvollste. Man kann sich nicht wohl denken, dass ein Werk wie die F-moll-Messe für die Entwicklung der Gattung, der sie angehört, irgendeine nennenswerte Bedeutung habe. Derartige Schöpfungen sind exzeptionelle Einzelfälle, die in einem gewissen Sinne als „aussergeschichtlich" bezeichnet werden können, insofern sie nämlich keine Zukunft haben und sozusagen auf einem toten Gleise der historischen Entwicklungsbahn liegen. Dass ein Mann von der geistigen und künstlerischen Veranlagung Bruckners unter Einwirkung des eigenartigen Bildungs- und Berufsganges, den er eingeschlagen, wie der musikalischen Einflüsse, die er erfahren, sich als Komponist grosser von vollem Orchester begleiteter Messen gerade so betätigen musste, wie er es mit den Messen in D und F getan hat, war eine Notwendigkeit. Aber es erscheint undenkbar, dass ihm ein anderer auf diesem Wege nachfolgen könne oder auch nur wolle. Bruckners beide Orchestermessen entbehren durchaus der prinzipiellen und vorbildlichen Bedeutung. Sie sind wertvoll als höchst persönliche Kunstwerke, als künstlerische Offenbarungen einer bedeutenden Individualität, die sich hier — zumal in der F-moll-Messe — kaum minder schön und herzgewinnend darstellt als in den Symphonien. Sie sind zu schätzen, zu bewundern und zu lieben wegen der Fülle genialer Musik, die sie enthalten. Aber sie sind als Messen keine Muster.

Es steht mit ihnen gerade umgekehrt wie mit den besten kirchenmusikalischen Arbeiten Franz Liszts. Bei diesem mag man oft das eigentlich Schöpferische, das spezifisch musikalische Schwergewicht vermissen. Aber niemals wird man eines dieser Werke hören oder genauer studieren, ohne die fruchtbarsten stilistischen Anregungen zu empfangen. Es ist wohl möglich, dass kein Kirchenmusikwerk Liszts als eine Schöpfung von dauerndem Wert sich erweisen wird, dass sie alle einmal in Vergessenheit sinken werden. Aber notwendigerweise müssen von diesen Werken, deren Schöpfer so genau wusste, was er wollte, Einwirkungen ausgehen, die sie mittelbar in den Werken späterer Meister auch dann noch fortleben lassen, wenn sie selbst nie mehr zum Erklingen kommen. Bruckners F-moll-Messe wird, im Konzertsaal gehört, ganz zweifellos in alle Zukunft hinein entzücken und das auch noch in einer Zeit, deren musikalische Produktion nichts davon erkennen lassen wird, dass diese Messe überhaupt einmal geschrieben wurde.

Ganz anders verhält es sich mit Bruckners E-moll-Messe, von der der Benediktinerabt Alban Schachleiter vom Kloster Emaus in Prag sagt, dass ihn selten eine musikalische Produktion während des Gottesdienstes so tief erschüttert habe wie ihre Aufführung bei einem Pontifikalamte in St. Stephan zu Wien[1]). Hier hat die äussere Veranlassung, dass Bruckner bei diesem für die Einweihung der Muttergotteskapelle des neuen Linzer Doms geschriebenen Werke aus Gründen der Oertlichkeit auf das volle Orchester verzichten musste, schon im Klang der Instrumentalbegleitung, wie Abt Schach-

---

[1]) A. Schachleiter, Unsere kirchenmusikalischen Ideale in Musica divina I 1. (Wien, Mai 1913), S. 3 ff.

leiter in dem zitierten Aufsatz mit Recht hervorhebt, ein ganz wundervolles Ergebnis gezeitigt. Der Chorsatz geht darauf aus, mit Mitteln, die nirgends in d e m Sinne modern sind, dass sie der Natur der Singstimmen widerstreben, ganz neue, namentlich auch in der weitgehenden Chromatik ausgesprochen moderne Wirkungen zu erzielen. Da hat Bruckner zuerst Fäden geknüpft, die dann erst Hugo Wolf in seinen geistlichen Chören wieder aufgenommen hat. Auf der unvergleichlichen Zartheit des Empfindungsausdrucks beruht die mit nichts zu vergleichende Wirkung des Werkes an seinen Höhepunkten, wie in dem herrlichen Benedictus, auf der unerhörten Kühnheit seiner Harmonik und Stimmführung die exorbitante Schwierigkeit einer guten Wiedergabe dieser Messe, die jene beiden Vorzüge in sich vereinigt, zugleich für sich selbst eine musikalisch bedeutende Schöpfung und zugleich Muster und Vorbild einer idealen Kirchenmusik zu sein.

Von den drei Messen Bruckners zeichnet sich die in E-moll durch den reinsten Kirchenstil aus, wenn man im objektiven Sinne unter kirchlichem Stil die Summe dessen versteht, was die Kirche von einer ihren liturgischen Zwecken d i e n e n d e n Musik verlangen muss. Deshalb wird man sich bei ihr auch am meisten daran gemahnt fühlen, dass Messen eigentlich in die Kirche und nicht in den Konzertsaal gehören, obwohl in Wien, Tübingen und Leipzig wohlgeglückte Versuche mit Konzertaufführungen dieses Werkes gemacht worden sind. Umgekehrt verhält es sich mit den beiden Messen in D und in F. Wer Sinn und Empfindung hat für das, was ins Gotteshaus passt und was nicht, der wird diese, vom rein künstlerischen Gesichtspunkt aus betrachtet, gewiss gewaltigen Schöpfungen nur bei ganz besonders feierlichen Veranlassungen in der Kirche am richtigen Platze finden, abgesehen davon, dass ihre würdige Aufführung überhaupt nur da möglich erscheint, wo so ausgezeichnete und reiche instrumentale und vokale Kräfte dem Kirchenchor zur Verfügung stehen, wie dies nur an wenigen Orten der Welt der Fall sein dürfte. Deshalb kann ich mir auch denken, dass solche, die bei Beurteilung eines Kirchenmusikwerks in erster Linie das kirchliche und gottesdienstliche Interesse im Auge haben, an Bruckners beiden grossen Orchestermessen ebensowenig reine Freude haben dürften, wie etwa an Beethovens Missa sollemnis, und der Ort, wo sie ihre volle Wirkung entfalten können, wird in der Regel nur der Konzertsaal sein. Denn hier kommt ihnen gerade das zugute, was in der Kirche mehr oder minder störend empfunden wird: dass Bruckner nämlich in seinen Messen viel zu viel und viel zu bedeutende reine, selbständige und auf eigenen Füssen stehende Musik gibt, um nicht an dem Orte und bei der Gelegenheit Anstoss zu erregen, wo die Tonkunst dem Wesen der Sache nach nicht reine, sondern „angewandte", nicht herrschende, sondern dienende Kunst zu sein hat. Uebrigens verdient es eine Erwähnung, dass der Meister selbst bei der Abfassung seiner D-moll-Messe ganz gewiss nicht, wohl aber bei der fünf Jahre später entstandenen in F-moll an die Möglichkeit einer Konzertaufführung gedacht, bezw. auf eine solche Rücksicht genommen hat. Ich schliesse das daraus, dass Gloria und Credo im ersten Werke der strengen kirchlichen Vorschrift entsprechend mit den Worten „*Et in terra pax*" bezw. „*Patrem omnipotentem*" beginnen — was natürlich im Konzertsaal ohne die vorhergehende Intonation des „*Gloria in excelsis Deo*" und „*Credo in unum Deum*" ganz sinnlos wirkt — während in der dritten Messe die Anfangsworte dieser beiden Teile mitkomponiert sind. (Die E-moll-Messe ist auch in diesem Punkte streng kirchlich.)

Wohl zu den geistlichen, nicht aber zu den kirchlichen Werken Bruckners sind zu rechnen das 1883/84 entstandene T e D e u m (für Soli, Chor und Orchester, Orgel ad libitum, C-dur) und der 1892 komponierte 150. P s a l m (für Chor, Soli und Orchester, C-dur). Unter allen Chorkompositionen des Meisters hat das grandiose Te Deum am frühesten weitere Verbreitung gefunden, und auch heute noch kommen die wenigen Aufführungen der Messen und des Psalms denen des Te Deum gegenüber kaum in Betracht. Nach der 7. Symphonie war es vorzugsweise dieses Werk, das dem Namen seines Schöpfers noch zu Lebzeiten eine späte Berühmtheit erwarb, wie es ihn auch zuerst jenseits des Ozeans (Cincinnati 1892) bekannt machte. Man kann diese Vorliebe für das Te Deum begreifen. Ist es doch dasjenige Brucknersche Chorwerk, das die machtvolle künstlerische Persönlichkeit des Meisters in einer den besten seiner Symphonien nahezu gleichwertigen Weise, zugleich rein und gewaltig ausprägt. Und gerade, was man an diesem Werk getadelt hat: einerseits, dass die derbe Lust an ungebrochen kraftvoller Stärke im Ausdruck des Jubels zuweilen bis an die Grenze des Ungeschlachten und Rohen gehe (ein „Bauern-Te Deum" ist's ja genannt worden), anderseits, dass die Akzente des Bangens, Verzagens und Zweifelns auf die Gefahr einer bedenklichen Alterierung der freudigen Grundstimmung des Ganzen sich ungebührlich in den Vordergrund drängten — gerade diese angeblichen Mängel sind ja für Bruckner so eminent charakteristisch, dass ein Kenner des Werkes und seines Schöpfers sie um alles in der Welt nicht missen möchte. Als w i r k - l i c h e Mängel können sie aber schon deshalb nicht wohl gelten, weil sie, genau besehen, in der Totalwirkung sich gegenseitig aufheben. So hoch man das Te Deum schätzen mag — und es kann nicht leicht überschätzt werden —, immerhin bleibt es zu bedauern, dass über ihm die Messen und der Psalm so arg vernachlässigt worden sind, ein gewiss unverdientes Schicksal, das sich zweifellos in absehbarer Zeit zum bessern wenden wird, wenn man nur erst einmal allgemein darauf aufmerksam geworden ist, welche verborgenen Schätze hier noch zu heben sind.

Sehr verschieden von den umfangreicheren Kirchenmusikwerken Bruckners sind die kleineren dieser Gattung angehörenden Kompositionen, aus deren nicht eben sehr grosser Zahl zu den bereits genannten noch das Tantum ergo für Sopran, Alt, Tenor und Bass (ursprünglich: *Pange lingua et Tantum ergo*, II. auth. — phrygisch — $^2/_2$, komponiert 1868), die zwei Kirchenchöre Nr. 1. Antiphon: *Tota pulchra es* für gemischten Chor und Orgel, II. auth. — phrygisch — $^4/_4$; Nr. 2. *Ave Maria* für Sopran, zwei Alte, zwei Tenöre und zwei Bässe, F-dur, $^4/_4$, Andante) und die Vier Graduale für Sopran, Alt, Tenor und Bass (1. Heft, P. Otto Loidol, Benediktiner in Kremsmünster, gewidmet. a) *Christus factus est*, D-moll, $^4/_4$. b) *Locus iste*, C-dur, $^4/_4$, 2. Heft, Musikdirektor Ignaz Traumihler in St. Florian gewidmet. a) *Os iusti meditabitur*, III. auth. — lydisch — $^2/_2$, komponiert 1879. b) *Virga Jesse floruit*, G-dur, $^2/_2$, komponiert 1885), das 1885 zum Linzer Diöcesanjubiläum komponierte und aus dem Nachlass in der Universal-Edition veröffentlichte „Ecce sacerdos magnus" für achtstimmigen Chor, drei Posaunen und Orgel (vgl. Gräflinger S. 119) und ein gleichfalls posthum als Beilage zur „Neuen Musikzeitung" (XXIII. Jahrg. Nr. 13) erschienenes Ave Maria für Alt mit Orgel- oder Harmoniumbegleitung (Fräulein Luise Hochleitner gewidmet, F-dur, $^2/_2$, komponiert 1882) nachzutragen sind[1]). Von diesen Stücken gilt zum grössten Teil dasselbe, was über die frühesten bekannt gewordenen Kirchenmusikwerke, die fünf Tantum ergo und das vierstimmige Ave Maria gesagt wurde. Sie sind rein für gottesdienstliche Zwecke geschrieben und gehören unter die Kategorie der liturgischen Gebrauchsmusik. Meist streng kirchlich gehalten, benützen sie gelegentlich gregorianische Melodien und verwenden statt der modernen Tonalität bisweilen eine der alten Kirchentonarten. Die persönliche Eigenart des Meisters tritt in ihnen beträchtlich weniger hervor als in den Messen, dem Te Deum und dem Psalm. Wie aber die E-moll-Messe, die in einem gewissen Sinne den Uebergang von den grösseren zu den kleineren Kirchenmusikwerken Bruckners bildet, deswegen, weil sie weniger individuell Brucknerisch ist als ihre beiden Schwestern, an objektivem Wert keineswegs hinter ihnen zurücksteht, so befinden sich auch unter diesen Parergis ganz herrliche Sachen, wahre Perlen der Musica sacra. Dabei verdient es hervorgehoben zu werden, dass hier ausnahmsweise Bruckner sich auch wohl etwas mit Franz Liszt berührt, so in der Behandlung des Chorals und der Kirchentonarten. Ich erinnere nur an die ergreifende Marien-Antiphon: *Tota pulchra es*, als deren Komponisten gewiss ein jeder den Weimarer Meister vermuten würde, wenn er nicht wüsste, wer sie geschrieben hat.

Neben den kirchlichen nehmen Bruckners weltliche Chorwerke eine verhältnismässig bescheidene Stellung ein. Der Umstand, dass der Meister während seiner Linzer Zeit einen Männergesangverein geleitet und dann in Wien wieder zu einem derartigen Vereine, dem Akademischen Gesangverein, enge Beziehungen unterhalten

[1]) Verschiedenes ist noch unveröffentlicht.

hatte, mag es bewirkt haben, dass er sich namentlich zu der Männerchorkomposition hingezogen fühlte. Unter den dreizehn veröffentlichten weltlichen Chorwerken befindet sich kein einziges für gemischte Stimmen. Fünf von ihnen haben die Begleitung teils des grossen Orchesters, teils der Harmonie- oder Blechmusik und einzelner Orchesterinstrumente, drei werden vom Klavier, eines von der Orgel begleitet, die übrigen sind A cappella-Chöre. Bei der Textwahl seiner Männerchöre hat Bruckner eine auffallende Vorliebe für den Dichter August Silberstein gezeigt, den wir nicht weniger als dreimal vertreten finden. Den imposantesten Eindruck unter des Meisters Männerchorkompositionen macht „Helgoland" (Männerchor mit Orchester, Dichtung von A. Silberstein), ein echter Bruckner, kräftig und kühn, aber auch ziemlich schwierig, worin wohl die Ursache dafür zu suchen ist, dass das Werk in weiteren Kreisen kaum bekannt wurde. Der Meister schrieb es zum fünfzigjährigen Jubiläum des Wiener Männergesangvereins, und bei dieser Gelegenheit hat es auch am 8. Oktober 1893 in der Winterreitschule der k. k. Hofburg seine Uraufführung erlebt. Ihm nahe an äusserer Wirkung kommt der bei dem ersten oberösterreichischen Sängerbundesfeste im Jahre 1865 preisgekrönte „Germanenzug" (Dichtung von A. Silberstein; s. S. 63), der auch in Deutschland Verbreitung gefunden hat. Der dritte dieser orchesterbegleiteten Chöre: „Das hohe Lied" (Dichtung von Heinrich v. d. Mattig) war vom Komponisten für den Wiener Akademischen Gesangverein, und zwar für zwei Tenor- und ein Baritonsolo mit Begleitung eines zu Anfang vierstimmigen, späterhin achtstimmigen (doppelten) Männerchors von Brummstimmen komponiert worden. (Das Manuskript trägt das Datum 31. Dezember 1876.) Da sich die Ausführung in dieser Gestalt als von einer die Kräfte selbst des bestgeschulten Chores übersteigenden Schwierigkeit erwies, entschloss sich Bruckner auf Anraten Richard Heubergers, des damaligen Chormeisters des Akademischen Gesangvereins, zu einer Umarbeitung mit Orchester, in welcher der Brummchor durch Violen, Violoncelle und Kontrabässe verstärkt und gestützt oder — die Partitur ist verloren gegangen — ganz ersetzt werden sollte. Den letzteren Weg hat Hans Wagner, der derzeitige Dirigent des Vereins, eingeschlagen, als er die Bearbeitung aus den erhaltenen Orchesterstimmen rekonstruiert und revidiert herausgab. Der Herausgeber rühmt von diesem Stücke nicht zu viel, wenn er es „reich an eigenartigen Schönheiten" und „eine Perle der Männergesang-Literatur" nennt.

Noch in zwei anderen seiner Männerchöre hat Bruckner die Brummstimmen ausgiebig verwendet, in „Um Mitternacht" (Gedicht von A. Prutz; enthalten als Nr. 2 in der vom Strassburger Männergesangverein zugunsten seines Baufonds veranstalteten Chorsammlung „Strassburger Sängerhaus", jetzt bei der Universal-Edition in doppelter Fassung erschienen — einer früheren mit Altsolo und Klavierbegleitung, und der zuerst im „Strassburger Sängerhaus" veröffentlichten, mit Tenorsolo a cappella), und in „Träumen und Wachen" („Schatten sind des Lebens Güter" aus Grillparzers „Der Traum ein Leben"), einem Männerchor mit Tenorsolo, der zur Grillparzer-Feier der Wiener Universität komponiert und damals (15. Januar 1891)[1]) durch den Akademischen Gesangverein zum ersten Male gesungen wurde. Diese Bevorzugung eines sonst nicht gerade unter die vorneh-

[1]) Die hundertste Wiederkehr des Geburtstages Grillparzers wurde in Wien feierlich begangen, u. a. auch durch die Enthüllung des Denkmals im Volksgarten. Bruckners Chor ist dem damaligen Rektor der Universität Wilhelm R. von Hartel, dem Philologen und späteren Kultusminister, gewidmet.

meren Kunstmittel gezählten Effekts ist deshalb für
Bruckner charakteristisch, weil sie in gewissem Sinne
bestätigt, was ich über des Meisters Verhältnis zur Vokalmusik gesagt habe: dass er sich, wenn Wort und
Menschenstimme in Betracht kam, niemals so ganz heimisch fühlte wie im Orchester. Denn man mag über die
Anwendung von Brummstimmen denken, wie man will,
jedenfalls ist diese Vortragsweise durchaus instrumentaler Natur, sie macht die Menschenstimme zu einem Tonwerkzeuge, das nur noch musikalische Klänge, aber keine
artikulierten Laute mehr von sich gibt.

Es sind ausserdem zu erwähnen die beiden dem niederösterreichischen Sängerbunde gewidmeten „Zwei
Männerchöre" (Nr. 1 „O könnt' ich dich beglücken!" mit
Tenor- und Baritonsolo, Gedicht von A. Silberstein;
Nr. 2 „Der Abendhimmel", Gedicht von Zedlitz), der
Männerchor mit Tenorsolo und Klavierbegleitung: „Mitternacht" (Gedicht von J. Mendelssohn), und die von
Victor Keldorfer aus dem Nachlass herausgegebenen
Stücke (alles Männerchöre): „Herbstlied" mit zwei
Frauensolostimmen und Klavierbegleitung (Gedicht von
Sallet), „Trösterin Musik" mit Orgelbegleitung (Gedicht
von Seuffert), „Abendzauber" mit Tenorbaritonsolo, vier
Hörnern und drei Fernstimmen (Gedicht von H. v. d.
Mattig), „Sängerbund", a cappella (Gedicht von K.
Kerschbaum), und „Deutsches Lied" mit Blechbläsern
(Gedicht von E. Fels). Auch ein Klavierstück von Bruckner ist bekannt geworden: „Erinnerung" für Pianoforte
zweihändig, das August Stradal aus dem in seinem Besitze befindlichen Manuskripte nach dem Tode des Meisters herausgegeben hat. Von dieser Komposition gilt
fast dasselbe, was über die spärlichen Lyrika Bruckners
zu sagen war. Es ist nach Erfindung wie Ausführung
sehr wenig bedeutend, wobei allerdings zu bedenken

bleibt, dass es aus ganz früher Zeit stammt (etwa zwischen 1853 und 1855). Einzig die für Bruckner so bezeichnenden Dreiklangfolgen gegen Schluss des Stückes (S. 6 f.), auf die auch der Herausgeber aufmerksam gemacht hat, verdienen Beachtung. Ganz harmlos sind die drei kleinen vierhändigen Klavierstückchen, die Bruckner 1853—1855 für die Kinder des St. Florianer Bezirksrichters Josef Marböck geschrieben und A. v. Newald-Grasse in der Neuen Zeitschrift für Musik vom 15. Februar 1908 veröffentlicht hat. Die einzige mir im Druck bekannt gewordene O r g e l komposition des Meisters ist die dem Gräflingerschen Buche beigegebene (nicht eben sehr bedeutende) F u g e i n D - m o l l, die Bruckner zur Primiz des Priesters Ferdinand Kerschbaum, späteren Pfarrers zu Grünburg bei Steyr, im Jahre 1862 geschrieben hat[1]).

[1]) Mit welchem Recht das sonst zuverlässige „Verzeichnis sämtlicher im Druck erschienenen Werke Anton Bruckners" (Wien, Ludwig Doblinger) und nach ihm auch noch Gräflinger (a. a. O. S. 150) den im Jahre 1892 komponierten und im „Album der Wiener Meister" veröffentlichten Chor „Vexilla regis prodeunt" unter die w e l t l i c h e n Chorwerke des Meisters zählt, erscheint unverständlich. Das „Vexilla regis" ist ein alter, dem Venantius Fortunatus (530—609), von andern dem Bischof Theodulphus von Orleans (zur Zeit Ludwigs des Frommen) zugeschriebener, kirchlicher Hymnus, der bei den Hauptzeremonien der stillen Woche, namentlich des Karfreitags, eine Rolle spielt (s. Officium Majoris Hebdomadae).

Faksimile der ersten Seite aus der (auf der Wiener Hofbibliothek befindlichen) Originalpartitur der neunten Symphonie Bruckners.

DIE BRUCKNERSCHE SYMPHONIE

Das eigentliche Lebenswerk Brucknérs liegt in seinen neun Symphonien. Schon heute kann man sagen, dass er im Andenken der Nachwelt vorzugsweise als Symphoniker fortleben wird, und zwar als der inhaltlich bedeutendste, wenn auch nicht formell vollendetste Vertreter der nicht programmatischen Symphonie nach Beethoven. Mit dieser Behauptung soll keineswegs der künstlerische Wert der anderweitigen Werke des Meisters irgendwie geschmälert werden. Wir haben anerkannt, dass seine Leistungen auf dem Gebiete der Kirchenmusik ihm einen Ehrenplatz unmittelbar hinter Liszt, dem gewichtigsten neueren Repräsentanten der katholischen Musica sacra, sichern. Aber wenn man innerhalb des Brucknerschen Schaffens selbst die Symphonien gegen alles übrige abwägt, so erhalten jene quantitativ wie qualitativ so sehr das Uebergewicht, dass man zu der Ueberzeugung gelangen muss: Bruckner sei wie kein anderer Komponist in erster Linie Symphoniker gewesen. Er selbst hat ausgesprochenermassen seinen symphonischen Arbeiten die weitaus überwiegende Bedeutung beigelegt, die übrigen Werke immer mehr oder minder als Parerga angesehen und keine andere Form mit so ausdauernder Liebe und Energie gepflegt wie diese. Wir haben gesehen, dass sein Schaffen, nachdem er erst einmal einen Versuch mit der Symphonie gemacht hatte, mit einer gewissen Ausschliesslichkeit sich dieser Gattung zuwendet, und es ist gewiss bemerkenswert, dass er, der zeitlebens nie zu den Vielschreibern gehört[1]) und überdies erst mit achtund-

[1]) Der Köchelsche Katalog der Kompositionen des mit 35 Jahren gestorbenen Mozart umfasst über 600 Nummern. Von Beethoven, der

dreissig Jahren an die Symphonieform sich herangewagt hat, die unter den namhafteren Nach-Beethovenschen Symphonikern nur von Gustav Mahler erreichte Neunzahl sogar überschritt — wenn wir nämlich die beiden unbekannt gebliebenen Symphonien in F-moll (vor der ersten)[1]) und in D-moll (zwischen der ersten und zweiten) mitrechnen.

Verschaffen wir uns zunächst einmal einen chronologischen Ueberblick über Bruckners symphonisches Schaffen. Sein Erstling auf diesem Gebiete war, wie wir sahen, jene Symphonie in F-moll, die er als Kitzlers Schüler schrieb (1863). Es folgte Nr. 1 in C-moll 1865/66, aus deren Entstehungsgeschichte von Interesse ist, dass Bruckner das Scherzo (am 25. Mai 1865) vollendete, als er bei Gelegenheit der Uraufführung von Wagners „Tristan" in München weilte. In den Jahren 1890/91 hat der Meister dieses Werk einer Umarbeitung unterzogen und der Wiener Universität als Dank für seine Ernennung zum philosophischen Ehrendoktor gewidmet. Die Dedikation lautete: *Universitati Vindobonensi primam suam symphoniam d. d. venerabundus Antonius Bruckner, doctor honorarius.* In die erste Wiener Zeit (Februar bis September 1869) fällt die Komposition der unveröffentlicht gebliebenen D-moll-Symphonie, die Bruckner ausdrücklich als annulliert erklärt hat. 1871/72 — also unmittelbar nach der englischen Reise — entsteht Nr. 2, gleichfalls in C-moll, bei der die aus unbekannten Gründen unterbliebene Widmung an Franz Liszt geplant war. Diese nebst der 1873 geschaffenen Symphonie in D-moll (Nr. 3)

ein Alter von 57 Jahren erreichte, kennen wir an 300 Werke. Als Bruckner 72 jährig starb, hinterliess er alles in allem gerade ein halbes Hundert.

[1]) Von dieser F-moll-Symphonie ist der zweite Satz, ein Andante molto sostenuto in Es-dur, in der Universal-Edition erschienen.

legte Bruckner Richard Wagner zur Beurteilung vor. Der gab dem späteren Werke entschieden den Vorzug und so wurde die Dritte „Meister Richard Wagner in tiefster Ehrfurcht gewidmet". Zweimal ist diese D-moll-Symphonie dann noch umgearbeitet worden: 1876/77 (Aeltere Partiturausgabe in 4°) und 1888/89 (Neue Ausgabe in 8°). Auch die 4. (romantische) Symphonie in Es-dur erhielt bei der ersten Abfassung (1874) nicht ihre definitive Gestalt. Sie wurde im Jahre 1878 umgestaltet und das Finale überdies 1879/80 noch einmal neu bearbeitet. „Sr. Durchlaucht dem Prinzen Constantin Fürsten zu Hohenlohe-Schillingsfürst" — dem Obersthofmarschall des österreichischen Kaisers und Gemahl der kunstsinnigen Tochter von Liszts treuer Freundin, der Fürstin Caroline Wittgenstein — wurde das fertige Werk „in tiefster Ehrerbietung gewidmet". Die 5. Symphonie in B-dur entstand 1875—1878. Die Widmung an Karl von Stremayr, der als Unterrichtsminister (1870—1879) Bruckners Ernennung zum Universitätslektor bestätigt hatte, ist auf der nach dem Tode des Komponisten gedruckten Partitur weggeblieben. Die sechste in A-dur wird 1879—1881 geschrieben. Sie trägt keine Widmung; doch soll Bruckner nach einer mündlichen Mitteilung eine Zueignung an R. v. Oelzelt, seinen Hausherrn, beabsichtigt haben. Die siebente in E-dur („Seiner Majestät dem Könige Ludwig II. von Bayern in tiefster Ehrfurcht gewidmet") schliesst sich zeitlich (September 1881 bis September 1883) unmittelbar an die sechste an, wogegen die dem Kaiser von Oesterreich gewidmete achte erst nach einem Zwischenraum von zwei Jahren 1885 begonnen und 1890 vollendet wird. Die neunte und letzte endlich, wieder in D-moll — nach einer mündlichen Tradition „dem lieben Gott gewidmet", was aber, wenn überhaupt ernst, doch wohl nur im Sinne des „*ad maiorem Dei gloriam*" gemeint war — sie sollte Fragment bleiben. Der erste Satz wird im Frühjahr 1891 begonnen, aber erst Ende 1893 abgeschlossen. Man sieht, wie Krankheit und das herannahende Greisenalter sich fühlbar machen. Zur Komposition des Scherzos braucht der Meister ein volles Jahr (Februar 1893 bis Februar 1894), und am 30. November 1894 beendet er das Adagio. Mit dem Finale ist er über Entwürfe und Skizzen nicht hinausgekommen, und auch die Ueberleitung zum Te Deum, das Bruckner schliesslich seinem symphonischen Schwanengesang als Schlusssatz angehängt wissen wollte, als er fühlte, dass seine Kräfte zur Vollendung des instrumentalen Finales nicht mehr ausreichen würden, kam nicht zustande.

Ich habe schon gesagt, dass die Behauptung Hermann Kretzschmars[1]: von einer gradlinigen, steigenden Ent-

---

[1] Es ist für den Freund der Brucknerschen Kunst ungemein erfreulich, den unserm Meister gewidmeten Abschnitt in der vierten Auflage des Kretzschmarschen Konzertführers mit dem der dritten Auflage zu vergleichen. In doppelter Hinsicht: einmal weil es für sich selbst etwas bedeutet, wenn ein Mann vom Range Kretzschmars nun Brucknern — vielleicht noch nicht ganz gerecht wird, aber doch eine solche Bedeutung zuerkennt, dass er das schöne Wort prägen kann: „Was Brahms für die Arbeit in der Symphonie, das gilt Bruckner für die symphonischen Gedanken" (Führer, 4. Aufl. S. 770). Dann ist diese Wandlung und wachsende Würdigung aber auch ein warm zu begrüssendes Symptom für die Fortschritte, die der Siegeslauf der Brucknerschen überhaupt in den letzten Jahren gemacht hat. Und wie die allgemeine Würdigung des Brucknerschen Schaffens eine ganz andere geworden ist, so bieten auch die Analysen der einzelnen Symphonien, von denen keine ganz unberücksichtigt bleibt, jetzt ungleich mehr, als in der früheren Auflage. Zwar ist eine oder die andere, die es ganz gewiss nicht verdient, noch etwas stiefmütterlich behandelt, so z. B. die erste, die achte und auch die siebente. Auch sind manche schwer begreiflichen Behauptungen noch nicht verschwunden oder nur unwesentlich modifiziert worden. Aber was der Brucknerfreund noch auszustellen und zu wünschen haben möge, es tritt weit zurück hinter dem Gefühl der Genugtuung über das, was im neuen Kretzschmar wirklich besser geworden ist.

wicklung könne bei Bruckner noch weniger die Rede sein als bei Franz Schubert — zwar eines Grans von Wahrheit nicht entbehre, aber in der Unbedingtheit, wie sie ausgesprochen wurde, sich kaum aufrecht erhalten lasse. Vergleicht man die erste Symphonie in C-moll mit der neunten in D-moll, so ergibt sich ein ganz gewaltiger Abstand, und ich wüsste nicht, wie man diesen Abstand anders denn als Resultat einer aufsteigenden Entwicklung erklären sollte. Und auch die zwischen diesen beiden äussersten Endpunkten verlaufende Reihe lässt die Folgerichtigkeit eines allmählichen Wachsens und Emporstrebens zu immer höheren Zielen trotz manchen Rückschlägen und Abweichungen von der graden Linie gewiss nicht verkennen. Drei getrennte Gruppen scheiden sich innerhalb des symphonischen Gesamtwerkes unseres Meisters deutlich von einander ab. Die erste Symphonie steht ganz isoliert als einziger Repräsentant ihres Typus da, in die folgende Gruppe gehören Nr. 3, 4 und 5, in die dritte Nr. 7, 8 und 9. Zwischen der ersten und zweiten Gruppe steht die 2. Symphonie in ganz ähnlicher Weise wie die 6. zwischen der zweiten und dritten Gruppe. Beide sind innerhalb des Brucknerschen Schaffens homologe Erscheinungen, auch darin miteinander verwandt, dass sie oft selbst von begeisterten Bruckner-Schwärmern ihren Schwestern gegenüber als minderwertig angesehen werden, was für die 2. nur in einem gewissen Sinne, für die 6. ganz und gar nicht richtig ist. Unwillkürlich fühlt man sich an Beethovens 4. und 8. Symphonie erinnert, die gleichfalls das Schicksal getroffen hat, von der strahlenden Nachbarschaft der Eroica und der C-moll einerseits, der A-dur und der Neunten anderseits lange Zeit so sehr verdunkelt zu werden, dass die Nachwirkung dieser Unterschätzung wenigstens im

Urteil der Laien selbst heute noch nicht ganz geschwunden ist.

Wie naiv, ganz unmittelbar aus dem inneren Drang heraus und ohne berechnende Rücksicht auf den Erfolg Bruckner geschaffen hat, zeigt ein vergleichender Blick auf die Tonarten seiner 9. bezw. 11. Symphonie. Von den beiden Lieblingstonarten des Meisters: D-moll und C-moll finden wir die erstere zweimal — wenn wir die annullierte Nr. 1 a mitrechnen sogar dreimal —, die letztere gleichfalls dreimal vertreten. „Hätte ein Weltkundiger so etwas Unpraktisches getan?" — meint Kretzschmar (a. a. O. 4. Aufl. S. 771) bei der Aufzählung dieser drei C-moll-Symphonien. Gewiss nicht. Aber ist der offenkundige Mangel — wie so oft bei Bruckner — nicht auch hier Symptom eines ganz einzigartigen Vorzugs, nämlich eines Schaffensdranges, der mit so elementar naturwüchsiger Kraft hervorbricht, dass unter dem Zwang seines dämonischen Müssens. Voraussicht und Klugheit gleich von Anfang an zu gänzlichem Schweigen verurteilt sind? — Uebrigens geht Kretzschmar doch wohl zu weit, wenn er die Vernachlässigung der beiden ersten C-moll-Symphonien (die denn doch auch ausserhalb Wiens nicht so gänzlich unbekannt geblieben sind, wie der Verfasser des Konzertführers meint) mit ihrer Tonartgleichheit in ursächlichen Zusammenhang bringt. Die zweite ist ja denn auch nach des Meisters Tode, wenigstens in Süddeutschland, öfter gehört worden, und bei der ersten sind es ganz gewiss mehr die Schwierigkeiten, die sie für die Interpretation wie für das Verständnis bietet, was sie nur ausnahmsweise einmal im Konzertsaal erscheinen lässt.

Mit seiner allerersten (unveröffentlichten) Symphonie in F-moll war Bruckner der symphonischen Form als solcher mächtig geworden; sie ist sein Gesellenstück, aber als ein Kunstwerk von höherem persönlichen Werte dürfte sie kaum in Betracht kommen, wenn schon das veröffentlichte Andante durchaus das ist, was Hans von Bülow „machbar" zu nennen pflegte. Ob Bruckners Bekanntschaft mit dem Wagnerschen „Tannhäuser" vor, nach oder mitten in die Zeit der Abfassung dieses symphonischen Erstlings fällt, steht nicht ganz fest. Jedenfalls bewirkte sie in Bruckners musikalischem Denken und Empfinden eine vollständige Revolution, deren Erschütterung man sich nicht gewaltig genug vorstellen kann. Sein ganzes künstlerisches Wesen geriet in eine brausende Gärung, und das direkte Produkt dieser Gärung ist die erste C-moll-Symphonie. Wenn auf irgendein Werk der Tonkunst das Goethesche Wort von dem Moste, der sich „ganz absurd gebärdet", Anwendung finden darf, so ist es Bruckners 1. Symphonie. Ja, man kann es verstehen, dass ihr gegenüber selbst besonnene Beurteiler an der Zuversicht, dass es „zuletzt doch noch 'nen Wein" geben werde, verzweifeln mochten; und wir haben gesehen (S. 157), dass sogar ein so glühender Bruckner-Bewunderer wie Hugo Wolf nach der Aufführung dieser Symphonie — und zwar ihrer späteren Bearbeitung, nicht der Urgestalt! — bekennen musste, so gut wie gar nichts verstanden zu haben.

Wir besitzen von unseren grossen klassischen Dichtern Jugendwerke, deren unreifen Ueberschwang und kraftgenialische Masslosigkeit man als „Sturm und Drang" charakterisiert hat, ja eine ganze Periode der neueren deutschen Literaturgeschichte trägt diese Signatur. Nun ist schon oft bemerkt worden, dass die zeitlich wie nach ihrer Bedeutung mit jenen Dichtern gleichstehenden Meister der deutschen Tonkunst keine analoge Erscheinung jugendlicher Gärung aufweisen, dass sie vielmehr tüchtig und gediegen, aber auch einigermassen konventionell beginnen, um erst im Laufe ihrer späteren Entwicklung die Fesseln der Tradition abzustreifen und höhere Originalität zu gewinnen. Mit der Romantik, deren eigentliches Wesen ja mit darin besteht, dass sie Musik und Poesie einander nähert, dass sie die Dichtkunst musikalisiert und die Tonkunst poetisiert, wird das anders. Jetzt begegnen uns auch Musiker, die als „Stürmer und Dränger" anfangen. Ich will nicht auf Hector Berlioz exemplifizieren, der in einem gewissen Sinn über den „Sturm und Drang" zeitlebens nicht hinausgekommen ist: aber die Frühwerke eines Schumann oder Brahms verraten deutlich jene Diskrepanz zwischen hochfliegendem Wollen und einem nicht ganz zulänglichen Vollbringen, jene trotzige Auflehnung gegen das Herkommen, gegen überlieferte Regeln und Gesetze, jenen des nie Dagewesenen sich vermessenden titanischen Wagemut der Jugend, wie er dem Sturm und Drang eigentümlich ist.

Wenn man unvorbereitet an Bruckners erste C-moll-Symphonie herantritt, kann es einem wohl vorkommen, als ob alles, was es sonst von musikalischem Sturm und Drang gibt, zahm und glatt sei gegenüber einem solchen Riesendokumente chaotischen Gärens und Ringens, wie wir es an diesem Werke haben, als ob ihm kein zweites Werk der Tonkunst an die Seite zu setzen sei, das in gleicher Weise das „absurde" Gebärden künstlerischen Mostes in extremster Ausprägung repräsentierte. Wenn einer, dessen höchstes ästhetisches Ideal das Massvolle und Besonnene ist, mit seinem Urteil zu einer vollständigen Ablehnung dieser Symphonie gelangt, so kann man es ihm nicht wohl verübeln. Denn in ihr ist alles kolossal, gigantisch, durchflutet von einer schier beispiellosen Lebens- und Schaffenskraft, voll der genialsten Einfälle, aber auch gar manches monstros, einzelnes bizarr, das

Ganze vielfach ohne Ordnung, Mass und Oekonomie. Und doch kann, ja muss man sie liebgewinnen, wenn man sich eingehender mit ihr befasst. Denn der Einblick in das Chaos einer werdenden Künstlerseele, in das erbitterte Ringen eines, dem es heiligster Ernst ist mit dem: „Ich lasse dich nicht, du segnest mich denn", in dieses unten noch trübe Drängen und Treiben einer Morgendämmerung, wo eben von oben her der siegende Lichtstrahl der aufgehenden Sonne die dichtgeballten Nebelmassen durchdringt — dieses Schauspiel ist von einem so bestrickenden psychologischen Reiz, dass der dafür Empfängliche widerstandslos seinem zwingenden Zauber sich hingeben muss. Bruckners erste Symphonie ist ein Kunstwerk, das als solches gewiss höchst unvollkommen und mangelhaft ist. Aber sie ist ein Stück L e b e n und W a h r h e i t!

Wer Bruckners erste C-moll-Symphonie nicht in der ursprünglichen Gestalt kennt, der möchte vielleicht annehmen, dass die Umarbeitung, die der Komponist später vorgenommen hat, etwas ganz anderes aus dem Werk gemacht habe, so dass wir in der Symphonie, wie sie jetzt gedruckt vorliegt, gar nicht mehr das hätten, was Bruckner als Zweiundvierzigjähriger ersonnen und gestaltet hat. Diese Annahme wäre grundfalsch. Vielmehr zeigt eine genaue Vergleichung der beiden Fassungen, dass Bruckners Umarbeitung eine recht oberflächliche war und sich in der Hauptsache nur auf Verbesserung der Instrumentation bezog. Was er sonst noch geändert hat, ist durchweg unwesentlich und greift niemals in den Kern des Kunstwerkes ein: Man findet kleine Abänderungen der Figurierung, der Stimmführung, einige unbedeutende Kürzungen, alles in allem lauter Dinge, die sehr geringfügig und n i c h t i m m e r fraglose Verbesserungen sind.

Vergleicht man die erste mit den folgenden Symphonien Bruckners, so erstaunt man über ihre Eigenart. Sie ist ganz und gar verschieden nicht nur von all dem, was von anderen Komponisten, sondern auch von dem, was von Bruckner selbst später geschrieben wurde. Vor allem ist es das Fehlen des Wagnerschen Einflusses in den Einzelheiten der Tonsprache und in der Themenbildung — dieser Einfluss stellte sich in wachsendem Masse erst ein, als Bruckner den späteren Wagner genauer kennen lernte — was es macht, dass man von dem Komponisten der Ersten so durchaus den Eindruck eines „Originalgenies" hat, und man mag noch so fest davon überzeugt sein, dass der Einfluss Wagners auf Bruckner segensreich gewesen und dass er es gewesen sei, der die in dem oberösterreichischen Organisten schlummernden schöpferischen Kräfte erst eigentlich geweckt habe —, wenn man von der Ersten herkommt und ganz benommen ist von ihrer wildgewachsenen, im besten Sinne des Wortes unkultivierten Schönheit, dann kann man kaum umhin, darüber nachzugrübeln, was aus Bruckner geworden wäre, wenn er sich, unberührt von fremder Einwirkung, nach dieser Richtung hin hätte weiterentwickeln dürfen.

Die erste C-moll-Symphonie war unverstanden geblieben. Nicht nur hatte sie es bei ihrer Linzer Uraufführung nur zu einem äusseren Scheinerfolg gebracht, auch wer sonst von der Partitur Kenntnis nahm, musste zwar die geniale Begabung des Komponisten und die Hoheit seines künstlerischen Wollens anerkennen, entsetzte sich aber zugleich nicht minder über die Mass- und Schrankenlosigkeit seines Gestaltens. Zweifel und Verzagen an der Echtheit seines schöpferischen Vermögens überkamen Bruckner, und erst als die Berufung nach Wien ihm eine Stärkung seines Selbstbewusstseins gebracht hatte, wagte er sich 1869 an eine zweite Symphonie, von der er aber selbst so wenig befriedigt war, dass er sie später für ungültig erklärte: „nur ein Versuch", steht auf dem Titelblatte des Manuskripts[1]). Als Bruckner zwei Jahre darauf — und zwar wiederum nach einem seinen Mut belebenden äusseren Ereignis, nach dem grossen künstlerischen Erfolg der Londoner Reise — die Komposition seiner zweiten C-moll-Symphonie begann, soll er durch fremden Rat sich haben bewegen lassen, möglichste Einfachheit, Klarheit und Leichtverständlichkeit anzustreben. Einen gewissen Zwang, wie ihn die Beobachtung einer derartigen der Phantasie die Flügel lähmenden Rücksicht notwendigerweise mit sich bringen muss, wollen etliche Beurteiler diesem Werke angemerkt haben. Wie viel davon richtig ist, mag dahingestellt bleiben. Aber auf alle Fälle ist die zweite Symphonie das Produkt einer R e a k t i o n gegenüber dem revolutionären Exzess der ersten. Sie ist in allem und jedem viel zahmer und massvoller, die auf das Erhabene, Grandiose und Pathetische gerichtete Seite der Brucknerschen Natur tritt bis zum gelegentlichen Verschwinden zurück hinter einer harmlos heiteren, sinnig gemütvollen Lebens- und Daseinsfreude; in keinem anderen seiner Werke liegen die Wurzeln, die Bruckner mit den

[1]) Diese für ungültig erklärte D-moll-Symphonie ist, wie schon bemerkt (S. 220), so minderwertig, dass es unbegreiflich erscheint, wie sie nach der Ersten hatte geschrieben werden können. Ob sie vielleicht ein früheres Werk war, das Bruckner 1869 nur wieder aufnahm und neu bearbeitete? Aber selbst wenn es so wäre: wie in aller Welt hat der Komponist der C-moll-Symphonie so etwas Unbedeutendes wieder aufnehmen und solche Ungeschicklichkeiten stehen lassen können, wie sie die Partitur der D-moll-Symphonie, man möchte sagen, auf jeder Seite zeigt. Den im Druck erschienenen Satz der noch vor der ersten C-moll-Symphonie geschriebenen F-moll-Symphonie mag man unbedeutend finden. Aber er ist durchaus aufführbar. Dasselbe kann man kaum von einem der vier Sätze der D-moll-Symphonie sagen.

sogenannten Klassikern der Tonkunst verbinden, so offen zutage wie in diesem. Das Gefühl, dass er in seiner ersten Symphonie das Ziel sich zu hoch gesteckt habe, lässt ihn für die zweite eine kleinere und bescheidenere Aufgabe wählen. So bleibt er hier in bezug auf Grösse und Kühnheit des Wollens zwar beträchtlich hinter der ersten zurück, aber das Kunstwerk, das so entsteht, ist in technischer und formaler Hinsicht reifer, klarer und verständlicher als sein Vorgänger. Es bietet dem Komponisten keine Gelegenheit, all das zu offenbaren, was an Kraft und Grösse des schöpferischen Vermögens ihm in der Seele wohnt, aber der begrenzte Ausschnitt aus seiner Innenwelt, den es zeigt, erscheint im hellsten Lichte, in klaren, deutlichen Umrissen und frei von jener nebelhaften Verschwommenheit, die in der ersten gelegentlich die Reinheit des Bildes getrübt hatte.

Die Revolution der ersten und die Reaktion der zweiten Symphonie versöhnt die dritte, die den Gegensatz der These und Antithese, des ersten unbekümmerten Drauflosstürmens und des darauf folgenden stutzig gewordenen Zurückweichens in der Synthese einer höheren Einheit aufhebt und miteinander verschmilzt. Das Titanische, himmelstürmend Prometheische in Bruckners Wesen, der Kämpfer und Held in ihm hatte mit der ersten Symphonie einen tollkühnen Anlauf genommen nach einem fernen Ziele, das er damals unmöglich erreichen konnte. In der zweiten Symphonie drängt er das heroisch-pathetische Element seiner Individualität bis zu einem gewissen Grade zurück, der Revolutionär und Umstürzler liegt gefesselt am Boden — nur hie und da spürt man an gelegentlichen Aufhebungen, dass er noch am Leben ist — und dafür erhebt sich sein Gegenpart, der mit treuer Liebe am gewohnten Alten hängende Konservatismus Bruckners, diese in der ersten Symphonie auf den ersten Blick kaum wahrnehmbare Teilrichtung seines künstlerischen Wollens. In der dritten Symphonie kommen zum ersten Male diese beiden antagonistischen Tendenzen in gleicher Weise zu ihrem Recht, in ihr finden wir zuerst den echten und ganzen Bruckner als fertige und abgeschlossene Erscheinung. Und nun sehen wir ihn, nachdem er so sich selbst gefunden, von Stufe zu Stufe einer Höhe entgegenklimmen, die innerhalb des durch die dritte Symphonie inaugurierten Typus einen nicht mehr zu überbietenden Gipfel bedeutet. Diese Spitze wird mit der fünften Symphonie in B-dur erreicht. Denn es kann kein Zweifel sein, dass die drei Symphonien Nr. 3 bis 5 durch mannigfache Züge einer engeren Verwandtschaft als Glieder einer zusammengehörigen Gruppe sich darstellen, dass sie in ihrer zeitlichen Aufeinanderfolge eine stetige Klimax bilden und dass die B-dur-Symphonie, dieses unvergleichliche Wunderwerk, das in seinem Finale die grösste dynamische und musikalische Steigerungswirkung der gesamten symphonischen Weltliteratur birgt, einen deutlich abgegrenzten Teil der Brucknerschen Entwicklung zum krönenden Abschluss bringt.

Mit der siebenten erscheint ein anderer formaler Typus der Brucknerschen Symphonie, der äusserlich schon an der alles Gewohnte weit überschreitenden zeitlichen Ausdehnung der einzelnen Teile und damit auch des Ganzen erkennbar ist. Es entstehen jene Riesensymphonien, von denen eine jede sehr wohl einen ganzen Konzertabend ausfüllen könnte. Fast scheint es, als ob Bruckner in ihnen das gigantische Ideal wieder aufgegriffen habe, das ihm bei seiner ersten Symphonie dunkel vorgeschwebt und das er damals als Neuling nicht voll hatte verwirklichen können. Nun verfügt er über ein ungleich reiferes und ausgebildeteres Können, die Klarheit und

Plastizität seines Gestaltens ist mächtig gewachsen, seine kompositorische Technik hat sich unglaublich verfeinert, sein Geschmack und Kunstverstand sind nicht minder gereinigt und geläutert. Was dem Vierzigjährigen unmöglich war, durfte der Sechzigjährige weit eher zu erreichen hoffen. Denn von einer Abnahme der schöpferischen Kraft, von Senilität konnte bei einem Manne nicht die Rede sein, der mit siebzig Jahren in dem Adagio der neunten Symphonie vielleicht sein inhaltlich bedeutendstes und sicherlich sein seelisch ergreifendstes Stück geschrieben hat.

Das eigentliche Problem der letzten Symphonien Bruckners ruht jeweils im Finale. In ihm will der Meister noch über das Adagio hinaus eine Steigerung bringen: nachdem alles gesagt ist, was gesagt werden k a n n, soll das U n s a g b a r e Sprache gewinnen. Ein solcher Schlusssatz will den gesamten Inhalt der vorangegangenen Sätze in sich vereinigen und dazu noch überbieten. In sehr deutlicher Weise kommt dieser Gedanke einer übergipfelnden Zusammenfassung — wenn ich so sagen darf — in der kontrapunktischen Kombination der drei Hauptthemen (des 1., 2. und 3. Satzes) am Schluss des Finales der 8. Symphonie auch äusserlich greifbar zum Ausdruck. Die Steigerung im letzten Satze sucht Bruckner, kurz gesagt, dadurch zu erreichen, dass er sich U n m ö g l i c h e s zumutet. Mit Bewunderung und Ergriffenheit sieht man, wie er da als Themen zyklopische Felsblöcke herbeischleppt, aus denen einen haltbaren, abgerundeten Bau erstehen zu lassen, Menschen- wie Götterkräfte in gleicher Weise übersteigt. Mit unglaublicher Kraft schichtet er diese unhandlichen Kolosse übereinander, es erhebt sich ein todesmutiges Ringen mit dem widerspenstigen Stoffe, ein Schauspiel von seltener Erhabenheit, dem die Tragik des schliesslichen Nicht-Gelingens kaum etwas von seiner Macht und Grösse rauben kann. In seinen Finalen hat Bruckner i n h a l t l i c h das Gewaltigste geleistet, dessen sein Genius überhaupt mächtig war; f o r m e l l bleiben sie aber gewiss oft hinter dem zurück, was man von einem gut gebauten Symphoniesatze verlangen muss. Er will hier das Unvereinbare vereinigen, und so entstehen die klaffenden Risse, die das gewaltige Mauerwerk dieser Schlusssätze durchklüften; er will das Unaussprechliche verkünden und gerät in jenes mystisch verzückte Stammeln und Lallen, das dem nüchternen Beurteiler eben deshalb gar nichts sagt, weil es z u v i e l sagen will. Der Frage, ob es dem Meister gelungen wäre, in der 9. Symphonie das Problem des Finales einwandfrei zu lösen, hat das Schicksal die Antwort abgeschnitten. Und so darf man auch darum in der Nichtvollendung des Brucknerschen Schwanengesanges etwas tief Bedeutsames erblicken, weil sich in ihr die Wahrheit symbolisiert, dass der Meister in einem gewissen Sinne mit dem Finale niemals ganz hat „fertig" werden können.

Zwischen der mittleren und letzten Gruppe der Brucknerschen Symphonien steht als vermittelndes Uebergangsglied die sechste in A-dur, deren innere Verwandtschaft mit der zweiten wir schon hervorgehoben haben. Es gibt Leute, die, wie z. B. August Halm, den Wert und die Bedeutung der Brucknerschen Kunst darin erblicken, dass in ihr das E t h o s — im antiken Wortsinne — gegenüber dem in der modernen Musik zu einer allzu einseitigen Herrschaft gelangten P a t h o s den Vorrang behaupte. Diese müssten, wie mir scheinen will, der A-dur-Symphonie den Preis vor allen ihren Schwestern zuerkennen. Denn fast noch mehr als in der zweiten tritt in ihr das Pathetische hinter dem Ethischen zurück, ganz abgesehen davon, dass sie den Vorzug des reiferen, eigenartigeren und bedeutenderen Werkes vor jener voraus hat. —

Wenn unsere Behauptung richtig ist, dass die Bekanntschaft mit der Musik Richard Wagners der mächtige Anstoss war, der Bruckners bis dahin latente Originalität allererst als eine effektiv wirksame Kraft zutage förderte, so hat sein gesamtes vorwagnerianisches Komponieren alles in allem für nicht viel mehr zu gelten als eine Art von propädeutischer Vorbereitung auf sein späteres Schaffen. Dieses selbst werden wir aber nur dann in seiner Eigenart und seinem Eigenwert zutreffend würdigen können, wenn wir uns zuvor darüber verständigt haben, wie stark und in welcher Weise der Bayreuther Meister seinen getreuen Jünger beeinflusst hat. Da muss denn zunächst betont werden, dass dieser Einfluss von denen doch wohl gewaltig überschätzt worden ist, die in Bruckner nur einen Wagner-Epigonen, einen von Wagnerschen Themen, Harmonien und Klangfarben berauschten Schwärmer haben erblicken wollen, dem es um nichts anderes zu tun gewesen sei als um die sklavische Nachahmung seines Vorbilds, um die Uebertragung des neuen musikdramatischen Stils auf die Symphonie, wie man ja wohl gesagt hat. Doch erscheint diese Ueberschätzung sehr wohl begreiflich. Man braucht gar nicht anzunehmen, dass alle die Beurteiler, die unsern Meister zu einem unselbständigen Nachbeter des Bayreuther Meisters herabsetzten, das aus böswilliger Absicht getan hätten, um Brucknern den Ruhm höherer Originalität zu schmälern. Vielmehr lässt es sich sehr wohl denken, dass sie seine Eigenart wirklich nicht gewahr wurden und über den ihm mit Wagner gemeinsamen Zügen ganz das übersahen, was ihm allein angehört und worin er zum Teil sogar in einem scharf ausgesprochenen Gegensatz zu Wagner sich befindet. Jede Zeit hat auch in der Musik eine ihr eigene, allgemeine Umgangssprache, deren sich mit mehr oder minder belangreichen Modifikationen ein jeder bedient, der musikalisch ein Kind der betreffenden Periode ist. Dann und wann nur erscheint ein schöpferisches Genie ersten Ranges, dem es gelingt, sich vollständig von dieser landläufigen Sprache zu emanzipieren. Er wird der Entdecker eines neuen musikalischen Idioms, das sich dem allgemeinen Bewusstsein zunächst als eine besondere Eigentümlichkeit der Werke dieses einen Mannes aufdrängt, bis es nach und nach von immer mehreren adoptiert und nun selbst zu der jedermann geläufigen Zeitsprache wird. Ein solcher Neuerer war Richard Wagner. Er hat das musikalische Idiom geschaffen, das heute einem jeden geläufig ist. Von denen, die diese neue Sprache redeten, d. h. die Errungenschaften des Bayreuther Meisters auf harmonischem und instrumentalem Gebiete sich zunutze machten, war Bruckner einer der ersten. In seinen Werken hörte man zuerst von einem anderen jenen musikalischen Dialekt reden, den man bisher nur bei Wagner vernommen hatte. Und da war es denn ganz natürlich, dass man zunächst vor lauter Bäumen nicht den Wald, vor lauter Wagner keinen Bruckner sah.

Es passiert in solchen Fällen etwas ganz Aehnliches, wie wenn ein Europäer fremde Völkertypen zu Gesicht bekommt. Neger oder Chinesen scheinen für unsere Augen alle einander aufs Haar zu gleichen, obgleich die individuellen physiognomischen Unterschiede bei diesen Rassen nicht minder gross sind als bei den Indogermanen. Die generellen Merkmale des Stammestypus treten eben für die erste Beobachtung so stark hervor, dass die speziellen Besonderheiten des Individuums hinter ihnen ganz verschwinden. Ebenso darf man in einem gewissen Sinne von allen Komponisten, die der von Wagner beherrschten Periode angehören, sagen, dass sie gleichsam ein und desselben Stammes sind. Aber wie die Eigenart eines Richard Wagner nicht auf den Aeusserlichkeiten seiner musikalischen Ausdruckssprache beruht, die durch ihn Gemeingut unserer Zeit geworden sind, so wird auch die Eigenart eines Bruckner dadurch nicht in Frage gestellt, dass er Akkordfolgen, Orchestereffekte, ungewohnte Instrumente und dergleichen anwendet, wie wir sie zuerst bei Wagner gehört haben. Denn die Originalität eines schaffenden Tonkünstlers wird letzten Endes einzig durch das garantiert, was er zu sagen hat. Nicht, welche Sprache er spricht, sondern, welche Gedanken er uns zu übermitteln hat, ist das entscheidende[1]).

Nun soll ja gewiss nicht geleugnet werden, dass sich bei Bruckner sehr viele direkte Anklänge an Wagner nachweisen lassen. Es hält wirklich nicht schwer, fast in jeder Symphonie unseres Meisters ausgesprochene Wagner-Reminiszenzen aufzuspüren. Aber auch darin ist man viel zu weit gegangen, und es ist — um nur eines anzuführen — fraglos eine arge Uebertreibung, wenn Hermann Kretzschmar um der Aehnlichkeit einer im Grunde nebensächlichen Figur willen die Behauptung macht (und auch in der neuen Auflage seines Konzertführers noch aufrecht erhält), dass Bruckners Romantische Symphonie „mit den Klängen des ‚Feuerzauber' zu Ende gehe".

[1]) In noch viel merkwürdigerer Weise als Bruckner hat Franz Liszt lange Zeit darunter zu leiden gehabt, dass man gewisse Eigenheiten seiner Tonsprache allgemein nur von Wagner her kannte. Denn Liszt wurde zum Nachahmer des Bayreuther Meisters gestempelt im Widerspruch mit der feststehenden Tatsache, dass eine grosse Anzahl dieser Neuerungen sich bei Liszt beträchtlich früher angewendet findet als bei Wagner selbst. Liszt erhielt die Denomination eines Wagnerepigonen lediglich deshalb, weil seine Werke später bekannt wurden als die seines grossen Freundes.

(A. a. O., 4. Aufl. S. 675.) Für die Frage, ob gewisse notengetreue An- und Entlehnungen den Eigenwert der Brucknerschen Werke gefährden, ist einzig und allein entscheidend die Ueberlegung, ob diesen fremden Elementen hinlänglich viel durchaus Selbständiges gegenübersteht, um die Schmälerung der Originalität, die ihr Vorhandensein ohne allen Zweifel bedeutet, vollkommen aufzuwiegen. Und da muss denn gesagt werden, dass es heute wohl keinen wirklichen Kenner des Brucknerschen Schaffens mehr gibt, der nicht bereit wäre, ihm den Ruhm eines der stärksten und grössten musikalischen E r f i n d e r aller Zeiten zuzuerkennen. Man mag streiten über die Art und Weise, wie er seine Einfälle verwendet und verarbeitet, und wenn ich auch das Urteil derer nicht teile, die in der Form der Brucknerschen Symphonie ein schlechtes Gefäss erblicken, unwürdig des köstlichen Inhalts, den es birgt, so vermag ich es doch einigermassen zu verstehen. Aber d a s s Bruckner Einfälle gehabt, dass ihm die Gedanken in Hülle und Fülle zuströmten, und dass es ein ausserordentlich weites und vielseitiges Empfindungsgebiet ist, aus dem ihm diese Gedanken emporkeimen, ein Gebiet, das die entferntesten Gefühlsgegensätze der Menschenbrust in gleicher Weise umfasst, von der harmlos heiteren Lebensfreude und derben Daseinslust bis zum herbsten Schmerz und zur bittersten Zerknirschung, von dem wilden Aufbäumen eines himmelstürmenden Titanentrotzes bis zur stillen Gottergebenheit einer friedvollen Resignation: diesen unerschöpflichen Reichtum der Brucknerschen Gedanken- und Empfindungswelt konnte noch niemand leugnen, der sich liebevoll eingehend mit ihr beschäftigte.

Aber auch das darf nicht ausser acht gelassen werden, dass Bruckner selbst in seiner Eigenschaft als Wagner-Jünger innerhalb der Schule des Bayreuther Meisters eine höchst eigenartige Stellung einnimmt. Bruckner ist nicht nur weit mehr und weit grösseres als ein blosser Nachahmer Wagners, sondern er wahrt auch, soweit er wirklich als solcher sich darstellt, seine Originalität durch die eigentümliche Art und Weise, w i e er Wagnerianer ist. Von allen bedeutenderen Komponisten, die den Einfluss Wagners erfahren haben, ist er der einzige, der nur den M u s i k e r Wagner auf sich hat wirken lassen. Der Dramatiker, der Dichter, der Schöpfer des Gesamtkunstwerks und vor allem der ästhetische und philosophische Denker — alle diese verschiedenen Seiten der universalen Gesamtpersönlichkeit seines Meisters existieren für ihn ganz einfach nicht: er kannte — genau so wie selbst heute noch die breite Masse des gewöhnlichen Publikums — bloss den Komponisten. Für ihn hatte Wagner zeitlebens nichts anderes als N o t e n geschrieben, und auch wenn er die Bayreuther Festspiele oder andere Aufführungen Wagnerscher Werke besuchte, folgte er der Vorstellung in der Hauptsache nur mit dem Ohr des absoluten Musikers. Dementsprechend war nun auch der Effekt des Wagnerschen Einflusses auf sein eigenes Schaffen. Bei den meisten anderen Komponisten der Wagnerschen Schule äusserte sich dieser Einfluss auf die natürlichste Weise darin, dass sie gleich ihrem Meister einzig das musikalische Drama kultivierten oder doch bevorzugten. Davon konnte bei Bruckner keine Rede sein. Zwar hat er sich gelegentlich auch mit Operngedanken getragen und wohl einmal geäussert, wenn er einen Text finde wie den Lohengrin, würde er es auch mit dem Theater wagen. (Vgl. S. 201.) Aber man hat es gewiss kaum zu bedauern, dass es nicht dazu kam. Bruckner schrieb seine Symphonien, viersätzige Symphonien, welche die klassische Form zwar vielfach in bisher unerhörter Weise ausdehnen und erweitern, aber doch sowohl in der

Grundanlage wie in der Einzelausführung durchaus an ihrem Schema festhalten. Ein Schüler Wagners, der absolute Musik, der viersätzige Symphonien in der klassischen Form schreibt, — ist das nicht eine bare Undenkbarkeit?

Man weiss, wie Richard Wagner über die Möglichkeit einer reinen Instrumentalmusik nach Beethoven urteilte. Er meinte, dass die absolute Musik in Beethovens Neunter Symphonie einen Punkt der Entwicklung erreicht habe, über den hinaus sie nur dann noch weiter fortschreiten könne, wenn sie sich entschlösse, eine Verbindung mit ihrer Schwesterkunst Poesie einzugehen. Eine solche Verbindung schien in zweifacher Weise möglich zu sein: entweder man beschritt den von Wagner selbst gewählten Weg einer Vermählung von Wort und Ton zu gemeinsamer Wirkung, oder man gestattete der aussermusikalischen Gedankenwelt einen mehr nur adjutorischen Einfluss auf das tonschöpferische Gestalten, indem man der Phantasie des Komponisten poetische Anregungen zuführte, auch wohl der dichterischen Idee die Geltung eines formgebenden Prinzips einräumte, aber die Dichtung nicht selbst als integrierenden Bestandteil in das Kunstwerk mit aufnahm. Dieser letzteren Richtung, der sogenannten Programmusik, stand Wagner zunächst durchaus ablehnend gegenüber. Erst als er die symphonischen Dichtungen seines Freundes Liszt kennen gelernt hatte, modifizierte er in etwas das frühere scharf absprechende Urteil. Unter der Voraussetzung einer starken, echt musikalischen und durch einen geläuterten Kunstgeschmack in Schranken gehaltenen Begabung, wie er sie eben bei Liszt zu erkennen glaubte, verstand er sich dazu, die Möglichkeit einer zugleich programmatisch poetisierenden und doch „reinen" Instrumentalmusik zuzugeben. Und so konnte es kommen, dass die Vertreter der Wagnerschen Schule, ohne des Hochverrats an den theoretischen Voraussetzungen des Meisters sich schuldig zu machen, der Pflege der Programmmusik sich zuwenden durften, was sie um so bereitwilliger und um so entschiedener taten, je mehr die Erfolge auf dem Gebiete des musikalischen Dramas ausblieben.

Dass ein komponierender Wagnerianer, der nicht eine der musikalisch-poetischen Mischgattungen wie Lied oder Oper kultivierte, als Instrumentalkomponist wenigstens Programmusiker sein müsse, wurde so sehr zur allgemein feststehenden und nicht weiter diskutablen Ueberzeugung, dass man tatsächlich nicht wusste, was man mit einer solchen Erscheinung wie Bruckner anfangen solle. Es schien wirklich, als ob diesem das Missgeschick passiert sei, sich zwischen zwei Stühlen niedergelassen zu haben. Die Vertreter des musikalischen Klassizismus, denen das Festhalten an der viersätzigen Symphonieform wohl hätte genehm sein mögen, wurden abgestossen durch die von Wagner beeinflusste Tonsprache Bruckners, durch die „Modernität" im Gebrauch der musikalischen Ausdrucksmittel wie namentlich auch dadurch, dass er nun einmal zur Wagnerpartei gezählt wurde und sich selbst mit Begeisterung zu ihr bekannte; anderseits fühlten sich die Wagnerianer in ihren scheinbar bestfundamentierten Prinzipien beirrt, wenn sie sahen, wie einer die musikalischen Errungenschaften des Wagnerschen Worttondramas zu dem so gänzlich heterogenen Zweck absoluten Musikmachens „missbrauchte", und sie mochten sich fragen, ob Bruckners Musik nicht zu jener von ihrem Meister so scharf zurückgewiesenen Richtung gehöre, die harmonische Kühnheiten, scharfe dynamische Akzente, drastische Instrumentaleffekte und dergleichen Dinge, wie sie nur durch die dramatische Handlung gerechtfertigt seien, kritiklos von der Bühne

Anton Bruckner.
(Nach einer Büste von Viktor Tilgner.)

in den Konzertsaal verpflanze. Wer autoritätsgläubig genug war, um sich an dem Αὐτὸς ἔφα genügen zu lassen, konnte sich zwar dabei beruhigen, dass Wagner selbst an Brucknerschen Symphonien Gefallen gefunden hatte, und somit deren Bewunderung immerhin zu den „erlaubten" Dingen rechnen — wenn auch vielleicht nur im Sinne des „*tolerari posse*". Wem es aber schwer fiel, auf Logik und Konsequenz der eigenen Ueberzeugung zu verzichten, der musste einem Bruckner zum mindesten schwerwiegende Bedenken entgegenbringen. So darf es ja auch wohl als ziemlich sicher angenommen werden, dass Franz Liszt einzig und allein deshalb Bruckners Schaffen niemals ein tieferes Interesse zu widmen vermochte, weil er eine absolute Instrumentalmusik in unserer Zeit sich nun einmal von vornherein nicht denken konnte und des unerschütterlichen Glaubens lebte, dass eine segensreiche Fortentwicklung der Tonkunst einzig und allein auf dem von Wagner oder auf dem von ihm selbst beschrittenen Wege möglich sei.

Für solche Zweifel schien sich ein glücklicher Ausweg zu bieten in dem Gedanken, dass der Symphoniker Bruckner, wenn er auch nicht offen als Programmusiker auftrete und sich ausgebe, im Grunde genommen doch faktisch ein solcher s e i. Man gewöhnte sich allmählich daran, in Bruckner einen heimlichen, verkappten oder verschämten Programmusiker zu erblicken, einen, der zwar ebenso wie etwa Berlioz oder Liszt nicht nur seine Inspiration aus nichtmusikalischen Quellen empfange, sondern auch in seinem Gestalten von aussermusikalischen Vorstellungen beeinflusst sei, aber aus irgendwelchen Gründen verschmähe, diese Beziehungen dem Hörer auch ausdrücklich mitzuteilen. Wolle man daher Bruckner richtig verstehen, so müsse man bei jedem einzelnen Werke erst das verschwiegene Programm auffinden, das ihm zugrunde liege und die Lösung aller Rätsel enthalte, die diese Musik uns aufgibt. Wenn nun nicht scharf genug betont werden kann, dass diese Annahme gänzlich irrig und von einer programmatischen Ausdeutung schlechterdings gar nichts für die Anbahnung oder Erleichterung des Bruckner-Verständnisses zu erhoffen ist, so scheinen doch in ihrer Bedeutung nicht zu unterschätzende Tatsachen darauf hinzuweisen, dass unser Meister wirklich — wenn nicht immer, so doch bisweilen — durch aussermusikalische Vorstellungen und Ideen bei seinem Schaffen sich habe leiten lassen.

Allgemein bekannt ist die Beziehung des Adagios von Bruckners siebenter Symphonie zum Tode Richard Wagners. Nach Theodor Helms Erzählung hat es damit folgende Bewandtnis: „Ja, meine Herren" — so sagte der Meister selbst zu Dr. Helm und seinem Sohne, als er im Januar 1894 gerade von Berlin zurückgekehrt war, wo seine E-dur-Symphonie „unter der genialen Leitung Dr. Mucks" auf ihn selbst einen Eindruck gemacht, wie nie zuvor — „das Adagio habe ich wirklich auf den Tod des Grossen, Einzigen geschrieben. Teils in Vorahnung, teils als Trauermusik nach der eingetretenen Katastrophe." Dabei sei Bruckner ans Klavier gegangen, habe die letzten Takte der grossen Steigerung (Quartsextakkord C-dur, FFF mit Beckenschlag) und dann auch noch das anschliessende Diminuendo gespielt. „Sehen Sie," fuhr er fort, „genau soweit war ich gekommen, als die Depesche aus Venedig eintraf — und da habe ich geweint — o wie geweint — und dann erst (hier intonierte er wieder den in der Partitur mit Buchstabe W beginnenden Bläsersatz) schrieb ich dem Meister die eigentliche Trauermusik."[1]) Nach dieser Darstellung scheint es festzustehen, dass jene Takte am Schluss des Adagios, die Bruck-

[1]) Bruckner als sein eigener Interpret. Von Dr. Theodor Helm.

ner auch sonst als „Trauermusik" bezeichnet hat,[1]) tatsächlich unter dem Eindruck der Nachricht vom Ableben Wagners entstanden seien. Dagegen will mir der Begriff der „Vorahnung" immer noch etwas verdächtig vorkommen, und persönlich möchte ich mich zu der Meinung bekennen, dass Bruckner zwar bei jenem Schlusse des Adagios wirklich durch die Kunde von dem Tode seines Meisters beeinflusst war, die Beziehung des **ganzen Satzes** zu diesem Ereignis aber später erst in seine Musik hineininterpretiert habe. Man braucht dabei an eine eigentliche „Lüge" auch nicht einmal im unverfänglichsten Sinne des Wortes zu denken. Vielmehr handelt es sich offenbar um ein Ueberwuchern des Gedächtnisses und Wahrheitssinns durch die Phantasie, wie man es bei echten Künstlern, die auch darin den Kindern gleichen, öfter antrifft. Die Memoiren Hector Berlioz' bieten zum Beispiel eine Menge derartiger halb unabsichtlicher Wahrheitsentstellungen, die nur ein aller psychologischen Feinfühligkeit bares Urteil als wirkliche, das heisst moralisch verwerfliche Lügen qualifizieren könnte.

Aber auch wenn in der Tat das Vorgefühl von dem

Neue Musikalische Presse, XIII. Jahrg. Nr. 23/24, Jahrg. Nr. 1 (1904 S. 366 ff., 1905 S. 1 f.).

[1]) So in einem Briefe Bruckners an Felix Mottl vom 29. April 1885: „Bei X im Adagio (Trauermusik für Tuben und Hörner) bitte ich innigst, drei Takte vor Y das Crescendo bis im nächsten Takt ins FFF zu steigern, um dann Einen Takt vor Y wieder im 3. Viertel abnehmen zu lassen." Und dann am 9. Mai desselben Jahres: „Bitte Dich um sehr langsames feierliches Tempo. Am Schluss bei der Trauermusik (zum Andenken an das Hinscheiden des Meisters) gedenke unseres Ideals! . . . . Bitte auf das FFF am Schlusse der Trauermusik gütigst nicht zu vergessen!" In einem Briefe Bruckners an Mottl (Schwäbischer Merkur, 10. Februar 1900) steht übrigens schon die Seite mit der „Vorahnung" vom Tode Wagners: „Einmal kam ich nach Hause und war sehr traurig, ich dachte mir, lange kann der Meister unmöglich mehr leben, da fiel mir das Cismoll-Adagio ein."

bald eintretenden Tode Richard Wagners unsern Meister inspiriert hätte, als er sich zur Abfassung des Adagios seiner Siebenten anschickte, auf keinen Fall hat dieses wunderbare Stück darum irgend etwas mit Programmusik zu tun, auch nicht mit „versteckter" Programmusik. Denn seinem ganzen Inhalt und seiner ganzen Form nach ist das Cis-moll-Adagio der E-dur-Symphonie so sehr reine und „absolute" Musik, wie es eine Musik überhaupt nur sein kann. Die Kenntnis der Beziehung zum Tode des Bayreuther Meisters trägt ganz und gar nichts zum besseren Verstehen dieser Musik bei, sie ist nicht nur nicht erforderlich dafür, dass einer das Stück vollkommen begreife und von ihm den stärksten Eindruck empfange, den es überhaupt machen kann, der Zugang zu dem innersten Heiligtum dieser überirdischen Tonwelt wird ihm durch dieses Wissen nicht einmal erleichtert. Es mag einen rein biographisch und als Beitrag zur Kenntnis des Menschen Bruckner interessieren, dass Wagners Tod auf ihn so gewaltig gewirkt hat und eine gewisse rührende Nebenassoziation mag sich mit dem eigentlichen Eindruck des Kunstwerkes verbinden und vermischen, wenn wir uns beim Hören daran erinnern, wie Bruckner hier den Tod seines Meisters hat vorahnen und feiern wollen, ähnlich etwa wie wir bei gewissen Stellen des Deutschen Requiem von Brahms immer daran denken werden, dass wir eine Trauer- und Gedächtnismusik hören, die der Sohn seiner Mutter geschrieben hat; aber mit dem Verhältnis des musikalischen Kunstwerkes a l s s o l c h e m hat dies weder in dem einen noch in dem andern Falle auch nur das allergeringste zu tun.

Auch sonst hat Bruckner gelegentlich programmatische Erläuterungen zu einzelnen Sätzen oder auch zu besonderen Stellen eines oder des anderen seiner Werke gegeben. So soll im Scherzo der achten Symphonie der „Deutsche Michel" musikalisch dargestellt sein, im Finale derselben Symphonie Szenen aus einem Kampf der verbündeten Deutschen und Oesterreicher gegen die Russen: „das Einreiten der Kosaken in eine österreichische Grenzstadt, sodann eine Art Heerschau mit Anrufung des Allmächtigen vor der Schlacht und endlich ein heisses Ringen, bei welchem der ‚Deutsche Michel', indem sein Thema überraschend wieder im Finale auftritt, dem ‚Oesterreicher' zu Hilfe kommt und mit ihm vereint über den russischen Feind den glänzendsten Sieg erringt"[1]); es gibt ein Programm aus Bruckners Munde zum ersten Satze der „Romantischen"[2]), über dem Ges-dur-Trio des Scherzos desselben Werkes steht in einem Brucknerschen Autograph: „Tanzweise während der Mahlzeit zur Jagd", und das Finale trägt die Ueberschrift: „Volksfest", und zwar bemerkenswerterweise nicht nur in der ersten, sondern auch noch in der zweiten Fassung, die der definitiven Gestaltung des Satzes zum Teil schon recht nahe kommt. Wenn Bruckner mit der „gleichsam zwitschernden" Gegenstimme, die von der ersten Geige zu dem Gesang des zweiten Themas im ersten Satze der „Roman-

---

[1]) Dr. Theodor Helm a. a. O. S. 2.

[2]) „Mittelalterliche Stadt — Morgendämmerung — Von den Stadttürmen ertönen Morgenweckrufe — die Tore öffnen sich. Auf stolzen Rossen sprengen die Ritter hinaus ins Freie, der Zauber der Natur umfängt sie. Waldesrauschen — Vogelgesang — und so entwickelt sich das romantische Bild weiter" (Helm a. a. O. S. 1 nach der Erzählung des St. Florianer Chordirektors Bernhard Deubler). — Ich muss für meine Person gestehen, dass die rein musikalisch motivierten Empfindungen und Vorstellungen, die mir der pp-Anfang dieses Satzes macht, recht wenig dem Brucknerschen Programm entsprechen und dass die von dem Programm suggerierten Bilder gegenüber dem wirklichen musikalischen Inhalt der betreffenden Stelle jedenfalls eine Frivolität bedeuten.

tischen" (s. a. die beigegebene Thementafel) gebracht wird:

den Vogelruf: „Zizibe" der Waldmeise gemeint haben will, so kann man sich wohl denken, dass das Motiv unter dem Eindruck dieser Vogelstimme erfunden oder gefunden wurde, und wenn einmal etwa ein Choral so ganz unvermittelt in einen Brucknerschen Symphoniesatz hereingeschneit kommt, man weiss nicht von wannen und wozu, wie im ersten Satze der dritten Symphonie kurz vor der Durchführung, da mag man sich vorstellen, wie der komponierende Künstler, durch die Glocken der seiner Wohnung benachbarten Votivkirche in der Arbeit unterbrochen, in plötzlichem Impuls eine solche fromme Episode gleichsam improvisierte.

Denn das ist ja gar kein Zweifel: mehr vielleicht als bei irgendeinem anderen Musiker der jüngsten Vergangenheit spielen bei Bruckner allerlei grosse und kleine Erlebnisse des Tages ganz unmittelbar in das Schaffen mit hinein. Wie er mehr synthetisch als analytisch komponierte, d. h. nicht sowohl die Einzelheiten aus einer allgemeinen Idee heraus entwickelt, sondern umgekehrt die Einzelheiten zu etwas, das ein Ganzes werden sollte, zusammensetzte, so stand bei ihm der aussermusikalische Eindruck, das Vorkommnis und Bild des Tages der endgültigen Gestalt seines musikalischen Niederschlages noch viel näher, als das bei den meisten anderen Komponisten der Fall zu sein pflegt, so dass — wenn ein geologischer Vergleich erlaubt ist — die Sedimente des Brucknerschen Schaffens reicher sind an solchen Einschlüssen, die ganz direkt noch die Form und Gestalt des lebendig individuellen Vorgangs erkennen lassen, aus dem sie „versteinert" sind.

Aber dabei handelt es sich immer nur um Einzelheiten, um Episodisches, um Dinge, die ganz ausserhalb des grossen Zusammenhangs des jeweils nach rein musikalischen Absichten sich entwickelnden Satzes stehen. Wenn nun Bruckner nachträglich solche aussermusikalische Beziehungen einzelner Stellen miteinander verbinden und das Band einer einheitlichen programmatischen Idee um den ganzen Satz schlingen wollte, so musste er einerseits seiner Musik Gewalt antun — denn Inhalt und Form gebendes Prinzip für das Ganze war diese Idee ja niemals gewesen — anderseits aber auch Gedanken und Zusammenhänge in sie hineininterpretieren, die ihr von Haus aus ganz fremd gewesen waren. Ob das auch bei dem ersten und letzten Satze der „Romantischen" so gewesen ist, oder ob Bruckner hier tatsächlich einmal den Versuch gemacht hat, seine musikalische Phantasie durch ein poetisches Programm leiten zu lassen, mag dahingestellt bleiben. Jedenfalls wäre dann der Versuch so ausgefallen, dass der Meister von der weiteren Einhaltung seines ursprünglichen Planes absah, als er sein Werk vor der Veröffentlichung wiederholter Umarbeitung unterzog.

Wenn man aber fragt, warum wohl Bruckner, der innersten Natur seiner künstlerischen Persönlichkeit zuwider, solche gelegentliche Annäherungen an die Programmusik und solche nachträglichen programmatischen Interpretationsversuche unternommen habe, so wird man zunächst an Beethoven denken dürfen, den niemand für einen verkappten Programmusiker halten wird, weil von ihm bekannt ist, dass er sich eine Zeitlang mit dem Plan getragen habe, alle seine Klaviersonaten mit programmatischen Erläuterungen versehen herauszugeben. Wenn Beethoven auf diesen Gedanken — an dem mir übrigens das bemerkenswerteste zu sein scheint, dass er **nicht** ausgeführt wurde — wohl durch die schlimmen Erfahrungen gebracht worden ist, die er mit dem Verständnis seiner Sonaten beim grossen Publikum zu machen hatte, so dürfte auch bei Bruckner manchmal der gleiche Grund die gelegentlichen Programmvelleitäten verschuldet haben. Aber bei ihm, dem literarisch ungebildeten Sohne einer Zeit, die auf ihre Errungenschaft der allmählichen „Literarisierung" der Tonkunst so stolz war, kam noch etwas anderes hinzu. Er hielt die Programmusik — gerade **weil** ihr Gebiet vermöge der ganzen Anlage seiner allgemein geistigen wie musikalischen Persönlichkeit ihm verschlossen bleiben musste — gleichsam für etwas Vornehmeres und Höherstehendes, oder doch zum mindesten Interessanteres und „Moderneres" als die absolute Musik. Er konnte in seiner Bedenklichkeit und Bescheidenheit die Befürchtung nicht ganz unterdrücken, als ob er mit seinem reinen, auf sich selbst gestellten Musizieren eigentlich hinter der Zeit zurückgeblieben sei, und das mochte ab und zu wohl auch den Wunsch in ihm wecken, wenigstens zu scheinen, was er doch so ganz und gar nicht war, oder eine Etikette zur Schau zu tragen, die dem Wesen seiner Kunst keineswegs entsprach.

Ich selbst sollte Bruckners naiv-kindliche Anschauung von dem Vorzug poetisierender Tonkunst einmal bei einer merkwürdigen Gelegenheit kennen lernen. In dem lateinischen Texte des Doktordiploms, das ihm die Wiener Universität verliehen hatte, war für „Komponist" der griechisch-lateinische Ausdruck „melopoeus" (μελοποιός) gebraucht. Bruckner liess sich das ihm unbekannte Wort, um ganz sicher zu gehen, gleich von zwei humanistisch gebildeten Freunden übersetzen, von denen der eine, poetischer veranlagt, es mit „Tondichter", der andere, nüchterner und prosaischer, mit „Tonsetzer" wiedergab. Ueber diese Differenz entstanden nun bei Bruckner gewaltige Skrupel. Als was hatte ihn die Fakultät eigentlich einschätzen wollen, als „Tondichter" oder „Tonsetzer"? — denn dass das zwei sehr verschiedene Dinge seien, davon war er fest überzeugt. Tondichter war für ihn, wie gesagt, nicht nur etwas Höheres, sondern er meinte auch, auf diesen Titel habe eigentlich nur d e r Komponist Anspruch, dessen Schaffen sich, wie etwa das Franz Liszts, an poetischen Ideen inspiriere — und davon war er nicht abzubringen. Dabei merkte man ihm an, dass er es als eine ganz besondere Ehrung betrachtet hätte, wenn ihm trotzdem durch das Diplom die Qualität als „Tondichter" im Gegensatz zu der eines „Tonsetzers" zuerkannt worden wäre.

Wenn wir die musikalische Interpretation bestimmter Ideen oder gar äusserer Vorgänge in Bruckners Symphonien nicht zu suchen haben, so soll darum, es sei noch einmal wiederholt, keineswegs geleugnet werden, dass unser Meister — wie jeder Komponist — immerhin doch äusseren Einflüssen unterworfen war, dass sein persönliches Erleben in seinem Schaffen künstlerische Gestalt gewann, dass bisweilen wohl auch ganz bestimmte Vorgänge und Eindrücke nichtmusikalischer Art ihn anregten und einzelne Gedankenbeziehungen auf sein Komponieren einwirkten. Aber alle die Kräfte, die Bruckners Schaffen w e s e n t l i c h b e s t i m m t e n, waren ausschliesslich rein musikalischer Natur, und vor allem gibt es keinen anderen Gesichtspunkt, seine Symphonien wirklich zu verstehen, als den des absolut musikalischen Hörens und Geniessens. Diese Werke besitzen keine in Worten anzugebende „Bedeutung", keinen erzählbaren aussermusikalischen Inhalt, und sind dennoch nichts weniger als ein „Spiel tönender bewegter Formen". Wie jede echte, nicht bloss vorgebliche Musik, hat auch die Musik Bruckners ihren ganz bestimmten, konkreten und präzisen Inhalt: nur kann dieser Inhalt niemals mit Worten auch nur halbwegs genügend umschrieben, geschweige denn voll ausgesprochen werden. Diese Musik ist der direkte Ausfluss, die Offenbarung eines ungemein reichen und komplizierten Seelenlebens, das so eigenartig innerlicher, ich möchte sagen: unbewusster Natur war, dass es auf keine andere Weise sich mitzuteilen vermochte als eben in Tönen. Und so haben wir denn auch Bruckner zu begreifen. Wenn wir die staunenswerte Meisterschaft seiner Polyphonie und den überwältigenden Klangzauber seiner Instrumentation bewundernd anstaunen, dann erfassen wir ihn nur halb, und wenn wir nach einer in Worten ausdrückbaren Bedeutung seiner Tonsprache suchen, missverstehen wir ihn ganz. Erst wenn wir erkannt haben, dass es die Geheimnisse einer in Lust und Leid, in Jubel und Gram, in Hoffen und Verzagen, in Zweifel und Zuversicht leidenschaftlich bewegten Menschenbrust sind, was aus diesen Tönen heraus so vernehmlich zu uns spricht, und wenn wir durch sie hindurch das lebendig pochende Herz erblickt haben, dessen warmer Pulsschlag ihnen ihre Kraft und Gewalt verleiht, — dann erst werden wir imstande sein, die Brucknersche Musik in ihrer ganzen überwältigenden Macht zu verstehen und — was damit gleichbedeutend ist — zu lieben: diese Musik, die gerade das in so besonderem Masse auszeichnet, was das höchste und seltenste in aller Kunst ist — Tiefe der Empfindung und Grösse der Erfindung.

Von jeher hat man der Brucknerschen Symphonie den Vorwurf der Formlosigkeit gemacht, und wohl mag die Ueberzeugung, dass diesem Vorwurf, so masslos er oft von gegnerischer Seite übertrieben wurde, doch etwas Wahres und richtig Beobachtetes zugrunde liege, mit dazu beigetragen haben, dass einzelne Anhänger des

Meisters sich so eifrig beflissen zeigten, ihn zu einem heimlichen Programmusiker zu stempeln. Denn wenn das formgebende Prinzip auf aussermusikalischem Gebiete zu suchen ist, so darf man eher hoffen, dass eine den rein musikalischen Anforderungen und Gewohnheiten nicht durchweg entsprechende Formgebung Nachsicht finde, und darauf rechnen, dass die poetische Ideenfolge für einen etwaigen Mangel an Logik und Konsequenz im musikalischen Gedankengang ausgleichend eintrete. Um so mehr müssen dann aber wir, die wir eine programmatische Ausdeutung der Brucknerschen Symphonie entschieden und ausdrücklich abgelehnt haben, zusehen, wie wir uns mit ihrer wirklichen oder vorgeblichen Formlosigkeit abfinden können. Dabei erhebt sich zunächst die Frage: ist es überhaupt berechtigt und in welchem Sinne ist es zu verstehen, wenn man Bruckner formlos nennt? Von vornherein ist es ausgeschlossen, an eine a b s o l u t e Formlosigkeit zu denken: denn eine solche würde, wie jede Kunst, auch die Musik als solche sofort aufheben. Wenn wir aber zugeben, dass Bruckner in der Tat r e l a t i v formlos ist, das heisst, dass er jene Strenge, Geschlossenheit und Uebersichtlichkeit der Form vermissen lässt, durch die sich etwa die Meisterwerke eines Beethoven auszeichnen, so muss diese Behauptung, um nicht missverstanden zu werden, gleich von allem Anfang an eine gewichtige Einschränkung und eine unerlässliche Erläuterung erfahren. Eine Einschränkung: Bruckner ist nicht immer und überall formlos, er ist es nur bisweilen. Seine Scherzi lassen fast ausnahmslos nicht das geringste in bezug auf übersichtlich harmonischen Aufbau vermissen, ja es finden sich darunter Stücke, die auch ein Mozart oder Mendelssohn formal vollendeter nicht hätte schreiben können. Ein gleiches gilt von vielen seiner langsamen Sätze, die zwar manchmal zu einer ungemessenen Ausdehnung anwachsen, aber doch selten etwas an Wohlproportioniertheit ihrer Gliederung darüber einbüssen. Spricht man von Bruckners Formlosigkeit, so hat man immer nur seine ersten Sätze und vor allem die Finali im Auge. Und hier ist sie in der Tat bisweilen vorhanden. Nicht als ob der Meister jemals völlig planlos und unlogisch in der Aneinanderreihung seiner Gedanken vorgegangen wäre. Es lässt sich vielmehr immer und überall ein vernünftiger und zwar rein musikalischer Sinn und Zusammenhang in seinen Sätzen nachweisen. Nur liegt bei Bruckner die Idee, die das scheinbar Auseinanderfallende einheitlich zusammenhält, nicht immer so ganz offen zutage, sie muss aufgesucht werden. Dass sie aber kaum jemals ganz unauffindbar sein dürfte, beweist das schöne Gelingen solcher Erklärungsversuche, wie sie der treffliche August Halm gemacht hat, die nichts eigentlich deuten oder interpretieren wollen, sondern sich nur darum bemühen, die innere musikalische Logik des Brucknerschen Tonsatzes aufzuzeigen[1]).

In dem Sinne, wie wir Tadellosigkeit der Form gele-

[1]) A. Halm, Melodie, Harmonie und Themenbildung bei Anton Bruckner. Reue Musikzeitung, XXIII. Jahrgang Nr. 13—17. — Das Studium von Halms umfangreicher Publikation: Die Symphonie Anton Bruckners (München 1914) erweckt gemischte Empfindungen. Zwar ist auch hier die Richtung, in der Erklärung und Rechtfertigung für Bruckners Formgebung gesucht wird, die gleiche lobenswerte geblieben wie in jener früheren Arbeit, und man wird Halms Ausführungen ganz gewiss nicht ohne mannigfache Anregung und Belehrung, nicht ohne vielfache freudige Zustimmung folgen können. Aber unangenehm fällt es auf, dass Halms Brucknerbegeisterung sich nun ganz einseitig zur Bruckner-Manie und zwar zu einer Monomanie gesteigert hat, die keine anderen Götter ausser dem einen Bruckner-Inoch mehr duldet und dessen Apologie schliesslich nur dadurch glaubt vollenden zu können, dass sie die anderen grossen Meister herabsetzt und verkleinert. Dazu kommt noch oft im Ton etwas sektiererisch Hochfahrendes, Unduldsames und Selbstüberhebliches, neben den Vorzügen dessen, der in seinem Denken und Urteilen die eigenen Wege geht, die Schwächen eines „Eigenbrödlers" von ausgesprochen schwäbischem „Geschmäckle".

gentlich bei Bruckner vermissen, ist der Begriff Form nicht nur relativ, sondern auch sekundär. In primärer Bedeutung ist Form dasselbe wie Gestaltung, und ein formloser Künstler wäre ein solcher, dem die Kraft fehlte, seine Gedanken zu gestalten, die Bilder, die er schaut, plastisch greifbare Erscheinung werden zu lassen. Er wäre, gerade herausgesagt, ein Stümper, einer, der etwas will, was er nicht kann. Nun hat man ja auch das von Bruckner gesagt, dass es ihm wirklich an Gestaltungsvermögen gemangelt habe; aber im Ernst lässt sich dieser Vorwurf nicht aufrecht erhalten. Wer so etwas geschrieben hat wie das gewaltige Finale der fünften Symphonie, diese in den riesigsten Dimensionen angelegte und doch so übersichtlich disponierte und einheitliche Doppelfuge, zu der dann schliesslich noch das Hauptthema des ersten Satzes als drittes Subjekt hinzutritt: wer solch gigantischen Gestaltens mächtig war, der hat Anspruch darauf, auch in formaler Hinsicht als ein ganz gewaltiger Könner zu gelten.

Aber es gibt noch eine sekundäre Bedeutung des Begriffes Form. So verstanden, ist Form ein Mittel zum Zweck leichterer Verständlichkeit. Sie fasst all das in sich, was der Komponist dem Auffassungsvermögen des Hörers an Rücksichten schuldig zu sein glaubt. Da finden sich denn Forderungen wie die nach Wiederholung wichtiger Teile — damit sie sich fester einprägen, der Sparsamkeit mit Episoden — damit sie die Aufmerksamkeit von den Hauptthemen nicht ablenken, der Kürze und Knappheit — damit der Ueberblick über das Ganze nicht verloren gehe, der Vorsicht im Modulieren — damit dem Hörer das Gefühl der tonalen Einheit nicht abhanden komme, steter Abwechslung — damit Monotonie vermieden werde, aber auch der Vermeidung allzu schroffer Gegensätze — damit das miteinander Verbundene nicht zu

einem beziehungslosen Nebeneinander sich isoliere u. s. f.
Je jünger eine Kunst ist, je mehr sie mit einem relativ
noch unentwickelten Auffassungsvermögen rechnen muss,
desto strenger werden derartige formale Anforderungen
in ihr auftreten. Daher kommt es, dass man in der Musik
eine Art von „Formlosigkeit", das heisst, richtiger gesagt,
formaler Freiheit und Ungebundenheit, die etwa in der
Poesie längst als hochberechtigte Eigentümlichkeit gewisser künstlerischer Individualitäten anerkannt ist, noch
als etwas unter allen Umständen Tadelnswertes und Unverzeihliches ansieht. Dass ein formloser, das heisst lose
komponierter Roman trotzdem, ja gerade mit d e s h a l b,
ein sehr guter Roman sein könne, bestreitet niemand.
Man denke nur an „Wilhelm Meister", an den „Grünen
Heinrich" oder an Wilhelm Raabe. Ohne die beiden so
gänzlich heterogenen Kunstformen des Romans und der
Symphonie nun irgendwie miteinander in Parallele stellen
zu wollen, muss doch gesagt werden, dass in demselben
Masse, wie die Musik älter und reifer, die musikalische
Kultur feiner und sublimer wird, auch jene sekundären
formalen Anforderungen an Strenge und Rigorosität verlieren werden. Immer mehr wird man sich daran gewöhnen, auch in dieser Hinsicht die Eigenart der Individualität zu respektieren, jeden nach seiner Fasson selig werden zu lassen, und immer entschiedener wird man davon
abkommen, Form mit Schablone zu verwechseln. Wenn
die Form der getreue Ausdruck des Inhalts, und dieser
Inhalt so bedeutend ist, dass er es verdient, gehört zu
werden, dann ist eigentlich alles erfüllt, was man billigerweise von einem Künstler verlangen kann. Dass aber
beides bei Bruckner in hohem Masse zutrifft, dürfte heute
wohl nicht mehr bestritten werden. Ja, noch mehr: das,
was man mit einigem Recht Bruckners Formlosigkeit
hat nennen können, ist aufs festeste verknüpft mit dem

höchsten Vorzuge seiner Kunst. Bruckners Tonsprache hat so etwas Subjektives und intim Persönliches, dass sie sehr oft geradezu zum M o n o l o g wird. Wie wohl ein anderer seinem Tagebuche, so vertraut Bruckner dem Notenpapier all das an, was gerade im Augenblick sein innerstes Herz bewegt. Die Partitur wird zum Selbstbekenntnis, der Künstler vergisst, dass er sich anderen mitteilen will, er spricht nur noch zu sich selbst und lässt infolgedessen auch die Rücksicht auf das Auffassungsvermögen des Zuhörers, das heisst objektiv ausgedrückt: die Rücksicht auf die Form, mehr als billig ausser acht.

Wenn wir uns nun im folgenden die Brucknersche Symphonie auf ihre Ausgestaltung im einzelnen etwas näher ansehen, so möge das 1879 bis 1880 komponierte und dem Herzog Max Emanuel in Bayern gewidmete Q u i n t e t t für zwei Violinen, zwei Bratschen und Violoncello in die Betrachtung gleich mit einbezogen werden. Es ist Bruckners einziger Versuch auf dem Gebiete der Kammermusik und schon wegen seines wunderherrlichen Adagios ein Werk von unschätzbar hohem Werte. Aber in allem und jedem ist es so nahe mit den Symphonien verwandt, dass es sich fast nur in der Instrumentierung von ihnen unterscheidet: es ist eine echte Brucknersche Symphonie, die der Meister statt für das volle Orchester, nur für fünf Streichinstrumente geschrieben hat. So verhält es sich zu den Symphonien geradezu wie die Kartons eines Freskomalers zu seinen ausgeführten Monumentalbildern. Die erste öffentliche Aufführung des Quintetts durch die Hellmesbergersche Quartettvereinigung (8. Januar 1885) brachte dem Meister einen seiner unbestrittensten Erfolge. Wenn auch gerade bei dieser Gelegenheit Eduard Hanslik sich ganz besonders unschön benahm und ein anderer Kritiker es fertig brachte, Bruckners Werk damit zu verspotten, dass er ihm ein parodistisches Programm: „Die Lieb' auf der Alm" unterlegte, so geschah es doch, dass dem Quintett gegenüber nicht nur das Publikum weit über die Kreise der besonderen Freunde und Anhänger des Meisters hinaus allgemeine Begeisterung zeigte, sondern auch von den Kritikern die sonst lau oder feindlich gesinnten sich in einem Masse bereit erwiesen, wenigstens teilweise Anerkennung zu spenden, wie das in Wien zu Bruckners Lebzeiten vielleicht nur noch bei der ersten Aufführung des Te Deum (10. Januar 1886) der Fall war. —

Die Reihenfolge der einzelnen Sätze in der Brucknerschen Symphonie ist verschieden. Meist findet sich die altherkömmliche Anordnung, dass der langsame Satz an zweiter, das Scherzo an dritter Stelle steht. Nur die beiden letzten Symphonien und das Quintett kehren nach dem Vorgange Beethovens in der Neunten das Verhältnis der Mittelsätze um und bringen das Adagio nach dem Scherzo. Wenn das die Symphonie bestimmende formale Grundprinzip — wie es bis auf Beethoven durchaus der Fall war — das der A b w e c h s l u n g ist, erscheint die ältere Reihenfolge vortrefflich. Anders wird es, wenn an Stelle der Abwechslung die Idee der E n t w i c k l u n g eines einzigen, das ganze Werk durchziehenden Gedankens tritt. Dann ergibt sich eine von der ersten bis zur letzten Note durch alle vier Sätze hindurch anhaltende S t e i g e r u n g als eine naheliegende künstlerische Anforderung, und da es sehr leicht geschehen kann, dass im Adagio bereits eine Höhe erreicht wird, die durch ein Scherzo — und sei es ein Beethovensches oder Brucknersches — nicht mehr zu überbieten wäre, so folgt daraus die Notwendigkeit der Umstellung. Die Erwägung, dass der langsame Satz eine so ernste und weihevolle Stimmung heraufbeschwören möchte, dass die Folge eines wie immer gearteten Scherzos geradezu als gefühlverletzend

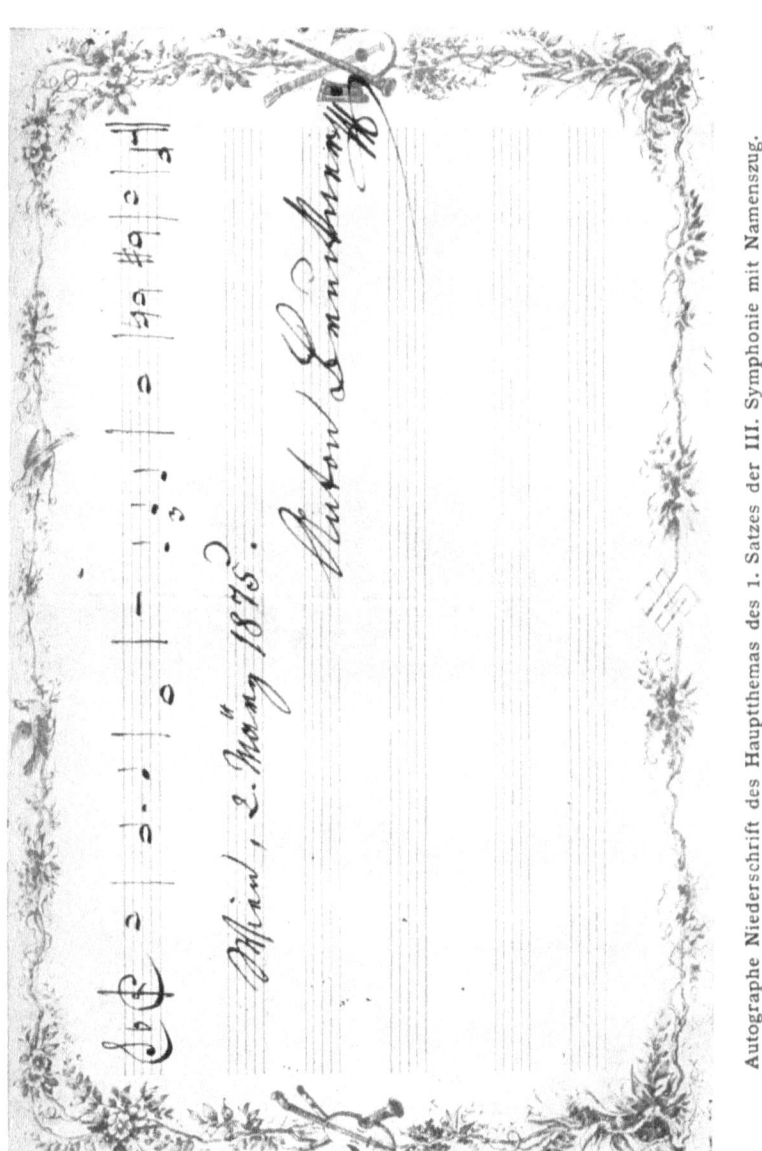

Autographe Niederschrift des Hauptthemas des 1. Satzes der III. Symphonie mit Namenszug.
(Aus dem Besitze und mit gütiger Bewilligung des Herrn Friedrich Klose in Karlsruhe.)

empfunden werden müsste, wird Bruckner wohl bewogen haben, gerade in d e n Werken das Scherzo vorwegzunehmen, bei denen das Adagio sich durch eine ganz besondere Tiefe und Erhabenheit der Tonsprache auszeichnet.

Der erste Satz der Brucknerschen Symphonien ist in der Regel ein sehr gemässigtes Allegro im Allabrevetakt. Was Richard Wagner einmal von Beethoven sagt: „Die bedeutendsten Allegro-Sätze Beethovens werden meistens durch eine Grundmelodie beherrscht, welche in einem tieferen Sinne dem Charakter des Adagios angehört, und hierdurch erhalten sie die s e n t i m e n t a l e Bedeutung, welche diese Allegros so ausdrücklich gegen die frühere, n a i v e Gattung derselben abstechen lässt" — das gilt in noch viel höherem Masse von Bruckner, der sich in dieser Beziehung zu Beethoven fast ebenso verhält wie Beethoven selbst zu Mozart. Jener „eigentliche exklusive Charakter des Allegros, in dem die Figuration über den Gesang gänzlich die Oberhand erhält, die Reaktion der rhythmischen Bewegung gegen den gehaltenen Ton vollständig durchgesetzt wird"[1]), findet sich bei Bruckner sehr häufig im Scherzo, aber kaum jemals rein in einem der Ecksätze. Darum tragen die Tempobezeichnungen aller dieser Anfangsallegri ritardierende Zusätze wie *moderato, molto moderato*, mässig, ruhig oder mässig bewegt, *maestoso*, feierlich. Aber trotz dieser Mahnungen lassen sich die meisten Dirigenten durch die gewohnte Bedeutung des Alla breve — noch einmal so rasch! — die hier ganz und gar nicht zutrifft, verleiten, diese Brucknerschen Allegri zu überhasten. Das Seitenthema tritt, meist auch als neues Tempo, zu dem Hauptthema in scharfen Gegensatz, und dieser Gegensatz in Verbindung mit dem Umstande, dass die Gruppe des Hauptthemas

---

[1]) R. W a g n e r, Ueber das Dirigieren. Ges. Schr. u. D. VIII, 286 f.

und die des Seitenthemas kaum jemals in eine nähere Verbindung miteinander gebracht werden, vielmehr scheinbar beziehungslos einander ablösen und in ihrem gegenseitigen Verhältnis durch das Hinzukommen eines dritten, ja vierten Themas, wie mannigfachen episodischen Beiwerks noch mehr kompliziert werden, hat viel dazu beigetragen, den Brucknerschen ersten Sätzen den Vorwurf der Zusammenhangslosigkeit und Zerrissenheit zuzuziehen. Nur einmal, in der 5. Symphonie geht dem ersten Allegro als Einleitung ein Adagio voraus, das dann auch vor der Durchführung wieder erscheint; und ebenso steht das Quintett mit seinem Moderato im Dreivierteltakt als erstem Teil ganz allein da.

Bei den langsamen Sätzen Bruckners lassen sich zwei Typen unterscheiden: das eigentliche, sehr langsame und feierliche Adagio, wie es die Symphonien Nr. 1, 5, 6, 7, 8, 9 und das Quintett haben, und das bewegtere Andante der Zweiten und Vierten, wozu ich auch das — immerhin eine Uebergangsform zum richtigen Adagio repräsentierende — *Quasi Andante* der **Dritten** rechnen möchte — Sätze, die meist zu langsam genommen werden, wie das zumal bei dem Andante der „Romantischen" der Fall ist, wo die suggestive Vorstellung eines angeblichen Trauermarsches so gerne Tempo fälschend wirkt. Während die Hauptthemen hier immer das Vierviertel-Taktmass haben, weist der ihnen gegenübertretende Gegensatz, der teils ein rascheres Tempo bringt (z. B. in der 1., 3. und 7. Symphonie), teils das Grundzeitmass noch mehr verbreitert (4., 6.), bisweilen einen dreiteiligen Takt auf (1., 3. und 7.). Bemerkenswert ist das Imbroglio im Adagio der 5. Symphonie, wo der Vierviertaktakt des ersten Themas zugleich mit einem Basso ostinato im Sechsvierteltakt intoniert wird, der dann auch noch für das Scherzo beibehalten bleibt. Mehr als die Form irgend eines anderen Satzes, ist die des Adagios zuletzt bei Bruckner geradezu stereotyp geworden: Haupt- und Seitenthema folgen einander abwechselnd in figurativer und kontrapunktischer Variation bei wesentlich gleichbleibender harmonischer Grundlage. Mit diesem Wechsel läuft eine dynamische und energetische Steigerung parallel, die zuletzt meist ein mehr oder minder kurzes, dem Hauptthema angehörendes Motiv ergreift, um es — in der Regel absatzweise — durch Sequenzgradation auf einen kulminierenden Höhepunkt zu führen, von dem aus ein allmähliches oder plötzliches Abdämmen erfolgt, das den Satz in eine wehmütig ergreifende Resignationsstimmung auslaufen lässt. Am reinsten und zugleich gewaltigsten ausgeprägt zeigt diese Form der überwältigende dritte Satz der 8. Symphonie, mit dem der Meister sein bekanntestes und berühmtestes Adagio, das der 7., an Tiefe und Eindringlichkeit der Wirkung wohl noch übertroffen hat, während das der 9. dadurch, dass es den verklärten Charakter des „Abschieds vom Leben"[1]) gleich von allem Anfang an trägt und durchweg beibehält, eine ganz isolierte Stellung einnimmt: da ist alles getaucht in den Strom eines zugleich schmerzlichen und wonnigen Entsagens, einer Gottergebenheit, die ihren Frieden gefunden hat im Verzichten; und damit im Einklang steht es ja auch, dass in diesem erschütternden Schwanengesang die Steigerung nicht entfernt auf einen solchen Höhepunkt geführt ist wie in der Achten.

Das Scherzo hatte schon bei Beethoven, der es an den Platz des Haydnschen Menuetts setzte, vielfach den Charakter des Scherzando, den es dem Worte nach doch haben sollte, vielfach verloren. An Stelle des „Spasses"

[1]) Im besonderen sind es die Takte von Buchstaben B bis C in der Partitur dieses Satzes, die Bruckner seinen „Abschied vom Leben" genannt hat. (Helm, a. a. O. S. 367.)

tritt bitterer Ernst. Das Scherzo wird zum Tummelplatz des Humors im Sinne jener unlösbaren Verschmelzung der extremsten Gefühlsgegensätze, wo die Lust im Gewand des Schmerzes, der Schmerz unter der Maske der Lust erscheint. Nicht umsonst hatte Richard Wagner in seiner Erläuterung zu Beethovens 9. Symphonie das Goethesche Oxymoron vom „schmerzlichsten Genusse" zur Deutung des Empfindungsgehalts des Scherzos herbeigezogen. Denn in dieser, durchaus dem Gebiete des Erhabenen angehörenden Musik steigert sich der Taumel einer alles Mass übersteigenden Daseinslust bis zur Raserei wildesten Schmerzes, und die Verzweiflung des von unerhörtem Weh gepeitschten Herzens macht sich Luft in einem krampfhaften Aufschrei, der sich vom hellsten Lachen des Uebermuts die Töne leiht. Lust ist Leid und Leid ist Lust: die uralte Weisheit von der Identität der auf die äusserste Spitze getriebenen Empfindungsgegensätze, sie ist es, die aus den dämonischen Klängen eines Beethovenschen Scherzos nicht minder deutlich zu uns spricht wie etwa aus den zwischen Tiefsinn und Wahnwitz vieldeutig schillernden Reden Shakespearescher Narren.

Wenn man von Bruckners Adagio gesagt hat, dass es direkt an Beethoven anknüpfe und eine Form weiterbilde, von der ein Schumann meinen konnte, dass der Grossmeister der Symphonie sie gänzlich erschöpft habe, so sehen wir in seinen Scherzi noch viel deutlicher, wie er über alle zwischenliegenden Symphoniker hinweg seinem gewaltigen Vorgänger die Hand reicht. Die derbe Kraft, der unbändige Trotz, die elementare Wucht und wilde Dämonie dieser Scherzosätze erinnert durchaus an Beethoven, und zwar nicht im Sinne der Anlehnung an die individuelle Eigenart eines Vorbildes, sondern im Sinne einer angeborenen und natürlichen inneren Geistesverwandtschaft. Das wirkliche Tanzstück, das die frühere Symphonie an ihrem Menuett gehabt hatte, war durch Beethoven beseitigt worden, und nur ausnahmsweise — etwa wenn es wie in der Pastorale durch Programmrücksichten bedingt war — gab er seinem späteren Scherzo den Charakter eines realen, leibhaftigen Tanzes. Dafür finden wir bei Bruckner sehr oft den Tanz in das Scherzo wieder eingeführt in der Gestalt des Ländlers seiner oberösterreichischen Heimat. Im Trio (am ausgeprägtesten wohl in der „Romantischen"), bisweilen aber auch schon im Scherzo selbst (wie in der 5.) kommt ihm die Erinnerung an jene Zeit, da er den Windhager Bauern um einen „alten Zwanziger" (⅓ Gulden Konventionsmünze = 35 Kreuzer ö. W.!) zum Tanze aufgespielt hatte, und es entstehen dann jene herzerfrischenden Weisen einer behaglich heitern Lebensfreude, die einerseits die Rolle eines beruhigenden Gegensatzes zu der wilden Bewegtheit des Scherzos spielen, eine Rolle, die ja auch bei Beethoven meist dem Trio zufällt, anderseits als Tanzstücke ein Zurückgehen auf den unmittelbaren musikalischen Ausdruck derjenigen Lebensäusserung bedeuten, aus der das Scherzo ursprünglich hervorgegangen war. Sämtliche Scherzi Bruckners stehen im Dreivierteltakt mit Ausnahme des der 4. Symphonie, das an den Jagdfanfaren im Zweivierteltakt sein gestaltendes Naturmotiv hat. Bisweilen hat das Trio geraden Takt (5., 6., 8. Symphonie), und zwar namentlich dann, wenn das Scherzo ruhiger gehalten ist oder doch in seinem zweiten Teil ein ruhigeres Zeitmass antizipiert hat. Einen besonderen Charakter hat das zart, wie eine phantastische Neckerei dahinhuschende Scherzo der 6. und ganz verschieden von allen anderen ist das der 9. Symphonie. Schon dass man an B e r l i o z dabei erinnern durfte, beweist, wie weit sich Bruckner hier von der

Weise seiner früheren Scherzosätze entfernt, und gerade
dieses Scherzo belegt am eindringlichsten die unbegreiflich wunderbare Tatsache, dass der Meister in seinem
letzten Werke, das er schrieb, als schon die Todeskrankheit an ihm zehrte, ganz neue Seiten seiner überreichen
seelischen und geistigen Natur enthüllt, die zuvor entweder noch gar nicht oder doch nur versteckt und jedenfalls in ganz anderer Beleuchtung zutage getreten waren.

Ueber das Finale der Brucknerschen Symphonie ist
schon an früherer Stelle einiges beigebracht worden. Dem,
der Bruckner neu kennen lernt, wird in der Regel wohl
zuerst die kraftvolle Schönheit seiner Scherzi aufgehen;
aber auch der zugleich äusserlich glanzvollen und innerlich vertieften Tonsprache seiner Adagio muss sich ein
Empfänglicher bald gefangen geben. Länger dauert es
dann schon, bis etwa solche Stücke wie das erste Allegro
der Achten, dieses Meisterwerk geschlossen einheitlicher
Zusammenfassung eines reichen Gedankengehalts, den
Schlüssel zum Verständnis der zum Teil schon mehr auseinanderfallenden Anfangssätze liefern. Und vollends gibt
es unter den Brucknerschen Finali mehr als eines, das
sogar dem besten Kenner der Eigenart des Meisters noch
harte Nüsse zu knacken aufgibt. Aber immer und ausnahmslos — und vielleicht am allermeisten bei den
Schlusssätzen, diesen rätselhaften Sphinxen einer von
allen formalen Bedenken kühn sich emanzipierenden Inhaltskunst — birgt die rauhe Schale einen köstlichen
Kern, der es verlohnt, dass man die Stärke seiner Zähne
dran erprobe. Eine Eigentümlichkeit der Brucknerschen
Finali, dass sie durch Wiederaufnahme von Gedanken
aus den früheren Sätzen sehr oft die ganze Symphonie
zu einer auch äusserlich als solche erkennbaren Einheit
zusammenzuschweissen suchen, habe ich im Vorübergehen schon gestreift. Sie geht gleichfalls auf Beethoven

zurück, und direkt an die Art und Weise, wie dieser zu Beginn des Finales der 9. Symphonie die Hauptthemen des ersten, zweiten und dritten Teils Revue passieren lässt, ehe er sich der Freudenmelodie zuwendet, gemahnt das ganz analoge Verfahren zu Beginn des Schlusssatzes der Brucknerschen Fünften, des einzigen, dem eine präludierende Einleitung vorangeht.

Von allen Beurteilern, auch von denen, die das Brucknersche Kunstwerk als Ganzes ablehnten, ist unserem Meister immer und überall der Ruhmestitel eines gottbegnadeten musikalischen E r f i n d e rs zuerkannt worden. Unter den Elementen der Brucknerschen Symphonik ist es die T h e m a t i k , die zunächst als wahrhaft imponierend auffällt. Welcher Reichtum, welche Ueberfülle an Einfällen, und — auch das haben selbst die im übrigen skeptisch gesinnten Kritiker stets anerkannt — wie monumental, wie echt symphonisch ist der Charakter dieser Themen!

Auf den folgenden Notenblättern sind die wichtigsten Themen der neun Brucknerschen Symphonien in der Art zusammengestellt, dass jeweils die einander entsprechenden Bildungen der verschiedenen Werke unmittelbar nebeneinandergerückt werden: also z. B. das erste Thema des ersten Satzes in der 1., 2., 3., 4., 5., 6., 7., 8. und 9. Symphonie, ebenso die zweiten Themen der ersten Sätze, die ersten Themen der langsamen Sätze usw. Durch diese Anordnung soll ein vergleichendes Studium der Themenbildung Bruckners erleichtert werden. Die einzelnen Themen konnten hier — aus Raumrücksichten — freilich mehr nur angedeutet als wirklich angeführt werden. Es wird darauf gerechnet, dass der Leser sie sich im Gedächtnis vollständig reproduziere mit Ergänzung der Harmonie, der Nebenstimmen usw. oder aber, wenn er sie nicht im Kopf hat, in der Partitur oder im Klavierauszug nachlese.

Ueberblickt man so gleichsam das Repertorium der Brucknerschen Thematik, so wird man finden, dass die Eigenart des Meisters auf diesem Gebiet — in einem gewissen Gegensatz zu seiner Art, das Themenmaterial zu verwenden und ganze Sätze aus ihm aufzubauen, die doch manchmal zur Manier, ja zur Schablone wird — von einer schier unerschöpflichen Reichhaltigkeit und Vielseitigkeit ist. Immerhin lassen sich auch hier gewisse wiederkehrende Züge der Gemeinsamkeit und gewisse sich wiederholende Typen feststellen. Als erstes Thema des ersten Satzes finden wir in der Regel ein Gebilde, das irgendwie auf dem Dreiklang beruht (3., 4., 5., 6. und 7. Symphonie). Auch das Scherzo hat als Hauptthema oft einen solchen Dreiklangsgedanken, so das der 4. (die Jagdfanfare), der 7., der 8., gelegentlich auch der langsame Satz (4. und 5.). Diese Themen haben etwas Elementares, etwas von musikalischen Naturmotiven, besonders wenn sie zunächst nur Grundton und Quint berühren und die Terz erst später oder (wie in der 3. und 4.) zunächst gar nicht bringen. Dass diese Art der Themenbildung von Beethoven herkommt, verrät sich in der 3. Symphonie Bruckners dadurch, dass das erste Thema des ersten Satzes in diesem Werke zu Anfang ganz offenbar nur eine Variante des ersten Themas des ersten Satzes von Beethovens Neunter ist: übrigens ein schönes Beispiel dafür, wie die Wucht und Energie des in ihr zutage tretenden schöpferischen Vermögens auch die Variierung eines fremden Gedankens zu dem Range eines eigenen Einfalls von höchster Genialität emporzuheben vermag.

Gegenüber solchen Tongestalten, die in dieser Weise mehr akkordlichen als eigentlich melodischen Charakter tragen, sind als erste Themen bei Bruckner Gebilde, in denen gleich von vornherein das stufenweise Fortschreiten gegenüber dem Springen in grösseren Intervallen vorherrscht — wie im ersten Satze der 1. und der 2., im Finale der 6. — verhältnismässig selten. Dagegen geschieht es öfter, dass ein länger ausgesponnenes erstes Thema, das mit weiten Schritten in Dreiklangsintervallen beginnt, im weiteren Verlauf zu engerem Fortschreiten übergeht und allmählich mehr stufenschritt-melodischen Charakter annimmt. Hierfür bietet der herrlich weit gespannte Bogen des ersten Themas im ersten Satze der Siebenten ein prächtiges Beispiel. Recht eigentlich der Ort für kantable Stufenschrittmelodik ist bei Bruckner das zweite Thema, das ihm vorzugsweise „Gesangsthema" ist, — wie es ja auch von A. B. Marx (der Bruckners theoretische Autorität in Sachen der Kompositions- und Formenlehre war) geradezu so genannt wurde. Eine besondere Eigentümlichkeit repräsentieren jene Kombinationen, die gleichfalls vorzugsweise in zweiten Themen begegnen, wo der musikalische Gedanke von Anfang an den Charakter eines Doppelmotivs trägt, sei es dass eine Mittelstimme aus einem harmonischen Satze als Melodie hervorgehoben und mit ihm — klanglich: die Harmoniestimmen pizzicati, die Melodiestimme coll'acco und rhythmisch: etwa die Melodiestimme synkopiert — kontrastiert wird (wie z. B. im zweiten Thema des ersten Satzes der Fünften), sei es dass ein „Kontrapunkt" so bedeutsam hervortritt, dass er das Gewicht eines Gegenthemas bekommt, wie etwa die schon angeführte „Zizibe"-Vogelstimme im zweiten Thema des ersten Satzes der Vierten, oder — als extremstes Beispiel, insofern hier radikal Gegensätzliches zu einer, man möchte sagen, „dialektischen" Zweieinigkeit verbunden wird — die leichtfertige Geigenmelodie zu dem choralartigen Gesang der Hörner im zweiten Thema des Finale der Dritten[1]).

Eine grosse Rolle in Bruckners Thematik spielt der sogenannte „Choral", d. h. eine frei erfundene, schlicht und meist nur mit Dreiklängen harmonisierte Melodie kirchlichen Charakters in gleichen Notenwerten (Vierteln im Vierviertel- oder Halben im Allabreve-Takt) — insofern also wirklich Cantus planus. Solche Choräle treten bei unserem Meister oft episodisch auf, manchmal auch als eigentliche Hauptthemen, dies am grossartigsten in dem als zweites Thema einer riesenhaften Doppelfuge durchgeführten Choral des Finales der B-dur-Symphonie. Eine andere Klasse Brucknerscher Themen erinnert wieder an den grossen Orgelimprovisator, so jene wuchtigen Unisono-Gebilde, deren wilde, zyklopische Ungeschlachtheit im ersten Satze der Neunten, im Finale der Vierten (erstes Thema) und anderwärts so hinreissend wirkt, oder auch solche Bassthemen, die — wie das erste Thema im Finale der III. — ausgesprochenen „Pedal"-Charakter haben.

Als Harmoniker vertritt Bruckner die in der zweiten Hälfte des 19. Jahrhunderts als die eigentlich „mo-

[1]) Diese Vereinigung von Heterogenstem war als „grotesk" getadelt worden. Obgleich nun ganz gewiss jeder Mensch mit normalen Ohren sich sagen muss, dass die Stelle schon darum rein musikalisch voll gerechtfertigt erscheint, weil sie so ganz entzückend klingt, suchte Bruckner entsprechend seiner leicht zu beirrenden Gemütsart nachträglich nach einer programmatischen Motivierung für die Kombination. Als er im Fasching 1891 eines Nachts mit August Göllerich nach Hause ging und aus dem offenen Fenster eines Palais am Schottenring Ballmusik erklang, während nebenan in dem an Stelle des abgebrannten Ringtheaters erbauten Stiftungshause der vor kurzem gestorbene Dombaumeister Schmidt lag, sagte er (nach der Erzählung Göllerichs bei Helm a. a. O. S. 367): „Sehen Sie — hier im Hause grosser Ball — daneben liegt im Sühnhause der Meister auf der Totenbahre! So ist's im Leben und das habe ich im letzten Satze meiner dritten Symphonie schildern wollen. Die Polka bedeutet den Humor und Frohsinn in der Welt — der Choral das Traurige, Schmerzliche in ihr."

„derne" geltende Richtung, deren Linie von Schubert über Liszt zu Wagner führt. Einerseits wird Bruckners Harmonik charakterisiert durch eine gewisse Lust an harmonischen Elementarwirkungen: so das fast unersättliche Auskosten der sinnlichen Reize, die in der blossen klangharmonischen Wirkung des Dreiklangs liegen. Damit im Zusammenhang steht seine Vorliebe für t e r z v e r w a n d t e Beziehungen sowohl bei der Verbindung der Akkorde, als auch bei der Wahl der Tonart für die einzelnen Sätze einer Symphonie[1]) wie für die verschiedenen Gruppen innerhalb eines Satzes. Das, wenn ich so sagen darf, Naturhafte an Bruckners harmonischem Empfinden setzt ihn in einen ausgesprochenen Gegensatz zu Meistern, die, wie etwa Brahms, auch als Harmoniker im extremen Sinne musikalische „Kulturmenschen" sind, solche, die viel enger und untrennbarer mit der G e s c h i c h t e als mit der N a t u r der Harmonik verknüpft sind. Anderseits — und auch darin ist er ein Jünger und Richtungsgenosse Wagners — hat er eine starke Vorliebe für harmonisches R a f f i n e m e n t, das ihn zu einer Bevorzugung a l t e r i e r t e r Akkordgebilde führt. Das Alterieren ist ihm das gegebene Mittel für die Befriedigung seines Bedürfnisses nach harmonischem Raffinement, so wie etwa Brahms dasselbe Bedürfnis meist durch Archaisieren befriedigt. Wir finden bei Bruckner die Alterierungen, die ein Kennzeichen der Liszt-Wagnerschen Harmonik sind, oft in ganz eigenartiger Anwendung, stets mit prächtiger Wirkung: die übermässige Sext, ihre Umkehrung zur verminderten Terz (Hauptthema des Finales der Dritten), den übermässigen Quint-

[1]) Sehr viel Anstoss hat es bei zeitgenössischen Kritikern erregt, wenn Bruckner, wie er es gern tat, der direkten Verwandtschaftsbeziehung geradezu aus dem Wege ging und für den langsamen Satz einer D-moll-Symphonie etwa Es-dur oder E-dur (Terzverwandte der Unterdominante), für den seines F-dur-Quintetts Ges-dur wählte.

sextakkord, dessen Einführung durch enharmonische Verwechslung einer Dominantseptime (Höhepunkt der Steigerung im Adagio der Siebenten), die neapolitanische Sext (Choral im Finale der Fünften) u. s. f. Nicht selten begegnen uns aber bei Bruckner auch Dinge dieser Art, die ganz und gar neu sind, wie etwa der Quintsextakkord mit grosser Terz, verminderter Quint und grosser Sext zu Anfang des Scherzos der Neunten, der auf einen verminderten Septakkord mit hochalterierter Quint zurückgeht (cis—e—gis—b, statt cis—e—g—b = d, 7.) u. a. m. Beides — sowohl das Naturhafte an Bruckners harmonischem Fühlen wie seine Freude am harmonischen Raffinieren — kommt zum Ausdruck in der oft getadelten, selten verstandenen und noch seltener in ihrer ganz eigentümlichen Schönheit mit Bewusstsein ausgekosteten Art, wie der Meister manchmal am Schluss eines Satzes zur Tonart zurückkehrt. Er macht da nämlich oft entweder gar keine oder doch nur eine ganz abrupte Kadenz und überlässt es dem in immer erneuten Tonwogen uns überflutenden Tonikadreiklang a l l e i n für unser Empfinden die Tonart festzustellen. Um gleichnisweise zu reden: er steigt nicht Stufe für Stufe auf vorsichtiger Badetreppe in das Wasser, sondern er gewinnt das ihm vertraute Element mit einem plötzlich kühnen „Kopfsprung", und dass er nun wirklich „zu Hause" angelangt ist, das zeigt er uns nur durch das Behagen an, dem er sich nun überlässt, mit dem er Welle auf Welle sich über den Kopf schlagen lässt. Die Sache selbst ist ungefähr so, und auch das Bild wäre, glaube ich, Bruckner, der ein eifriger Schwimmer und guter Taucher war, nicht unsympathisch gewesen.

Bruckners K o n t r a p u n k t hat von Anhängern ebensoviel Lob wie von Gegnern heftige Bemängelung erfahren. Wenn wir den einen glauben wollen, war unser Meister einer der grössten Kontrapunktiker aller Zeiten, die anderen nennen sein Kontrapunktieren unbeholfen und teils schulmässig trocken, teils die Grenzen des Möglichen überfliegend. Eine solche gänzliche Meinungsverschiedenheit ist nur denkbar, wenn die streitenden Teile über den Gegenstand des Streites selbst nicht einig sind, wenn der eine etwas ganz anderes meint als der andere. Ganz unbestreitbar ist ein Hauptvorzug der Brucknerschen Symphonik die überreiche, von einer genialen Phantasie konzipierte und mit einer überlegenen Technik ausgeführte P o l y p h o n i e des Meisters. Aber es gibt vielleicht keine Polyphonie eines auf diesem Gebiete ganz grossen Komponisten, die so wenig K o n t r a p u n k t wäre wie die Bruckners, wenn man nämlich unter Kontrapunkt von der Etymologie des Wortes eine Schreibweise *punctus contra punctum*, Note gegen Note, versteht. Bruckners Polyphonie ist eine Kunst der Gegeneinanderführung mehrerer selbständiger Stimmen, der Kombinierung verschiedener Themen a u f G r u n d u n d i m R a h m e n d e s A k k o r d s. Ergibt sich beim eigentlichen und im engeren Sinne sogenannten Kontrapunkt der Zusammenklang als R e s u l t a t aus dem gewissermassen zufälligen Sichtreffen der einzelnen Stimme, so ist bei der Art von harmonisch vorbedingter Polyphonie, deren Meister Bruckner ist, der Akkord immer das Prius, die Basis, auf der die Bewegung und Verwebung der Stimmen ruht: es ist, sozusagen, keine freie Knüpfarbeit, sondern ein Sticken auf festem Stramin, mit dem wir es bei ihm zu tun haben. Diese Art von Polyphonie mag, je nach persönlichem Geschmack, dem einen mehr, dem andern minder sympathisch sein. Aber für das objektiv wertende Urteil besteht gar keine Veranlassung, der einen Art vor der andern überhaupt den Vorzug zu geben, und welche Wirkungen mit dem harmonischpolyphonen Verfahren zu erzielen sind, das hat ja keiner so glänzend gezeigt wie Bruckner. Gewiss kommt es bei ihm manchmal vor, dass für den realen klanglichen Effekt das polymelodische Bild gegenüber seinem akkordlichen Rahmen so sehr verschwindet, dass wir, man möchte sagen, vor lauter Wald die Bäume nicht mehr hören. So ist am Schluss des Finales der Achten die strahlende Pracht des C-dur-Dreiklangs durchaus Hauptsache, die polyphone Verbindung der in diesen Rahmen gefassten, zum Teil gezwängten Motive faktisch Nebensache. Aber das sind extreme Grenzfälle, die nicht eben häufig sind.

Auch das kann man ruhig zugeben, dass Bruckner öfter eine gewisse Neigung zu schulmässiger kontrapunktischer Arbeit zeigt, zu Floskeln und Wendungen, zu Sequenzen u. dgl., die nach Zopf und Perücke, nach verstaubter Manier und traditioneller Routine schmecken. Was sich etwa mit Sequenzen, auch wenn sie zunächst nur nach alter Schulmeisterschablone geschnitten zu sein scheinen, für gewaltige, ja erschütternde Wirkungen erzielen lassen, beweist u. a. das Adagio der Fünften, und wenn Bruckner in solchen Dingen tatsächlich einmal trocken und nüchtern wird, dann haben wir an solchen Stellen doch immer etwas, das nicht minder als das höchst Inspirierte echt, d. h. unmittelbarer Ausfluss einer Eigentümlichkeit des Brucknerschen Wesens und ausserdem ein Teil des Ganzen ist, der als Moment der Ausspannung, als Füllung und Kontrast notwendig zu der oft krausen, aber doch immer in irgendeiner Weise vorhandenen Oekonomie des betreffenden Satzes gehört. —

Die Brucknersche Symphonie als solche hat eine doppelte Bedeutung, eine individuelle als Offenbarung einer ganz bestimmten Künstlerpersönlichkeit, und eine mehr allgemeine als musikgeschichtliche Erscheinung. In ersterer Hinsicht sind diese Werke der Ertrag eines mühe-

und leidvollen, einzig und allein dem höchsten künstlerischen Streben gewidmeten Lebens, das trotz all der Schmerzen und Bitternisse, die ja auch in den Tönen des Meisters so ergreifend widerklingen, durchflutet war von den herzerwärmenden Strahlen jener goldenen Sonne, die einem jeden leuchtet, der den Weihekuss der Muse empfangen. In ihnen enthüllt sich uns die innerste Seele eines grossen und guten Menschen mit einer Macht und Reinheit, die ihresgleichen sucht. Bei Bruckner ist die Einheit von Mensch und Künstler eine so vollständige, dass die kleinen Schwächen und Mängel, die ihm wie jedem Sterblichen anhafteten, auch in seinen Werken getreulich zum Ausdruck kommen. Aber eben weil er kein Staats- und Feiertagskleid anzieht, wenn er ans Schaffen geht, weil er nicht im geringsten als Künstler eine Maske trägt und sich ohne jegliche Pose und Affektation m u s i k a l i s c h sets genau so gibt, wie er m e n s c h l i c h war, eben deshalb stören auch den, der ihm näher getreten ist, nicht länger mehr die Fehler, die dem Fernerstehenden den reinen Genuss vergällen. Wer Bruckner k e n n t , der l i e b t ihn, und wie der Liebhaber die Abweichungen von der vollkommenen Schönheitslinie im Antlitz der Geliebten nicht als Hässlichkeit empfindet, so wird auch der liebende Kenner Bruckners jene oft getadelten Unvollkommenheiten seiner Kunst um alles in der Welt nicht missen wollen. Gerade so wie er gewesen ist, wird ein solcher seinen Meister lieben und sich sagen, dass dieser merkwürdige Mann, wenn er seine Mängel und Fehler nicht gehabt hätte, wohl vielleicht ein noch grösserer, aber eben dann auch nicht mehr der gewesen wäre, den wir so über alle Massen zu lieben und verehren gelernt haben. Die anderen mögen das eitel Schwärmerei nennen und mitleidig darüber lächeln. Sei's drum: sie können uns darum doch nicht beirren in einem Gefühl, das zu unserem unantastbar heiligsten seelischen Besitztum gehört.

Aber auch wer von aussen mit objektiven Wertmassstäben an Bruckner herantritt, ohne ein näheres persönliches Verhältnis zu ihm zu haben, wird die hohe Bedeutung nicht verkennen können, die ihm als historischer Erscheinung zukommt. Es liegt eine seltsame Ironie darin, dass dem bedeutendsten musikalischen Jünger des Bayreuther Meisters die geschichtliche Mission zufallen musste, durch sein Beispiel zu erweisen, dass die Wagnersche Annahme von dem Absterben der Symphonieform mit Beethoven tatsächlich unrichtig gewesen war, dass absolute Instrumentalmusik, und dazu noch nach dem alten klassischen Schema, auch auf dem Boden der neuesten Tonkunst sehr wohl möglich ist, wenn nur der Künstler Kraft genug hat, um diese Formen mit lebendigem Inhalt zu erfüllen. Kein anderer nachbeethovenscher Symphoniker hatte diesen Beweis liefern können. Denn gerade der Umstand, dass die innerste Schaffenstendenz des bedeutendsten von ihnen, Johannes Brahms, durchaus nach rückwärts gerichtet war, durfte eher als eine Bestätigung denn als eine Widerlegung der Wagnerschen Theorie gelten. Bruckner aber akzeptierte alle die Neuerungen Wagners, er bejahte die moderne Entwicklung der Musik und hatte es nicht nötig, sich in einen klassizistischen Schmollwinkel zurückzuziehen, um von hier aus alles wirklich Zukunftverheissende einer lebensvoll bewegten Gegenwart grollend zu verneinen oder doch zu bezweifeln. Mit der Unbefangenheit und Unbedenklichkeit eines Kindes begab er sich in den übermächtigen Zauberbann des Bayreuthers und war doch stark genug, nicht nur er selbst zu bleiben, sondern auch seiner gänzlich unbewussten, instinktiven Ueberzeugung von der ewig unzerstörbaren Macht der reinen Musik zu einem

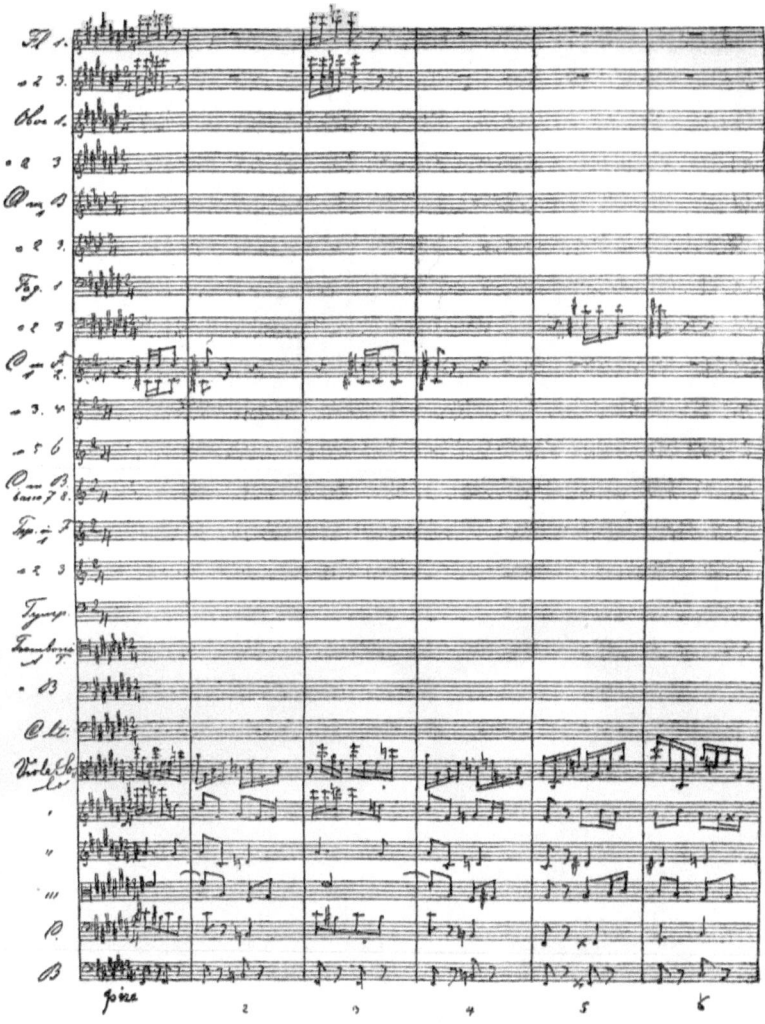

Erste Seite des verworfenen Trios der neunten Symphonie.

glänzenden Siege zu verhelfen — der Ueberzeugung, dass die Musik zwar wohl eine fruchtbare Verbindung mit den Schwesterkünsten eingehen könne, dass es sie aber auch immer wieder verlangen werde, gestärkt und bereichert durch die Ergebnisse solcher Verbindung in die Freiheit ihrer unbeengten Sonderexistenz zurückzukehren.

In engem Zusammenhang damit steht die Tatsache, dass Bruckner der einzige geniale Musiker der zweiten Hälfte des 19. Jahrhunderts war, den die allgemeine Geistesbildung seiner Zeit auch nicht einmal oberflächlich berührt hatte. Bedeutete das in gewisser Hinsicht eine unleugbare Schwäche, so lag anderseits gerade darin auch eine mächtige Wurzel seiner eigentümlichen Stärke. Das Wesen der Musik als Gefühls- und Stimmungsausdruck ruht in einer Tiefe, zu der das Licht des Bewusstseins nicht hinabdringt. Und weil diese Kunst zwar an Dinge der Aussenwelt und des bewussten Geisteslebens sehr wohl anzuknüpfen vermag, aber durchaus nicht darauf angewiesen ist, eine solche Verbindung zu suchen, vielmehr auch mit ihren äusseren Erscheinungsformen eine abgeschlossene Welt für sich allein bildet, darum kann es sehr wohl geschehen, dass gesteigerte Geisteskultur von den ursprünglichen Quellen alles Tonlebens vielmehr abführt, als dass es auf sie hinleitet. Wenn die Musik durch die Nahrung, die sie aus Vernunft und Reflexion gezogen, zu geistreich, zu verstandesmässig, mit einem Worte, zu b e w u s s t geworden ist, dann mag es wohl an der Zeit sein, zuzusehen, wie man den Rückweg gewinne zu den Tiefen, aus denen allein wahre, das heisst, e l e m e n t a r e Musik emporströmt. Es gilt der Tonkunst die Unschuld der Unbewusstheit zurückzuerobern — und das kann nur einer, der selbst diese Unschuld noch nicht verloren hat. Auch hier heisst es: so ihr nicht werdet wie die Kinder, werdet ihr nicht ins Himmelreich kommen. Und das war der Segen von Bruckners geistiger Unkultur, dass er das üben konnte, was kein Verstand der Verständigen sieht, dass er der Natur näher stand als alle seine Zeitgenossen ohne jegliche Ausnahme. Wäre er gebildet gewesen, so hätten zweifellos manche seiner herrlichsten Vorzüge verkümmern oder doch eine ganz andere, abgeschwächte Form annehmen müssen. Ich erinnere nur an die Naivität seines Natursinnes, der von allem Sentimentalischen so weit entfernt war, an die derbe, ungeschlachte Kraft seines Lebensgefühls, an die Tiefe und Schlichtheit seines von keiner Reflexion alterierten religiösen Empfindens, an die unzerreissbaren Bande, die ihn mit dem heimischen Boden verknüpften und die es ermöglichten, dass er so köstliche Klänge eines musikalischen Dialekts anschlagen konnte, wie es ausser ihm nur noch Franz Schubert verstand. All das beruht auf Eigenschaften, die ein der höheren geistigen Kultur Fernstehender zum mindesten leichter und ungetrübter sich zu erhalten vermag als der Gebildete.

Um gerade diese Seite der Bedeutung Bruckners richtig zu würdigen, stecken wir noch viel zu tief in jener stolzen Selbstzufriedenheit der bewussten Geistestätigkeit, die sich Wunder was darauf einbildet, wie sie's „so herrlich weit gebracht" und immer noch nicht jene Bescheidenheit gelernt hat, die sich sagt, dass es schon darum niemand gut anstehe, über andere sich zu erheben, weil es keinen geistigen und seelischen Erwerb gibt, den wir nicht mit einem Verlust bezahlen müssen; dass alles Wachsen auch ein Kleinerwerden bedeutet und dass der Mensch, je näher er sich gen Himmel erhebt, desto weiter von der Erde sich entfernen muss. Wenn wir uns aber von dem heute noch allgemein herrschenden Bildungsdünkel zu einer unbefangeneren Würdigung dessen, was der „Geist" kann und was er nicht kann, wozu er nützt und wobei er schadet, werden zurückgefunden haben, dann wird man auch einsehen, dass Bruckners ganz einzigartige und unvergleichliche G r ö s s e nicht zum geringsten auf dem beruht, worin er den Kindern unserer Zeit als k l e i n erscheint, und dass sein unerschöpflicher seelischer R e i c h t u m eng damit zusammenhängt, dass man in einem gewissen Sinne auch auf ihn anwenden kann jenes tiefsinnige Wort des Heilands: *Beati p a u p e r e s spiritu quoniam ipsorum est regnum coelorum.*

ANHANG

Urkunden zur Lebensgeschichte Anton Bruckners.

I.
Zeugniss.

Dem Anton Pruckner, Lehrgehülfen an der Trivial-Schule zu Windhaag im Dekanate Freystadt vom 3ten Oktober 1841 bis zum 19ten Jänner 1843 wird hiemit auf sein Ansuchen bey Gelegenheit seiner Versetzung in die Gegend des Stiftes St. Florian das wohlverdiente Zeugniss ertheilet, dass derselbe durch seinen Fleiss im Lehrfache, seine achtungsvolle Unterwürfigkeit gegen seine Seelsorger u. Katecheten, durch gute Behandlung der Schuljugend, auferbauliches Betragen bey den Verrichtungen der Messnerdienste, sowie überhaupt durch sein wohlgesittetes Betragen die volle Zufriedenheit des Unterzeichneten sich erworben habe, auch hat sich derselbe mit Vergnügen überzeugt dass Anton Pruckner auch seine freyen Stunden mit allem Fleisse dazu verwendet habe, um sich in der Kirchenmusik immer mehr zu vervollkommnen, auch andere Kenntnisse besonders in der für den Text der Kirchenmusik nicht überflüssigen lateinischen Sprache zu erwerben.

Derselbe wird daher seinen künftigen Vorgesetzten hiemit bestens empfohlen.

Pfarr Windhaag am 19ten Jänner 1843.
Franz von Schwinghaimb m. p.
G[ei]stl[icher] R[ath] u. Pfarrer.

Dieses Zeugniss wird auch dem vollen Inhalte nach hiemit bestättiget vom Dekanate und v. d. Schulen-Districts-Aufsicht zu Freystadt am 20. Jänner 1843.
Jos. Leuthäuser m. p.
K. k. Dech[ant] u. Sch[ulen] D[isticts] A[ufsicht].

II.
Zeugniss.

Bruckner Anton aus Ansfelden in Osterreich gebürtig, Schüler der ersten Classe der Unter-Realschule zu Linz, hat im ersten Curse des Schuljahres 1850 bey der am 10. May vorgenommenen Prüfung folgende Fortgangsnoten erhalten: [In sämtlichen Gegenständen — Religionslehre, Deutsche Sprache, Geographie und Geschichte, Mathematik und Geometrie, Naturgeschichte, Naturlehre, Schönschreiben — „Verwendung" und „Fortgang" sehr gut.]

Von der k. k. Normal-Hauptschule zu Linz den 10. May 1850.
Dr. Franz Rieder, Domscholaster.   F. Schierfeneckr m. p.
Director.
G. Schauer m. p.
Katechet.

III.
Zeugniss.

Bruckner Anton aus Ansfelden in Oberösterreich gebürtig, Privat-Schüler der ersten Classe der Unter-Realschule zu Linz, hat im zweiten Curse des Schuljahres 1850 bey der am 14. Septemb. vorgenommenen Prüfung folgende Fortgangsnoten erhalten: [In sämtlichen Gegenständen — den gleichen wie im vorigen Zeugniss — sehr gut.]

Von der k. k. Normal-Hauptschule zu Linz den 14. September 1850.

J. Strigl, Kan[onikus]   F. Schierfeneckr m. p.
u. prov[isorische] Sch[ul] O[ber] A[ufsicht].   Director.
Joseph Angermayr m. p.
Katechet.

IV.
Zeugniss.

Bruckner Anton von Ansfelden in Oesterreich ob der Enns hat am 11. April 1851 sich der Prüfung über die Gegenstände der 2. Classe der Unter-Realschule 1. Curs. unterzogen und dabei folgende Fortgangsnoten erhalten: [In sämtlichen Gegenständen — Religionslehre, Deutsche Sprache, Geographie und Geschichte, Angewandte Arithmetik, Naturgeschichte, Naturlehre, Technologie, Schönschreiben — sehr gut.]

Von der k. k. Normal-Hauptschule Linz den 25. April 1851.
Jos. Strigl   F. Schierfeneckr m. p.
Sch[ul] O[ber] A[ufsicht].   Director.
G. Schauer m. p.
Katech.

V.

Zeugniss.

Bruckner Anton [aus Ansfelden in Oberösterreich] gebürtig, Privat-Schüler der zweiten Classe der unvollständigen Unter-Realschule zu Linz hat im zweiten Curse des Schuljahres 1850/51 bey vorgenommener Prüfung folgende Fortgangsnoten erhalten: [Religionslehre, Deutsche Sprache, Geographie und Geschichte, Angewandte Arithmetik, Naturlehre, Schönschreiben — sehr gut, Schriftliche Aufsätze, Technologie — gut.]

Von der k. k. Unter-Realschule zu Linz den 30. October 1851.

G. Stockhammer m. p.

Lehrer der k. k. vollständ. Unter-Realschul.

Dor J. Zampieri m. p.

Lehrer an der k. k. Unter-Realschule.

G. Schauer m. p.

Katechet.

VI.

Dem Herrn Anton Bruckner Schullehrer in Florian wird über dessen Ansuchen bestättiget, dass er seit dem Jahr 1851 öfters aushilfsweise in der Bezirksgerichtskanzley zu Florian gearbeitet, und durch seinen besonderen Fleiss und Geschicklichkeit sich den Kanzleydienst der Art eigen gemacht, dass er in dieser Beziehung als sehr verwendbar bestens empfohlen werden kann.

k. k. Bezirksgericht Florian 20. July 1853.

Jos. Marböck

Bez[irks] Richter.

VII.

Hohe k. k. Organisirungs-Comission
für das Kronland Oesterreich ob der Enns!

In Folge Erlasses des hohen k. k. Ministeriums des Innern vom 12. d. M. Zahl $\frac{4803}{M. I.}$ ist der Konkurs zur Besetzung der künftigen k. k. Gerichtsstellen ausgeschrieben. Der ehrfurchtsvoll Unterzeichnete erlaubet sich demnach die gehorsamste Bitte:

Hohe k. k. Organisirungs-Comission geruhe ihm bei Besetzung dieser k. k. Gerichtsstellen eine seinen Fähigkeiten und Kenntnissen angemessene Dienstesstelle in hoher Gnade zu verleihen, und unterstützet seine ehrfurchtsvolle Bitte mit folgenden Gründen:

Der ehrfurchtsvoll[e] Bittsteller ist laut in A anruhendem Zeugnisse derzeit als Unterlehrer bei der Pfarrschule zu St. Florian angestellt, laut Taufschein B 29 Jahre alt, und erfreuet sich laut Zeugniss C einer vollkommenen Gesundheit. Der ehrfurchtsvolle Bittsteller hat nach den in D u. E anruhenden Zeugnissen sowohl den Präparandenkurs an der kk. Normal-Hauptschule in Linz mit Einem Jahre absolvirt, als auch die Privatprüfungen über die Unter-Realschule mit sehr gutem Erfolge abgelegt. Obwohl der ehrfurchtsvolle Bittsteller laut in F. anruhendem Zeugnisse sich durch seine Leistungen im Schulfache wesentliche Verdienste erworben hat, so fühlt er jedoch schon von seiner Jugend an eine besondere Vorliebe für das Kanzleifach, desshalb er sich in seinen freien Stunden, um sich die nöthigen Vorkenntnisse zu erwerben, und sich eines derartigen Dienstes zu würdigen, schon seit dem Jahre 1851 ganz unentgeldlich diesem Dienste mit allem Fleisse und Hingebung widmete, was er durch das in G anruhende Zeugniss des löbl. kk. Bezirksgerichtes zu St. Florian nachzuweisen sich erlaubet. Gestützt auf diese wahrhaften Nachweisungen, und in gnädigster hoher Berücksichtigung, dass der gehorsamste Bittsteller auf alle ihm mögliche Weise mit allem Fleisse und Hingebung bemüht war, sich für das Kanzleifach auszubilden, welchen Beruf er schon so lange in sich fühlt, erlaubt er sich seine ehrfurchtsvolle Bitte nochmals zu wiederhohlen: Hohe kk. Organisirungs-Comission wolle bei Besetzung der künftigen kk. Gerichtsstellen ihm eine Kanzellisten- oder eine seinen nachgewiesenen Kenntnissen u. Fähigkeiten angemessene Dienstesstelle in hoher Gnade zu verleihen geruhen.

St. Florian den 25. Juli 1853

Anton Bruckner.

32/I

Hierüber wird dem Herrn Bittsteller bedeutet, dass die hohe Organisirungs Landes Kommission laut Eröffnung vom 23 September d. J. Z 618/Org. nicht in der Lage war, bei Besetzung der sistémisirten Dienstposten der gemischten Bezirksaemter auf demselben Bedacht zu nehmen.

Wovon Sie in Folge hohen Kreisamts Dekrets vom 3 dMts Z 39 verständigt werden.
kk. Bezirksamt Stflorian am 9. Oktober 1854
Schiedermayr

VIII.

Herr Anton Bruckner, Unterlehrer in St. Florian, aus Ansfelden in Oberösterreich gebürtig, hat am 25. und 26. Jänner 1855 an der k. k. Normal-Hauptschule in Linz sich der Prüfung zur Erlangung der Qualification für Hauptschulen unterzogen, und dabei folgende Noten erhalten: [Religionslehre, Lesen, Schönschreiben, Deutsche Sprachlehre, Deutsche Rechtschreiblehre, Schriftliche Aufsätze, Rechnen — Lehrgegenstand und Lehrverfahren sehr gut, Geographie — Lehrgegenstand sehr gut, Lehrverfahren gut, Erziehungs- und Unterrichtslehre, Richtige Aussprache, Landwirtschaftslehre — sehr gut.] Mit Rücksicht auf die beygeschriebenen Noten hat derselbe einen sehr guten Fortgang gemacht, und kann als Lehrer an Hauptschulen besonders empfohlen werden.

Linz den 28. Jänner 1855.

J. Vogl m. p.
Diöc[esan] Sch[ul] O[ber] A[ufsicht]

Math. Lucht m. p.
Director.
Georg Schauer m. p.
Katechet.

IX.

Zeugniss

dass Herr Anton Bruckner Dom- und Stadtorganist in Linz mein Werk über die richtige Folge der Grundharmonien oder vom Fundamentalbass gründlich studirt hat, und zugleich alles dasjenige was im Wiener-Conservatorium der Musik von diesem Gegenstande in den ersten zwei Jahren gelehrt wird, sich vollständig zu eigen gemacht hat, davon habe ich mich sowohl durch mündliche als schriftliche Prüfung überzeugt und kann ihn daher nach meinem Gewissen als einen tüchtiger Lehrer in diesem Fache empfehlen.

Wien den 10ten Juli 1858

Simon Sechter m. p.
kaiserl. königl. erster Hoforganist und Professor de Harmonielehre am Conservatorium der Musik in Wien

X.
Zeugniss.

Dass Herr Anton Bruckner als Organist nebst einer glücklichen Naturanlage, fleissigem Studium, viel Praktik und dadurch erworbene Gewandtheit im Praeludiren und im Durchführen eines Thema zeigt, und folglich unter die vorzüglichsten Organisten gezählt werden kann, bezeuget der Unterzeichnete mit seiner Handschrift und Siegel.

Wien den 12ten Juli 1858

Simon Sechter m. pia
k: k: erster Hoforganist und Professor
am Conservatorium der Musik.

XI.
Zeugniss.

Dass Herr Anton Bruckner, Dom- und Stadtpfarr-Organist in Linz bei mir die Prüfung im einfachen Contrapunct in allen Gattungen und im Harmonisiren gegebener Melodien, endlich im strengen musikalischen Kirchensatze sehr ehrenvoll bestanden, und daher als einsichtsvoller und redlicher Fortpflanzer dieser Kenntnisse bestens empfohlen werden kann, bezeuge ich der Wahrheit gemäss durch meine eigenhändige Schrift und Siegel.

Wien den 12ten August 1859

Simon Sechter m. p.
k: k: erster Hoforganist und Professor
der Harmonie am hiesigen Conservatorium der Musik.

XII.
Zeugniss.

Dass Herr Anton Bruckner Dom- und Stadtpfarr-Organist in Linz bei mir die Prüfung über den doppelten, drei- und vierfachen Contrapunct sowohl mündlich als schriftlich und zwar allseitig zu meiner vollsten Zufriedenheit abgelegt hat, und ich ihn daher als einen Meister in diesem Fache anerkenne, so dass jedermann vollkommenes Vertrauen zu ihm haben kann, welches Zeugniss ich ihm daher mit wahrem Vergnügen ertheile.

Wien den 3ten April 1860

Simon Sechter m. p.
k: k: erster Hoforganist und Professor
der Harmonie und des Contrapunctes.

XIII.

Zeugniss.

Dass Herr Anton Bruckner dieses Jahr die strenge Prüfung über den Canon und die Fuge vollkommen gut bestanden hat, und also fähig ist, dieses Studium fortzupflanzen, d. h. selbst Unterricht in diesem Fache mit wahrem Nutzen geben zu können, bezeuge ich mit Vergnügen mit meiner Handschrift und meinem Siegel.

Wien den 26ten März 1861

Simon Sechter m. p.
k: k: erster Hoforganist und Professor
der Harmonie und des Contrapunctes
am Conservatorium der Musik.

XIV.

[Bruckner an die Direktion des Wiener Konservatoriums.]

Hochlöbliches Directorium des Conservatoriums der Musik!

Der Gefertigte, gegenwärtig Domorganist in Linz, hat seit Oktober 1855 aus besonderer Vorliebe für die strenge musikalische Composition unter der Leitung des Hr. Professors Sechter sich mit grossen Opfern diesem Studium gewidmet, brachte seit 1858 jährlich zu diesem Zwecke sechs Wochen in Wien zu, wo er den grössten Theil jeden Tages bei Hr. Professor Sechter theils Vorträge vernahm, theils E x a m e n bestand, wie beiliegende Zeugnisse a b c d e beweisen.

Die zu diesen vier Privatprüfungen verfertigten Arbeiten wird der Gefertigte einem Hochlöblichen Directorium vorzulegen sich erlauben.

Der Gefertigte erlaubt sich demnach die unterthänigste Bitte, das Hochlöbliche Directorium wolle demselben gnädigst die Zulassung zu einer Prüfung am Conservatorium gestatten, und im Befähigungsfalle den Titel „Professor der Harmonielehre und des Contrapunktes" mittelst eines Diploms gnädigst verleihen.

Den hiezu erforderlichen Bedingungen und Auslagen unterzieht sich der Gefertigte mit grösster Bereitwilligkeit.

Der Gefertigte hat Urlaub von 18. November an, an welchem Tage er sich in Wien bei Hr. Professor Sechter einfinden wird; er bittet daher unterthänigst, ihm in der dritten oder doch in der vierten Woche des November gnädigst einen Tag bestimmen zu wollen.

Hochachtungsvollst

Linz den 20. Oktober 1861

Anton Bruckner, Domorganist.

[Antwort der Direction des Conservatoriums. Nach dem auf der Rückseite der Eingabe befindlichen Concept.]

An den Hr. Domorganisten
Anton Bruckner in Linz.

Ueber Ihre Eingabe vom 20. Oktober l. J. wird Ihnen eröffnet, dass zwar Ihrem Wunsche, am Konservatorium eine Prüfung über Harmonielehre und Kontrapunkt [abzulegen] nichts im Wege steht und Ihnen auch über den Erfolg einer solchen Prüfung ein Zeugnis seitens des Konservatoriums ausgefertigt würde; allein von dem Titel eines Professors müsste im vorliegenden Falle Abstand genommen werden, da die Gesellschaft der Musikfreunde nicht das Recht hat einen solchen Titel zu verleihen.

Die Gesuchsbeilagen folgen im Anschlusse zurück.

Wien am 25t. Oktober 1861

Von der Gesellschaft der Musikfreunde.
[Unterschrift unleserlich]

[Neuerliches Schreiben Bruckners an die Direktion des Wiener Konservatoriums]

Hochlöbliches Direktorium
des Conservatoriums der Musik!

In Folge der Erledigung v. 25. Oktober von Seite des Hochlöbl. Direktoriums auf das Bittgesuch des Gefertigten beeilt sich derselbe, seine Bitte zu wiederholen und unterthänigst zu bitten, das Hochlöbliche Direktorium wolle gnädigst dem Gefertigten in der dritten oder doch in der vierten Woche des November einen Tag zur Prüfung bestimmen. Am 18. November wollte Gefertigter bei Hr. Prof. Sechter sind [sic] einfinden.

Der Gefertigte wollte durchaus nicht um etwas Unmögliches bitten, noch weniger aus Eitelkeit; sondern besondere Zwecke und Ursachen bestimmten ihn, um den Titel „Professor der Harmonielehre und des Contrapunktes" zu bitten. Dieser Fall hat sich vor circa 18 Jahren ereignet. Ein Beamter[1]) hier v. Linz legte in Wien eine öffentl. Prüfung ab, und erhielt ein Diplom a l s P r o f e s s o r. Nebst andern Herren sind E i b l e r [2]) und D r e c h s l e r [3]) darin unterzeichnet. Dieser Beamte unterrichtete seither die Präparanden. Da der Gefertigte schon so oft nach Wien zu Prüfungen reiste, so wurde auch derselbe von Seite verschiedener Behörden aufgemuntert auch um ein solches Diplom zu bitten. Das war ein Grund seiner Bitte.

Wenn es jedoch nicht möglich ist, und in j e t z i g e r Z e i t n i c h t m e h r g e s c h e h e n k a n n, so steht der Gefertigte ab um den Titel zu bitten, und bittet nur um einen Prüfungstag. Vielleicht darf der Gefertigte unterthänigst bitten, das Hochlöbliche Direktorium wolle, (im Falle Gefertigter für befähigt erkannt würde,) ihm im Zeugnisse die Befähigung aussprechen, an Conservatorien angestellt werden zu können.

Hochachtungsvollst bittend gnädigst den Prüfungstag bekannt geben zu wollen

Anton Bruckner.

Linz den 29. Oktober 1861.

[Drittes Schreiben Bruckners in der Prüfungsangelegenheit.]

Hochlöbliches Direktorium des Conservatoriums der Musik!

Um dem Wunsche des Hochlöblichen Direktoriums zu entsprechen ist der Gefertigte so frei, hiemit einige contrap. Ausarbeitungen zu übersenden. Die letzten Arbeiten „Fugen etc

[1]) Ich vermute, dass der von Bruckner gemeinte Beamte der „ständische Vicebuchhalter" J. A u g. D ü r r n b e r g e r war, der bei den Konkursprüfungen für die Besetzung der Linzer Domorganistenstelle als Richter fungierte, in dem Prüfungsprotokoll als „k. k. öffentl. ordentl. Professor der Generalbasslehre und des Choralgesanges" unterzeichnet ist und tatsächlich Musiklehrer an der Präparandie war (s. Gräflinger S. 18, 23 u. 135).

[2]) Wohl J o s e f (Edler von) E y b l e r, 1765—1846, Schüler Albrechtsbergers, bekannter Wiener Kirchencomponist, seit 1804 Vice-Hofkapellmeister, 1824 Hofkapellmeister als Nachfolger Salieris. (Vgl. Riemann, Musiklexikon 7. Aufl. S. 387.)

[3]) J o s e f D r e c h s l e r, 1782—1852, seit 1844 Kapellmeister am Wiener Stephansdom, Componist für die Bühne und die Kirche. (Riemann a. a. O. S. 344.)

wird er selbst am Morgen des 19. November so frei sein zu überbringen, wie er auch alle früheren Arbeiten vorzulegen sich erlauben wird.

Freien Compositionen gönnte während seiner Studienzeit (seit 855) der Gefertigte nicht die erforderliche Zeit; nur einige Lieder und Chöre für die Liedertafel, deren Chormeister der Gefertigte war, schrieb er, die namentlich das Ave Maria sowohl in Salzburg als in Linz ausnehmend gut aufgenommen wurden. Erst jetzt nach der Prüfung will er sich der freien Composition widmen. Durch vieles Fantasiren auf der Orgel suchte Gefertigter sich vor T r o c k e n h e i t zu bewahren, so wie durch vieles Anhören gediegener Musik in Wien.

Indem der Gefertigte seine innige Bitte wiederholt, welche besteht, dass er im Zeugnisse anstrebt, a l s L e h r e r d e r H a r m o n i e l e h r e u n d d e s C o n t r a p u n k t e s f ü r C o n s e r v a t o r i e n befähigt zu werden, dankt er zugleich für den ihm bestimmten Prüfungstag, an welchem Morgen der Gefertigte sicher eintreffen wird.

Hochachtungsvollst

Linz den 10. November 1861.

Anton Bruckner.

XV.

Zeugniss.

Herr Anton Bruckner, Domorganist in Linz, hat sich am Konservatorium einer Prüfung über seine musikalische Befähigung unterzogen, und es wird ihm von Seite der gefertigten Prüfungskommission bezeugt, dass er sowol in der Theorie der Musik als im Orgelspiel Beweise einer vorzüglichen Ausbildung abgelegt habe.

Aus den von ihm vorgelegten Arbeiten ergeben sich die umfassendsten Studien im Kontrapunkt und eine gründliche Kenntnis des strengen Stiles in seinen verschiedenen Formen. Die Leichtigkeit und Sicherheit, womit Herr Bruckner die schwierigsten Aufgaben in dieser Richtung löset, beurkunden eine gediegene Kenntnis der Musiklehre, und einen von Talent und Neigung für die Tonkunst geleiteten Eifer für seine Fortbildung.

Als Orgelspieler bewies Herr Bruckner eine sehr bedeutende Fertigkeit mit genauer Kenntnis des Instrumentes und zeigte sich gleich geübt im Vortrage fremder Kompositionen wie in der improvisierten Durchführung eigener und aufgegebener Themen.

Mit Rücksicht auf die hier angeführten Leistungen verdient Herr Anton Bruckner nicht nur als ausübender Musiker von vorzüglicher Fachkenntnis sondern insbesondere als Lehrer der Musik an Konservatorien und zur Unterweisung von Lehramtszöglingen allerorten bestens empfohlen zu werden.

Wien am 22. November 1861.

Vom Konservatorium der
Gesellschaft der Musikfreunde.

J, Hellmesberger,
art. Direktor am
Conservatorium u. k. k.
Conzertmeister.

Jherbeck,
art. Director d. Gesellsch. d. M,
Chormeister des Männergesang
und S[ing] V[ereins][1]).

F. Otto Dessoff,
Capellmeister am k. k. Hofoperntheater
u. Professor am Conservatorium.

Simon Sechter m. p.
k: k: Hoforganist
und Professor des Contrapuncts.

M. A. Becker[2]) m. p.
Referent des Konservatoriums.

XVI.

Herr Anton Bruckner, Domorganist zu Linz hat unter meiner Leitung die Lehre von der musikalischen Composition und Instrumentation studiert und sich diesem Studium mit solchem Fleisse und solcher Ausdauer hingegeben, dass derselbe schon nach 19 Monaten den eigentlich zweijährigen Cursus absolviert hatte.

Meine aufrichtigen Glückwünsche begleiten diesen talentvollen strebsamen Künstler auf seiner weiteren musikalischen Laufbahn.

Linz, d. 10. Juli 1863.

Otto Kitzler, Kapellmeister am landsch. Theater.

[1]) d. h. des gemischten Chors der Gesellschaft der Musikfreunde.
[2]) Schulrat Dr. Moritz Adolf Ritter von Becker.

XVII.

[Brief Bruckners an A. M. Storch]

Hochverehrter, hochwohlgeborner Herr Kapellmeister[1])!

Grundsätzlich hier von aller Welt zurückgezogen und auch verlassen staunte und erfreute ich mich im hohen Grade, dass Ein Mann in der Ferne meiner noch gedenkt, um so mehr ein Mann, dem ich wie alle Welt hohe Verehrung und Bewunderung mit Recht zolle. Nehmen hochverehrter Herr Kapellmeister für diese mir erwiesene unverdiente Liebe und Auszeichnung hiemit meinen tiefsten Dank entgegen!

Ich hatte gar nichts vorräthig; componirte aber in diesen paar Wochen drei Chöre; zwei: "Abendhimmel„ u. "Weinlied„ lege ich bloss bei zur etwaigen beliebigen Verfügung.

Einen: "O könnt' ich dich beglücken„ v. Silberstein war ich so kühn /: bitte mir diess zu verzeihen :/ dem löbl. Bunde zu widmen, weil ich diesen als den eigentlichen zu geltenden Chor bestimmte.

Möge dieser Ihrer hohen Berücksichtigung sich erfreuen dürfen! Ich wäre glücklich Ihre Zufriedenheit zu erlangen!

Auf Ehrensold mache ich durchaus keinen Anspruch; ich bin hinlänglich belohnt, falls die Güte es gestattet, wenn von mir etwas aufgeführt werden soll.

In innigster Verehrung und Dankbarkeit verharre ich
Euer Hochwohlgeboren

Linz den 11. Dezember 1866.

dankschuldigster
Anton Bruckner.

NB! Der gnäd. Frau bitte ich meinen Handkuss, wie den Frleins; u. den jungen Herren viele Grüsse!

XVIII.

Hochlöbliche Direction[2])!

Der Gefertigte, welcher bereits H. Hofkapellmeister Herbeck im Namen des Gefertigten zu handeln gebeten hat, erklärt sich zu Allem bereit und ist mit Allem einverstanden. Gefertigter wird

---

[1]) Anton M. Storch, geb. 22. Dezember 1815 zu Wien, gest. daselbst 31. Dezember 1887, hat sich namentlich als Männerchorkomponist bekannt gemacht.

[2]) des Wiener Konservatoriums.

mit Dank diese Ehrenstelle annehmen, nur bittet er, als **fest bleibend, sicher** angestellt zu werden.

Linz den 28. Juni 1868.

Anton Bruckner.

XIX.

Hochlöbliche Direction[1])!

Ich beehre mich in Folge der schriftlichen Beruhigungen, wofür ich hiemit ergebenst danke, und im Vertrauen auf die gemachten Zusicherungen zur Kenntniss zu bringen, dass ich zur Annahme der mir angetragenen Lehrkanzeln definitiv entschlossen bin, und somit in Gottes Namen schon Anfangs Oktober, meinem so ehrenvollen Rufe folgend, in Wien eintreffen werde.

Hochachtungsvollst

Linz den 23. Juli 1868.

Anton Bruckner.

XX.

Euer Hochwohlgeboren[2])!

Die Conzerte sind vorüber! Es war sehr feierlich. In den ersten Tagen meines Hierseins u. auch noch beim ersten Conzerte schien mir ein Pariserorganist (Hr. Vilbac) uns Deutschen sehr bevorzugt zu sein. Beim ersten Concerte schon hatte ich die Musikalischen auf meiner Seite. Beim zweiten (gestern 29. April) wurde meine Produktion in einer Weise aufgenommen, die mich nur gerührt hat, aber die ich nicht beschreiben will. Der hohe Adel, die Pariser, die Deutschen u. Belgier wetteiferten in ihren Anerkennungen, was mich um so mehr wunderte, nachdem Vilbac (ein sehr lieber u. feiner franz. Künstler u. Freund des Thomas[3]) sehr gut einstudierte französische Piezen spielte. Dass letzterer ungemeine Sympathie hier besitzt, ist nicht zu verkennen, denn er kommt öfters nach Nancy. Was hierüber in den Journalen zu lesen sein wird, weiss ich nicht, — verstehe es leider auch nicht! — Ich habe nur die mündlichen Urtheile von den Sachkundigen in einer Weise für mich, worüber die Bescheidenheit mir zu schwei-

[1]) des Wiener Konservatoriums.

[2]) Ein nicht näher bekanntes Directionsmitglied des Wiener Konservatoriums.

[3]) Vermutlich Ambroise Thomas.

gen gebietet, u. auch die Aufname u. den Applaus des Publikums. Liebenswürdige Fräuleins aus dem höchsten Adel kamen sogar zur Orgel und bezeigten mir ihre Anerkennung.

Entschuldigen vielmals, dss ich so frei war, so lästig zu fallen. Die Herren, die für mich zalen, bathen mich, doch ja nach Paris zu gehen u. dort noch eine neue, fertige Orgel zu spielen. Ich sagte wiederholt Allen dss mein Urlaub am Montag zu Ende sei. Man hört aber nicht auf, zu bitten von allen Seiten, u. wirkte so stark auf mich ein, ich soll Euer Hochwohlgeboren innständigst bitten, dss die hohe Direction des Conservatoriums so gnädig sein wolle, mir den Urlaub um drei Tage zu verlängern. Ich trage Hochselben hiemit, obwol mit sehr schweren Herzen, diese meine und aller dieser Herren Bitte unterthänigst vor, u. bitte ergebenst Ihre so viel vermögende Einwirkung für mich bei meinen hohen Vorgesetzten mir angedeihen zu lassen. Meinen Schülern bitte ich es dann gnädigst wissen zu lassen. Ich wiederhole meine Bitte u. bin

Euer Hochwohlgeboren

Nancy den
30. April 1869.

dankbarer

Anton Bruckner.

NB. Die Orgel ist vortrefflich; alle Deutschen haben behauptet, dss man dort leider noch zurück ist.

XXI.

Hochlöbliche Direction
der Gesellschaft der Musikfreunde!

Der ergebenst Gefertigte beabsichtigt, wenn thunlich, am 8. Juni Mittags ein Concert zu geben, in welchem er seine neue Symfonie aufführen will. Zu diesem Zwecke erlaubt er sich zu bitten, die Hochlöbl. Direction wolle im Wege der Gnade dem Gefertigten **den grossen Saal** unter möglichst günstigen Bedingungen gütigst überlassen, und zugleich die Erlaubniss ertheilen, am Eingange des Conzertes die Orgel spielen zu dürfen. In Wiederholung der Bitte mit Respekt

Wien den 30. März 1873.

Anton Bruckner.

[Auf der letzten Seite Entwurf der Antwort des Generalsecretärs, datiert vom 18. 4. 73. Darnach hat die Direction in der Sitzung vom 7. 4. beschlossen, Bruckner für sein Concert den Saal um den h a l b e n Mietpreis zu überlassen.]

XXII.

Löblicher Schulausschuss[1])!

In Folge mehrjähriger Erfahrungen möchte der Gefertigte das Ansuchen stellen, es möchte, wenn thunlich, die frühere Ordnung in Bezug auf den Contrapunct, (nämlich i m e r s t e n J a h r e e i n f a c h e r C o n t r a p u n c t m i t u. o h n e C h o r a l o. C a n t u s f i r m u s, u. d o p p e l t e r, 3. u. 4 f a c h. C o n t r a p. u. i m 2 t e n J a h r e erst F u g e u. C a n o n vorzutragen) gestattet werden, da die einfache Fuge i m e r s t e n J a h r e sich als zu schwierig erweisen dürfte.

Wien 28. Mai 1874.

Anton Bruckner.

[Bleistiftvermerk auf der letzten Seite: „abzulehnen, soll bleiben wie bisher. M."]

XXIII.

Euere Wohlgeboren!

Der unterzeichneten Kammer gereicht es zum Vergnügen, die von dem k. und k. österr.-ungar. General-Consulate in London soeben anher gesendete, Ihnen von der königl. grossbritannischen Ausstellungs-Commission zuerkannte Medaille zu übermitteln.

Empfangen Sie bei diesem Anlasse den Ausdruck besonderer Hochachtung.

Wien am 13. Juli 1875.

Von der Handels- und Gewerbekammer für das Erzherzogthum Oesterreich unter der Enns.

| Der Präsident | Der Secretär |
| Gögl. | Holdhaus. |

An Herrn
Anton Bruckner
k. k. Hoforganisten etc.
Wohlgeboren.

[1]) des Wiener Konservatoriums.

XXIV.

[Antrittsvorlesung Bruckners bei Uebernahme des Lektorats für musikalische Theorie an der Wiener Universität. Nach dem Manuscript Bruckners]

Meine Herren!

Das hohe kk. Ministerium für Cultus und Unterricht hat mit dem Erlasse vom 8. November mich als Lector für die Gegenstände "Harmonielehre und Contrapunct„ an der philos. Facultät zuzulassen befunden. Bevor ich jedoch meine Vorträge in diesen Gegenständen beginne, erlaube ich mir, dem Vorworte eines Druckwerkes gleich, in einigen Worten über die Wichtigkeit als **Bedeutung** dieser Gegenstände für unser so weit vorgeschrittenes geistiges Leben Erwähnung zu thun.

Wie Sie selbst aus verschiedenen Quellen wissen werden, hat die Musik innerhalb eines Zeitraumes von zwei Jahrhunderten so kollosale Fortschritte gemacht, sich in seinem inneren Organismus so erweitert und vervollständigt, dass wir heute — werfen wir einen Blick auf dieses reiche Materiale — vor einem bereits vollendeten Kunstbau stehen; an welchem wir eine gewisse Gesetzmässigkeit in den Gliederungen desselben, so wie eine gleiche von diesen Gliedern dem ganzen Kunstbau gegenüber erkennen werden. Wir sehen, wie das eine aus dem andern hervorwächst, eines ohne den andern nicht bestehen kann, und doch jedes wieder **für sich** ein Ganzes bildet.

So wie jeder wissenschaftliche Zweig sich zur Aufgabe macht, sein Materiale durch das Aufstellen von Gesetzen und Regeln zu ordnen und zu sichten, so hat ebenfalls auch die musikalische Wissenschaft — ich erlaube mir, ihr dieses Attribut beizulegen — ihren ganzen Kunstbau bis in die Atome secirt, die Elemente nach gewissen Gesetzen zusammen gruppirt, und somit eine Lehre geschaffen, welche auch mit anderen Worten die musikalische Architektur benannt werden kann.

In dieser Lehre bilden wieder die vornehmen Kapiteln der Harmonielehre und des Contrapunctes die Fundamente und die Seele derselben.

Nach dem Vorausgelassenen werden Sie — meine Herren — mir zugeben müssen, dass zur richtigen Würdigung, und genauen Beurtheilung eines Tonwerkes, wobei zuerst erforscht werden muss, **wie** und **in wie weit** diesen eben erwähnten Gesetzen in demselben entsprochen wurde, so wie zum eigenen Schaffen —

nämlich eigene Gedanken musikalisch korrekt verwirklichen, sie belebend machen vor allem die volle Kenntniss von der erwähnten Musik-Architektur, beziehungsweise von den Fundamenten dieser Lehre, nothwendig ist.

Aus dem Entwickelten mögen Sie nun selbst entnehmen, dass die Gegenstände "Harmonielehre und Contrapunct„ bei dem im Uebrigen so weit entwickelten geistigen Leben ebenfalls einen nothwendigen Platz finden müssen, wo selbe gepflegt, wo selbe, auch ohne den Endzweck ausschliesslich Künstler heranzubilden, gelehrt werden können; denn sie gehören — und das mit Recht — zu den Trägern unserer geistigen Bildung; da wir durch sie in die, Lage kommen, u n s e r e n G e d a n k e n u n d G e f ü h l e n nach musikalischer Richtung hin in ästhetischer Weise gerechten Ausdruck zu verleihen.

Nachdem in Deutschland, Frankreich und Russland etc. vor Jahren die Nothwendigkeit, diese Gegenstände im Lehrplane der betreffenden Universitäten einzureihen, schon erkannt wurde, so war dadurch auch dem Bedürfnisse, diesen Gegenständen Eingang in das geistige Leben zu verschaffen, in der beredetsten Weise Ausdruck verliehen worden.

Es würde mich zu weit führen, noch weitere Momente, welche für die Wichtigkeit dieser erwähnten Gegenstände sprechen, anzuführen; jedoch glaube ich nicht unbemerkt lassen zu müssen, dass durch die Kenntniss der Harmonielehre und des Contrapunctes man so manchmal auch durch Gelegenheits-Compositionen in die angenehme Lage kommt, das gesellschaftliche Interesse zu fördern wodurch nur wieder in erster Linie für das Ich der gewünschte Gewinn resultirt.

Habe ich über die Wichtigkeit, so wie über die Bedeutung der Harmonielehre und des Contrapunctes gesprochen, so will ich jetzt nur im Kurzen über die Art und Weise, w i e ich diese Gegenstände hier zu behandeln gedenke, sprechen.

Mein langjähriges Studium, so wie meine Erfahrungen, die ich als Professor dieser Gegenstände am hiesigen Conservatorium gesammelt habe, sowie meine Kenntniss in der diessbezüglichen Literatur haben mich zu dem Entschlusse gebracht, bei meinen Vorträgen, mich an keines der jetzt aufliegenden Werke zu binden, sondern f r e i meine Vorträge zu halten, und zwar aus d e m Grunde, weil ich nur dadurch bei der knapp bemessenen Zeit in die Lage komme, aus dem reichen und ausgebreiteten Materiale durch Herausnahme der vorzüglichsten Fundamentalsätze Ihnen ein richtiges, klares Bild aufrollen zu können. Ich werde bei meinen Vorträgen stets bemüht sein, durch klare Darstellung das Verständniss zu fördern, und durch anschauliche Beispiele den Buchstaben der Theorie belebend machen eingedenk der Worte Göthes:

"Grau ist jede Theorie,
Nur grün des Lebens goldner Baum.„

Werde Ihnen manche Härten durch praktische Uebungen auf ein Minimum reduziren, somit Theorie und Praxis innig mit einander verbinden und Sie so mit sicheren Schritten durch dieses Reich des Wissens von einer Grenze zu der andern bringen, wo ich Sie dann beim Eintritte in das kämpfende Leben mit d e r Bitte verlassen werde, das Erlernte getreulich auszunützen, und meiner wohlwollend zu gedenken.

Habe ich mir es grosse Mühen kosten lassen, für diese Gegenstände an der Universität eine Pflanzstätte zu schaffen, so bin ich doch verpflichtet hier öffentlich für die mir dabei zu Theil gewordene Unterstützung von Seite des hochlöbl. Professoren-Collegiums der philos. Facultät, so wie der eines hohen Ministeriums für Cultus u. Unterricht dankend zu gedenken, wodurch die schon lange von mir gehegte Idee e n d l i c h ist zur That geworden.

Zum Schlusse erlaube ich mir, eine Bitte an Ihre werthe Adresse, meine Herren, zu richten:

Tragen Sie mit Ihrem jungen und frischen Geiste Ihr mächtiges Schärflein d a z u bei, dass diese Gegenstände h i e r a n d e r A l m a M a t e r in Hinkunft die gerechte W ü r d i g u n g finden mögen, dss diese musikalische Wissenschaft an der universellen Pflanzstätte: w a c h s e, b l ü h e, und g e d e i h e. Dixit.

Wien den 25. November 1875

Anton Bruckner m. p.

XXV.

Hohe kk. Statthalterei[1])!

Der Gefertigte erlaubt sich, um gnädige Verleihung der erledigten l f. Kapellmeisterstelle an der Kirche am Hof unterthänigst zu bitten, und glaubt diese Bitte unterstützen zu können:

[1]) von Niederösterreich.

1. Ist Gefertigter bei der Kirchenmusik aufgewachsen und hat bis 1855 als Stiftsorganist in St. Florian, bis 1868 als Domorganist in Linz, und seither als Expectant der kk. Hofkapelle, Lector an der kk. Universität u. Professor am Conservatorium für Orgel, Harmonielehre u. Contrapunct gewirkt.

2. Was seine musik-theoretischen Studien betrifft, so hat er dieselben in der Zeit von 1855 bis 1861 unter Sechter, bis 1863 dann in Linz absolvirt.

3. Bei seinen Orgelconzerten zu Nancy, Paris und London (1869) (1871) hatte Gefertigter ganz ausserordentliche Erfolge.

4. In Betreff seiner Compositionen "3 grosse Messen etc etc etc 5 Sinfonien„ beruft Gefertigter sich auf die höchst ehrenden Anerkennungen von Seite Wagners, (dem die 3. Sinfonie gewidmet ist,) Liszts, Herbecks, Hellmesbergers.

(Direktor Herbeck erklärte, Gefertigtem auf hohen Wunsch das glänzendste Zeugniss in jeder Beziehung ausstellen zu wollen.)

5. Wiederholt hat Gefertigter in der kk. Hofkapelle und in Conzerten hier, (sowol eigene als fremde Composit: anderswärts im In- u. Auslande) dirigirt.

Wien den 7. Jänner 1877

Anton Bruckner m. p.
kk. Hoforganist
Lector an d. kk. Universität
Prof. am Conservatorium.

Kk. uö: Statthalterei
Z 16059
An den Herrn Bittsteller

Der inangesuchte Dienstposten wurde anderweitig verliehen.
Wien, den 26. Mai 1877

[Unterschrift unleserlich]

XXVI.

Löbliches Comite[1])!

Es wolle mir das ergebene Ansuchen gestattet sein, das löbliche Comite möge f ü r d i e s e s J a h r von dem mich sehr ehrenden und erfreuenden Projecte der Aufführung meiner Edur Symphonie Umgang nehmen, aus Gründen, die einzig der traurigen

[1]) der Wiener Philharmoniker.

localen Situation entspringen in Bezug der massgebenden Kritik, die meinen noch jungen Erfolgen in Deutschland nur hemmend in den Weg treten könnte. In aller Verehrung

Anton Bruckner.

Wien, 13. Oktober 1885.

XXVII.

Hochgeehrte Direction der Gesellschaft
der Musikfreunde!

Der ergebenst Gefertigte sieht sich bemüssiget, in Folge seines, durch beiliegende ärztliche Zeugnisse bescheinigten, leidenden Zustandes, der ihm die Ertheilung von Unterricht für längere Zeit unmöglich macht, an die geehrte Direction die Bitte zu richten, ihm zunächst für das Schuljahr 1890/91 einen Urlaub zu ertheilen, und beehrt sich mit dieser Bitte bereits jetzt an die geehrte Direction heranzutreten, damit dieselbe in der Lage sei, für die entsprechende Stellvertretung Vorsorge zu treffen.

Der ergebenst Gefertigte erklärt gleichzeitig, dass er für die erbetene Urlaubszeit auf seinen Gehaltsanspruch Verzicht leistet, falls die geehrte Direction die Urlaubsertheilung von dieser Bedingung abhängig machen sollte.

Hochachtungsvoll ergebenst

[gez.] Anton Bruckner.

Wien, am 8. Juli 1890.

Zwei beiliegende ärztliche Zeugnisse bekunden: 1) dass Bruckner seit Jahren an chronischem Katarrh des Rachens und Kehlkopfs leide, daher gänzliche Enthaltung von der Lehrtätigkeit oder doch Unterbrechung für längere Zeit dringend erforderlich sei, Wien 7. VII. 90. Dr. O. Chiari, Privat-Docent an der Universität. — 2) dass Bruckner an hochgradiger Nervosität leide und in seiner Gesundheit in Folge angestrengter und aufregender Beschäftigung so geschädigt sei, dass in Anbetracht seines Alters länger dauernde Enthaltung vom Unterrichtertheilen dringend notwendig sei, Wien, 7. Juli 1890. Dr. G. Kilne, k. k. Primararzt.

Antwort der Direction (nach dem Concept des Secretärs): Der Urlaub für das Schuljahr 1890/91 wird bewilligt. Die Bezüge ruhen, demzufolge die Verpflichtung wegfällt, für Stellvertretungen zu sorgen. Mit dem aufrichtigen Wunsche, dass diese Ruhepause

Ihnen die erhoffte volle Erholung und Festigung Ihrer Gesundheit bringen möge, zeichnen hochachtungsvoll
Der V. P.[1]). D. G. S.[2]).

XXVIII.

Hochwolgeborner Herr k. u. k. Regierungsrath[3])!

Wollen mir gütigst gestatten, dass ich mir erlaube, Hochdemselben zur geneigten Kenntniss zu bringen, dass ich auf die Ertheilung des Orgelunterrichtes am Conservatorium nie mehr reflectire; dagegen aber auf die Ertheilung des Unterrichtes im Contrapuncte und in der Harmonielehre für den Fall meiner gänzlichen Genesung aspirire.

Mit tiefstem Respekt bin ich
Euer Hochwolgeboren
Herrn k. u. k. Regierungs[rats]
ergebenster Diener
Anton Bruckner.

Wien, 2. Oktober 1890.

XXIX.

Sehr geehrte Direction der Gesellschaft
der Musikfreunde!

Die andauernd fortwaltende Störung der Gesundheit, welche bereits bei dem Urlaubsansuchen vom Vorjahre durch ärztliche Zeugnisse nachgewiesen wurde, sowie zunehmende Nervosität und das hohe Alter von 67 Jahren zwingen den ergebenst Gefertigten, an die geehrte Direction das höfliche Ansuchen zu stellen, mit Beginn des II. Semesters des Schuljahres 1890/91 die definitive Enthebung desselben vom Schuldienste genehmigen, und das Geeignete wegen der Pensionirung des Gefertigten von diesem Zeitpunkte an geneigtest veranlassen zu wollen.

Hochachtungsvoll ergebenst
[gez.] Anton Bruckner,
Professor am Conservatorium
für Musik zu Wien.

Wien, Anfangs Jänner 1891.

[1]) Vizepräsident.

[2]) Generalsekretär.

[3]) Zellner, der Generalsekretär der Gesellschaft der Musikfreunde.

[Antwortschreiben, nach dem Concept des Generalsecretärs]

Sr. Wohlgeboren
Herrn Anton Bruckner, k. k. Hoforganist,
Conservatoriumsprofessor i. R. Lector an der k. k. Universität.

Sehr geehrter Herr Professor!

Ihrem Wunsche, der von Ihnen am Conservatorium bisher ausgeübten Lehrämter nunmehr endgiltig enthoben zu werden, kann die Direction, wenn sie sich auch mit dem Gedanken, auf eine so bewährte Lehrkraft fortan verzichten zu sollen, schwer vertraut zu machen vermag, doch in Würdigung der von Ihnen geltend gemachten Gründe: hohes Alter und geschwächte Gesundheit — nicht anders als willfahren.

Es erübrigt demnach der Direction nur noch, der vorzüglichen Dienste zu gedenken, welche Sie durch eine Reihe von 22 Jahren als Lehrer der Theorie und des Orgelspieles dem Institute mit stets gleicher Hingebung und Pflichttreue geleistet haben. Mit uns werden Ihre zahlreichen Schüler dem Manne ein dankbares Erinnern widmen, der sie auf den Wegen gründlich geleitet, die in das weite Gebiet der Tonsetzkunst führen.

Sie werden, nicht mehr abgelenkt von Lehrerpflichten, sich nunmehr Ihrem Schöpferdrange ganz und voll hingeben können. Möge es Ihnen noch lange gegönnt sein, die Freunde Ihrer Muse durch weitere Darbietungen zu erfreuen.

Die Notification Ihres Wunsches, in den Pensionsstand übernommen zu werden, ergeht unter Einem an die Verwaltung des Pensionsfondes.

Mit der Versicherung ihrer vollsten Hochachtung haben die Ehre zu zeichnen

Für die Dir[ektion] d[er] G[esellschaft] d[er] M[usikfreunde]
D[er] V[ize] P[räsident]   Der Conserv[atoriums]-Director.
D[er] G[eneral] S[ekretär].

[Dankschreiben]

XXX.

Hochlöbliche Direction der Gesellschaft der Musikfreunde!

Durch die hochbedeutende, hochehrenvolle Auszeichnung der einstimmigen Ernennung des Gefertigten zum Ehrenmitgliede der Gesellschaft der Musikfreunde fühlt sich Gefertigter im Herzen gedrängt, hiemit der hochlöblichen Direction seinen innigsten, aufrichtigen Dank abzustatten.

Wien, 18. Februar 1891.

Anton Bruckner.

XXXI.

Hochwolgeborner Herr Director!

Ich habe Ihrem Rathe Folge geleistet; H. Director meinen es im besten mit mir.

H. v. Bronsart[1]) schrieb mir recht herzlich, und ich habe bereits zugesagt. Wann wird das Fest[2]) sein? W e r wird den Psalm[3]) einzustudiren und zu dirigiren bekommen? (Hans Richter sagte vor Monaten, er wird sichs zur grossen Ehre rechnen, auch ein Chorwerk von mir zu dirigiren.)

In jedem Falle müsste ich zu den letzten (Chor) Proben nach Wien kommen, um den H. Dirigenten in meine Intentionen einzuweihen.

Zum Abschreiben hat ihn H. Cyrill Hynais, Musiklehrer, 5. Bez. Hundsthurmerstrasse No. 12, 2. Stock, Thür 20, und bitte ich Euer Hochwolgeboren recht inständigst H. Hynais einschärfen zu lassen, dass die Stimmen, namentlich die Gesangstimmen bis Ende August alle fertig seien wegen der Proben.

Desswegen kann ja doch der Psalm zur S c h l u s s f e i e r der Ausstellung wiederholt werden, wozu er ja eigentl. geschrieben ist. I c h betrachte die erste Aufführung mehr als Probe. Bitte nicht ungehalten zu werden. Ersuchend um gütige Aufklärung bin ich

Euer Hochwolgeboren
dankschuldigster

Dr. A. Bruckner.

Steyr, 5. 8. 92.
Stadt Steyr, Stadtpfarrhof.

[1]) Hans von Bronsart, damals Vorstand des Allgemeinen Deutschen Musikvereins.

[2]) Die Tonkünstlerversammlung des Allgemeinen Deutschen Musikvereins, die im Herbst 1892 in Wien stattfinden sollte.

[3]) Bruckners 150. Psalm, der für die Schlussfeier der Wiener Musik- und Theaterausstellung.

XXXII.

[Kodizill zum Testament Bruckners, hinterlegt im Stadtpfarrhof Steyr. Nach dem Abdruck in einer Wiener Zeitung.]

Ueber die Bestimmung meiner seligen Ueberreste ordne ich Folgendes an:

Auf Grund der mir vom hochwürdigsten Herrn Prälaten von St. Florian gnädigst zugesicherten Bewilligung bestimme ich, dass mein Leib nach seinem Tode in der Gruft der Stiftskirche St. Florian in Oberösterreich beigesetzt werde, und zwar in jener Weise, wie der hochselige Herr Probst Jodok Stülz beigesetzt ist.

Mein Leichnam soll daher vorschriftsmässig injicirt und in einen metallenen Doppelsarg, dessen innerer eine mit Glas verschlossene Ansicht auf das Angesicht gewährt, gelegt und dieser Sarg frei in der Gruft unter der grossen Orgel aufgestellt werden.

Am offenen Friedhof von St. Florian will ich nicht begraben sein.

Zum Zwecke der Erhaltung des Sarges und zur Fürsorge für meine Seelenruhe widme ich zur Stiftskirche von St. Florian abzugs- und gebührenfrei ein Capital von fl. 4000—, d. i. Viertausend Gulden, in der Weise, dass ein Betrag von fl. 3000— als Stiftungscapital für jährlich sechs Gottesdienste diene, nämlich:

1. ein hl. Seelenamt mit Assistenz alljährlich an meinem Sterbetage oder — wenn das nicht möglich — nahe an demselben für meine Seelenruhe;

2. zwei stille hl. Messen, und zwar eine am 4. September[1]) und eine am 13. Juni[2]);

3. drei stille hl. Messen für mich, meine Eltern und Geschwister, und zwar eine am Tage des hl. Josef, d. i. 19. März, die übrigen zwei an beliebigen Tagen.

In der Stadtpfarrkirche zu Steyr soll alljährlich eine stille hl. Messe für meine Seelenruhe, und zwar an meinem Sterbetage gelesen werden.

Zu diesem Zwecke vermache ich abzugsfrei ein Capital von 300 fl. als Stiftungsdeckung.

Anhang.

Für den Fall als ich nicht in die Gruft der Stiftungskirche von St. Florian beigesetzt werden könnte, so will ich nach meinem Tode am Friedhofe zu Steyr ruhen.

[1]) Bruckners Geburtstag.
[2]) Bruckners Namenstag (Hl. Antonius von Padua).

Zur Beurteilung Anton Bruckners durch die zeitgenössische Wiener Kritik.

Die Haltung, die von der Wiener Kritik Bruckner gegenüber eingenommen wurde, war so wichtig für das Leben des Meisters und das Schicksal seiner Werke, er selbst hat dem, was er in Zeitungen über sich zu lesen bekam, eine solche Bedeutung beigelegt, hat unter dem, was gegen ihn geschrieben wurde, so schmerzlich gelitten, und sich so kindlich gefreut über das Lob, das ihm öffentlich gespendet wurde. Auch ist es musik- und kulturgeschichtlich so belehrend, ein Bild davon zu gewinnen, wie eine künstlerische Erscheinung von der Art Bruckners auf die zeitgenössischen Kritiker gewirkt und welches Echo seine Schöpfungen bei ihnen geweckt haben, dass man eine eingehende Behandlung des Themas: Anton Bruckner und die Wiener Presse in meinem Buche verstehen und billigen wird. Ich behandle dieses Thema in der objektivsten Weise, die denkbar ist, indem ich eine nicht erschöpfende, aber doch wohl allseitig kennzeichnende Sammlung von zeitgenössischen kritischen Stimmen vorlege. Manche Legenden über kritische Boshaftigkeiten, die unserem Meister gegenüber begangen worden sein sollen, zerflogen beim urkundlichen Studium des Themas in nichts. So hat z. B. Eduard Hanslick niemals einen Konzertbericht vor einer Brucknerschen Symphonie abgebrochen, „um nicht der Schmach zu gedenken, die dem Musikvereinssaale angetan worden sei" — wie vielfach erzählt wird —, und es ist sehr zweifelhaft, ob ein anderer Kritiker sich dieser „Schandtat" schuldig gemacht hat. Wie man denn überhaupt finden wird, dass die Bruckner ablehnenden Kritiker oft sehr grossen Mangel an Verständnis und Urteilsfähigkeit, aber doch viel weniger wirkliche Feindseligkeit und bösen Willen gezeigt haben, als bisweilen von den Verehrern und Apologeten Bruckners angenommen und verbreitet wurde.

Um Raum zu sparen, habe ich mich darauf beschränkt, ausschliesslich W i e n e r Kritiker hier zu Wort kommen zu lassen, und die Sammlung mit dem Tode Bruckners abgeschlossen. Solche Kritiken, die in leicht zugänglichen Büchern zu finden sind, habe ich nicht berücksichtigt. Deshalb ist der Kritiker Hugo Wolf hier nicht vertreten und Eduard Hanslick nur mit einigen wenigen kurzen, aber besonders kennzeichnenden Aeusserungen. Wolfs Urteile über Brucknersche Werke sind aufgenommen in dem von Richard Batka und Heinrich Werner herausgegebenen Sammelbande: Hugo Wolfs musikalische Kritiken (Leipzig 1911), die Hanslicks in „Konzerte, Komponisten und Virtuosen der letzten Jahre" (Berlin 1886, 3. Aufl. 1896) und in den neuen Bänden der unter dem Gesamttitel: „Die moderne Oper" vereinigten „Kritiken und Studien" (Berlin 1875—1900).

Neue Freie Presse vom 11. April 1865.

. . . Die Linzer Tagesblätter bringen wiederholt eingehende Besprechungen einer Messe von Anton Bruckner, welche dort ungewöhnliche Sensation erregt hat. Der Komponist, gegenwärtig Domorganist in Linz, einer der besten Schüler des Wiener Konservatoriums und renommierter Orgelspieler, liess diese Messe kürzlich in der Domkirche aufführen. Die (als ergreifend und originell geschilderte) Musik machte auf die Hörer einen solchen Eindruck, dass man ein eigenes „Concert spirituel" arrangierte, um darin Bruckners Messe vollständig zu wiederholen. . . .

[Nicht gezeichnet.]

Neue Freie Presse vom 19. Mai 1868.

In Linz kam kürzlich eine neue Symphonie (C-moll) von Anton Bruckner im grossen Redoutensaale zur Aufführung und fand bei dem zahlreichen, sehr gewählten Publikum wie bei der Kritik eine ausserordentlich günstige Aufnahme. Der Komponist, bekanntlich Domorganist in Linz und wohl der bedeutendste Orgelspieler in Deutschland, dirigierte selbst und wurde wiederholt gerufen. Wenn die Nachricht von Bruckners bevorstehender Anstellung am Wiener Konservatorium sich bestätigt, können wir dieser Lehranstalt nur gratulieren.

[Nicht gezeichnet.]

Neue Freie Presse vom 29. Juni 1872.

Bruckners neue Messe. Am verflossenen Sonntag kam in der Augustinerkirche eine hier noch nicht gehörte neue Messe (in F-dur) von dem als Orgelvirtuose rühmlichst bekannten k. k. Hoforganisten und Professor am Konservatorium Anton Bruckner zur Aufführung. Die Komposition erregte unter den Musikfreunden Aufsehen durch ihre kunstvolle Kontrapunktik und Fugenarbeit, wie durch einzelne ergreifende eigentümliche Schönheiten. Nicht nur durch ihre grossen Dimensionen und schwierige Ausführbarkeit, auch durch Stil und Auffassung verrät sie als ihr Vorbild die Beethovensche Missa solemnis, nebenbei auch starke Einflüsse von Richard Wagner. Es wäre interessant, wenn Bruckners neue Messe, ganz oder doch teilweise, in einer guten Konzertaufführung zu Gehör gebracht und dadurch einem grösseren Publikum bekannt würde[1]).

Neue Freie Presse, 28. Oktober 1873.

h.[2]) Sonntag mittag gab Herr Anton Bruckner, k. k. Hoforganist und Professor am Wiener Konservatorium, ein Konzert im grossen Musikvereinssaale. Der Konzertgeber produzierte zuerst seine bereits rühmlich bekannte Virtuosität als Orgelspieler in dem Vortrag einer Toccata von Sebastian Bach und einer eigenen freien Phantasie. Die dritte, zugleich letzte Nummer des Programms war eine Symphonie in C-moll von Bruckner, ein in den grössten Dimensionen ausgeführtes Tonwerk, welchem ein sehr ernster, pathetischer Charakter ebenso wenig abzusprechen ist, als zahlreiche schöne, bedeutende Einzelheiten. Obwohl der Totaleindruck durch eine unersättliche Rhetorik und allzu breite, mitunter haltlos zerfallende musivische Form beeinträchtigt wird, war doch die Wirkung auf das Publikum eine günstige und die Aufnahme der Symphonie eine geradezu enthusiastische. Wir begnügen uns für heute mit der Meldung dieses glänzenden äusseren Erfolges, welcher dem bescheidenen, energisch strebenden Komponisten vom Herzen zu gönnen ist. Herr Bruckner wurde nach seinen Orgelvorträgen und nach jedem Satze der Symphonie durch anhaltenden rauschenden Beifall und wiederholten Hervorruf ausgezeichnet. Das Orchester der „Philharmonischen Konzerte" spielte diese ungewöhnlich schwierige Komposition (unter persönlicher Leitung des Komponisten) meisterhaft.

Wiener Abendpost vom 28. Oktober 1873.

Wenn es „vor Georgi" donnert und die Frösche vor Georgi zu quaken anfangen, so bedeutet das nach dem Volksglauben einen

[1]) Nicht gezeichnet und nicht von Hanslick.
[2]) Eduard Hanslick.

heissen Sommer. Die Konzertsaison hat diesmal schon „vor Allerheiligen" angefangen und so dürfen wir vielleicht einen musikalischheissen Winter erwarten, der mit dem physisch-kalten natürlich nichts zu tun hat. Die Saison begann übrigens gleich stattlich genug: mit einem Konzert des k. k. Hoforganisten und Professors am Konservatorium Herrn Anton B r u c k n e r, der als Organist mit einer Bachschen Toccata und mit einer freien Orgelphantasie, als Komponist mit einer neuen Symphonie, welche er selbst dirigierte, vor uns trat. Das gedruckte Programm des Konzertes zeigte den Beisatz „zur Feier des Abschlusses der Weltausstellung". Was letztere mit Herrn Bruckners Orgelspiel oder Symphonie zu schaffen hat, haben wir nicht recht einzusehen vermocht — es hätte ebenso gut heissen können: „zur Eröffnung der Hochquellen" oder „zur Feier des Erlöschens der Cholera". Es hat uns diese Appellation an die Weltausstellungsfremden, als des Künstlers nicht würdig, keineswegs gefallen wollen und hat nicht einmal sonderlich genützt, denn was wir in dem nichts weniger als überfüllten Saal an Publikum bemerkten, sah erstaunlich „einheimisch" aus.

Herr Bruckner ist als Orgelspieler und Improvisator längst akkreditiert; es ist darüber nichts weiter zu sagen. Kommen wir denn zur symphonistischen Novität! Vorläufig bemerken wir, dass sie mit tobendem Beifall aufgenommen wurde. Wer einen Teil seines Lebens in Konzertsälen hat versitzen müssen, bekommt zuletzt eine Art Feingefühl für den jeweiligen Wert des Applauses. Diesmal war es nicht die begeisterte Zustimmung einer unwillkürlich hingerissenen Menge, es war der spektakulöse und tendenziöse Lärm eines Publikums, das über den Erfolg schon im vornhinein mit sich einig ist, die Sache mag aussehen wie sie will. Dass dergleichen ganz geeignet ist, wohlbewahrte und würdige Kunstzustände, wie das Musikleben in Wien ohne Frage bisher war, zu demoralisieren und zu depravieren, steht ausser Zweifel. Wir wissen im voraus, ob wir applaudieren oder zischen werden, je nachdem der Komponist Hinz oder Kunz heisst. Welcher Partei gehört der Künstler an?

Richard Wagner hat sich bei seiner vorjährigen Anwesenheit in Wien über Bruckners Talent mit warmem Anteil ausgesprochen, er riet ihm, alles andere aufzugeben und sich ganz der Komposition zuzuwenden, das sei sein Feld usw. Männer, deren Urteil hochzuachten ich alle Ursache habe, hatten mir schon in der vorigen Saison gesagt: die neue Symphonie atme Beethovenschen Geist, sei ein Werk von grosser Bedeutung. Ich hatte hienach, wie ich ehrlich sagen muss, eine Musik von ganz anderer Färbung erwartet, als mir nun entgegentrat. Bald genug merkte ich, dass hier Wagner tausendmal mehr Anteil habe als Beethoven; ausgenommen das Scherzo, das, einige moderne Explosionen und die Venusberg-Geigen zu Anfang des Trio abgerechnet, wirklich Beethovenschen Zug und Schwung hat und daher auch sofort mit sich fortreisst. Im Andante überraschen einzelne wahrhaft blendende Geistesblitze, welche Wagners Urteil zu rechtfertigen scheinen. Aber was sollen wir zum ersten Allegro, zum Finale sagen? Der Komponist will immerfort spannen — vor lauter Spannung fühlen wir uns aber nur zu bald abgespannt.

Es wäre der Mühe wert, die Zahl der „spannenden" Generalpausen in dem Werke zu zählen, ein Mittel, von welchem die grossen Meister mit Recht nur selten Gebrauch gemacht haben. Wo wir eine zusammenhängende, gegliederte, eines durch das andere motivierende Rede wünschen und erwarten, vernehmen wir unaufhörliche Suspensionen, Interjektionen — musikalische Frage- und Ausrufungszeichen und Gedankenstriche, denen kein Inhalt vorangegangen und keiner nachfolgt. Wo wir eine festgefügte musikalische Tektonik erwarten, werden wir durch willkürlich aneinander gereihte Tongebilde bis zur Atemlosigkeit gehetzt.

Wenn einer der frühesten Beurteiler der Eroica meinte: sie sei nicht sowohl eine Symphonie als „eine sehr weit ausgeführte Phantasie, es fehle ihr gar nicht an frappanten schönen Stellen, sehr oft scheine sie sich aber in das Regellose zu verlieren, des Grellen und Bizarren sei zu viel, wodurch die Uebersicht erschwert wird und die Einheit beinahe ganz verloren geht", so scheint dieser Mitarbeiter der „Leipziger allgemeinen musikalischen Zeitung" von Anno 1805 ein wahrer Prophet gewesen zu sein, seine Kritik passt wörtlich und buchstäblich auf Bruckners Symphonie. Bitten möchten wir den Komponisten, statt der heiligen Rosalia, zu welcher er seine Andacht zu oft verrichtet, eine andere Heilige zur Patronin zu nehmen, er findet ihrer im Kalender genug. Er ist Professor des Kontrapunktes und wird die Andeutung verstehen. Sehr dankbar wären wir gewesen, wenn uns die eben erwähnte offizielle Stellung in der Symphonie wenigstens an **einigen** Stellen merklich geworden wäre. Höchst pikante Effekte in der Orchestration notieren wir eigens und mit Vergnügen, — leider begegnen wir daneben immer wieder den allermodernsten, überaus wohlbekannten Wagnerismen, die wir nicht einmal bei Wagner selbst mehr goutieren, dem tobenden Lärmfortissimo, den unleidlichen, nervösen Lohengrin-Dünngeigereien, mit denen uns die Komponisten denn doch endlich einmal verschonen sollten.

Die Kritik muss ehrliche und offene Sprache führen, will sie nicht an der grossen Lüge der modernsten Kunstzustände schuldbaren Anteil haben. Ich glaube dieser Pflicht hier genügt zu haben. Um für den wirklichen Wert seiner Symphonie einen verlässlichen Massstab zu gewinnen, führe Bruckner sie nicht einem Publikum vor, dem der favor judicis schon von dem ersten Geigenstrich aus den Augen sieht, sondern er lasse sie im Leipziger Gewandhause und dann vorsichtswegen allenfalls auch in Berlin aufführen. Schlägt sie auch da durch, so hat sie die Feuerprobe bestanden.

Wir haben für unsere Person in dem neuen Werke Züge und Dinge gefunden, die uns geradezu schmerzlich bedauern lassen, dass ein Mann von solchem Talent, statt auf eigenen festen Füssen kühn und mutig den Weg zum Tempel des Ruhmes zu gehen, es vorzieht, hinten aufs Bedientenbrett des Wagnerschen Triumphwagens zu springen und sich so hinaufkutschieren zu lassen — vorausgesetzt, dass der Wagen unterwegs nicht umwirft. Einem enthusiastischen Jüngling kann man es zugute halten, wenn er sich in die Arten und Unarten eines von ihm blind angebeteten Vorbildes verrennt; aber Bruckner ist eben kein Jüngling mehr. Könnten wir voraussetzen, dass er einer (vielleicht unangenehm-aufrichtigen) Stimme sein Ohr nicht verschliesst, so würden wir ihm zurufen: Mass, Mässigung, Selbstbeschränkung. Unsere modernste Musik leidet an Masslosigkeit. Und diese wird am Ende der Tod der hypersthenisch gewordenen Kunst sein. Wie sich die Sachen anlassen, scheint es, dass wir nicht beim Anfang einer glorreichen neuen Musikepoche stehen, sondern beim Ende aller Musik angelangt sind. A.[1])

Wiener Allgemeine Zeitung vom 23. Februar 1881.

... Anton Bruckners neue Symphonie in Es-dur, die unmittelbar nachher zur ersten Aufführung kam, ist das Werk eines Kindes mit Riesenkräften. Ein junger Herkules, der in der

[1]) August Wilhelm Ambros (1816—1876), der bekannte Musikhistoriker.

Wiege zwei Schlangen erdrosselt, würde vielleicht in ähnlicher Weise Musik machen. Leider nur ist dieses unbändige Kind ein in seinem Berufe ergrauter Mann, der als erfahrener Theoretiker und vorzüglicher Orgelspieler allseitige Hochschätzung geniesst. Ja, wäre der treuherzige alte Herr noch ein Jüngling, jung an Jahren, welcher in seiner natürlichen Herzenseinfalt und rührender Unkenntnis menschlicher Dinge dem blinden Drange seines ungestümen Willens folgte und, unbekümmert um Gott und die Welt, darauflos musizierte, so würden wir in den begeisterten Ruf seiner Verehrer einstimmen und jubelnd frohlocken: Siehe da, ein neuer Beethoven! Gesegnet sei, der da kommt im Namen des Herrn! — Bruckners musikalische Begabung steht ausser Frage, er tut sie in seiner Symphonie an vielen Stellen glänzend dar; aber dieses köstliche Gut wird von ihm nicht in der richtigen Weise geordnet und verwaltet. Er hält es für unerschöpflich und wirft es mit beiden Händen zum Fenster hinaus, um hinterher zu darben. Auch fehlt ihm die Fähigkeit, Grössen zu beurteilen und Entfernungen zu bemessen; er langt nach der Sonne, um das Feuerchen seines Herdes anzuzünden, und schleudert mit der Lanze nach der Mücke. Die vier Sätze seines Werkes sind eine wahre Symphonien-Tetralogie, und jeder einzelne genügt, um ein unvorbereitetes Orchester tot zu machen. In den Gedanken des Werkes herrscht die Unordnung eines Gelehrtenzimmers, wo alles über- und durcheinander liegt und nur der Herr des Hauses sich zur Not zurecht tastet. Gerade die dürftigsten und alltäglichsten Einfälle werden bis ins Unendliche fortgesponnen und bis zum Ueberdruss behandelt, während das wirklich Originelle und Wertvolle unscheinbar beiseite geschoben und ausser acht gelassen wird. Ein umgekehrter Richard Wagner, der die Grenzen seiner Fähigkeiten nicht kennt und letztere selbst am eifrigsten dort sucht, wo sie am allerwenigsten zu finden sind, unter- oder überschätzt Bruckner bald seine innere Erfindungskraft, bald seine äussere Gestaltungsfähigkeit. Er möchte seine Gebrechen nicht mit Vorzügen, sondern mit neuen Gebrechen gut machen. Verstände er, wie Wagner, die Tugenden seiner Fehler zu benutzen, so würde er vielleicht ein grosser Symphoniker sein, und wir würden heute nicht nötig haben, sein Werk als ein zum grössten Teil verfehltes zu bezeichnen. Das nicht allein für Diplomaten, sondern auch für Künstler wichtige Gebot, zur rechten Zeit zu schweigen, achtet oder kennt Bruckner nicht. Er hat uns so viel zu vertrauen und möchte am liebsten alles auf einmal sagen. Da dies trotz Pauken, Posaunen, Hörnern und Trompeten nicht wohl angeht, greift er wenigstens soweit wie möglich aus, schweift immer wieder ab, wiederholt sich unzählige Male, verwickelt sich in konfuse Widersprüche und kann überhaupt nicht aufhören. Zu diesen Eigenschaften gesellt sich ein Hauch mystischen Tiefsinns, den Bruckner mit vielen begabten Menschen gemein hat. Man merkt ihm an, dass nichts Gemachtes und Erklügeltes an ihm ist, dass er sogar manchmal einen visionären Blick in die Himmelsfernen und Meerestiefen der Musik getan hat. Und dies verleiht seiner Kunst eine unleugbare Gewalt über das Publikum, welches dem extravagantesten und verworrensten Schwärmer immer den Vorzug vor vielen verständigen und klaren, normalen Köpfen geben wird. Wir brauchen nicht zu versichern, dass uns eine solche Erscheinung ebenfalls weit mehr interessiert als ein Dutzend nüchterner Kapellmeister, wollen aber dabei doch nicht vergessen, dass das pathologische persönliche Interesse das ästhetische fachliche übertrifft. Auf Einzelheiten des Werkes einzugehen, wäre sehr verführerisch, insofern es eine Fülle von Stoff zu kritischen Bemerkungen und Detailstudien bietet; da wir aber fürchten müssen, in denselben Fehler wie Bruckner zu verfallen und nicht fertig werden zu können, begnügen wir uns mit den wenigen Andeutungen, und fügen des näheren hinzu, dass die Symphonie den Eindruck eines Musikdramas ohne Text macht, dass der erste Satz der weitaus gehaltvollste und bedeutendste ist, und dass die Faktur des Ganzen in Instrumentation, Kolorit und Stimmung wie in einzelnen Wendungen und Details lebhaft an Wagner erinnert. „Lohengrin", „Holländer", „Walküre", „Siegfried" und „Götterdämmerung" haben daran mitgearbeitet, ohne dass ein nachweisbarer thematischer Einfluss zu erkennen wäre. Mit der Aufführung der Symphonie, welche eine ganze Stunde dauerte und alles fast unausgesetzt in Schach und Atem hielt, haben die „Philharmoniker" unter Hans R i c h t e r s Leitung geradezu Wunder getan; ein grosser Teil des ausserordentlichen Erfolges, den der nach jedem Satze mehrere Male hervorgerufene Komponist davongetragen, ist ihnen zuzuschreiben. . . .

Max Kalbeck.

Signale für die musikalische Welt,
März 1881, S. 341.

Das Konzert[1]) ... schloss mit einer neuen Manuskript-Symphonie von Anton Bruckner. Es ist die sechste Symphonie dieses genial begabten, hochgeschätzten Hoforganisten, in dem der Drang, für grosse Massen zu komponieren, gleich einem Vulkan arbeitet und ihm oft genug den unerbittlich notwendigen logischen Aufbau erschwert. Mit der Hälfte dieser strahlenden Gedankenblitze würde ein anderer für ungezählte Symphonien ausreichen. Dass die Instrumentation reich an interessanten Momenten ist und Kraft und Zartheit wiederzugeben weiss, braucht bei Bruckner nicht erst betont zu werden. Am fasslichsten erwies sich der erste und dritte Satz, letzterer eine Art Jagd-Rhapsodie. Die Ausführung von Seite der Philharmoniker, unter Richters Leitung, war vorzüglich, der Beifall ausserordentlich, auch wurde der Komponist stürmisch gerufen.

Die Presse (Wien) vom 13. Februar 1883.

... Dazwischen lagen das von Herrn Hummer hübsch und mit gutem Geschmacke vorgetragene Cello-Konzert von Eckert und zwei Sätze (Adagio und Scherzo) aus einer Symphonie (Nr. 6) von B r u c k n e r. Beide schwelgen in Erinnerungen an Richard Wagner, in dessen verschiedenen, vorzugsweise aber jüngeren Stilarten, und wenden den „symphonischen Stil" der Bayreuther „Fest-", „Weihfest-" und „Bühnenweih-Festspiele" leider nun auch auf die Symphonie selbst an. Im ganzen hat der wilde Komponist etwas an Zucht gewonnen, aber an Natur verloren. Beim Adagio hielten Interesse und Befremden einander im Publikum noch die Wage und es ging, wenn auch zögernd, mit. Bei dem ausschliesslich durch Seltsamkeiten fesselnden Scherzo trennte sich aber — wie ein Sportsmann sagen würde — das Ross von seinem Reiter. Eine kleine Claque schien sich's in den Kopf gesetzt zu haben, die Legitimierung auch dieses Satzes in revolutionärem Wege zu erzwingen; vergebene Mühe. ... h.

[1]) Konzert für den deutschen Schulverein (20. II. 1881), in dem von den Philharmonikern unter Hans Richter Bruckners vierte Symphonie — n i c h t die sechste! — gespielt wurde.

Signale für die musikalische Welt
vom Februar 1883.

... Die zwei Symphoniesätze von Bruckner (Adagio und Scherzo der sechsten Symphonie) hatten dieselben Licht- und Schattenseiten, wie alles von diesem hochgeschätzten Musiker bisher Gebotene: überraschende geniale Gedanken und glänzende Instrumentation neben Mangel an logischer Verarbeitung und übertriebenem Ausspinnen; bei Anhören dieser Musik fühlt man sich wie von schwerem Traum umfangen, vergebens suchend, den Knäuel von leuchtenden Bildern zu entwirren. Beethovens Ouverture (Leonore Nr. 2), so herrlich gespielt, hätte, ans Ende des Programms gestellt, die geschädigte Stimmung der Zuhörer sicher wieder ins Gleichgewicht gebracht. ...

Wiener Fremden-Blatt vom 17. Jänner 1885.

(Konzerte.) Ein Ereignis für das musikalische Wien war die Aufführung des Streichquintetts in F-dur von Anton Bruckner am dritten Quartettabende Hellmesbergers. Wieder einmal erfuhr das Publikum, welch ein bedeutender Komponist unter ihm lebt, von dem es, dank der Lässigkeit unserer grossen Konzertinstitute, die doch gegen kleinere Talente die Gefälligkeit selbst sind, nicht einmal alle heiligen Zeiten etwas hört. Viele waren überrascht von dem Brucknerschen Quintett, manche entzückt, und jedenfalls war der Erfolg der Komposition der glänzendste, der sich denken lässt. Die Wärme der Aufnahme wurde gesteigert durch das über alles Lob erhabene Spiel des Hellmesbergerschen Quartetts und durch die Anwesenheit des Komponisten, der nicht oft genug vor der Hörerschaft erscheinen konnte. Uns war das Quintett nicht vollständig neu; die beiden mittleren Sätze, das Scherzo und das Adagio, hatten wir schon gehört und diese beiden Sätze sind uns, da wir nun das Ganze kennen, auch die liebsten geblieben. Im ersten Satze verrät uns gleich das Hauptthema mit seinen nachgeschleppten Triolen, in welcher Richtung Bruckner marschiert und im Finale begegnet uns das weitausgreifende Siebenmeilenstiefel-Motiv aus Richard Wagners „Faust"-Ouverture. Freilich ist die Arbeit meisterhaft im einzelnen, nur wünscht man sich die Glieder der Komposition strammer zusammengefasst, überhaupt die Gestaltung übersichtlicher, plastischer, zumal wo für den lockeren Zusammenhalt die Bedeutsamkeit der Motive keineswegs entschädigt. Die Freiheit der Modulation ist

Theuerstem alten
junger Freund!
 Edlen Hofkapellmeister!

Das muß der Denkens sein
wirst du sagen, u. richtig,
so ist es schon. Herr:
Prof. Riedel aus Leipzig
stellte mir das Ansuchen
ob ich nicht zum allg. deutschen
Musikfeste in Carlsruhe am
30. Meinmein Adagio aus der
7. Sinfonie wollte ausführen
lassen. Liszt u. Dr Brandbartum

nichten nun dazu. Doch Du bist
jetzt die Hauptperson in
diesem Angelegenheit.
1tens Ist das Ausgehen nun
    nicht zu sehr verzögert?
2tens Hast Du die neuen Tu-
    ben, wie selbe in den Nieder-
    lungen vorkommen?
    oder wer nicht, kannst
    Du selbe bekommen?
3tens Wolltest Du, so wie
    die Herren Levi u. Nikisch
    dein ganzes Künstler-
    schaft Ich sein dann ein
    steifen alten Lehrer, der

dich stets so lieb gehabt hat
einsetzen, u. dieses Ada-
gio mit den Tuben u.
der Trauer=Musik um
den Helden Meister so
wie Dein eigenes Werk ein
studiren und dirigiren?
Wenn du dich dafür begeistern
kannst, bist du als so hoch
berühmter Dirigent der
richtige Künstler!
Wenn mein lieber Modl
eins dies mit Seinem deutschen
Ehrenworte zusagt, dann
Hoch! Hoch! Hoch! ein Va-

Es ist dan in Ordnung, u.
Ich muß dann die Partitur
nach Leipzig schicken.
NB. die 4 Trben. sind sehr wich-
tig dabei. auch CB Tube.
Ich meine, beide Könnten wir
heraus haben.
In Deinen Händen liegt mein
Entschluß. Bei herzlichst zu-
gesandten u. gelieftem von
Deinem dich sehr
hoch verehrenden
A Bruckner.

Wien, 17.
April 1885.

Mein Herzlichstes Beileid!
Mir ist sehr leid, um den
edlen Herren! Er ruhe
sanft!

durchaus an die Grenze getrieben, ja der letzte Satz, der offenbar (den Schluss ausgenommen, der nach F-dur zurückkehrt) in F-moll **gemeint** ist, bekennt sich nirgends direkt zu dieser Tonart, sondern reist inkognito und in Verkleidung wie ein grosser Herr. (Allerdings spielt und schwebt dieser Satz stellenweise auch unharmonisch zwischen As-moll und E-dur.) Das Scherzo, dem schon die gedrängtere Form wohltut, ist ein durchaus interessanter und reizender Satz, originell mit seinem eine Moll-dur-Tonleiter durch drithalb Oktaven durchschreitenden Basse, singend und klingend in allen Stimmen, mit einem wohligen, gesangvollen Trio. Das Adagio ist ein einziger quellender Gesang, innig, sehnsüchtig mit herben Zwischenstellen. Dieser Satz geht aus Ges-dur, nach dem Quartenzirkel die von F-dur entfernteste Tonart. Aber freilich geht durch die ganze Komposition ein System von harmonischen Rückungen, wie sie Franz Schubert häufig und immer mit charakteristischer Wirkung verwendet; in diesem Sinne steht dann freilich ges gleich neben f, wie im Trio des Scherzo es neben d steht. Diese Freiheiten und Kühnheiten, die freilich eine in musikalischen Gefahren geschulte Generation nicht mehr allzu stark empfindet, werden wett gemacht durch die Originalität der Erfindung und eine nicht weniger originelle Technik. Wir möchten Bruckners Quintett nicht mit irgendeinem anderen Werke der Gegenwart vergleichen; es steht für sich und einzig da. (Bruckners Quintett ist, schön ausgestattet, in Gutmanns Musikverlag in Wien erschienen und dem Herzog Max Emanuel in Bayern gewidmet.) ... sp.[1])

Wiener Allgemeine Zeitung vom 17. Januar 1885.

Eine der wichtigsten und schwierigsten Fragen des zukünftigen Musikhistorikers wird notwendig lauten, ob und welche hervorragenden Talente die neudeutsche Schule zugrunde gerichtet habe. Allerdings liegt es in der Natur dieser Richtung, dass sie das sicherste Asyl gerade jener Menge von Halbtalenten bietet, welchen die in der Natur und dem Wesen ihrer Kunst begründeten Gesetze nichts als lästige Schranken bedeuten und welche für die lahmen Erzeugnisse ihrer allerengsten Subjektivität sich von vornherein nach den Krücken der Tendenz umsehen müssen. Aber einige tiefer begabte Naturen gibt es doch unter ihren Anhängern,

[1]) Ludwig Speidel.

welche uns so viele Teilnahme einflössen, dass die Frage sich wieder und wieder aufdrängt, ob sie nicht zu gesunden, den Freundeskreis und das Tagesbedürfnis überdauernden Schöpfungen gelangt wären, hätten sie den grosssprecherischen Lockungen der Partei ihr Ohr verschlossen, hätten sie es verschlossen „all den unreinen Akkorden, welche aus der Sehnsucht nach einem überspannten Glück unsere Harfen verunglimpft". Im ganzen und grossen war natürlich die Kammermusik von den zukunftlerischen Ausschweifungen noch am längsten verschont geblieben. Es schien nicht zufällig, dass Liszt gegen ein Dutzend Symphonien, aber noch kein Quartett gedichtet hatte. Man folgerte daraus, dass die Kammermusik, dieses reine Heiligtum der deutschen Instrumentalmusik, für keinerlei Blendwerk Raum und Mittel gewähre, und dass sie blenden zu l a s s e n , ein jahrelang durch diese Schule gegangenes Publikum am wenigsten fähig sei. Nachdem jedoch unlängst auch von Liszt ein Andante für Streichquartett aufgetaucht ist — es trägt den Namen „Angelus" und illustriert ein Bild aus der Villa Wahnfried zu Bayreuth, welches die drei älteren Töchter von Frau Wagner als musizierende Engel ·darstellt — und nachdem das Quintett von Bruckner einen Beifall gefunden hat, welcher der entschlossenen Einmütigkeit der Liszt- und Wagner-Partei in Wien entspricht, steht es mit der Unerschütterlichkeit auch dieser Kunstgattung nicht mehr so zweifellos.

Wir leben in einer sehr ernsten Krisis der musikalischen Begriffe und Sympathien. Sie ist nach Art und Umfang unerhört im Vergleich zu den Kontroversen anderer Künste; ihr Ausgang, dem fernblickenden Auge nicht unabsehbar, erscheint für die nächste Zeit noch so stark gefährdet, dass diejenigen Besucher jenes Hellmesberger-Abends, welche etwa nur aus Freundschaft für den persönlich beliebten Komponisten Beifall geklatscht haben, um ihre gutmütige Indolenz nicht zu beneiden sind. Die Klärung der Situation ist der einzige Gesichtspunkt, von welchem das Eindringen Wagnerscher Harmonik und Polyphonie in die Quartett- wie in die Orchesterkomposition für Freund und Feind als Vorteil betrachtet werden kann. An der Wirkung einer Oper, einer Wagnerschen zumal, partizipiert ja eine Verschiedenartigkeit von Faktoren, welche das Publikum nicht gern zerlegt, und die Unschönheit einer Musik findet hier im vermeintlichen dramatischen Interesse gar leicht Duldung und Verteidigung. Im Konzertsaale, wo die Aufmerksamkeit sich schärfer konzentriert, finden solche Ausflüchte nicht so leicht Gehör. Hier gilt es, Farbe zu bekennen und den subjektiv schwärmenden von dem organisch gestaltenden, den logischen von dem bloss „geistreichen" Künstler zu unterscheiden. Die Erkenntnis, dass die neudeutsche Schule zum grossen Teil dieselben Bahnen wandelt und dieselben Lehren predigt, in ihren Konzertmusiken wie in ihren Opern, muss auch gegen die letzteren endlich eine Reaktion herbeiführen. Wer die Unnatur der Brucknerschen Harmonienfolgen und seines Satzbaues einmal recht peinlich empfunden hat, wird bald nicht umhin können, auch bei Wagnerscher Musik schärfer zuzuhören. Die ursprüngliche Beanspruchung eines durchaus aparten Standpunktes für die Musik Wagners, eines aussermusikalischen, theatralischen, allkünstlerischen, hat sich immer mehr als blosse Fiktion erwiesen. Es war eine gar kluge Lehre, wohl geeignet, einen grossen Teil des gebildeteren Publikums stutzig zu machen und irrezuführen und doch zu subtil und zwiespältig in sich, um die Wortführer befürchten zu lassen, dass sie all zu ernst beim Worte genommen würden. Dass der wahre Grund der neuen musikalischen Religion mindestens ebenso sehr in einer unverkennbaren Vergröberung und blasierten Ueberreiztheit des unmittelbar musikalischen Empfindens zu suchen ist, als in der dramatischen Theorie der Allkunst, davon ist die Uebertragung der Wagnerschen Kompositionsmanier, wenigstens sehr wesentlicher Elemente derselben, in alle möglichen Gattungen der Konzertmusik der schlagendste Beweis. Da aber jene Doppelzüngigkeit allmählich die musikalischen Begriffe und die musikalische Unbefangenheit weiter Kreise ins Wanken gebracht hat, so kann der richtige Weg, erstere allmählich wieder zu befestigen und zu einer gesunden Entwicklung zuzuführen, nur vom Konzertwesen ausgehen, wo das Bedürfnis nach absoluter, aus sich allein das Mass entnehmender musikalischer Schönheit, prinzipiell wenigstens, von den meisten Hörern noch unbedingt zugestanden wird.

Wäre das Brucknersche F-dur-Quintett der Manier der Partei ganz und gar verfallen, so hätte unser Nekrolog in wenig Worten bestehen können. Allein es finden sich Partien, Stellen und Wendungen von einem so unverkennbar selbständigen, eigentümlichen und bedeutenden Talente, dass ihre Verbindung mit so vielen entgegengesetzten eines der allermerkwürdigsten Probleme in der Organisation moderner musikalischer Köpfe bildet. Was gegen die Stichhaltigkeit des äusseren Erfolges am meisten sprach, war die ziemlich gleichmässige Stärke des Beifalls nach allen vier Sätzen, obgleich jeder, der das Werk nur einigermassen näher betrachtet, finden wird, dass das Adagio bei weitem und in jeder Beziehung alle übrigen Sätze übertrifft. Der erste Satz hebt sogleich mit einem Thema an, welches jemand, der sonst über Bruckners Kompositionen noch nichts gehört hätte, leicht verleiten könnte, das Heft schon nach dem zehnten Takte als völlig aussichtslos beiseite zu legen. Denn diese gequälte Themenbildung, ohne jede Spur einer festen harmonischen Grundlage, und diese ersten, in Weichlichkeit zerfliessenden Versetzungen sind so charakteristisch für die Tonalitätsbegriffe der neuen Schule, so paradox als Einführung eines erst zu entwickelnden Satzes, dass jede Hoffnung auf das weitere und auf irgendeine Verständigung abgeschnitten scheint. Und doch steht diesem Thema, welches den halben Satz beherrscht und sobald es sich nur zeigt, Qual und Langweile garantiert, schon in demselben Moderato ein zartes Gegenthema (Fis-dur gegen F-dur!) von durchaus nicht alltäglicher Physiognomie zur Seite, dessen Fortentwicklung nur leider zu bald in bodenlose Modulationen gerät. Auch in den Mittelgliedern zwischen diesen beiden Themen verrät sich hin und wieder ein besonderer, wenn auch verworrener Geist. Dass jeder seiner Sätze beiläufig alle vierundzwanzig Tonarten durchschweifen muss und dass diese zur Aussprache seines Innern noch lange nicht hinreichen, ist bei Bruckner selbstverständlich; die gewagtesten Rückungen, wie sie im letzten Beethoven vereinzelt an besonderen Stellen vorkommen, sind ihm eine Kleinigkeit.

Hellmesberger tat wohl, auf diesen krankhaften Eröffnungssatz schon hier das Adagio, nicht, wie im Original, erst das Scherzo, folgen zu lassen. Eine Erholung tat jedenfalls not. Allein dieses Adagio-Ges-dur ist weit mehr als eine kleine Arznei, ein vorübergehendes Linderungsmittel für Fieberkranke, es ist die Genesung selbst; ja es scheint uns eine Arbeit, welche über alle ähnlichen Instrumentalkompositionen der Gegenwart an Erfindung und tiefsinniger Kombination hinausreicht (abgesehen, wie billig, von dem einen grössten Meister, der ganz ausser Vergleich steht). Nur eine kurze übelklingende Stelle gibt es darin (Takt 91 bis 95, S. 39 d. P.), welche den harmonischen Härten der übrigen Sätze nichts nachgibt. Die paar Takte klingen, als ob der Autor des Adagios sie im Traume oder als ob er sie gar nicht geschrieben hätte. Freilich klingt andererseits dieses ganze Adagio, als hätte es ein anderer als der Autor der Allegri geschrieben. Eine solche Reife und Gewähltheit, ein solches Mass herrscht hier in den kühnsten und seltsamsten Verschlingungen. Wenn man das erste langatmige, herrlich gegliederte Thema hört, wie es sich zwölf Takte lang in ruhiger Majestät ausbreitet, wie es sich grossartig steigert und wieder in die Tiefe zurücksinkt, da traut man kaum seinen Ohren mehr; noch mehr aber staunt man, wenn der Satz sich mit geringen Ausnahmen ziemlich auf derselben Höhe hält, um nach langen Entwicklungen am Schluss mit einer edlen Figur der zweiten Geige feierlich schön zu verklingen. Wahrlich, in diesem Adagio steckt etwas von dem göttlichen Funken. Ueber die Schlusssätze, die wieder jäh abfallen, aber doch nicht ganz so tief sinken, wie manche Partien des eröffnenden Moderato, ist schwer kurz das Rechte zu sagen. Widerwärtig im ganzen, enthalten sie doch nicht bloss viele positiv beachtenswerte Bestandteile, wie das Trio des Scherzo und das liebliche zweite Thema des Finale, sie sind selbst in ihren skurrilen Frechheiten von einer besonderen Merkwürdigkeit. Wo sie am unerträglichsten werden, verraten sie, wie der erste Satz, fast überall den Einfluss der schlimmsten Seiten Wagners, seiner Harmonik und seiner sogenannten dramatischen Polyphonie. Das erste Thema des Finale erinnert übrigens ganz direkt an die Prügelszene in den „Meistersingern". Das Werk als Ganzes, in der Kammermusik beispiellos, kann offenbar nur mit einigen Symphonien desselben Komponisten verglichen werden, von denen nicht ohne Grund erst ein so geringer Teil bekannt geworden ist. Von seinem Schaffen eine Klärung zu erhoffen, wäre absurd, denn Bruckner ist ein Sechziger, in der Verehrung seiner Ideale ergraut. Was er der Kunst hätte werden können, wäre er untrüglichen Sternen gefolgt, ist nicht zu ermessen. . . .

G. Dömpke[1]).

Neue Freie Presse vom 26. Februar 1885.

Freilich ist Heuberger in den Momenten seiner üppigsten Verschwendung noch ein bescheidener Sparmeister gegen Anton Bruckner, der uns schon in die grösste Verwunderung setzt, wenn er drei Takte lang in einer Tonart geblieben ist. Letzteres ist in seinem neuen Chor „Um Mitternacht" wirklich der Fall, und so haben wir uns dabei mit Vergnügen verwundert. Ohne

[1]) Gegenwärtig Musikreferent der Hartungschen Zeitung zu Königsberg i. Pr.

Frage hat der beschränkte Stimmumfang des Männerchors Bruckners schweifender Phantasie einen Zügel angelegt. Die erste Strophe, bei aller Breite nicht weitschweifig oder masslos, hat den echten, warmen Goldton eines poetischen Stimmungsbildes. Schade, dass gleich die folgende Strophe „die Glockenklänge f e r n e r Dome" in allernächstem ff lärmen lässt und vor lauter Grossartigkeit kaum den Schluss finden kann für dieses kurze, einfache Gedicht. Bruckner ist neuestens Mode geworden, was ich dem jahrelang unbeachtet gebliebenen bescheidenen Künstler herzlich gönne, wenn ich auch die Mode nicht selbst mitmachen kann. Es bleibt ein psychologisches Rätsel, wie dieser sanfteste und friedfertigste aller Menschen — zu den jüngsten gehört er auch nicht mehr — im Moment des Komponierens zum Anarchisten wird, der unbarmherzig alles opfert, was Logik und Klarheit der Entwicklung, Einheit der Form und der Tonalität heisst. Wie eine unförmliche glühende Rauchsäule steigt seine Musik auf, bald diese, bald jene groteske Gestalt annehmend. An genialen Funken fehlt es nicht, selbst nicht an längeren schönen Stellen. Aber man reisse aus dem Hamlet und König Lear die tiefsinnigsten Gedanken heraus, meinetwegen noch einige aus Faust dazu, und bringe sie in den willkürlichsten Zusammenhang mit allerlei platten, konfusen, endlos langen Reden und frage sich dann, ob das ein Kunstwerk gibt. Fast gleichzeitig mit dem bei Hellmesberger enthusiastisch applaudierten, bei Guttmann verlegten F-dur-Quintett von Bruckner ist ein neues Buch von Ludwig N o h l: „Die geschichtliche Entwicklung der Kammermusik", erschienen, das sehr merkwürdig ist. . . . Wir können Herrn Nohl helfen: er sehe sich Bruckners Q u i n t e t t an. Da findet er den reinen Wagner-Stil auf fünf Streichinstrumente abgezogen, die unendliche Melodie, die Emanzipation von allen natürlichen Modulationsgesetzen, das Pathos Wotans, den irrlichterirenden Humor Mimes und die in unersättlichen Steigerungen sich verzehrende Ekstase Isoldens. Was Herrn Nohl so schmerzlich gefehlt, es ist gefunden, und eine zweite Auflage seiner „Entwicklung der Kammermusik" kann das Schlusskapitel in jener Verklärung erglänzen lassen, ohne welche ja doch Entwicklung und Kammermusik nur „Wahn" bleiben würden. — —

Eduard Hanslick[1]).

[1]) Vielleicht beweist nichts so schlagend wie diese anderthalb Monate (!) nach der Aufführung erschienene En passant-Kritik, dass es Hanslick nicht nur an Verständnis für Bruckners Musik,

Neue Zeitschrift für Musik vom 29. Mai 1885.

... Schliesslich gab es ein — je nun! Anfangs- und Endvorzeichnung weisen uns wohl F-dur als Haupttonart; alles Dazwischenliegende führt uns aber in ein Ton- und Modulationslabyrinth buntester Art — also ein in die eben näher bezeichnete Tonart pro forma gestelltes, oder richtiger gesagt, anfangs und schliesslich eingepferchtes Quintett für Streichinstrumente von dem hier sesshaften Hoforganisten und Konservatoriumsprofessor Anton Bruckner. Dieses Opus als Ganzes betrachtet, knüpft dicht an jener heiklen, schlüpfrigen Stelle an, die den wirklichen Grossmeistern unserer Tage, also einem Beethoven aus letzter Epoche, und ebenso Schöpfergeistern vom Gepräge Berlioz's, Wagners und Liszts genau diejenigen Pfade gewiesen hat, innerhalb deren ihr Genius zu wandeln vollberechtigt sei. ... Es verfällt dann der vorwiegendste Teil seines Quintetts einem beständigen Holpern und Stolpern aus einem Thema, oder richtiger, aus einem unscheinbaren thematischen Embryo in das andere. ... Kraft eines solchen Verfahrens kommt es dann in diesem Brucknerschen Werke ungeachtet allaugenblicks hervorbrechender Züge einer nach allen diesen Richtungen hin gravitierenden hohen und reichen Begabung, doch fast nirgends zu einem organischen Flusse und Gusse. ... Von dieser in das End- und Masslose sich fortspinnenden Regel hebt sich ein einziger Satz dieser in Rede stehenden mühselig vollbrachten, und ebenso mühevoll anzuhörenden Arbeit in Tönen als beziehungsweise rühmenswerte Ausnahme ab. Es ist dies der getragene Mittelsatz dieses Brucknerschen Opus (Ges-dur 4/4 Takt). Hier redet der Autor in der Tat mit solchen Klangfarben, Stimmungszeichen und Zungen, die ein gründlicheres Einleben in die letzte Schöpferepoche Beethovens bekunden. ...

Dr. L.[1]).

Wiener Fremden-Blatt vom 19. Jänner 1886.
Konzerte.

... Ein anderes neues Werk, Anton Bruckners Tedeum, ist im jüngsten Gesellschaftskonzert mit grossem Erfolg zur Auf-

sondern auch an vorurteilsloser Sachlichkeit in ihrer Behandlung gefehlt hat.

[1]) Dr. Ferdinand Peter Graf Laurencin d'Armond (1819 bis 1890), ein begeisterter Anhänger der Wagner-Lisztschen Richtung (!).

führung gekommen. Es ist ein durchaus enthusiastisches Werk und sollte eigentlich in einem Moment, wo die öffentliche Meinung freudig erregt ist, etwa nach einem grossen Staatsakte oder einem siegreich beendigten Feldzug, zu Gehör gebracht werden. Von Beethoven, dieser tiefsten und sprudelndsten Quelle des modernen Enthusiasmus, geht Bruckner offen aus, und unterwegs gesellen sich zu ihm Franz Liszt, Richard Wagner, Hektor Berlioz; aber sie gesellen sich zu ihm als zu einem Manne, der selbst etwas Ordentliches ist. Von der katholischen Kirche, deren demütiger Diener der begabte alte Knabe durch lange Jahre gewesen, hat er den Mut gehabt, mit seiner Begeisterung herzhaft herauszugehen. Mit Stimmen und Geigen, mit Pauken und Trompeten lobt er seinen Gott, ganz unbesorgt um die Möglichkeit, dass er dem grossen Gegenstande gegenüber der Sache etwa zu viel tun könnte. Wie im Sturm, wie in einem Wirbelwinde trägt er seinen Herrn empor. Dann aber, nach solchem Sturm und Drang, dem kein Mittel zu stark ist, öffnen sich die Tiefen des Himmels, die Tiefe des Gemütes. Es ist ein entzückendes Schauen und Hören der Geheimnisse des Glaubens, ihrer Höhen und Abgründe. Da rückt die menschliche Stimme in den Vordergrund als das beseelte Organ, das allein solche Mysterien zu tragen imstande ist, während es scheinen will, als höre man im Orchester die Kreatur, die sich nach Erlösung sehnt. Die Stelle des kirchlichen Textes: Non horruisti virginis uterum, ist nie so inbrünstig und schwärmerisch in Musik gesetzt worden und aus der folgenden Stelle von dem Sieg über den Tod und von der Eröffnung des Himmelreiches sprechen uns tröstende und beseligende Stimmen an. Das Publikum konnte sich der Wirkung dieser Komposition nicht entziehen und rief den Komponisten unermüdlich.   sp.[1])

Neue Zeitschrift für Musik vom 16. Juli 1886.

. . . Das dritte unserer diesjährigen „Musikvereins-Gesellschaftskonzerte". . . . Schuberts Kantate „Mirjams Gesang" . . . Heinr. Schütz. Die sieben Worte des Erlösers am Kreuze? Dieser . . . Tat folgte aber — als vermeinter Gipfelpunkt und Schlussstein des eben im Besprechungszuge begriffenen Konzertes — ein Werk, das wohl jeden zum Rechtsprechen über dasselbe Berufenen in die bitterste, schwerste Verlegenheit setzt. Ich meine hiermit des dritten hierortigen Hoforganisten und Theorie- wie Or-

[1]) Ludwig Speidel.

gelspielprofessors an unserm Konservatorium bestallten Herrn Anton Bruckners „Te Deum" für Chor, Soli und grosses Orchester. Ohne Frage umfasst diese neue Partitur, deren Beschau mir leider bis jetzt verwahrt geblieben, . . . viele und zugleich sprechend hervortretende Züge einer ungewöhnlich reichen Gedankenbegabung. . . . Allein das Ganze ist demungeachtet nach jeder Richtung hin Stückwerk. . . .

Dr. Laurencin.

Die Presse (Wien), vom 24. Dezember 1890.

Bevor der Weihnachtsfriede sich auf die Klaviere niedersenkte und eine wohltätige Feierstille über alle Konzertsäle breitete, entzündeten die Philharmoniker durch die Aufführung einer B r u c k n e r - Symphonie noch einen hitzigen Kampf und brachten die musikalischen Gemüter in Wallung. Die Lärmszenen, welche die kläffende Beifallsmeute im Stehparterre des Musikvereinssaales nach jedem Satze der Symphonie provozierte, spotten aller Beschreibung. Das ist wahrlich nicht die Art, einen Meister zu feiern. Wurden die Symphonien Bruckners früher totgeschwiegen, so werden sie jetzt totgebrüllt. Der konservativen Kritik hat Anton Bruckner stets zum Hohn und Spott gedient. So geriet er in die Hände politischer Parteigänger, welche auf allen Gebieten sich des „verlassenen Mannes" anzunehmen pflegten, um ihn schliesslich gänzlich zu diskreditieren. Dieses Schicksal droht dem verlassenen Symphonie-Mann, wenn die Aufführungen seiner Schöpfungen weiter unsere Konzertsäle auf den wüsten Ton gewisser Wählerversammlungen stimmen werden. Mitten in dem hässlichen Gezänke steht Bruckners Werk, seine umgearbeitete D-moll-Symphonie mit ihrem mächtigen Themengerüst, gewaltig in den harmonischen Grundfesten und strahlend im kräftigsten Kolorit des Orchesters. Die echt symphonischen Motive streben ins Grosse; unerschöpflich ist Bruckners Erfindungskraft. Was verhüllt nicht alles schon der grandiose Orgelpunkt auf D, welcher nach dreissig Takten zu dem packenden Doppelschrei des Orchesters führt! Und gleich leitet der Streicherchor dieses Felsenmotiv in der Umkehrung weiter. Die Violinen allein übernehmen wieder die Schlussphrase des Streicher-Intermezzos auf chromatisch absteigender Leiter, die uns zur Dominante bringt. Da wiederholt sich der frühere Vorgang — in den Trompeten erklingt das Hauptthema, und doch lässt sich von einem solchen nicht gut sprechen, da die Symphonie, grossartig angelegt, einen auf mehreren Motiven ruhenden Eingang hat. In streng logischer, in jedem Takte motivischer Durcharbeitung drängt's schliesslich, nachdem der Choral vorbeigezogen, über Oktavenschritten der Bässe zu dem stürmischen Unisono des ersten von der Trompete eingeführten Themas, welches nun durch alle Tonräume des Orchesters schreitet. In geistvoller Weise geschieht die Rückführung zum ersten Orgelpunkt auf D. Der Schluss wird in genialster Art ebenfalls durch einen Orgelpunkt, zu dem sich ein Basso ostinato von vier Noten gesellt, vorbereitet ... Der zweite Satz rückt nach Bruckners Gewohnheit nur um einen halben Ton; nach Es-dur. Dieses Adagio leidet eher als der erste Satz an Hypertrophie der Themen, welche vielleicht mehr die Stimmung als der logische Faden zusammenhält. Trotz der stark gehäuften, den Fortgang durchschneidenden Pausen verfehlt auch dieser Teil seine tiefgehende Wirkung nicht. Im Scherzo, das wieder nach D-moll herunterrückt, waltet Brucknersche Kraftlaune, ein naturwüchsiger Humor, den sprühende Erfindung belebt. Aus dem Finale — es strebt in zyklischer Weise wieder zum ersten Satze hin — sei nur das entzückende zweite Thema in Fismoll herausgehoben, welches sich so graziös über die aufsteigende Skala erhebt. Eine Analyse hätte nur dann Sinn und Wert, wenn wir aus der Partitur (Th. Rättigs Verlag in Wien) auch klingende Beispiele zitieren könnten. Die blühende, oft üppig wuchernde Tonphantasie Bruckners, aus welcher nur plastische, hellleuchtende Themen hervortauchen, seine unversiegbare, wie vom Feuer der Jugend gestählte Kraft, der Lebensmut und die Lebensfreude, welche aus seinem Werk lodert; wer wäre so verstockt, diese Vorzüge gering zu achten? Dass der Formsinn Bruckners dagegen wenig geklärt, die Gliederung seiner Werke oft eigensinnig, sprunghaft, dass dynamische Kontraste in der naivsten Weise gehäuft, gern Stockungen des Tonflusses bewirken, dass schliesslich der Kontrapunkt und namentlich die Umkehrung öfter schon eintritt, bevor das Thema recht erfasst worden, wollen wir nicht verschweigen. Wer aber in die Brucknersche Symphonie nicht einzudringen wünscht, dem sei sie nicht aufgedrängt. Es hat endlich doch jeder nur den Kunstgenuss, welchen er selbst erstrebt ...

Dr. Robert Hirschfeld.

Wiener Montags-Revue vom 5. Jänner 1891.

... Doch was sind die schüchternen Hervorrufe und der dankbare Applaus, den die herrlich ausgeführte zweite Leonoren-Ouverture Beethovens fand, im Vergleiche zu den gewalttätigen Demonstrationen, mit welchen Anton Bruckners D-moll-Symphonie von der lungen- und fauststarken Partei der „Verkannten" akklamiert wurde? Als wäre einer der vielen Geister, von welchen die Symphonie besessen ist, ausgetrieben durch die Exorzismen Hans Richters, in das Stehparterre gefahren, so wurde dort gejohlt, geschrien, gebrüllt, gestampft und getobt. Es ärgerte die guten Jünglinge offenbar, dass ihnen niemand Opposition machte; man liess sie aber ruhig gewähren, bis sie sich müde gearbeitet hatten, und tat wohl daran. Etwas Neues hat Bruckner in seiner, an die zwanzig Jahre alten dritten Symphonie uns nicht gesagt; es geht nicht vernünftiger und nicht toller in ihr her als in den späteren Werken des Komponisten. Aus ihnen allen schimmert die zu- und aneignende Verehrung Bruckners für Beethoven und Wagner deutlich hervor. Die D-moll-Symphonie, welche dem Komponisten des „Rienzi", „Holländer", „Tannhäuser" und „Lohengrin" gewidmet ist, könnte ebensogut dem Verfasser der „Neunten" gewidmet sein. Wenn man das Allegro der letzten Beethovenschen Symphonie auf den Kopf stellt, so fallen Anfang und Ende des ersten Brucknerschen Satzes heraus. Daneben wetterleuchtet es von eigenen Gedanken in der schwülen Atmosphäre dieser gemütsbeklemmenden Musik; aber es sind nur Blitze, die „sterbend ins Gebirg versinken", ohne zu zünden. Und so scheiden wir auch von dieser phantasiereichen, einen starken Instinkt für orchestrale Effekte bekundenden Schöpfung des nach Klarheit ringenden Brucknerschen Geistes mit dem aufrichtigen Bedauern, dass es dem reich veranlagten Komponisten nicht gegeben ward, den für den Künstler so notwendigen harmonischen Ausgleich zwischen Wollen und Können zu finden.

Max Kalbeck.

Illustriertes Wiener Extra-Blatt
vom 14. Dezember 1891.

... Diese erste Brucknersche Symphonie zeigt die charakteristische Hilflosigkeit des Komponisten im künstlerischen Aufbau seiner Werke in erhöhtem Masse. Die Themen, zum grossen Teile von unleugbarer gigantischer Energie, wirbeln, nacheinander vom Streichorchester, vom Blech und vom Holz, zumeist unmotiviert und stockend übernommen, durch die Luft, wie wenn ein Briareus eine in tausend Trümmer zerschlagene Erzstatue des Michelangelo jonglierend durcheinander schleudern würde. Hier der Kopf, dort das Stück eines Armes, da ein Fragment des Fusses . . . alle Elemente und Glieder für einen organischen Leib; nur schade, dass keines am andern fest, keines an der richtigen Stelle sitzt. Ein derartiges Symphonie-Gestotter konnte nur ein Fiasko erreichen, das durch die lärmendsten Ovationen der Brucknergemeinde nicht übertäubt zu werden vermag. Am besten geraten ist der dritte Satz, ein Scherzo, das in der ersten Hälfte leidlichen Fluss und leidliche harmonische Logik zeigt. . . . [Dr. J. Königstein.]

Wiener Montags-Revue vom 21. Dezember 1891.

. . . Das dritte philharmonische Konzert setzte diesem „schwachen" Beethoven einen starken Bruckner gegenüber. Wie lehrreich, aber wie unvorsichtig!

In Anton Bruckners erster Symphonie (C-moll) ist alles Inspiration und beinahe nichts Arbeit. Wie hübsch beginnt das Werk, und wie garstig endet es! Wir sehen einen frommen Einsiedel in seiner stillen, beschaulichen Zelle sitzen, Dürers heiligen Hieronymus im Gehäuse. Die Sonne durchleuchtet das getäfelte Gemach und wirft den Widerschein der in Blei gefassten Butzenscheiben an die Wand. Der fromme Mann schreibt gerade an einem gelehrten Werke, vielleicht an der Verteidigung des Zölibats, und das Kritzeln seiner Feder vermischt sich mit dem Schnarchen des Hündleins und dem Schnurren des schläfrig blinzelnden Löwen zu einer angenehmen Musik, welche den Traktat des Heiligen jedenfalls besser fördert, als ein nachbarliches Klavierspiel. Doch, was ist das? Wie mit einem Zauberschlage verändert sich die ganze Situation! Wahrscheinlich hat der Teufel den unbewachten Augenblick benutzt, um durch das Schlüsselloch hereinzufahren und eine greuliche Verwüstung in dem wohlgeordneten Zimmer anzurichten. Denn das Hündlein fährt aus dem Schlafe empor und holt den ernsten Totenschädel vom Fensterbrett herunter; der Löwe, den ebenfalls ein katzenhaftes Gelüst anwandelt, mit dem runden Hirnbein Ball zu spielen, macht seinem Schlafkameraden das Spielzeug streitig. Der Schädel ist unter den Tisch St. Hieronymo zwischen die Füsse gerollt, die beiden Bestien rennen bellend und heulend hinterdrein. Schreibpult, Tisch und Lade mit Kruzifix, Tintenfass und Manuskript werden umgestürzt. Vergebens wirft der entrüstete Einsiedel mit seinen Holzpantinen nach den beiden Vierfüsslern. Sie lassen zwar ihre Beute los, wenden sich aber mit vereinten Kräften gegen den Friedensstifter. Der Hund verbeisst sich aus Unverstand in die grosse Zehe des Gerechten, der Löwe versetzt ihm einen wohlwollenden Tatzenschlag ins Genick, und Satan triumphiert. Ein wüster Trümmerhaufe, welcher die Gegenstände des friedsamen Gehäuses kaum mehr erkennen lässt, bleibt zum Andenken an die Wohnstätte menschlicher Kultur zurück . . . Hektor Berlioz, der auf Bruckners erste Symphonie ebenso unverkennbaren Einfluss ausgeübt hat, wie Richard Wagner auf die späteren Werke des Komponisten, würde sich an ein solches Programm gewiss nicht stossen. Vielleicht akzeptiert es auch Anton Bruckner. Nur einen Satz der Symphonie wollen wir von diesem Durcheinander von genialen und barocken Einfällen ausnehmen: das künstlerisch gebändigte, übermütig wilde Scherzo (G-moll). Mit dem ihm ironisch angehängten Menuettzopf sieht es aus wie ein Ballettmeister, der unversehens in einen Rüpeltanz hineingeraten ist. Das kleine Stück bewahrt trotz seiner derb-flämischen Genremalerei, die an einen echten Bauern-Breugel erinnert, vornehme Haltung. . . .   Max Kalbeck.

 Die Presse (Wien) vom 24. Dezember 1891.

 Anton B r u c k n e r ist Ehrendoktor der Wiener Universität geworden. Diese seltene Auszeichnung hat für Meister Bruckner ihren besonderen Wert. Das weise Urteil der akademischen Behörde hebt ihn über das Parteigetriebe, über den unruhigen Boden, wo die einzelnen an dem Ruhm des Mannes zerren. Die gewaltigen Schöpfungen Bruckners haben ihr Echo auch in den ersten Räumen gefunden, wo ruhiges Abwägen und leidenschaftslose Erwägung das Entschliessen bestimmt. So stark war dieses Echo, dass die Stimme des Protestes nicht heranzuschleichen wagte. Man kann wie bisher vor der Aufführung Brucknerscher Kompositionen den Konzertsaal verlassen oder solchen gefährlichen Konzerten ganz fernbleiben; wir können auch in Brucknerschen Symphonien Kleines bemäkeln, Grosses tadeln — aber die hohe Bedeutung Bruckners, des Symphonikers und Kirchenmusikers, hat durch den höchsten akademischen Ehrentitel Gewicht erhalten und wird nun nicht mehr wegzuleugnen oder abzuschwächen sein. Unsere Philharmoniker haben — ich weiss nicht, welchem Einflusse folgend — den rechten Weg, Bruckners Promotion zu feiern, leider nicht eingeschlagen. Bei diesem Anlasse hätte einzig und allein unter den vollkommensten und reifsten Schöpfungen Bruckners gewählt werden dürfen; die dritte oder vierte oder siebente Symphonie, jede unserem Publikum von einmaliger oder wiederholter Aufführung schon bekannt, hätten die Philharmoniker eben diesem Publikum noch näher bringen müssen. Aber die lärmvolle, im letzten Satze ganz ungeklärte erste Symphonie in C-moll wäre am besten für ein Wagner-Vereinskonzert, welches Bruckners Verehrer und die intimeren Kenner ungemischt vereinigt, aufgespart geblieben. Anton Bruckner ist in unbändiger Jugendstärke noch heute Stürmer und Dränger — man denke also, wie Sturm und Drang in jener ersten Symphonie vom Jahre 1865 Gestalt gewann! Die ästhetische Kraft, Orchestermassen in den gigantischen Steigerungen sowohl wie in der zartesten Episode klar und wirksam zu disponieren, besass er damals schon, und in verschwenderischer Fülle strömten ihm die grossartigsten Gedanken zu, erschütternd, erhebend, derb lustig, liebeselig und traumhaft. Doch mehr als heute liess Bruckner in seiner ersten Symphonie die Strenge vermissen, welche die heranstürmenden Themen, wenn die Hauptgedanken einmal gefasst sind, abweist und verhindert, dass der grosse Kriegszug der Motive durch die Bagage von der geraden, plansicheren Strasse abgedrängt werde. Ein herrliches Thema eröffnet den ersten Satz, weit ausschreitend auf der festgespannten Grundharmonie. Was drängt sich aber neben einem zweiten, dritten und vierten Motiv noch alles heran, bis man endlich den Hauptgedanken wieder zu hören bekommt! Immer gibt's nur eine dunkle Ahnung organischer Gliederung, beim ersten Hören scheint Stück an Stück gesetzt zu sein, eines hinausstrebend über das andere. Wer aber die Partitur aufmerksam durchgeht, gewinnt erst Freude an dem Werk. Man gewahrt, wenn auch nicht immer ein organisches Fortwachsen der Motive, so doch eine Menge organischer Bindeglieder, und das zweite Hören könnte schon ein rechtes Verfolgen des vom Kontrapunkt überwucherten Weges gestatten. Es ist ein kunstvoller, aber eigenartiger Kontrapunkt, welcher der Hauptmelodie viel zu selbständige Motive gegenüberstellt. Die Gegenmelodie wächst so über den Hauptgedanken hinaus und zerreisst das Gewebe. Für die Auffassung ist auch Bruckners Neigung, mit den Motiven zugleich deren Umkehrung erklingen zu lassen, nicht wenig störend. Solchen kontrapunktischen Titanentrotz weiss das Ohr weniger als das Auge zu würdigen.

Ergreifend ist der zweite Satz der Symphonie, welcher in As-dur anhebt. Aus nächtigem Dunkel streben Lichtgedanken empor, das Frührot hüllt sich aus Nebelschleiern und endlich flutet volles Licht herein, majestätisch wie das aufsteigende Gestirn des Tages. Auch dieses Adagio Bruckners, wie manche andere symphonische Inspiration des Meisters, ist schönste Musik, die sich zu tiefstem Ernste zusammenfasst. Die erfreuendste Beschränkung auf einige kraftvolle Themen legt sich Bruckner stets in den strammen Formen des Scherzo auf. Den Geist dieser Form scheint er von Beethoven unmittelbar übernommen zu haben. Lust stemmt sich gegen Schmerz, um dem Trio die Ruhe befreiender Heiterkeit zu gönnen . . . Der letzte Satz ist ein Tonlabyrinth. Beständig überraschen neue Gänge, die immer wieder zur Verwirrung führen. Bald nach dem wunderschönen zweiten halb in C-moll gekleideten Thema der Violinen bringen die Posaunen ein neues Motiv, über welches drei selbständige Motive sich aufbauen: eine Melodie führt die Oboe; Flöten, Klarinetten, zweite Geige und Bratsche bringen ein zweites Motiv, das kräftig niederstürzt, während in den ersten Geigen ein drittes Gegenmotiv hinaufstürmt. Dazu noch die selbständigen Schritte der Bässe. Alles erklingt gleichzeitig. An sich sehr kunstreich, aber in welchem Thema soll das Ohr beim ersten Hören den Fortgang suchen? Ein ganzer Symphoniesatz könnte aus dem letzten Satze herausgeschnitten werden und es bliebe Prächtiges genug. Der beste und eigentliche Teil der Durchführung beginnt doch erst mit der Wiederkehr des zweiten Hauptthemas in Gis-moll, sobald in genialer Weise nach C-moll moduliert und den Bässen das Thema in der Umkehrung überantwortet wird . . . Die Philharmoniker spielten die Symphonie mit Meisterschaft, auch in den gewaltigsten Steigerungen nicht ihre Kraft verzehrend. Hans Richter führte die Spieler sicher über die musikalischen Stromschnellen des Werkes hinweg.

Würdiger als durch diese drangvolle Erstlings-Symphonie war Anton Bruckner in dem zweiten Gesellschafts-Konzerte durch sein „Tedeum" vertreten. Hier sind dem Fluge seiner Phantasie durch die Worte festere Linien vorgezeichnet und die musikalischen Gedanken verlieren sich nicht ins Unabsehbare. Jauchzend bricht die Gottesfreude aus urkräftigen Jubelthemen; die gemütsinnigen Gesänge sind wahrer Gläubigkeit entsprungen. „Du hast den Tod überwunden und den Gläubigen das Himmelreich geöffnet" — wie voll und tief sind diese Töne empfunden. Für die geistige und äussere Vollwirkung der schallkräftigen Hauptteile würde man dem mächtig emporlodernden Werke nur die weiten Räume eines hochstrebenden Kirchenbaues wünschen. Ich möchte nicht behaupten, dass der Dirigent des Konzerts die ganze Kunst und Kraft, welche in unserem trefflichen „Singverein" schlummert, dem Werke dienstbar gemacht habe. Dem Tempo fehlte häufig die Festigkeit, den Einsätzen die Ruhe. Das Orchester überflügelte im Klange den Chor. Im letzten Teile des Tedeum schien die Unsicherheit der Begeisterung Abbruch zu tun. Auch der Vortrag des Bachschen Kantatensatzes: „Wie schön leuchtet der Morgenstern" war nicht einheitlich genug gefasst und von innen heraus gebildet. Der Dirigent klammerte sich an die Figurationen und gab die beseligende Wirkung des wundervollen Cantus firmus preis. . . .

Dr. Rob. Hirschfeld.

Neue Musikzeitung, Stuttgart 1892, Heft 1.

. . . Der Erfolg des Werkes[1]) war, dank der Parteinahme hiesiger akademischer Kreise, ein äusserlich grossartiger, der Gesamteindruck demungeachtet nur der einer Verblüffung, die mit einigem Wohlgefallen und vielem Befremden gemischt war. Am leichtesten dürften wohl die Musiker aller Richtungen über den letzten Satz einig werden. Der — nicht die Signatur eines abschliessenden Tonstückes tragende — Satz hat allgemein abgestossen. Kaum ein tröstlicher Zug ist in diesem kahlen Gebilde enthalten. Da zeigen die anderen Teile eine ganz andere Physiognomie. Der erste Satz beginnt mit einem genialen, sich sofort ins Gedächtnis prägenden Thema, welches die Erwartungen aufs höchste spannt. Man hat die Empfindung, einen sich stolz aufrichtenden Löwen im Geiste vor sich zu sehen. Der sprunghaft denkende Komponist führt aber seinen gewaltigen Gedanken nicht konsequent weiter, sondern verliert sich im kleinlichen Motivenzank, der in einen förmlichen Kampf der Holzbläser ausartet, welchen endlich die in das Gewirre hineindröhnenden Posaunen schlichten. Manches Originelle, manche packende Einzelheit

[1]) der umgearbeiteten ersten Symphonie bei ihrer ersten Aufführung am 13. Dezember 1891.

enthält dieser mit vollen Segeln einherstürmende erste Satz sicherlich. Wie Blitze fahren geniale Einfälle hernieder. Aber was sie beleuchten, ist die Oede umher. Oede, traurig, verlassen beginnt auch der zweite Satz. Allmählich entringt sich dem dahinbrütenden Orchester ein langatmiger Gesang, erquickend, erleichternd wie ein Tränenerguss. Auch diese Episode verrinnt in bohrender thematischer Arbeit, aus welcher zuweilen wieder eine musikalische Blume aufblüht. Am geschlossensten, am wenigsten stockend ist das Scherzo geraten. Es hat daher auch am unmittelbarsten angesprochen. Die Orchestration der Symphonie ist überaus glänzend; manchmal etwas überladen und prunkend, aber stets voll Wohlklang. Wie bei seinem Orgelspiel, liebt Bruckner in seinem Orchester das Rauschende, Betäubende und tat darin meist des Guten zuviel. Das Sparen, wozu der bis heute noch in knappen Verhältnissen lebende greise Künstler in seinen Privatverhältnissen zeitlebens gezwungen war, bei der Arbeit hat er es nie gekonnt. . . .

Richard Heuberger.

Neue Zeitschrift für Musik vom 6. April 1892.

. . . Den Schluss des Konzertes machte A. Bruckners (im Jahre 1865 komponierte) erste Symphonie in C-moll, über welche sich beinahe das Gleiche wie über dessen im verflossenen Jahre aufgeführte dritte Symphonie in D-moll sagen lässt. In kleineren Formen wird es dem Komponisten möglich, sich bei dem gesamten Publikum verständlich zu machen, und so fand auch in dieser Symphonie das formrichtig gearbeitete Scherzo den meisten Beifall. Die anderen Teile dieser „ersten Symphonie" konnten jedoch wegen ihrer sprunghaften Logik und ihrer, nur selten aus dem thematischen Inhalt sich ergebenden und fast immer zu lärmenden Instrumentation, nur die Freunde und Verehrer des Komponisten erfreuen, die sich auch in demonstrativem Beifall ergingen.

F. W.

Wiener Abendpost vom 18. November 1892.

. . . Das erste Gesellschaftskonzert hatte gleichfalls zwei Novitäten in sein Programm aufgenommen: den 150. Psalm von Anton Bruckner und „Wanderers Sturmlied" von Richard Strauss. Alle Achtung vor Bruckner, vor allem vor seinen Symphonien in Es- und E-dur, diesen grossartig kühnen Tongedichten. Allein sein 150. Psalm hat uns gar keine Freude gemacht. Er ist vor allem ganz unnatürlich, geschraubt ohne innere Ursache. Dieses ewige äusserlich-effektvolle Hinaufschrauben der Singstimme, besonders der Soprane, in die höchsten Lagen wirkt befremdend, man fragt sich erstaunt, warum das alles so sein muss. Vielleicht will sich Bruckner dramatisch aussprechen, uns erschien das Ganze mehr opernhaft. Das kurze Sopransolo, von einer Solovioline äusserst befremdend vorbereitet, ist wohl das Unsanglichste, was man hören kann. Wenn Beethoven im dithyrambischen Fluge seiner Neunten die Stimmen über alle Grenzen hinaus jubeln lässt, so ist dies der Ausfluss und äussere Ausdruck eines ungeheuren inneren Lebens im Künstler. Bruckner jedoch ist nur unsanglich und unschön. Der Brucknersche Psalm fand bei den zahlreichen persönlichen Freunden des Komponisten begeisterte Aufnahme. Wir können uns bei aller Verehrung für Bruckner diesem Parteitreiben nicht anschliessen. . . .

dr. h. p.[1]).

Die Presse (Wien) vom 19. November 1892.

. . . Das Mischprogramm des Gesellschaftskonzerts fuhr mit dem Donner eines Brucknerschen Hallelujah gegen diese liebliche Ouverture, verscheuchte den Glanz des Lisztschen Es-dur-Konzerts durch die Sturmharmonien des neudeutschen Richard Strauss, worauf uns sofort Mendelssohnsche Opernmusik als dissonanzstillendes Mittel eingegeben wurde. Bruckners 150. Psalm war als Eröffnungskantate für die Ausstellung bestimmt. Man hatte sehr passend diesen hehren Psalm gewählt, der neben dem grandiosen Lobruf den poetischen Katalog einer althebräischen Instrumentensammlung in sich birgt. Das Genie lässt sich schwer an Termine binden. Bruckners Chorwerk war zum Eröffnungstage nicht vollendet; das Musikfest der deutschen Tonkünstler, welchem der Psalm präludieren sollte, wurde abgesagt; für den Schluss der Ausstellung wollte wahrscheinlich das siegfreudige Hallelujah nicht passen. So fand der Psalm erst im Gesellschafts-Konzerte eine würdige Stätte. Grandioses Auffassen und Anfassen, machtvolles Aufstürmen auf der Jubelleiter der Tongefühle; weit ausgreifende Gedanken, wie das von erhabenen gregorianischen Intonationsweisen abgeleitete Hallelujah oder das urkräf-

[1]) Dr. Hans Paumgartner (1843—1896), der Gatte der berühmten Sängerin Rosa Papier.

tige Oktavenmotiv der Schlussfuge; Klangfülle und Reichtum an Kombinationen — wer hätte anderes von Bruckner erwartet? Leider durchbricht aber der Meister im Aufwallen seines Kraftgefühls mit einem unmöglichen Chorsatz die Schranken auch der freiesten Stilgesetze. Dahin können ihm ästhetische Geister nimmer folgen. Das konservative, stilerhaltende Element in der Kunst ist die menschliche Stimme im Chorgesang. Das Orchester mag mit Fortschrittsbeinen frei durch das ganze Reich der Töne rasen; das moderne Orchester wurde gleichzeitig mit der französischen Revolution geboren, und der Liberalismus der Instrumente hat offenes Feld. Der Chorstil aber wurzelt in der kunsterhaltenden Tradition von Jahrhunderten. Dieser konservative Stützgrund muss der Tonkunst durch alle Wandlungen der Instrumentalmusik gewahrt bleiben. Herrlich hebt der Psalmgesang Bruckners an, kaum holt jedoch der Text die Psalter, Harfen, die Pauken, Saiten, Pfeifen und Zymbeln zum Lobe des Höchsten herbei, da vergisst Bruckner die Forderungen der Vokalkunst; er stürmt über alle musikalischen Denkgesetze ins Grenzenlose. Angesichts der fast unübersteiglichen Schwierigkeiten der ausartenden Stimmführung hat der tüchtige Singverein unter Gerickes Leitung wirklich Bewundernswertes geleistet. . . .

Dr. Rob. Hirschfeld.

Wiener Montags-Revue vom 21. November 1892.

. . . Im ersten Gesellschaftskonzerte gab es nicht weniger als drei grosse Novitäten. Alle drei gehören der Geschichte an: Schuberts E-moll-Ouverture vom Jahre 1819 der Musikgeschichte, Anton Bruckners 150. Psalm der Zeit-, und Richard Strauss' „Wanderers Sturmlied" der Literaturgeschichte. Schubert unter dem Einflusse Rossinis — die Coda der Ouverture in E-dur erinnert an manche Stretta des Italieners — wie sonderbar! Bruckner als zu spät eintreffender Prologus der Theater- und Musikausstellung — noch sonderbarer! Richard Strauss, den jungen Goethe interpretierend — am sonderbarsten! Ohne Missverständnisse geht es dabei nicht ab. Der göttliche Franz vergass, dass eine italienische Ouverture ohne die dazu gehörige Oper nichts bedeutet. Der heilige Anton verfiel auf den letzten Psalm wohl nur, weil der Psalmist seinen Gott mit Posaunen, Pauken und Zymbeln zu loben auffordert. Aber heisst es denn: Lobet den Herrn aus allen Tonarten und opfert ihm ein Dutzend Chor-

stimmen, einen Solosopran und einen ersten Geiger? Eine Verwechslung der Grundbegriffe, wenn auch eine enharmonische!...
M. K.¹).

Die Presse (Wien) vom 23. Dezember 1892.

Es gibt eine köstliche, höchst einfache Methode, Kunstwerke misszuverstehen. Man wendet alte ästhetische Grundsätze auf moderne Werke, und die neueste Aesthetik auf alte Schöpfungen an. Das hat immer geholfen. Weil einem Kritiker alte Tonarten unbequem sind, streicht er flugs die Meister des sechzehnten Jahrhunderts aus der Musikgeschichte; weil ihm die neue Harmonielehre Unbehagen verursacht, nennt er das Vorspiel zu „Tristan und Isolde" ein „chromatisches Gewinsel". Er hat gerade Mozartsche Melodie im Sinne und schreibt von Lohengrin: „Man fühlt sich nirgends ruhig und sicher in der Empfindung, sondern wie unter dem Schwall eines unablässig arbeitenden Mühlrades."

Weil er vielleicht an eine Mendelssohnsche Ouverture dachte, nannte derselbe die Ouverture zum „Fliegenden Holländer" ein „symphonisches Scheusal". Selbst Laube soll, wenn jener Kritiker ebenso ehrlich wie mit Behagen zitiert, bei dem Meistersinger-Vorspiel gerufen haben: „Rossini, sei gesegnet!" Der Theater-Praktikus mochte also zu den biederen Nürnberger Meistersingern eine Art genialer Barbiermusik wünschen. So könnte man zur Verbreitung weiterer Missverständnisse bei einer Uhlandschen Ballade ausrufen: Béranger, sei gesegnet! Man könnte bei Grillparzer den Goldoni, bei Euripides den Plautus segnen. Bei Bruckner geht man vorsichtiger mit Segnungen um; man segnet doch wenigstens die strenge musikalische Logik des Meisters Brahms. Ja, wenn Bruckner seine Symphonien mit der zwingenden Logik eines Brahms schriebe, so käme doch Brahms um seinen ganz speziellen Vorzug. Man muss vorsichtig in solchen Dingen sein. „Sodann vermissen wir den grossen fortströmenden Zug der Entwicklung, wir betrachten ein fortwährendes Anknüpfen und Abreissen, ein Vorbereiten ohne Endziel, ein Verheissen ohne Erfüllung. In jedem Satze finden wir feine Episodenmotive, aber keines, das imstande wäre, ein ganzes Stück zu tragen." . . . Das schrieb ein inzwischen mit der Brahms-Musik verschwägerter Kritiker nicht etwa über Anton Bruckner, sondern

¹) Max Kalbeck.

von einem heute als herrlich anerkannten Brahmsschen Kammerstück. Und als ebenderselbe zum ersten Male die jetzt beispiellos populären „Ungarischen Tänze" von Brahms hörte, klagte er bitter, dass sie „die bizarren Elemente der späteren Schumannschen Musik zu einem fast u n g e n i e s s b a r e n Raffinement zuspitzen". Damals wollte man wahrscheinlich, weil Brahms an Schumann anknüpfte, dass er lieber wie Mendelssohn geschrieben hätte. Mit solchem Kunsturteile, welches die Meister immer dorthin schieben möchte, wo es dem Kritiker gerade bequem wäre, zieht man nur Philister-Aesthetik und Dilettanten gross. — Die Einflüsse moderner Aesthetik, welche die Kunstschöpfung aus dem Geiste, aus den Verhältnissen des Schaffenden begreifen möchte, scheinen die Musik noch nicht berührt zu haben. Man gibt sich gar nicht die Mühe, eine Bruckner-Symphonie aus Bruckners Natur, aus unserer Zeit zu erklären; die musikalische Zentrumspartei holt vielmehr beständig fertige Kunstbegriffe herbei, nach denen der greise Bruckner sein Schaffen freundlichst umzumodeln hätte. Sie haben freilich den rüden Ton gegen den Meister, der von Jugend auf im harten Kampfe um das materielle und künstlerische Dasein stets nur Grosses erstrebte, abgeschliffen und begegnen in jüngster Zeit ihm, dessen Sinnen und Denken nur auf die höchsten Kunstgattungen, die Messe und Symphonie gerichtet ist, mit dem Ernste, den dieses künstlerische Wirken nicht nur verdient, sondern gebieterisch fordert. Die Gegner erwägen, zumal die Gnade des Monarchen, die Munifizenz des Landtages, die Liebeswerke angesehener Körperschaften Bruckner über das Parteigetriebe gehoben haben, nun wenigstens das Für und Wider in seinen Werken. Sie drücken sich freilich, auch wenn sie „loyal" sein wollen, an dem „Für" behutsam vorbei und klammern sich an das „Wider". Man kann willig zugestehen, dass Bruckner in seinem Schaffen — nicht immer und nicht überall — einer eigenen Logik folgt, die aus den überkommenen musikalischen Denkgesetzen nicht herzuleiten ist; er formt eigensinnig sprunghaft; der fast Siebzigjährige hat die Gewalt über seine üppig wuchernde Phantasie nicht erlangt; er verletzt die Gefühle sittiger Tonalität mit dem Uebermute einer wildkräftigen Jünglingsnatur und verschmäht es, die Gedanken, welche überzählig in ihm aufschiessen und aufschäumen, zu sondern oder gar abzuweisen. Die Tonkunst ahndet solches Stürmen über Mass und Ziel strenger als die Kunst der Bühne. Jede neue „Faust"-Aufführung bringt den alten Dramaturgen-Jammer und weckt gleich anderen dramatischen Meisterwerken immer wieder nur den einen Streit, wie gestrichen werden soll. Nirgends müsste die Logik strammer die Hand des Meisters führen als in der dramatischen Kunst . . . Und hier streicht man. Die Musiker aber fürchten das Streichen.

Einige kräftige Striche nur — und auch in dem Finale der achten Bruckner-Symphonie träten die Hauptlinien im vollglänzenden Feuerspiel der Orchesterfarben stärker hervor; die eigentlich formhaltenden Gedanken tauchten dann aus dem Wellenzuge der Episoden, die dem Komponisten allzumächtig zugeströmt waren. Aber für jene Bedenken, welche die Oekonomie des Brucknerschen Werkes treffen, gibt nur das überlange Finale Raum. Dieses massige Zudrängen vieler Motive zu wichtiger Stelle ist nicht nur in der Vollkraft der Brucknerschen Phantasie begründet; es liegt dieses Emporstreben der verschiedensten Elemente, welche die Hauptwerte leicht verdunkeln, in unserer Zeit. Auch Ibsens „Baumeister Solness" steckt voll von Nebenmotiven, die sich so dicht nebeneinander lagern, dass die Grundgedanken nur mühsam auszulösen sind. Das sind bedeutsame Kunstzeichen einer Zeit, welche mit ihrer unruhigen Strömung die Grössenwerte durcheinandertreibt. Im Leben wie in der Kunst stürmt eine Legion von Nebenthemen auf — die eigentlichen Hauptthemen aber werden vergebens gesucht.

Mag also das Finale der achten Symphonie bedenklich stimmen, so hätten doch die ersten drei Sätze nicht erwarten lassen, dass man mit windigen Mahnungen und Ausstellungen über das Schöne, Grosse, Gewaltige der ganzen Symphonie hinweghuschen würde. Wenn ich diese drei Sätze mit zum Besten und Erhabensten der symphonischen Literatur zähle, so freue ich mich, unter der Kontrolle der Leser zu stehen, welchen die Analyse in diesen Blättern Einblicke in das Werk geboten hat. Es sind die Notenbeispiele freilich nur Skizzen ohne Farbe, aber sie beleben unsere Vorstellungen kräftiger als das umschreibende Wort . . . So brauche ich denn von dem echt symphonischen Geist, der schon durch die gross angelegten Themen weht, von dem Aufbrausen und dem wunderschönen Ausklingen des ersten Satzes, von der urwüchsigen Naivität des Scherzo, von dem unsäglich schönen Adagio, dessen Empfindungswelt uns ganz in Träumen und Sinnen versenkt, nicht viel zu sagen. Ganz wundersam berühren die Choralteile des letzten Satzes, welche den Triumphgesang so weich durchziehen. Bruckners Orchester ist eigenartig, immer fesselnd durch vielfältige Kombination. Die Instrumentengruppen sind klar gesondert und mischen bewunderungswürdig die Farben. Bruckners Partitur zeigt nie Dürre, Trockenheit, hat keine toten Stimmen, und Glanz liegt auch über dem dicksten Klang. Höchst originell, die Intentionen mit genialer Sicherheit erfüllend, hat Bruckner diesmal die Harfe ins Orchester gezogen. Kleine orchestrale Schrullen, welche in seinen anderen Symphonien den grossen Zug unterbrechen, hielt er in der achten gänzlich fern.

Die Aufnahme der Symphonie im philharmonischen Konzerte war überaus freundlich und ehrenvoll. Das Publikum, diesmal von vorlauten Schreiern nicht terrorisiert, durch längere Zwischenpausen auch in aufnahmefähiger Stimmung erhalten, spendete nach jedem Satze reichen Beifall. Das Publikum! Es will ein Werk, das in Jahren zur Vollendung reift und das Schaffen eines Menschenkindes krönt, mit einmaligem Hören aufnehmen, verstehen, geniessen. Es will mit nüchternem Magen, bald an das hinausgeschobene Mittagessen denkend, bald von den gaukelnden Hutfedern der Nachbarinnen gestört, zu einem Urteil gelangen; es will für sein teures Sitzgeld ergriffen sein. Welche abenteuerliche Forderung, welche Selbsttäuschung! Die Klänge rauschen vorüber, und man ist befriedigt, wenn sie nicht wesentlich geärgert haben. Notenbeispiele auf der Rückseite des Programms, wie man sie in der ganzen Welt dem Konzertpublikum bietet, würden wenigstens die Auffassung der Form erleichtern. Hans Richter hat es aber vorgezogen, ein „poetisches" Programm eines unbekannten Schalksnarren abzudrucken, das in seiner Albernheit eine gebildete Gesellschaft geradezu verletzen muss. Da wird für den ersten Satz die Gestalt des „aischyleischen Prometheus" hervorgeholt. In dem zweiten Satze soll das Publikum den — „deutschen Michel" sehen. Auch „Faulheit und Sonnenschein", so verkündet die tolle Paraphrase, „fehlen in dem Bilde nicht". Im Adagio steigen „Erdenweh und Erdenlust, gleich Wolken qualmenden Opferrauchs ununterscheidbar zur Gottheit auf". Das Finale endlich zeigt, wie der hellsehende Dichter verkündet, den „Heroismus im Dienste des Göttlichen", und der „deutsche Michel" erscheint da gar in „strahlender Rüstung und mit geschwungenem Schwerte gleich seinem Namensbruder, dem Erzengel". . . . Es war bedauerlich, die würdige Institution der Philharmoniker, welche die Symphonie unübertrefflich, über alle

Begriffe schön und klar zum Vortrag brachten, durch solches Possenspiel arg kompromittiert zu wissen.

Rob. Hirschfeld.

Neue Zeitschrift für Musik vom 26. Juli 1893.

Das Programm des vierten philharmonischen Konzertes hatte das Ungewöhnliche, dass es nur in einem einzigen Orchesterstück, A. Bruckners „Achter Symphonie" in ihrer erstmaligen Aufführung bestand. Wie bei allen Brucknerschen Symphonien die Tonsätze in kleiner Form die besten sind, ist auch hier das Scherzo durch seine übersichtliche motivische Arbeit und seinen gesunden Humor der einzige Satz in dieser ganzen Symphonie, dem uneingeschränktes Lob gebührt. Die übrigen Sätze sprechen viel und sagen wenig. Hohles Pathos im ersten Satze, langatmige Sentimentalität im Adagio und lärmender Jubel bei überladener Orchestration im Finale. . . . Mangel an Stileinheit und thematischer Zusammengehörigkeit. Manche von den kleinen Tongebilden, die in einer langen Musikphrase plötzlich gehört werden, sind von entzückender Schönheit. . . . Bruckner besitzt eben mehr Einfälle als Gedanken. . . . Dieser Mangel an ausgeprägten Formen, der dieser Symphonie anhaftet, ist es aber, der den Fachmusiker bei ihrem Anhören unangenehm berührt und ihm das kleinste Tonstück von J. Brahms und M. Bruch künstlerisch reifer erscheinen lässt, als die grösste Symphonie von Bruckner, denn ohne Formbeherrschung ist ein Künstler ersten Ranges undenkbar.

. . . 5. philharmonisches Konzert, „Tod und Verklärung", von Richard Strauss . . ., seine edlen Harmonien und seine äusserst wirksame Instrumentierung vielen Beifall erhielt, der jedoch nicht wie bei Bruckners Symphonie nur der Person des Komponisten galt, sondern dem Werke, seiner Vorzüge wegen.

F. W.

Neue Zeitschrist für Musik vom 27. September 1893.

Als die grösste und bedeutendste Unternehmung des Wagnervereins in diesem Jahre muss jedoch die im grossen Musikvereinssaale veranstaltete Aufführung von Bruckners F-moll-Messe bezeichnet werden. Dieses von tiefem religiösen Gefühl Zeugnis gebende, klangschöne Werk steht mit seinen klaren Formen und stilgemässen Orchestration in seltsamem Kontraste zu der in diesem Berichte schon besprochenen „achten Symphonie" desselben Meisters, welcher Kontrast sich nur dadurch erklären lässt, dass Bruckner e r s t e n s diese Messe vor mehreren Jahrzehnten komponierte, wo er noch nicht die Wagnersche Musik studierte und zur Ansicht gelangte, dass das, was nur für das Musikdrama gilt, auch auf alle anderen Gattungen der Tonkunst ausgedehnt werden müsse, z w e i t e n s , diese Messe zum Gebrauche bei dem Kirchendienst geschrieben, und die Formen, welche der das Hochamt begleitenden Musik auferlegt sind, genau berücksichtigen musste. . . . durch welche dieses bedeutende Werk kirchlicher Tonkunst einem grösseren Kreise von Musikverständigen übermittelt und mit dem verdienten Beifall unter vielen Hervorrufen des anwesenden Meisters gewürdigt wurde. Das Kyrie mit seinem düsteren, aber innigen Flehen, das Gloria mit seinem hell erklingenden Jubel und seiner kontrapunktisch hervorragenden Schlussfuge verschwinden trotz ihren Vorzügen gegen das Credo, welches mit seinem übersichtlichen Bau, dem kräftigen, meisterhaft durchgeführten Hauptmotiv und seinem in milder Ruhe erklingenden Mittelsatz: „et incarnatus est" zu dem Bedeutendsten, das die moderne Kirchenmusik aufzuweisen hat, gehört. . . .

F. W.

D i e P r e s s e (Wien) vom 12. Oktober 1893.

. . . Unter den modernen Sturm- und Drangchören des Konzertes stand Bruckners „Helgoland" am höchsten. Die Wucht der Feuermotive, welche sich zum Schlusse mächtig ineinanderstemmen, die Kühnheit der Konzeption, die meisterlich zwingende Behandlung des Bläserchors, die in flammender Glut aufschiessenden Blitzklänge, welche aus dem erregten Orchester wettern, verraten die immer lebensfreudige Jugendkraft des greisen Tonsetzers. Aber der Chor bricht rücksichtslos wie ein Instrumentalkörper aus den Schranken des vokalen Stiles, aus den Grenzen der Möglichkeit. Ueber wilde brandende Harmonien und Stimmensprünge spannt der erste Tenor, wiederholt ins H und immer knapp darunter sich festsetzend, seine Foltertöne. Das ist mehr Kraftprobe als Kunstwerk. An den Klippen dieses fürchterlichen Tonsatzes zerschellt der Gesang. Ist das die Zukunft des Männergesanges, dann hat er keine. . . .

Rob. Hirschfeld.

Wiener Fremdenblatt vom 4. September 1894.

... Es ist nicht ohne Humor, dass Simon Sechter der Lehrer Bruckners gewesen. Bei aller Wertschätzung seines Schülers, der so viel bei ihm gelernt hatte, schlug er ein Kreuz vor der freien Richtung Bruckners, die dem urkonservativen Tonkünstler wie musikalischer Sansculotismus erscheinen mochte. Sechter musste sich vorkommen, wie ein Huhn, das aus einem unterlegten Ei einen Adler ausgebrütet hat. Bruckner hat zwar nie das grosse Vorbild Beethovens aus dem Auge verloren, er hat in manchem Punkte landsmannschaftliche Verwandtschaft mit Franz Schubert; aber das grosse und bestimmende Ereignis seines Lebens war Richard Wagners Musik und alles Radikale, was sich ihm nähert: Hector Berlioz, Franz Liszt. Was Wagner n i c h t ist, will er im Geiste Wagners sein: der Symphoniker. Mit einer ungewöhnlichen Energie hat er Motivbildungen im Sinne Wagners unter das Joch der symphonischen Form gebeugt und ihnen Keime zur thematischen Entwicklung eingeimpft. Er hat das als Künstler getan, nicht als Doktrinär. Daher doch wieder seine Unabhängigkeit von Wagner, sein Einlenken in Beethovensche Bahnen, sein Anschluss an Schubert. Bruckner ist in kunsthistorischer Beziehung eine verwickelte Erscheinung, und doch wieder ganz einfach, wie jede grosse Begabung. Bruckner hat Erfindungen, die ganz sein eigen sind, wahre Kerngedanken, die wie mit einem Knall die historische Schale sprengen. Ein abschliessendes Urteil über Bruckner wäre freilich heute noch verfrüht; aber muss man denn immer urteilen, wo so viel zu geniessen ist? Wir verehren den Mann, der alles, was er geworden ist, durch seine eigene Kraft erreicht, und wir danken ihm vom ganzen Herzen für die grossen Genüsse, die er uns durch seine geniale Begabung bereitet hat. Das ist es, was wir ihm zu seinem siebzigsten Geburtstage sagen wollten. L. Sp.[1])

Wiener Sonn- und Montagszeitung
vom 10. September 1894.
Anton Bruckner.
(Zum 70. Geburtstag.)

H. W.[2]) ... wenngleich es nur eine musikalische P a r t e i ist, die ihn nach ihrer lärmenden Art auf den Schild gehoben hat,

[1]) Ludwig Speidel.
[2]) Hofrat Dr. H. Wörz.

so muss doch nachdrücklich betont werden, dass gerade das, was in seinen Werken a l l g e m e i n gültigen Wert besitzt, Bruckners Schöpfungen auch zu allgemeiner Anerkennung bringen wird, sobald einmal das Geschrei der Korybanten nachgelassen haben und demzufolge der passive Widerstand jener vielen, achtbaren Musikfreunde überwunden sein wird, die es nicht lieben, sich mittelst der grossen Trommel zu einer neuen Kunstrichtung bekehren zu lassen und die es mit ihrem ästhetischen Gewissen nun einmal nicht vereinigen können, a l l e s, was der „Fortschritt" mit sich bringt, für schön und genial zu halten.

--- --- --- --- --- --- --- --- --- --- --- --- --- --- ---

. . . Der Kontrapunkt, die glänzendste Orchestrierung, die eifrigste Nachahmung Wagnerscher Schreibart, die gleich Säulentrümmern aus den durcheinander geworfenen Ruinen eines zerstörten Tempels emporragenden Schönheiten einzelner Partien, das alles genügt für sich allein nicht zu einem Kunstwerke ersten Ranges, als welches jede Tondichtung Bruckners von seinen Anhängern, den Gläubigen wie den Ungläubigen, zur bedingungs- und besinnungslosen Anbetung auf den Altar gestellt wird. Aber der Künstler, den wir mit diesen Zeilen e h r e n wollen, trägt in seiner Brust zweifellos den Funken des Genies; er hat in kleineren und grösseren Formen einzelnes geschaffen, über dessen Wert es unter verständigen, fühlenden und unparteiischen Beurteilern keine Meinungsverschiedenheit geben sollte, — und selbst jene zahlreichen Edelsteine, die zuweilen aus der chaotischen Verwirrung eines Tonsatzes hervorleuchten, sind von so vornehmer Schönheit, dass sie ihren Schöpfer für jeden, der sehen will, als einen Mann von ungewöhnlicher Begabung, als einen Tondichter erkennen lassen, der — so, wie er nun einmal im Laufe seiner siebzig Lebens- und Schicksalsjahre geworden ist, — trotz aller ihm anhaftenden Mängel und Schwächen über die Scharen der „beliebtesten" Mode- und Spekulationskomponisten gewaltig erhaben ist.

Anton Bruckner als Tondichter.

Von Dr. Theodor Helm.

Oesterreichische Musik- und Theaterzeitung vom 1. bis 15. November 1896[1]).

... Nach wie vor halte ich an der Ueberzeugung fest, dass Bruckner einer der urkräftigsten, genialsten Tondichter dieses Jahrhunderts gewesen sei, und zugleich neben dem, was er aus seinem eigenen, überreich gewährenden Innern schöpfte, ein würdiger Geisteserbe Beethovens, Schuberts und Richard Wagners. Ob seine hehre Muse je so recht ins Volk dringen werde, muss die Zukunft lehren. Gewiss wird sie aber immer neue Verehrer gewinnen unter denen, welche imstande sind und sich die Mühe nehmen, die Werke in der Partitur oder wenigstens in den vortrefflichen von ihnen erschienenen Klavierauszügen sorgfältig zu studieren. . . .

Wer . . . gänzlich unvorbereitet . . . an eine Brucknersche Symphonie herantreten sollte, dem wird zuerst die übergrosse Ausdehnung, besonders der Ecksätze, mitunter auch der Adagios, auffallen, vielleicht auch verwirren. . . . Also riesenhafte formale Verhältnisse, denen aber auch ein riesenhaft gesteigerter Inhalt entspricht. . . . Erscheint nun vielleicht dieser Inhalt manchmal — ich habe hier immer noch besonders die Ecksätze der Brucknerschen Symphonien im Auge — im ganzen nicht so aus einem Gusse, wie bei den Beethovenschen Symphonien, so entschädigen doch für die hie und da mehr improvisatorische, anscheinend selbst musivische Gestaltung die packendsten und überraschendsten Einzelheiten, ja häufig wahre Blitze des Genies in kühner Modulation und prächtiger, schier überwältigender Steigerung. Dass es mitunter wohl auch völlig rätselhafte, bizarre Stellen, un-

[1]) Von den Wiener Kritikern, die entschieden für Bruckner eintraten, war der sympathische Theodor Helm namentlich in jener früheren Zeit der wichtigste, da er mit seiner fraglosen Bruckner-Begeisterung unter seinen Kollegen noch ziemlich allein stand. Der schöne Aufsatz, den ich im Auszug zum Abdruck bringe, gibt das Gesamturteil Helms über die künstlerische Erscheinung Bruckners mit einer sachlichen Motivierung, die diese Ausführungen nicht nur als kennzeichnend für den Kritiker, sondern auch in hohem Masse als belehrend und wertvoll für das Verständnis der Brucknerschen Musik erscheinen lassen.

vermutete jähe Absprünge u. dergl. gibt, soll nicht bestritten werden.

In allen seinen Symphonien hält B r u c k n e r die grosse durch Beethoven gewonnene viersätzige Form fest, aber freilich . . . unendlich erweitert und im einzelnen modifiziert durch Elemente, welche teils der kirchlichen, teils der modernen dramatischen Musik angehören. Wenn B r u c k n e r als begeisterter Jünger Beethovens begann und in seinen drei ersten Symphonien unverkennbar da und dort an die gewaltige „Neunte" anknüpfte, wenn er in seiner „Vierten" bei aller imponierenden Entfaltung eigener Genialität auffallend Franz Schubert verwandte Töne anschlug, wenn ferner in der fünften Symphonie zumeist seine Herrschergewalt im Reiche des Kontrapunkts überwältigt und man mitunter einen modernen Beethoven und Bach zugleich zu vernehmen glaubt, so nähert er sich in den drei nächsten Symphonien, besonders der siebenten und achten, immer mehr Richard Wagner, dessen für das Musikdrama errungenen orchestralen Glanz, Farbenreichtum und Stimmungszauber nun auch für die Symphonie gewinnend — als ein Meister vom Meister lernend. — Ueberschauen wir nun die ersten Sätze der vollendeten B r u c k n e r - schen Symphonien mit e i n e m Blick, so erscheint als ein Hauptvorzug aller acht . . . das, jedesmal überaus glücklich erfundene, scharf gezeichnete, sich dem Gehör sofort unvergesslich einprägende Hauptthema. Gibt sich dieses erste Thema einmal, wie der Hornruf in der „Romantischen Symphonie", etwas knapp, nur aus zwei Noten (Dominante und Tonica) bestehend, so wird man dies, an das berühmte, nicht minder knappe  Beethovens denkend, B r u c k n e r kaum übelnehmen, um so weniger als der Lektor dem lediglich motivischen Anfang jenes obenerwähnten Hornrufes alsbald nach herrlicher Steigerung einen zyklopisch grandiosen Fünfton-Gedanken als zweites Hauptthema nachschickt.

Dieses Einflechten eines zweiten grossartigen Hauptgedankens in den ersten Symphoniesatz, manchmal auch ins Finale, gehört überhaupt zu den charakteristischen Eigenheiten B r u c k n e r s, namentlich in seinen früheren Symphonien. Wahrhaft zerschmetternd tritt ein solcher zweiter Hauptgedanke in dem ersten Satz der dritten Symphonie und dem je letzten der zweiten und

vierten Symphonie auf. Anmut der Erfindung verrät eine solche
überreiche, gewaltige Thematik gerade nicht.

Aber nicht bloss die scharf gezeichneten Hauptmotive und diesen häufig nachgeschickten grandiosen zweiten Hauptgedanken
heben sich in den ersten Symphoniesätzen B r u c k n e r s mit plastischer Deutlichkeit hervor, sondern auch die Themen, welche die
sogenannte Gesangsgruppe bilden, und die Schlusssätze, um hier
die wohl am meisten eingebürgerte A. B. Marxsche Bezeichnung
festzuhalten. Die Uebersicht der in allen B r u c k n e r schen ersten
Symphoniesätzen so klar und charakteristisch erfundenen Themen
wird aufs erstemal hören nur dadurch erschwert, dass der Meister
im Vollgefühle seiner überreich gewährenden Phantasie noch
allerlei Zwischensätze einzuschieben liebt, hier reckenhaft kühn,
dort auserlesen zart. Die dadurch bewirkte Ueberfülle von Gedanken mag manchen, z. B. in dem gewaltigen ersten Satz der
ersten C-moll-Symphonie (sonst eine der genialsten des Meisters!) zunächst völlig verwirren. Hört man aber den Satz öfter,
kommt man zum Bewusstsein, wie systematisch sich die eingeschobenen Zwischensätze mit den normal der Sonatenform entsprechenden Hauptgedanken wiederholen, so schwindet die Unklarheit des Eindruckes und macht gerechter Bewunderung Platz,
indem man erkennt, dass die alte Symphonieform hier zwar kühn
erweitert, aber keineswegs gesprengt wurde. (. . . Als weiterer
Beleg wird dann der Aufbau des ersten Satzes der zweiten Symphonie aus seinen vier Hauptgedanken bis zu dem codalen Basso
ostinato klargelegt. . . .) Diese gewaltigen Bassi ostinati gehören
auch zu den hervorstechenden Eigentümlichkeiten des symphonischen Schaffens B r u c k n e r s. . . .

Wir müssen hier noch einer anderen Eigenheit B r u c k n e r s
gedenken, die manchen unvorbereiteten Hörer, der sich von
streng klassischen Formbegriffen nicht loslösen kann, anfangs
befremden mag. B r u c k n e r liebt es nämlich, das zweite und
dritte Thema seiner ersten Symphoniesätze ebenso reich auszuführen, als das Hauptthema, und jene Nebengedanken oft lange
auszuspinnen, bevor er zum Hauptthema zurückkehrt. Dies erschwert den einheitlichen Eindruck erstmaligen Hörens. . . .

(—Das Verhältnis von erstem Hauptthema und Seitenthema in den
ersten Sätzen der siebenten, zweiten, dritten und vierten Symphonie wird näher erörtert. —) . . . Jeder dieser kolossalen Sätze
stellt ein einheitliches Ganze dar, so frei und kühn auch gewisse
Einzelheiten gestaltet sein mögen. . . . In harmonischer Hinsicht

imponiert meisterhaft gehandhabte, oft frappierend kühne Chromatik und Enharmonik, in kontrapunktischer Beziehung zeigt sich, dass stets mit der gesteigerten Kunst auch die Kraft des Ausdruckes wächst. „Mein Kontrapunkt ist mir ja nur Mittel zum Zweck" — wie oft haben wir das den Meister sagen gehört.

Der fromme Kirchenmusiker verrät sich in den ersten Sätzen B r u c k n e r scher Symphonien . . . durch die (stets höchst wirksame) Einflechtung eines felsenfesten Chorals als Cantus firmus, durch gewisse, dem katholischen Ritus eigene Sequenzen und besonders durch die langen Orgelpunkte, die erst B r u c k - n e r so spannend und bedeutsam in die Symphonie eingeführt. Etwas weit hinausgeschoben erscheint gewöhnlich der eigentliche Schluss der Sätze, er äussert sich meist als ein gigantisches Sich-Austoben oder Ausschwelgen auf der Dreiklangsharmonie der Grundtonart, je nachdem diese Dur oder Moll lautet. . . .

Den ungeteiltesten Beifall haben bisher bei fast allen Aufführungen B r u c k n e r scher Symphonien deren Mittelsätze (A d a - g i o und S c h e r z o) gefunden. In der Tat bedarf es nur eines offenen, für ausdrucksvolle Tonsprache empfänglichen Herzens und aufmerksamen, n i c h t   v o r e i n g e n o m m e n e n Zuhörens, um aus diesen Sätzen heraus den vollen Zauber B r u c k - n e r scher Phantasie, Gestaltungskraft und Gemütstiefe zu empfinden. Der eigentliche Schwerpunkt der B r u c k n e r schen Symphonie ist fast immer das Adagio. . . . Mit Recht hat man wiederholt B r u c k n e r als den spezifischen Meister des Adagios bezeichnet, wie denn überhaupt majestätische Breite und Feierlichkeit das eigentliche Grundwesen seiner Musik zu nennen ist.

In den meisten der B r u c k n e r schen Adagios spricht sozusagen jede Note und b l ü h t   f ö r m l i c h   d i e   M e l o d i e, recht wie um jene borniertern Verkleinerer ad absurdum zu führen, die das dem Publikum weismachen wollen, bei B r u c k - n e r fehle überhaupt die Melodie. . . .

Am leichtesten zu verstehen sind durchweg B r u c k n e r s Scherzi, und zwar deshalb, weil hier der Meister im grossen und ganzen von der bewährten klassischen Form . . . nicht abgeht und auch im einzelnen die klarste, übersichtlichste (gewöhnlich streng achttaktige) Gliederung festhält. Dabei ist aber doch wieder

höchst interessant, zu verfolgen, wie Bruckner von Symphonie zu Symphonie sich in Harmonisierung und Modulation immer mehr von dem klassischen Vorbilde entfernt und der modernen Gestaltungsweise Wagners sich nähert, ohne doch im mindesten dabei seinen urkräftigen eigenen Charakter aufzugeben.
. . . Zur grossen Beliebtheit der Brucknerschen Scherzi haben nicht wenig die reizenden Trios beigetragen, welche sich (wie dies bekanntlich auch Franz Schubert liebt) häufig dem Ländlerstil nähern, diesen aber freilich durch harmonische und kontrapunktische Kunst gleichsam idealisieren. . . . So ein grosser Meister Bruckner auch mit der Zeit geworden, der oberösterreichische Bauer kommt bei ihm doch immer wieder irgendwo zum Vorschein. . . .

Die letzten Sätze seiner Symphonien hat Bruckner selbst am höchsten gestellt, und man konnte ihm kaum eine grössere Freude machen, als wenn man sich ihm gegenüber einmal begeistert über die Schönheiten des (von der Mehrheit der Kritiker als „chaotisch" verurteilten) Finales der vierten Symphonie zeigte. Zweifelsohne nimmt Bruckners Genius in den Finales den höchsten Aufschwung, nirgends offenbart sich bei ihm mehr Inspiration, nirgends auch mehr grandiose kontrapunktische Herrschergewalt. . . .

. . . Uebrigens begreife ich gar wohl, warum bisher sämtliche Brucknerschen Finales von der Masse des Publikums in den Konzerten am wenigsten verstanden wurden. Sie finden eben dieses Publikum nach der Fülle der bereits in den früheren Sätzen empfangenen Eindrücke ermüdet, überanstrengt. Auch kann ja gar nicht geleugnet werden, dass in Bruckners Finales meist ein gewisser (freilich grossartiger!) improvisatorischer Zug vorherrscht, welchem in seinen kühnen Absprüngen zu folgen nicht jedermanns Sache. Hier muss man wohl zugestehen, dass mitunter die rein symphonische Tonsprache einer mehr dramatischen (dadurch freilich mächtig die Phantasie anregend) weicht, und überdies der feuertrunkene Tondichter in seiner glühenden Begeisterung am meisten auf die Grenzen des normalen Aufnahmevermögens eines Durchschnittspublikums vergisst. Wer ihm hier trotzdem zu folgen vermag, wer bereits in die neuen kolossalen Formverhältnisse eingewöhnt, wird vielleicht gerade von den Brucknerschen Finales den grössten Eindruck empfangen. . . .

... Spezifisch Brucknerisch sind gewisse intimste, wundervoll zart harmonisierte Pianissimostellen, welche auf das ergreifendste Stimmungen einer ganz vereinsamten, weltentrückten, aber fest an Gott und das Ideal glaubenden grossen Künstlerseele wiedergeben. ... Spezifisch Brucknersch sind ferner die spontan aufflammenden, ungestümen Steigerungen ..., spezifisch Brucknersch ferner die mächtigen Fünfton-Themen ... die ... reizend doppelgestaltigen Gesangs-Sätze ... endlich die ... weit ausgedehnten Orgelpunkte, die stets grossartig wirkende Einführung der Choräle, wie nicht minder deren meisterhafte kontrapunktische Umspielung, besonders wenn es einer letzten gewaltigen Schlusssteigerung gilt. ...

Die individuelle Schönheit einer Brucknerschen Melodie, ihre ganz eigenartige edle Stimmung, Erhabenheit oder auch naive Innigkeit lässt sich freilich nicht beweisen. ... Der eine fühlt dadurch die tiefsten Regungen seines Herzens geweckt, der andere bleibt beim Anhören kalt. Da ich selbst so oft den Zauber Brucknerscher Musik bis ins Innerste empfunden, kann ich nur jene aufrichtig bedauern, die von diesem beglückenden Zauber völlig unberührt blieben. Sie bekehren zu wollen, fällt mir nicht ein, nur mögen jene Herren auch uns — ich rede hier ... im Namen aller Bruckner-Verehrer! — den Glauben an den geliebten Meister lassen und sich nicht hochmütig auf die „besser Beratenen"[1]) hinausspielen.

Wiener Abendpost vom 21. November 1896.

Hässliche Dinge standen am Anfange der Musiksaison. Noch deckte die Erde die sterblichen Reste Anton Bruckners nicht, da wurde unter der Maske der „Ehrlichkeit" schon peinlicher Zank begonnen[2]). Man glaubte der ungeduldigen Weltgeschichte gleich

[1]) Hier wie auch an einigen anderen Stellen seines Aufsatzes spielt Helm auf einen Artikel Richard Heubergers an, der unmittelbar nach Bruckners Tod in der Neuen Freien Presse erschienen war (12. Oktober 1896, abgedruckt in R. H., Musikalische Skizzen, Leipzig 1901, S. 75—83) und deshalb unliebsames Aufsehen erregt hatte, weil er eine Zeit und Gelegenheit, bei der sonst auch der Gegner die Waffe zu senken pflegt, zu einer höchst absprechenden und auch im Ton sehr kalt, ja feindlich gehaltenen Kritik des Brucknerschen Schaffens benutzte.

[2]) Bezieht sich auf den S. 345 Anm. 1 erwähnten Artikel Richard Heubergers in der Neuen Freien Presse.

fertige Urteile über den toten Meister eingeben zu müssen; man legte mit bedauerlicher Anmassung dem gewaltigen Symphoniker Vermahnungen und Ratschläge, wie er es hätte machen sollen, auf die Bahre. Der furchtbare Tod reisst einen ruhmwürdigen Sohn des Vaterlandes aus dem Kreis der Lebenden und setzt einem Menschenleben, welches in hartem Ringen einzig den höchsten Idealen der Tonkunst, der Symphonie und Messe in erhabenem Kraftgefühle zustrebte, grausam die Grenze; noch ist der Sarg nicht gezimmert, welcher den Körper des toten Meisters zur ewigen Ruhe bringen muss, da ist schon flugs die stilistische Ferienaufgabe herausgebracht, welche uns durch grosse Selbstbespiegelung und kleine Bosheiten von den allgemein menschlichen Gefühlen der Trauer zur Bewunderung feuilletonistischen Zierwesens hinlenken soll. Die „ethische Gesellschaft" in Wien, wenn sie den Namen verdient, müsste in solchen Fällen ihres Amtes walten. Wäre es wirklich ein Unglück gewesen, wenn wir einen schaffenden Künstler, welcher nur auf den Höhen der Kunst gewandelt war, noch einige Stunden „überschätzt" hätten? Musste die strahlbereite Wasserspritze noch vor dem Leichenbegängnisse auffahren? Ja, Cliquendiener reiten schnell! . . . Nun denke man das wienerische Bild: Anton Bruckner sinkt in die Gruft, und mit verderblicher Geschäftigkeit wird eiligst alles hervorgeholt und ausgebreitet, was seinen noch jungen Weltruhm verkleinern könnte. Fast zu gleicher Zeit jedoch Festhymnen durch die Blätter, welche den fünfzigsten Geburtstag des — Ignaz Brüll mit Sang und Ueberschwang feiern und die mit Kalendersicherheit alljährlich sich einstellenden Operneinfälle der komponierenden Bezirksgrösse mit rührendster Pietät verhüllen. De v i v i s nil nisi bene!

Es hat wohlgetan, dass die tonangebenden Bruckner-Gegner bei dem Tode des Meisters sich still verhielten. Damit haben sie auch den T a k t angegeben. Eine Aburteilung alla breve hätte also leicht vermieden werden können. . . .

Bruckners kunstgeschichtliche Stellung kann heute durch die geistreichsten Feuilletons nicht mehr erschüttert oder verschoben werden. Nach der grossen klassischen Erhebung gab Oesterreich die musikalische Herrschaft an die nördlicheren Länder ab. Franz Schubert bedeutete den Wendepunkt, wie er auch den Uebergang von der klassischen zur romantischen Tonkunst vollzog. In Deutschland entstanden indessen zwei Linienzüge. Der eine führte über Mendelssohn und Schumann zu Brahms. Die andere Linie strebte über Weber zu Wagner, dem Gipfel der modernen dramatischen Tonkunst zu. Das Vakuum in Oesterreich füllten die Wiener Tanzkomponisten aus. In ihrer unerschöpflichen Melodik wirkte ein Stück von Schubert fort. Gleichfalls an die Wiener Klassiker knüpften aber dann auf dramatischem Boden der Böhme Smetana, auf symphonischem Gebiete der Oberösterreicher Anton Bruckner an. Weil man sich in Deutschland, vornehmlich jedoch in Oesterreich selbst, nicht daran gewöhnen mochte, dass die dramatische und symphonische Musik Oesterreichs wieder den Kopf hebe, wurde beiden Meistern das Leben so schwer gemacht. Wie sich aber schon in Schuberts Symphonien und Kammerwerken die objektiven klassischen Formen mit subjektiv romantischen Ausdrucksmitteln, mit Klangfreuden schier ohne Ende und sinnlichen Farbenreizen vereinten, so kam diese Mischung auch auf Bruckner. Die Kreuzung streng klassischer, ausschweifend romantischer und modern dramatischer Einflüsse bestimmt Bruckners Kunstwesen. Die Bindung dieser Arten machte seine Eigenart. Wo in Bruckner-Werken der lässige Hörer so häufig und der willige Hörer selten genug das sogenannte logische Band verliert, wird man leicht gewahren, dass eben nur jene verschiedenen Kunstelemente des Klassischen, Romantischen und modern Dramatischen aneinandergeraten. Der motivische Organismus in Bruckner-Symphonien ist gesund, nur eine Klangfärbung oder die motivisch folgerichtige, aber dramatisch belebte Fortbildung eines Themas ist es zuweilen, was die Teile auseinanderzuhalten scheint. Die Zeit wird da eine Ausgleichung bewirken. . . .

─ ─ ─ ─ ─ ─ ─ ─ ─ ─ ─ ─ ─ ─ ─

. . . Wir stehen heute noch mitten im Kampfe, und viele rufen sofort „Rheingold" oder „Walküre"!, wenn auch nur die Klangfarbe oder der Orchesterglanz oder eine Akkordfolge in einer Brucknerschen Symphonie an Wagner gemahnt. Denn Wagner selbst klingt vielen noch wie eine Ausnahme. Eine Zeit aber wird kommen, da solche Episoden bei Bruckner nicht mehr überraschen oder gar verblüffen werden. Die Klangelemente werden wie die Teile einer Landschaft, welche man aus der Ferne betrachtet, ineinanderfliessen; das Besondere wird nicht bloss absonderlich erscheinen; man wird in dieser oder jener Episode einer Brucknerschen Symphonie nicht Wagner oder ein Werk von Wagner, sondern allgemein in Bruckners Symphonien die harmonischen und orchestralen Errungenschaften seiner Zeit erkennen, wie denn auch Bruckner schon wagnerisch geschrieben hat, ehe noch eine Note von Wagner sich in seine Einsamkeit geschlichen hatte. Man wird aber auch — was heute noch keiner zu tun und nur mancher auszusprechen wagt — unverkennbare Längen reduzieren, man wird streichen, wie wir die grössten: Shakespeare oder Goethe heute in Aufführungen kürzen, ohne sie eigentlich zu verkürzen. . . . Bruckners Zeit wird aber sicher kommen. Denn die Kraft seiner herrlichen Thematik, welche ihn über die Schranken einer Partei hinausgetragen hat, wird seinem Ruhm auch über die Grenzen des Jahrhunderts helfen. Das Starke, Blühende und Reiche der Kunst hat immer Raum und Zeit siegreich überwunden. Bruckners Erfindung ist aber stark, blühend und reich. Wie jedem Zukunftsmenschen waren Bruckner Dinge eigen, die ihm nicht seine Zeit zuführte, die ihn vielmehr gegen seine Zeit stellten. In einer Kunstperiode, welche Phantasie und Gefühl gänzlich in die Botmässigkeit des berechnenden Verstandes stellt, hat sich Bruckner eine glückliche und beglückende Naivität des Schaffens bewahrt. Es ist die Musik des Unbewussten, das aus dem tiefsten Grunde des Gefühles, aus dem urtümlichen Boden alles Musikalischen wieder ohne Umwege in fremdes Fühlen strebt. Wenn Bruckner, wie im Adagio der Siebenten, in wahrer Ergriffenheit einen Trauersang anhebt, so gewinnt der Intellekt keine hemmende Macht — die Klage tönt fort, solange sein Empfinden reicht, wie seine unerschöpfliche Phantasie stets neu bildet und neu gestaltet, solange ihm Themen zuströmen. Das ist seine Schwäche und Stärke zugleich. Der Grundsatz Winkelmanns, dass der Künstler mit Feuer entwerfen und mit Phlegma ausführen müsse, hat für Bruckner keine Geltung. Er führte beständig im Feuer aus, die Glut seines innersten Empfindens erlosch nicht im Ordnen. Nicht allein seine heissströmenden Themen, sondern ganze Sätze brechen wie eine Naturgewalt hervor, so dass sein Genie häufig auch jener Dinge, welche selbst mässige Talente zu erlernen und von der Welt aufzunehmen wissen, nicht Herr werden mochte. Es war das eigentlich Schöpferische in ihm so mächtig, dass er im Drange des Schaffens nicht einmal die Ruhe gewann, zu sehen, „dass es gut war". Eignet sich die Jugend unserer naseweisen Zeit meist schon die Weisheit der Erfahrenen an, ohne freilich in ihrer Kunst mehr als diese Weisheit zu offenbaren, so wallte in Bruckner dagegen bis ins Greisenalter noch das heisse Blut der Jugend. So war er, so war seine Natur und so müssen und wollen wir ihn nehmen. An kritischen Ratschlägen hat es dem starken Manne nie gefehlt. Er liess seinen Kritikern aber ihre bestempfohlene Logik und bewahrte sich seine Art. Darum ist er eben Bruckner, ein eigenköpfiger Oberösterreicher der grossen Kunst und kein anderer geworden. Und darum lieben wir ihn.

Dr. Robert Hirschfeld.

NOTENBEILAGE

I. Das erste Allegro.

Erstes Thema.

Zweites Thema.

Nr. 1. Etwas langsamer.

Nr. 2.

Nr. 3. hervortretend

Nr. 4. ausdrucksvoll

Nr. 5. Langsamer.

II. Der langsame Satz.
Erstes Thema.

Nr. 8 (3. Satz).
Adagio (Feierlich langsam, doch nicht schleppend).

(Viol. a. d. G-Saite.)

Nr. 9 (3. Satz).
Sehr langsam (feierlich).

(breit)
(Viol. a. d. G-Saite.)

Zweites Thema.

Nr. 1. *Andante.*

Nr. 2.

Nr. 3. *Andante* (quasi *Allegretto*).

(Bratschen.)

III. Das Scherzo.

Erstes Thema.

— 361 —

Nr. 3 (3. Satz).
Ziemlich schnell.

Nr. 4 (3. Satz).
Bewegt.

Nr. 5 (3. Satz).
Molto vivace.

Nr. 6 (3. Satz).
Ruhig bewegt (etwas gemessen).

Nr. 7. (3. Satz). Sehr schnell.

(Tromp.) (Viol., Klar.)

Nr. 8 (2. Satz).
Allegro moderato.

(Bratsch., Violonc.)

Nr. 9 (2. Satz).
Bewegt, lebhaft.

(Fl., Viol. pizz.)

Das Trio.

Nr. 1. Langsam.

(Horn.) (Ob.)

Nr. 2. Gleiches Tempo.

Nr. 8. Langsam.

(Viol.)

Nr. 9. Schnell.

(Violine m. D.)

IV. Das Finale.

Erstes Thema.

Nr. 1. Bewegt und feurig.

(Volles Orch.)

Nr. 2. Ziemlich schnell.

(Str., Holzbl.)

Bemerkungen zu den Illustrationsbeigaben.

Die schöne Hanfstaenglsche Photographie, die Bruckner als kräftigen alten Mann auf dem späten Höhepunkte seines Lebens und Schaffens zeigt, wurde aufgenommen, als der Meister bei Gelegenheit der ersten Aufführung seiner 7. Symphonie (10. März 1885) in München weilte.

Die Ansicht von dem Augustiner-Chorherrenstifte St. Florian ist mit gütiger Erlaubnis der Firma Carl Grüninger in Stuttgart der Bruckner-Nummer der „Neuen Musikzeitung" (XXIII. Jahrg. Nr. 13) entnommen.

Eine von W. Jerie in Marienbad angefertigte Photographie Brucknars in Visitkartenformat dürfte vielleicht das früheste existierende Porträt des Meisters sein. Der hochwürdige Chorherr und Stiftsorganist Franz Müller in St. Florian, dessen Liebenswürdigkeit die Möglichkeit der Reproduktion des bisher unbekannten Bildes zu verdanken ist, glaubt seine Entstehung in die Jahre 1860 bis 1865 setzen zu sollen. Da aber bekannt ist, dass Bruckner im Sommer 1873 in Marienbad war, wage ich die Vermutung, dass die Photographie aus diesem Jahre stamme.

Zu den köstlichen Böhlerschen Schattenbildern vergleiche man das, was S. 161 über Otto Böhler als Bruckner-Karikaturisten gesagt wurde.

Das Bild Anton Bruckners aus seinen letzten Lebensjahren ist bekannt und wurde u. a. schon in der oben erwähnten Brucknernummer der „Neuen Musikzeitung" veröffentlicht.

Das Blatt mit Namenszug und Autograph des Hauptthemas aus dem 1. Satze der 3. Symphonie stammt aus dem Besitz des Bruckner-Schülers Friedrich Klose (vgl. S. 152 ff.), der sich auch durch eifrige Nachforschungen in Wien um mein Buch verdient gemacht hat. Als Bruckner dieses Blatt seinem jetzigen Besitzer als Andenken überreichte, sagte er: das sei die erste Niederschrift des betreffenden Themas gewesen. Das kann aber unmöglich stimmen. Denn wenn auch bekannt ist, dass die erste, am 31. Dezember 1873 vollendete Fassung der D-moll-Symphonie jenes Thema noch gar nicht enthielt, dass es vielmehr erst nachträglich in die ursprünglich die Stelle des Hauptthemas vertretenden Streicherfiguren sozusagen hineinkontrapunktiert wurde, weil ein Wiener Kapellmeister, von dem Bruckner die Symphonie sich durchspielen liess (Dessoff?), meinte, der erste Satz habe kein richtiges Hauptthema — so muss doch diese Umänderung im Sommer 1875 schon fertig gewesen sein. Denn am 1. Juni 1875 schreibt Bruckner an Otto Kitzler (vgl. dessen Musikalische Erinnerungen S. 31), dass Richard Wagner die D-moll-Symphonie „als sehr bedeutendes Werk" erklärt habe. Man weiss aber, dass gerade das erste Thema in der Trompete dem Bayreuther Meister damals besonders imponiert hat.

Durch die Ueberlassung des auch in seinem Inhalt für den Meister ungemein charakteristischen Briefes hat mich Herr Generalmusikdirektor Felix Mottl in München, an den er gerichtet ist, zu herzlichstem Danke verpflichtet. Er handelt von der Vorbereitung einer Aufführung des Adagios aus Bruckners 7. Symphonie, die gelegentlich der Tonkünstler-Versammlung des Allgemeinen Deutschen Musikvereins im Jahre 1885 in Karlsruhe stattfinden sollte. Die Briefe Bruckners an Mottl wurden bereits publiziert im Schwäbischen Merkur.

Aus dem Anfang der 90er Jahre stammt die meisterhafte Büste von Victor Tilgner, die das im Wiener Stadtpark stehende Bruckner-Denkmal, ein Werk des Tilgner-Schülers Zerritsch, ziert.

Die erste Seite der autographen Partitur der 9. Symphonie aus der „Neuen Musikzeitung".

Für den zweiten Satz seiner 9. Symphonie hatte Bruckner ein Trio geschrieben, das er später verworfen und durch ein anderes ersetzt hat. Die Reproduktion der ersten Partiturseite dieses ursprünglichen Trios erfolgte nach dem von Herrn Ferdinand Löwe in Wien gütigst zur Verfügung gestellten Brucknerschen Autograph.

www.ingramcontent.com/pod-product-compliance
Lightning Source LLC
Chambersburg PA
CBHW032145010526
44111CB00035B/1227